बलबीर माधोपुरी की आत्मकथा जीवन अनुभवों का अद्भुत साहित्यिक रूपान्तरण है। आत्मकथाकार ने जिस ईमानदारी, स्पष्टता और सहजता से स्थितियों को शब्दबद्ध किया है, वह दुर्लभ कार्य है।

यहाँ लेखक से अधिक, स्थितियाँ बोलती हैं। ये स्थितियाँ सामाजिक हैं, साहित्यिक हैं, आर्थिक हैं और वैचारिक भी हैं। पंजाबी की पहली दलित आत्मकथा होने का गौरव तो इस कृति को प्राप्त है ही। इसमें इतनी अधिक ऊर्जा और ओजस्विता है कि आभिजात्य उत्कृष्टता साहित्यिकता का आग्रह उसे बलि का बकरा नहीं बना सकता। बात यह है कि इस कृति में समस्याएँ साहित्य की शक्ल में दलित-शर्तों को पूरा करती हैं। कैनवास बड़ा है और अन्दाज़े-बयाँ प्रभावशाली है। लेखक परिवर्तनकामी विचारों या कहें बदलाव की इच्छा-शक्ति के साथ सामाजिक-राजनीतिक चिन्तन की आन्दोलनात्मक गतिविधियों में सक्रिय रहा है। चूँकि वह आत्मकथा से इतर भी पत्रकारिता, अनुवाद, सम्पादन आदि भाषा-साहित्य और सामाजिक ज़िम्मेदारियों के कई मोर्चों पर काम कर रहा है। इसलिए अनुभव और अभ्यास दोनों उनके अपने हैं। अश्लीलता का सहारा लेकर या साहित्यिक गुट-राजनीति के ज़रिये सस्ती ख़्याति अर्जित कर लेने का एक भी स्टंट इस पूरी कृति में दिखाई नहीं पड़ता। वर्ग संघर्ष द्वारा वर्णभेद का अन्त कर देने या जाति प्रश्नों को गौण करने वाले वामपन्थी साहित्य चिन्तन से भी माधोपुरी का वास्ता रहा है। सिक्खों में भी कैसे जातिप्रथा अघोषित रूप से अपना प्रभाव जमाये रखती है; इस दिशा में आत्मकथा नया रहस्योद्घाटन करती है। यह भ्रम तो एकदम दूर कर देती है कि किसी देश- प्रदेश का आर्थिक विकास सब का विकास होता है। पंजाब की जिस ज़मीन से लेखक अनुभवों का यह ख़ज़ाना लेकर साहित्यधारा में आये हैं उसमें पंजाब प्रान्त में जिस अनुपात में कृषि-विकास हुआ, भूस्वामियों में समृद्धि आयीं और उसके ठीक उलट भूमिहीन पंजाबी दलितों में विपन्नता बढ़ी है।

अब इन समस्याओं को साहित्यिक कृति में उतार लाने का जो कौशल बलबीर ने दिखाया है वह किसी भी पाठक को गहरे तक अपील करता है। मुख्य शीर्षक से लेकर हर उप शीर्षक साहित्यिक है, प्रतीकात्मक है।

–श्यौ. बेचैन

वाणी प्रकाशन
21-ए, दरियागंज, नयी दिल्ली-110002
फोन : 011-23273167, 23275710, 41562622
फैक्स : 011-23275710
E-mail : vani_prakashan@yahoo.com
vaniprakashan@gmail.com
Website : vaniprakashan.com

छांग्या रुक्ख

बलबीर माधोपुरी

वाणी प्रकाशन

प्रकाशन के उत्कृष्टतम 62 वर्ष

पेपरबैक पहला संस्करण : 2023
पेपरबैक दूसरा संस्करण : 2025

vaniprakashan.com

वाणी प्रकाशन

4695, 21-ए, दरियागंज, नयी दिल्ली-110 002

फ़ोन : + 91 11 23273167, 23275710

शाखाएँ

अशोक राजपथ, पटना-800 004, बिहार

कॉफ़ी हाउस कैम्पस, महात्मा गांधी मार्ग, प्रयागराज-211 001, उत्तर प्रदेश

महात्मा गांधी अन्तरराष्ट्रीय हिन्दी विश्वविद्यालय, वर्धा-442 001, महाराष्ट्र

sales@vaniprakashan.in

vaniprakashan@gmail.com

Chhangia Rukkh

by Balbir Madhopuri
Translated by Subhash Neerav

ISBN : 978-93-5775-032-2
Autobiography

मूल्य : ₹ 395

सिटी प्रेस, दिल्ली-110 095 में मुद्रित

वाणी प्रकाशन का लोगो मक़बूल फ़िदा हुसैन की कूची से

माता-पिता

को

जिन्होंने उम्रभर अँधेरा ढोकर

मुझे विद्या का प्रकाश प्रदान किया...

छांग्या रुक्ख : यातना का दस्तावेज़

दलित-लेखन की सही पहचान उसकी आत्मकथाओं के जरिये ही संभव हो सकी है। वैसे डॉ. भीमराव अम्बेडकर का पूरा जीवन दलित संघर्ष का खुला दस्तावेज़ है। मगर, उनकी राजनीतिक एवं सामाजिक चेतना दलितोत्थान और बहुजन हिताय को ही समर्पित रही, इसलिए दलित-जीवन का साहित्यिक एवं सांस्कृतिक पक्ष अपनी अभिव्यक्ति के लिए पूरी तरह जगह न बना सका। आज़ादी के बाद के वर्षों में यद्यपि इसकी पहल सबसे पहले मराठी लेखकों ने ही की।

पंजाबी में दलितों में से आत्मकथा लिखने की शुरुआत प्रेम गोरखी से मानी जाती है। मगर, अपने कथ्य और प्रसंगों के कारण उसे पंजाबी में दलित आत्मकथा नहीं माना गया। इस आधार पर बलबीर माधोपुरी की आत्मकथा 'छांग्या रुक्ख' को पंजाबी की पहली विश्वसनीय एवं प्रामाणिक आत्मकथा माना जा सकता है, जो सन् 2002 में प्रकाशित हुई। अब यह आत्मकथा हिंदी में भी पाठकों के सामने है, जिसका हिंदी अनुवाद सुभाष नीरव ने किया है। 'छांग्या रुक्ख' निश्चय ही 'अक्करमाशी' आदि से आगे का चरण है।

छांग्या रुक्ख का मतलब 'कटा-छँटा वृक्ष' है, जिसे हम पत्रविहीन भी कह सकते हैं या ऐसा वृक्ष जिसकी शाखाएँ छाँट दी गई हैं। बलबीर माधोपुरी ने इस छांग्या रुक्ख में अपने दलित जीवन को जिस भाषा और बोध के साथ अभिव्यक्त किया है—वह काबिलेतारीफ़ है और यह बात बिल्कुल साफ़ हो गई है कि यदि दलित समाज को पढ़ने-लिखने और उचित शिक्षा-दीक्षा के अवसर मिलते रहे होते, तो न जाने कितनी महत्त्वपूर्ण रचना-सम्पदा आज हमारे पास होती, जो अन्यायग्रस्त समाज-संरचना के सदियों पुराने ढाँचे को तोड़कर भावना और संवेदना के नये मानवीय मूल्यों को स्थापित कर चुकी होती। जो आत्मकथाएँ लिखी गई हैं, उन्होंने भी परम्परागत सौंदर्य और धार्मिकता के प्रतिमानों को खारिज किया और रचना-सौंदर्य की जगह मानवीय मूल्यों के प्रश्न को रचना के केन्द्र में प्रस्थापित कर दिया। यह साहित्य का ऐतिहासिक प्रस्थान बिंदु है। अखिल भारतीय समांतर सम्मेलन के राजगिर अधिवेशन-1975, में

मराठी दलित साहित्य के सभी दिग्गज साहित्यकार शामिल हुए थे। वहाँ भी स्वानुभूत और सहानुभूति का प्रश्न उठा था। साथ ही मैंने दलित अनुभव को जातीयता की परतों से मुक्त करके समग्र दलित-वंचित अनुभव को अपने लेखन के दायरे में समेटने का आग्रह भी किया था। मेरा इशारा उस समय भी दलित अनुभव को विधागत विस्तार देने का था। क्योंकि हर विधा कथ्य के विस्तार का नया परिप्रेक्ष्य प्रस्तुत करती है। वह कथ्य और यथार्थ को तरह-तरह से तलाशने के अवसर पैदा करती है। वही प्रश्न आज भी मेरे सामने है कि दलित-अनुभव की सर्वोत्तम रचनाशीलता की वेगवती धारा आत्मकथाओं तक आकर सूखने-सी क्यों लगती है? यह यक्ष-प्रश्न आज भी मौजूद है। दलित लेखन ही इस प्रश्न का उत्तर तलाश कर सकता है। मुझे लगता है कि दलित वर्ग जब तक अपनी जातीयता की परतों को नहीं तोड़ेगा, तब तक वह अपने अनुभव के स्पर्धात्मक 'ककून' में साँस लेने को अभिशप्त रहेगा, वह अपने अनुभव की विविधतापूर्ण पूरकता से वंचित रहेगा। आज दलित-रचना स्वयं अपनी ही रचनाओं से टकरा रही है, जबकि उसे समग्र रूप में अपनी अस्मिता के लिए सदियों से चले आ रहे, अन्याय और अमानवीयता की कलंकित समाज-संरचना और दूषित इतिहास के सवालों से टकराना चाहिए। बहरहाल, 'छांग्या रुक्ख' में दर्ज दलित जीवन ने इस बात का भी खुलासा कर दिया कि देश के सबसे समृद्ध प्रदेश पंजाब में भी जाति-पाँति, छुआछूत और वर्गभेद का ज़हर भरा हुआ है। लेखक ने अपने गांव माधोपुर में इस ज़हर को घूँट-घूँट पिया है, मगर उसकी अभिव्यक्ति ज़हर भरी नहीं है। बलबीर माधोपुरी की आत्मकथा का यह बहुत बड़ा सच है कि वह समाज में वैमनस्य और प्रतिशोध का नहीं, न्यायपूर्ण सामाजिक समन्वय की भावना को रेखांकित करती है।

'छांग्या रुक्ख' में कुल बीस अध्याय हैं। 'मेरी जन्मभूमि-माधोपुर' एवं 'कोरे काग़ज़ की गहरी लिखत' से शुरू होकर यह आत्मकथा 'किरायेदारी की लानत' पर खत्म होती है। यदि इसका पाठ शुरू किया जाए तो बेहतर होगा कि इसे उल्टे सफ़ों से शुरू किया जाए, क्योंकि दलित होने के अहसास और उसके जज़्बात को बलबीर माधोपुरी पिछले चालीस-बयालीस सालों से सलीब की तरह ढोते आ रहे हैं, फिर भी उन्हें मुक्ति का रास्ता दिखाई नहीं दिया। दिल्ली जैसे महानगर में भी उन्हें और उनके परिवार को, जिस मानसिक यातना से गुज़रना पड़ा, उसकी तो कोई सहज में कल्पना भी नहीं कर सकता।

'छांग्या रुक्ख' में बलबीर माधोपुरी के बचपन की वे स्मृतियाँ हैं, जिनमें उनकी ही नहीं पूरे दलित समाज की जीवन-कथा को महाकाव्यात्मक आधार मिला है। बचपन के दुःखों, पीड़ाओं और अंतर्द्वंद्वों को बलबीर माधोपुरी ने जिस प्रवाह के साथ व्यक्त किया है, वह सदियों से संचित दर्द और यातना की किसी महागाथा का हिस्सा ही लगता है। इसे पढ़ते हुए यह महसूस होता है कि हम 'आत्मकथा' के रास्ते मानवीय

संत्रास की कई सदियों से गुज़र रहे हैं। 'तिड़के शीशे की व्यथा', 'बादलों से झाँकता सूरज', 'हमारा घर—मुसीबतों का घर', और 'मेरी दादी—एक इतिहास' को पढ़कर इस चीज़ की गहरी प्रतीति होती है।

बलबीर माधोपुरी ने 'छांग्या रुक्ख' में जाति के मसले को एक सबक की तरह रखा है। वह न तो सामाजिक सद्भाव को संकुचित करता है और न 'चमारों तथा जट्टों' के बीच किसी द्वेष-भाव की बेल लगाता है। पिता, माँ, ताऊ और दादी के जीवन-संघर्ष और वर्तमान की भयावह परिस्थितियों ने लेखक को मानवीय और संवेदनशील ही नहीं बनाया, उसको विचार और सोच की दृष्टि से समृद्ध भी किया। किताबी ज्ञान के साथ-साथ उसका व्यावहारिक पक्ष विशेष रूप से परिपक्व हुआ और वह सामाजिक न्याय और समरसता का असली पैरोकार बन गया। उसने जाना कि आर्थिक व सामाजिक रूप से पिछड़ने के कारक सिर्फ़ जातिगत भेद नहीं हैं। इसके लिए वह शासन व्यवस्था ज़्यादा ज़िम्मेदार है, जिसने अभी तक देश में 'कृषि-योग्य भूमि' का सही बँटवारा नहीं किया। देश बँट गया, प्रदेश बँट गया, लेकिन सर्वहारा वर्ग क बीच ज़मीन नहीं बाँटी गई। इसलिए बलबीर माधोपुरी इस दुख को बार-बार व्यक्त करते हैं कि यदि हमारे पास भी जट्ट सिखों की तरह दो-चार बीघा कृषि-योग्य भूमि होती तो शायद हमें दुख के इस पहाड़ से नहीं जूझना पड़ता। हमारी औरतों को अपमान और ज़लालत भरी ज़िंदगी न देखनी पड़ती। लेखक को यह विश्वास होने लगता है कि शायद यह सब सामाजिक एवं राजनीतिक क्रांति के बिना संभव नहीं। लेखक का मार्क्सवाद के प्रति रुझान होने और कम्युनिस्ट पार्टी का कर्ता-धर्ता बन जाने के पीछे यही तर्क सामने आता है। वैचारिक दृष्टि से संपन्न होना, बलबीर माधोपुरी के विकास की पहली सीढ़ी है, जहाँ खड़े होकर वह सब कुछ देख सकता था और गरीबों व सर्वहारा वर्ग के पक्ष में अपनी आवाज़ बुलंद कर सकता था।

बलबीर माधोपुरी ने बचपन में जिस जातीय अपमान और उसकी पीड़ा को बर्दाश्त किया है, उसकी सच्ची तस्वीर हमें 'हम, चमारों का बरगद' और 'रेगिस्तान में बहा दरिया' आदि अध्यायों में देखने को मिलती है, पर यह आत्मकथा केवल गाँव माधोपुर के सामाजिक, राजनीतिक, आर्थिक एवं सांस्कृतिक अंतर्विरोध को ही दर्ज नहीं करती, बल्कि यह आज़ादी के पहले और आज़ादी के बाद के पंजाब के भौगोलिक, सामाजिक तथा सांस्कृतिक परिदृश्य को भी पूरी बेबाकी तथा ईमानदारी के साथ सामने रखती है। 'मेरी जन्मभूमि—माधोपुर' परिचय आलेख में लेखक ने जिस प्रामाणिकता के साथ अपने गाँव और ज़िले का सामाजिक एवं भौगोलिक खाका दिया है, वह पूरे पंजाब प्रदेश के लहूलुहान चेहरे को भी सामने रखता है। इस संदर्भ में 'छांग्या रुक्ख' के वे अध्याय विशेष रूप से महत्त्वपूर्ण हैं, जिसमें 'चमारली' के लोगों पर अंग्रेज भी जुल्म ढाते थे और गाँव के मुखिया-सरपंच भी। रोज़ाना थानेदार की घोड़ी के लिए घास ले जाना इनकी ड्यूटी होती थी। यदि घास अच्छी न होती

तो उन पर डंडे बरसाए जाते थे। अत्याचार और ज़ुल्म की यह दास्तां उस प्रदेश के दलितों की है, जिसे सबसे अधिक समृद्ध और ख़ुशहाल बताया जाता रहा है। जाहिर है, देश की इस शासन-व्यवस्था ने ही दलितों में आक्रोश और घृणा के बीज बोये, मगर 'छांग्या रुक्ख' की कथा अपने इस गुस्सैल रुख का रचनात्मक इस्तेमाल करती है। यह व्यक्ति के श्रम और शिक्षा के महत्त्व को रूपायित करती है, इसलिए लेखक अपने उन शिक्षा-गुरुओं तथा यार-दोस्तों के प्रति कृतज्ञता ज्ञापित करता है, जिन्होंने लेखक को मेहनत और ज्ञान की गरिमा का पाठ पढ़ाया।

यह आत्मकथा–आत्मश्लाघा और बड़बोलेपन की सरहदों से बहुत दूर खड़ी दिखाई देती है। लेखक ने अपनी स्थितियों और परिस्थितियों के भौतिक और मानसिक यथार्थ को इतनी सादगी से व्यक्त किया है कि उसके झूठे होने की कल्पना नहीं की जा सकती। आत्मकथा का पूरा कलेवर (भाषा, शिल्प, रचना-दृष्टि और काल) अपने समकालीन साहित्य की चुनौतियों को पूरी ईमानदारी के साथ सामने रखता है। वह समाज की बेहतरी के लिए बड़े सवाल भी खड़े करता है। वह अपने वक्त के घिनौनेपन से भयाक्रांत ज़रूर है, पर एक धैर्य भी है, जो उसे जीवन के हर मोड़ पर सँभलने की शक्ति देता है। सामाजिक समाधान में इसकी भूमिका उस गवाह की तरह है, जो जाति-पाँति और छुआछूत व सामाजिक असमानता के ठेकेदारों को कठघरे में खड़ा करके अपना हलफ़िया बयान दर्ज कराता है। इतना ही नहीं, लेखक ने 'छांग्या रुक्ख' में अपने शोषित और पीड़ित जीवन को पूरे साहित्यिक मानदंडों के साथ व्यक्त कर, सांस्कृतिक धरातल पर उस भाव-बोध का भी अहसास कराया है, जिसे कबीर और नानक ने अपनी साखियों और पदों के ज़रिये सबसे दुखी इंसान की आत्मा के रूप में दर्शन किए थे। मुझे विश्वास है कि 'छांग्या रुक्ख' का साहित्य की महत्त्वपूर्ण कृति के रूप में निश्चय ही सम्मान और स्वागत होगा और यह कृति मात्र पंजाबी या हिंदी तक सीमित नहीं रहेगी।

मेरी समस्त शुभकामनाओं के साथ।

नई दिल्ली

–कमलेश्वर

छांग्या रुक्ख : पंजाबी की पहली दलित आत्मकथा

बलबीर माधोपुरी की पुस्तक 'छांग्या रुक्ख' पंजाबी की पहली दलित आत्मकथा है। पंजाबी में बहुत से लेखकों ने अपनी आत्मकथा लिखी है लेकिन, 'छांग्या रुक्ख' पहली दलित आत्मकथा होने के कारण चर्चा का विषय बनी है। अन्य भाषाओं में दलित आत्मकथाएँ प्रकाशित हो चुकी हैं, इसलिए भारतीय साहित्य में दलित आत्मकथा का प्रतिमान स्थापित हो चुका है। अतः इस आत्मकथा को तुलनात्मक तौर पर केवल पंजाबी की आत्मकथाओं के परिप्रेक्ष्य में नहीं देखा जाना चाहिए, बल्कि इसे भारतीय भाषाओं में लिखी आत्मकथाओं के संदर्भ में भी देखा जाना चाहिए।

इस पुस्तक के विषय में जो दृष्टि बनाई जा सकती है, उसका संबंध केवल आत्मकथा की विधा से ही नहीं, बल्कि इसके प्रतिमान अथवा परिप्रेक्ष्य बनाते हुए अन्य कई बातें भी महत्त्वपूर्ण हैं, जिनका संबंध इस बात से भी है कि हमारे साहित्य में दलित समस्याओं का विश्लेषण कैसे होता रहा है या दलित साहित्य की क्या अवधारणा बन सकती है। हमारे साहित्य में दलित समस्या को पेश तो बहुत से लेखकों ने किया है, पर इस बारे में कोई विधिवत मौलिक अध्ययन नहीं हो सका। इसका कारण यह रहा कि हमारे आलोचकों ने दलित समस्याओं को उस परिप्रेक्ष्य में नहीं लिया, जिस परिप्रेक्ष्य में इनका विश्लेषण ज़रूरी था/है। जब हमारे साहित्य पर पारम्परिक मार्क्सवादी प्रभाव था या उस दृष्टि से दलित समस्या का विश्लेषण किया जाता था, तो इस समस्या को बाकी समस्याओं की तरह ही निपटा दिया जाता था और यही कारण था कि हम दलित साहित्य का सही जायज़ा नहीं ले सके। पर पिछले कुछ समय से दलित साहित्य का स्वतंत्र अस्तित्व सामने आया है तो यह भी आवश्यक हो गया है कि दलित साहित्य के काव्य-शास्त्र को समझा जाए। असल में, समाजवादी-क्रांति के असफल होने का एक कारण यह भी है कि हम इस समस्या को सही परिप्रेक्ष्य में समझ नहीं सके। भारतीय समाज की संरचना उन समाजों से अलग है, जिनके पारंपरिक मार्क्सवादी सामाजिक विश्लेषण किए गए हैं। यह तो ठीक है कि यह विश्लेषण प्रगतिशील दृष्टि से किया जा सकता है और किया भी जा रहा है। परन्तु,

इसमें भारतीय समाज की जाति-व्यवस्था और उसकी संरचना को उसके यथार्थपरक रूप में देखना ज़रूरी नहीं। यह सिर्फ़ श्रेणी का मसला नहीं या उस किस्म का द्वंद्वात्मक मसला भी नहीं, जिस प्रकार की दृष्टि को मार्क्सवादी विश्लेषण के अन्तर्गत निर्मित किया जाता है।

इस दृष्टि से बलबीर माधोपुरी की आत्मकथा 'छांग्या रुक्ख' हमारी आलोचना के सामने एक चुनौती खड़ी करती है। एक ऐसा टेक्स्ट सामने आता है जिसके विश्लेषण के लिए दलित साहित्य के शास्त्र को समझना और भी ज़रूरी हो जाता है। बलबीर माधोपुरी ने इसीलिए अपनी इस आत्मकथा में दिल्ली आने तक की अपनी जीवनी ही बयान नहीं की, वरन जिस सामाजिक संरचना में वह विचरता है और समाज का जो व्यवहार उसके या उसकी श्रेणी के सामने आया है, वह उसका भी विस्तार से उल्लेख करता चला जाता है। बेशक यह आत्मकथा कथा-साहित्य की तरह दिलचस्प है, पर लेखक अपने सामाजिक सच को ऐतिहासिक रूप में इतनी सच्चाई से साकार करता है कि हमें उसमें कहीं भी सच से परे की बात महसूस नहीं होती। बल्कि हम अपने समाज को कटु सत्य के सामने लाते हैं और यह आत्मकथाकार उस दृष्टि से उस समाज का विश्लेषण हमारे सामने प्रस्तुत करता चला जाता है। यह रचना पाठक की चेतना को डिस्टर्ब करती है, क्योंकि पाठक सोचता है कि हमारा समाज कितना प्रतिगामी है, जिसमें मनुष्य को मनुष्य नहीं समझा जाता और यह जो विभाजन पैदा किया गया है, उनका कारण है—पारंपरिक ब्राह्मणवाद। इस तरह पाठक भी आत्मकथा पढ़ते हुए एक विश्लेषण-चेतना से जुड़ता चला जाता है। यही कारण है कि इस दलित साहित्य का मूल्यांकन पंजाबी की अन्य आत्मकथाओं से अधिक और पृथक प्रयास की अपेक्षा करता है।

बलबीर माधोपुरी स्वयं कवि भी हैं और गद्यकार भी। उनकी यह आत्मकथा जिस शैली में लिखी गई है, उसमें ये दोनों बातें सकारात्मक रूप में सामने आती हैं। उन्होंने पुस्तक को नाम दिया है—'छांग्या रुक्ख' यानी छाँटा हुआ दरख़्त। जो काव्यमय भी है और प्रतीकात्मक भी और जिन लोगों को उन्होंने आत्मकथा में बयान किया है, वे लोग 'छाँटे गए दरख़्त' की भाँति दर्शाये गए हैं। इसी प्रकार आत्मकथा के अध्यायों के शीर्षक देखे जा सकते हैं। जैसे—'कोरे काग़ज़ की गहरी लिखत', 'तिड़के शीशे की व्यथा', 'थूहरों पर उगे फूल', 'कँटीली राहों के राही', 'बादलों से झाँकता सूरज', 'रेगिस्तान में बहा दरिया' ये सभी शीर्शक काव्यमय हैं, प्रतीकात्मक भी। इनके साथ अलंकारों और चिह्नों की विधि जुड़ी हुई है और यह भाषा उसकी काव्य-चेतना में से पैदा होती है। उसकी यह काव्य-चेतना उसे बाकी गद्यकारों में एक अलग तरह की शैली बनाने में सहायक बनती है।

बलबीर माधोपुरी की शैली की जब हम बात करते हैं तो उसके कई अन्य पक्षों को भी पहचानना ज़रूरी हो जाता है, क्योंकि वह यथार्थ के अधिक से अधिक

करीब होने का यत्न करता रहा है। इसलिए बहुत से स्थानों पर वह अपने समाज की लोककथाओं से जुड़ा हुआ है। इस आत्मकथा का पहला ही अध्याय एक लोकगीत की पंक्तियों से आरंभ होता है–

सिम सिम पाणिया
घुग्गी तिहाई (प्यासी) है!

आत्मकथा के इस टेक्स्ट में ऐसे लोक-तत्व या लोक-प्रमाण कई जगहों पर दिखाई देते हैं और इस तरह यह आत्मकथा यथार्थ की मिट्टी में अपनी जड़ें बनाती है। उसमें से ही यह अपने शैलीगत स्वभाव को प्राप्त करती है। लेखक इसीलिए बहुत सारी ऐसी दलित शैली सामने लाता है जो ठेठ रूप में पहले पंजाबी साहित्य में कम ही पायी गई है। हालाँकि दूसरे कथा-साहित्य में अन्य लेखक इस शैली को सामने कई बार लाए हैं, परन्तु बलबीर माधोपुरी के पास इस शैली का अथाह ख़ज़ाना है और उनकी यह शैली अधिक से अधिक यथार्थ के करीब रहती है।

बलबीर माधोपुरी ने अपनी इस आत्मकथा में कई स्थानों पर यथार्थ के करीब होने के लिए एक खोजी की तरह इतिहास के पन्नों को खँगाला है। उदाहरण के तौर पर वह अपने गाँव माधोपुर के 1914-15 के बन्दोबस्त, रवाज का नक्शा बनाकर विस्तार से पेश करते हैं, जिसमें हमारी सामाजिक-संरचना का वह सच सामने आ जाता है जिससे हम अभी तक विमुक्त नहीं हो पाए हैं और इससे हमारी जाति-व्यवस्था को जिस रूप में स्थापित किया गया है, वह खेल भी हमारे सम्मुख आ जाता है, जिसमें से हमारे समाज का एक अलग तरह का वर्ग-संघर्ष बना है।

इस आत्मकथा के यद्यपि सभी अध्याय दलित समस्याओं से संबंधित हैं, पर कुछ अध्याय अधिक यथार्थपरक हैं, जिनमें वह अपने व्यक्तित्व, अपने घर-परिवार और बिरादरी की सीधी बात करता है। जैसे 'हमारा घर, मुसीबतों का घर', 'बिरादरी का मसला', 'मेरी दादी एक इतिहास', 'हम, चमारों का बरगद' और 'अपने नाम से नफ़रत' आदि।

बलबीर माधोपुरी की इस आत्मकथा में जहाँ यथार्थ और इतिहास को बयान किया गया है, वहीं उसकी चेतना को ग्रहण करते हुए इस पक्ष की ओर भी ध्यान रखना ज़रूरी है कि सामाजिक विश्लेषण करते हुए वह हमारे समाज के उस 'मिथ' का भी विश्लेषण करता है जो पारंपरिक जाति-व्यवस्था को और दृढ़ करता है। पुराण जो दलित-मनुष्य के लिए ख़तरनाक सिद्ध होता है, उस पुराण का सृजन ब्राह्मणवाद ने किया। इसी पुराण ने ब्राह्मणवादी पारंपरिक मिथ को स्थापित किया, उसे पक्का किया और दलित समस्याओं को और अधिक गंभीर बना दिया। 'ब्रह्मा के थोथे चक्रव्यूह' का विश्लेषण इस बात में से उत्पन्न होता है, जिसके साथ उस पारंपरिक धर्म पर भी कटाक्ष पैदा हो जाता है और जिसमें से उस किस्म के पुराण या मिथ

जन्म लेते हैं।

इसके साथ ही आत्मकथाकार ने 'साहित्य और राजनीति के संग-संग' में साहित्य और राजनीति को लेकर अपनी दृष्टि और उसमें घटित हो रहे परिवर्तन को जिस तरह स्पष्ट किया है, उसके कारण यह अध्याय भी विशेष रूप से हमारा ध्यान खींचता है। इसके साथ ही, साहित्य और राजनीति के संबंधों के बारे में जो दृष्टिकोण बनता है और जिस किस्म का व्यवहार वह आसपास देखता है, उससे हमें यह समझने में सहायता मिलती है कि हम दलित दृष्टि के बारे में उसके विकसित हो रहे विचारों को कैसे समझें और यह बात इस आत्मकथा का परिप्रेक्ष्य बनाने में भी और अधिक मदद करती है क्योंकि ये लेखक के अपने विचार हैं।

बलबीर माधोपुरी अपनी विलक्षणता को स्थापित करते हैं। तात्पर्य यह कि दलित आत्मकथा के प्रमाण इसमें से उभरते हैं, पर आने वाले समय में इस आत्मकथा का महत्त्व इस कारण भी रहेगा, कि दलित साहित्यशास्त्र के मसलों पर यह आत्मकथा विशेष तौर पर सहायक सिद्ध होती है।

–डा. सुतिन्दर सिंह नूर

प्रोफ़ेसर, पंजाबी विभाग
दिल्ली विश्वविद्यालय, दिल्ली

'छांग्या रुक्ख' का सबब

आत्मकथा लिखने की मुझमें न तो अचानक कोई इच्छा जागी और न ही ऐसा विचार कभी मेरे दिल-दिमाग में आया। राजधानी दिल्ली में रहते हुए भी, धर्म के जरिये जात-पाँत के शिकंजे में जकड़े समाज ने मेरे माथे पर मढ़े अछूत/पूर्व अछूत के कलंक को हटाने की बजाय उसे चमकाने में ही भूमिका निभाई। पर यहाँ आकर एक नई घटना यह घटित हुई कि मैं मार्क्सवादी साहित्य के साथ-साथ भारत के दलित साहित्य का अध ययन पहले के मुकाबले अधिक करने लगा। तुलनात्मक दृष्टि से एक तथ्य यह क्रियाशील रहा कि देश के सबसे खुशहाल प्रांत पंजाब—जहाँ धार्मिक दिखने वाले अनेक ग्रंथों का सृजन हुआ और विश्व का सबसे नया और मानववादी समझा जाने वाला सिख-धर्म जोर-जुल्म के ख़िलाफ़ स्थापित हुआ। उसी धरती पर वह सभ्याचार उत्पन्न नहीं हुआ, जिसकी ख़ातिर गुरु साहिबान ने संस्कृत और उसकी संस्कृति को त्यागा था। जातिवादी संकीर्ण मानसिकता के कारण नित्य नए लड़ाई-झगड़े, अत्याचार, अन्तर्जातीय विवाहों के बदले मृत्यु, विज्ञान और तकनॉलोजी के शिखर छूती सदी में भी सामाजिक और धार्मिक संस्थानों में दलितों के साथ घोर अमानवीय व्यवहार जारी रहा।

इस नजरिये से मेरे मन में धुएँ के बादल उठते जो मुझे अंदर-ही-अंदर तबाह करते प्रतीत होते। विचार दृढ़-संकल्प में बदलते कि ऐसी हालत से तो 'जलना' बेहतर है, बेशक लौ-लपट छोटी ही क्यों न हो। समुंदर की लहरों की भाँति विचार किनारों से टकराने लगे, मानो अमानवीय हिंदू धर्म-जाति की बंदिशों को तोड़कर और बह कर समतल करने के लिए निरंतर प्रयत्नशील हों। तात्पर्य यह कि किसके विरुद्ध और किस प्राप्ति की खातिर लगातार लड़ना और संघर्ष करना है। इससे संबंधित मंतव्य अंबेडकरवादी विचारधारा के साथ स्पष्ट रूप में उभरकर सामने आ गया, हालाँकि जवाहरलाल नेहरू का प्रसिद्ध कथन भी दृष्टिगोचर रहा—'हिंदू निश्चित तौर पर उदार और सहनशील नहीं है। हिंदू से ज्यादा संकीर्ण व्यक्ति दुनिया में कहीं नहीं है।'

इसी दौरान भारत के दलित साहित्यकारों की आत्मकथाएँ जिनमें डॉ. श्यौराज सिंह

बेचैन की आत्मकथा का अंश शामिल है, पढ़ते हुए क्रूर यथार्थ ने मेरा मन बुरी तरह से छलनी कर दिया। मैं स्वयं को परत-दर-परत उधेड़ने लगा, 'स्व' के साथ संवाद रचाने लगा और अंततः 'स्व' की पहचान करने लगा। जिसके कारण 'छांग्या रुक्ख' (काटा-छांटा पेड़) शीर्षक के तहत आत्मकथा लिखने का मेरा मन बन गया। लिखते समय कथ्य और शिल्प को अपने ग्रामीण माहौल और सभ्याचार के अनुरूप रखने के लिए मैंने कोई विशेष यत्न नहीं किया। इसी में से सहज-स्वाभाविक आत्मकथा लिखने का मनोरथ उभरा। अपने समकालीनों और आने वाली पीढ़ियों को, अपने और अपने परिवार के बहाने, धर्म द्वारा गुलाम बनाए गए दलित समाज की अमानवीय स्थिति से परिचित कराऊँ जिसके कारण वे दोहरी-तिहरी मार झेल रहे हैं।

आत्मकथा लिखते समय यह खयाल लगातार मेरे ज़ेहन में रहा कि उन समस्याओं, असमानताओं, बेइंसाफियों और घटनाओं को एकपक्षीय और भावुक हुए बगैर प्रस्तुत करूँ, जिसका मेरे संग गहरा वास्ता रहा है। इस तरह, ब्राह्मणवादी व्यवस्था की न्यारी सामाजिक-आर्थिक समस्याओं से जूझते हुए अपना छोटा-सा यत्न पेश कर रहा हूँ, जो मेरी उम्र के 45 वर्षों (सन् 2000) को अपने घेरे में लेता है।

कुछ साहित्यकार मित्रों ने कहा कि आत्मकथा लिखने की यह उम्र नहीं है। मेरा तर्क था कि मुझे सीढ़ी का सबसे निचला डंडा बनाकर सवर्ण-जमींदार सदियों से ऊपर ही ऊपर चढ़ते जा रहे हैं—मैं कुचला जा रहा हूँ—मैं जुल्म के ख़िलाफ़ क्यों न यथार्थवादी दलित साहित्य की बुलंद आवाज में अपनी आवाज मिलाऊँ? यही तो है समूचे भारतीय साहित्य की मुख्यधारा, नए मनुष्य और नए भारतीय समाज की सृजना के लिए क्रियाशील समतावादी विचारधारा!

अंत में, कमलेश्वर जी और डॉ. सुतिंदर सिंह नूर का आभारी हूँ जिन्होंने 'छांग्या रुक्ख' के बारे में महत्त्वपूर्ण शब्द लिखे।

डॉ. श्यौराज सिंह बेचैन का विशेष धन्यवाद करता हूँ क्योंकि एक तो इनकी आत्मकथा के अंशों से उद्वेलित होकर मैंने पंजाबी में अपनी आत्मकथा लिखी थी। दूसरे इन्होंने इस पुस्तक का प्रकाशन *वाणी प्रकाशन* से करवाने की जिम्मेदारी ली। श्री अरुण माहेश्वरी का शुक्रगुजार हूँ कि उन्होंने गहरी दिलचस्पी लेते हुए इसके प्रकाशन को ख़ास तरजीह दी।

अपने प्रिय मित्र और लेखक सुभाष नीरव का अत्यधिक आभारी हूँ कि उसने उस आत्मकथा का हिंदी अनुवाद धैर्यपूर्वक बेहद परिश्रम और लगन से किया।

—बलबीर माधोपुरी

आर जैड/ए-44, महावीर विहार,
पालम, नई दिल्ली-110045

अनुक्रम

मेरी जन्मभूमि—माधोपुर

आत्मकथा के आरंभ में थोड़ा-सा स्पष्ट करना उचित समझता हूँ कि जिस समाज में मैं पैदा हुआ हूँ, उसने कभी जन्मपत्री या कुंडली नहीं बनवाई और न ही उसका ऐसा विश्वास रहा है कि दान-दक्षिणा देने से उनके जीवन में सुधार संभव है। सो, स्कूल के काग़ज़ों के अनुसार मेरी जन्मतिथि 24 जुलाई 1955 है जो माँ द्वारा बताये गये मेरे जन्म-दिन मंगलवार से मेल नहीं खाती। दूसरी बात, अपनी अब तक की पीढ़ियों में मैं पहला हूँ जिसे थोड़ा पढ़ने-लिखने का अवसर मिला।

—लेखक

'सिम सिम पानिया,
घुग्गी तिहाई (प्यासी) है।...'

मैं और मेरी उम्र के बच्चे बरसात के मौसम में अपनी छोटी-छोटी उँगलियों से ज़मीन में छोट्री-छोटी गुच्चियाँ खोदते हुए उपर्युक्त तुक बार-बार दोहराते। देखते ही देखते, ये पानी से भर जाया करतीं। जब एड़ी के बल गोल घूमते, छोटी-सी गोल गुच्ची पानी से लबालब भर जाती और पानी बाहर की ओर बहने लग पड़ता।

दरअसल, माधोपुर (ज़िला-जालंधर) ब्यास दरिया के मंड (यहाँ कभी दरिया बहता था) में बसे गाँवों में से एक गाँव है। पंज-आब अर्थात पाँच नदियों वाले पंजाब में बहता ब्यास दरिया रोहतांग (कुल्लू) के पास से निकल कर ज़िला कांगड़ा (हिमाचल प्रदेश) और पंजाब के ज़िला होशियारपुर का 290 मी़ल का रास्ता तय करके कपूरथला की सीमा-रेखा पर सतलुज़ दरिया में जा मिलता है। इन दोनों दरियाओं का जहाँ संगम होता है, उसे 'हरिके पत्तण' कहा जाता है।

कहने का तात्पर्य है कि जैसे-जैसे दरिया पश्चिम की ओर भूमि-कटाव करता चला गया, वैसे-वैसे पूर्वी किनारे के मंड में इक्का-दुक्का लोग आकर बसते चले गए। कच्चे-पक्के घर बनते गए और गाँव की शक्ल अख़्तियार करते गए। अब हमारे

गाँव से ब्यास दरिया लगभग 21 किलोमीटर के फ़ासले पर है।

सतलुज और ब्यास के बीच के इलाके-जालंधर, होशियारपुर, नवां शहर और कपूरथला—को दुआबा कहा जाता है। ज़िला जालंधर के कुछ गाँवों को 'सीरोवाल' का नाम इसलिए दिया गया है क्योंकि यहाँ ज़मीन में से अपने आप 'सीरां' यानी पानी की धारें फूटने लगती थीं। बारीक धार वाले इन छोटे-छोटे ख़ूबसूरत झरनों का पानी एक छोटी कूहल (नदी) का रूप धारण कर लेता। गाँव के पश्चिम दिशा वाले रेतीले टीले में से बहुत ही साफ़ और पारदर्शी पानी की बहती इस छोटी-सी नदी में हम गर्मी की ऋतु में नहाया करते। यह अनेक जीव-जन्तुओं, ख़रगोशों, पशुओं, पंछियों का बगैर किसी बाधा के सहारा बनती। इसके किनारे पर शीशम के दरख़्तों की कतारों पर हरियाली सदाबहार थी।

निचला इलाका होने के कारण हमारे गाँवों के कुओं का 'पत्तण' अधिक गहरा नहीं था। तड़के से लेकर दोपहर तक लगातार रहट चलता रहता तब कहीं जाकर पानी के बगैर डोलियों की माला तैरती और सफ़ेद-भूरी रेत चमकती दिखलाई देती। यह सब कुछ हम स्कूल की छुट्टी के बाद अपनी आवारागर्दी के दौरान देखा करते...और नया कुआँ खुदने का नज़ारा तो दिल खींच लेने वाला हुआ करता था। अच्छरू बाज़ीगर कई दिन पहले ढोल बजाना शुरू कर देता। कुएँ का पाड़ खोदने के लिए 'टक' लगाते समय अरदास हुआ करती, बताशों का परसाद बाँटा जाता। पैसे इस तरह हवा में उछाल कर फेंके जाते जैसे बेटी की डोली को विदा करते समय न्यौछावर किए जाते हैं। खुशियों से भरा वातावरण उस समय बेहद गम्भीर और उदास-सा हो उठता जब स्त्रियाँ वैराग्यमय स्वर में गाते हुए यह दोहरातीं—

'परदेसन लकड़ी जी,
दरशन कर लो सारे जी।...'

शहतूत के दरख़्त से लकड़ी में बदल गए चक्क के प्रति भावुक मोह का प्रकटीकरण मन को हिलाकर रख देता। कई आँखें नम हो जातीं क्योंकि 18 इंच चौड़ी गोल आकार की इस लकड़ी के चक्क को अब हमेशा धरती के अन्दर जो रहना था। इसके ऊपर 13 इंच की दीवार की चिनाई की जाती। चक्क के गोल आकार का व्यास कुएँ या कुइंया के अनुसार रखा जाता। गोताखोर अक्सर झीर बिरादरी के हुआ करते जो कुएँ के पानी के अन्दर उतर कर 'झाम' को मिट्टी से भरा करते। पानी के अन्दर उनकी लम्बी डुबकी देखकर हमारी साँसें रुकती महसूस होतीं। कुआँ खोदने का सारा काम कुछ ही दिनों में पूरा हो जाता और 'ख़्वाजा-खिज़र' द्वारा की गई मेहर के लिए दलिया बाँटा जाता। मिस्त्री बुड्ढा राम वल्द कूड़ा राम का कुआँ मैंने ऐसे ही तैयार होते देखा था। इस मौके पर मैंने अपने से बड़ी उम्र

के जट्टों के लड़कों को यह टोटका कहते सुना था जो किसी लड़की को सुना कर कह रहे थे—

'खूह दे चक्क वांगूं,
तू मुड़ के नहीं आउणा।'

जब ज़मीन के पानी का तल नीचे होता चला गया और 'हरे इन्कलाब' का नारा लगा तो ट्यूबवैल लगने लगे। तब भी 'कमीनों' के बच्चों को दलिया लेने की ख़ातिर जागर चौकीदार द्वारा हाँक लगा कर बुलाया जाता।

मेरे गाँव का सबसे पहला दोहलटा कुआँ (पूरब की ओर) सन् 1800 में बाबा संगतिया की ओर से बनवाया गया था। इसका प्रमाण एक ईंट पर खुदी इबारत से मिलता है जिसे 1981 में कुएँ की दीवार में से निकालकर मैंने उसकी फोटो ली और फिर 'जठेरों' के एक पक्के चबूतरे पर इसे हमेशा के लिए जड़वा दिया। ऊपर बताई गई ऐतिहासिक ईंट पर खुदी इबारत का तर्जुमा इस तरह से है—

'इस कुएँ को संगतिया ने सन् 1800 में बनवाया जिस पर 419811 ईंटें लगीं।...'

और हाँ, इस कुएँ का पानी 5-6 किलोमीटर दूर कुरेशियाँ तक भी ले जाया जाता रहा। पूरा गाँव पीने के लिए पानी यहीं से भरा करता था।

संगतिया ज़िला होशियारपुर के टुटो मजारा के निकट मुगोवाल के रहने वाले थे। अंग्रेज़ विद्वान सर तेनसिन चार्ल्स जोल्फ ऐसबस्ट और ई.डी. मैकलैंगन की खोज के अनुसार मुगोवाल से उठ कर संघा गोत्र के जट्ट सकरूली, लंगेरी, नरियालां (और शायद माधोपुर) में जा बसे थे।

संगतिया का गाँव पहाड़ी बरसाती नदियों की मार के तले था। खेतीबाड़ी के लिए ज़मीन की तलाश के दौरान उसी ने इस हरे-भरे इलाके को देख कर इसे 'माधो की पुरी' कहा। जब उसने यहाँ स्थायी डेरा जमा लिया तो यह 'माधोपुर' के नाम से जाना जाने लगा। अंग्रेज़ी सरकार के डाक-तार महकमे की ओर से अपनी सुविधा के लिए इसका नाम 'माधोपुर सीरोवाल' कर दिया गया क्योंकि ज़िले में इस नाम का एक अन्य गाँव भी है।

यहाँ रहते हुए बाबा संगतिया की ओर से कुछ ही वर्षों में पक्के मकानों का निर्माण कर लिया गया। परिणामस्वरूप, उसकी अगली पीढ़ी को 'पक्के वाले' और जहाँ से मिट्टी खोदी गई, उस जगह को अब तक 'गोरा छप्पड़ (जोहड़)' कहा जाता है। पटवारी के काग़ज़ों के अनुसार यह शामिलात है और निम्न जातियों को यहाँ से मिट्टी खोद कर अपने घरों को लीपने-पोतने की छूट है। अपने परिवार के सदस्यों के साथ मैं भी यहाँ से कई बार मिट्टी खोद कर ले जाता रहा हूँ। ख़ैर, गाँव के अन्य जोहड़ों की तरह जट्ट इन्हें पाट कर अपनी जायदाद का हिस्सा बनाते जा रहे हैं।

संगतिया ने अपने पैतृक गाँव के पास वाले गाँव पंडोरी में से 'विरदी' गोत्र का एक चमार परिवार लाकर बसा लिया था। पंजाब सिंह रामदासिया सैनपुर (होशियारपुर) से डेढ़ सदी पहले आकर बस गया था। वह जूतियाँ बनाने का काम किया करता था। 5 किलोमीटर दूर स्थित लड़ोये गाँव (ज़िला जालंधर) के सरदारों को संगतिया की ओर से की गई विनती पर एक झीर परिवार माधोपुर में आ बसा था। इस प्रकार, ब्राह्मण, सुनार, बढ़ई, नाई और एक पुरबिया धोबी परिवार यहाँ आकर बस गए थे।

गाँव देखने को हालाँकि इकट्ठा है, पर पीने के पानी के लिए कुआँ अपना-अपना है। बाद में, कुछ मुसलमान भी गाँव और ज़मीनों के मालिक हो गए। वे हिन्दू-सिखों की भाँति निचली जातियों से छुआछूत नहीं करते थे, शायद इसलिए कि उनमें से बहुत से लोगों की पृष्ठभूमि भी अछूतों और कारीगर जातियों वाली थी।

दूसरी ओर, अगर अछूतों (चमारों-चूहड़ों) का कोई लड़का नहा-धोकर और बाल सँवारकर घर से बाहर निकलता तो दरख़्त के नीचे या चबूतरे पर बैठी जट्टों की ढाणी में से कोई एक उठकर उसके सिर में मिट्टी डाल देता। अगर वह विरोध करता तो उसकी धुनाई की जाती। इसी तरह, अछूत जाति के किसी आदमी द्वारा नये कपड़े पहनकर निकलने पर उसे मारा-पीटा जाता कि तुम लोग हमारी नकल या बराबरी करते हो। इस तरह, जट्ट कम्मी (निम्न) लोगों के लिए हौवा थे और पता नहीं होता था कि ऐसी घटना कब और कहाँ घट जाए।

ज़ैलदार, जागीरदार, सफ़ेदपोश और नंबरदार से सब लोग थर-थर काँपते थे। ज़ैलदार के अधीन कई-कई गाँव हुआ करते थे। वह कचहरी लगाता, फ़ैसले सुनाता। उसके पास अदालत के जज की तरह अधिकार हुआ करते थे। सुनाई गई सज़ा के अनुसार जुर्माना, हर्ज़ाना और अन्य दण्ड भरने पड़ते। हालात और सूरत के अनुसार किसी को कोई सज़ा सुनाई जाती तो किसी को कोई और। कहते हैं, किसी ज़ैलदार को पाँच और किसी को सात ख़ून माफ़ होते, इसलिए लोग उसके सामने गर्दन सीधी करके बात करने का साहस न करते। और कमीनों, ख़ासकर अछूतों के प्रति उसका व्यवहार अक्सर डरावना और अत्याचारी हुआ करता। वह खेतीबाड़ी और निर्माण के कामों में बेगार करवाता। अगर इन दोनों क्षेत्रों में कोई काम न होता तो वह बेगार के निश्चित दिनों में खेतों में से मिट्टी खुदवाता और गाँवों के बाहर फिंकवाता। कहने का अर्थ यह कि निश्चित की हुई बेगार को बख़्शता नहीं था। उदाहरण के तौर पर इस हक़ीकत के सबूत उन गाँवों में टीलों की शक्ल में आज भी देखे जा सकते हैं, जिन गाँवों में ज़ैलदार हुआ करते थे।

जागीरदार अंग्रेजी हुकूमत की मदद के लिए 15 से 30 घोड़े पाला करता, अपने देशवासियों के अन्दर उठते विद्रोह के विरुद्ध अंग्रेज़ों का साथ देकर जागीरें

हासिल किया करता। वह भी अछूतों से बेगार करवाता, इनाम के तौर पर मार-पिटाई और गालियों की बौछार किया करता। मतलब यह कि अपना रौब और दबदबा बनाए रखता और अछूतों के अन्दर अपने अधिकारों के लिए उठने वाले विद्रोह को पनपने न देता।

सफ़ेदपोश दो-चार घोड़े रखा करता, कुछ गाँव उसके अधीन हुआ करते। बेगार करने के लिए अछूत हाज़िर रहते। सफ़ेदपोश सरकारी एजेण्ट की तरह काम करता, मुख़बरी करता। अपना इस तरह का रुतबा कायम रखते हुए सरकार से 'बख़्शीश' हासिल करता रहता।

नंबरदार गाँव स्तर पर सरकारी मुलाज़िम था। वह अपने से ऊपर वालों की सेवा के लिए उतावला रहा करता। अछूतों से अपनी इच्छानुसार बगैर मेहनताने के काम करवाता। उससे नीच जाति के लोगों सहित बाकी लोग भी बहुत डर कर रहते थे क्योंकि वह थाने में या फिर ज़ैलदार के पास जाकर किसी की भी शिकायत कर सकता था। उसकी बात हर जगह यानी सरकार-दरबार में सुनी जाती। उसकी इच्छानुसार फ़ैसले लिए जाते। वह लोगों को सरकारी पक्ष वाली सोच रखने और सरकारी नीतियों का समर्थन करवाने में अपनी अहम भूमिका निभाता। इसीलिए, आम तौर पर इन सभी ओहदेदारों को 'टोडी' या सरकार के 'पिट्ठू' कहा जाता रहा है। इनकी ओर देख कर ही जमींदार अछूतों के साथ शारीरिक अत्याचार करते रहते। ऐसे उदाहरण, अनुसूचित जातियों के 65-70 बरस के लोगों से आज भी बहुतायत में पूछे-सुने जा सकते हैं।

सो, इस तरह की है मेरी जन्मभूमि!...और माधोपुर, 'मेरा' गाँव, इतना बड़ा नहीं है (आबादी 1200 के करीब) और न ही बहुत पुराना; सिर्फ़ 250 बरस का। 1914-15 के बन्दोबस्त के मुताबिक इसका कुल रकबा 505 घुमाव (4044 कनाल और 11 मरले) और 12 कुएँ थे। 885 रुपये राजस्व दिया जाता था। अब यह 154 एकड़ है और राजस्व 1200 रुपये अदा होता है। शामिलात 134 कनाल 9 मरले—इसमें रास्ते और जोहड़ आदि शामिल हैं। 30 के करीब कुएँ खेतों में थे। इस गाँव में हमारी अछूतों की ज़मीन? शून्य के बराबर! इस प्रसंग में कुछ सच्चाइयाँ प्रस्तुत हैं। समूचे पंजाब की कुल ज़मीन के तीन बन्दोबस्त (मुरब्बाबन्दी) अंग्रेज सरकार की ओर से करवाए गए। पहला 1849-50 में, दूसरा 1880 में और तीसरा 1914-15 में। अन्तिम बन्दोबस्त की कुछ मदें अपने गाँव से संबंधित पढ़ने को मिलीं जो रवाज के तौर पर प्रसिद्ध हैं। दस्तूर नम्बर-10 के अनुसार कमीन बिरादरियों के लिए पाबन्दियाँ और उनके जिम्मे लगाए गए काम निम्न प्रकार हैं :-

बन्दोबस्त (रवाज), गाँव-माधोपुर, ज़िला-जालंधर 1914-15

नाम कमीन	कमीनों के काम और उनकी जिम्मेदारी	किसान देगा
बढ़ई	घरेलू और खेती बाड़ी के सामान की मरम्मत करना, पर लकड़ी मालिक देगा।	हाड़ी/साउणी (रबी/ख़रीफ़) फ़ी हल एक गट्ठर, हाड़ी(रबी) फ़ी हल 15 सेर कच्चा अनाज, लड़की के विवाह पर वेदी बनाते समय 8 आने।
कुम्हार	कुएँ की डोलियाँ और ज़रूरत के अनुसार मिट्टी के बर्तन बनाना (घर की ज़रूरत और विवाह के लिए)	रबी/ख़रीफ़ फ़ी हल एक गट्ठर, बेटी और बेटे की शादी के समय 8 आने।
लुहार	घरेलू और खेतीबाड़ी के लोहे के सामान की मरम्मत और कड़ाहे की मरम्मत करना।	कपास की आख़िरी चुगाई में से 1/2 हिस्सा, बेटी और बेटे की शादी के समय 8 आने।
नाई	हज़ामत करना, बेगार करना, खाना बनाना और शादी-ग़मी के कामों में हाज़िर रहना।	रबी/ख़रीफ़ फ़ी हल एक गट्ठर, फ़ी हल 5 सेर कच्चा गुड़, शादी—बेटी 5 आने और बेटा—4 आने।
चूहड़ा या चमार	कार-बेगार करना।	बेगार में मुर्दा पशु उठाने के लिए देना।
धोबी	कपड़ों के अलावा बारातियों को खाना खिलाते समय उनके नीचे बिछाये जाने वाले कोरे(कपड़े) की धुलाई।	रबी/ख़रीफ़ एक गट्ठर, फ़ी हल 5 सेर कच्चा गुड़।
झीवर/कहार	बेगार करना, एक घड़ा सवेरे और एक घड़ा शाम पानी देना। शादी-ग़मी के मौके पर काम करना।	पानी भराई एक मन कच्चा अनाज फ़ी छमाही, बेटी और बेटे के विवाह के समय 4 आने।

उपर्युक्त सूची से पता चलता है कि चूहड़े/चमारों यानी अछूतों के अधिकारों में केवल बेगार और मुफ़्त में कामधंधा करना शामिल था। मानवीय अधिकारों से वंचित इन लोगों को एवज़ में मुर्दा पशु उठाने को दिए जाते, वे भी अहसान के तौर पर कि वे उनके 'कम्मी-कमीन' हैं। सामाजिक, आर्थिक असमानता के लम्बे इतिहास को बरकरार रखने की इस सरकारी पैरवी और सामाजिक व्यवस्था के पैरोकारों ने मेरे मन में कई प्रश्न उत्पन्न किए और परेशानी का लम्बा सिलसिला शुरू किया।

अंग्रेज़ हालाँकि देशों को फ़तह करते रहे, पर उनके बारे में यह धारणा अभी तक प्रचलित है कि वे न्याय-प्रिय और वैज्ञानिक दृष्टि वाले हैं। उन्होंने अपनी गुलाम बस्तियों और गुलाम मुल्कों का भरपूर विकास किया। अनेक बड़ी परियोजनाओं को पूरा किया। लोगों को शिक्षा के माध्यम से अपनी संस्कृति, सभ्यता और इतिहास से परिचित करवाया, उनके अन्दर एक नया दृष्टिकोण विकसित किया, पर अछूतों के सन्दर्भ में उनके विचारों पर प्रश्नचिह्न लगते हैं।

पंजाब में अंग्रेज़ भारत के बाकी हिस्सों की अपेक्षा सबसे बाद में आए। उन्होंने यहाँ के अछूतों को समानता, शिक्षा, सम्पत्ति, विचार प्रकट करने के अधिकार क्यों नहीं दिए? स्पष्ट है कि वर्ण-व्यवस्था के कट्टर समर्थकों के साथ उनका गठजोड़ था और वे उनके प्रभाव के अधीन थे। पंजाब में अपने लगभग सौ साल के शासन के दौरान इन्तकाले अराज़ी एक्ट जिसके तहत अछूत अपने पैसे इकट्ठा करके भी ज़मीन नहीं खरीद सकते थे, लागू रहा। मौरूसी (गाँव के ज़मींदारों की ओर से कम्मियों-कमीनों को रिहायश के लिए दी गई साझी ज़मीन) भी मिलकीयत न बनी। अछूत, जागीरदारों और भू-स्वामियों के रहमोकरम पर निर्भर रहते, डर-डर कर समय व्यतीत किया करते। भू-स्वामी इसी आधार पर उनके साथ ज़ोर-ज़बरदस्ती करते, बलपूर्वक बेगार करवाते। ना-नुकर करने पर सरेआम अपमानित करते, मारपीट करते। अंग्रेज़ों से आज़ादी की मांग वे लोग करते जो उनके गुलाम थे, पर उन्हें अपने गुलामों की आज़ादी का कभी खयाल भी नहीं आया, बल्कि अपने धर्मग्रन्थों के नियमों के अनुसार उन्हें गुलाम बनाए रखना अपना जन्मसिद्ध अधिकार समझा। यही तथ्य समाज और देश के पतन के लिए ज़िम्मेदार रहे।

ऐसी हज़ारों बरसों की अन्याय, भेदभाव और असमानतापूर्ण सामाजिक व्यवस्था की मिसाल पूरी दुनिया में कहीं नहीं मिलती। पूरे विश्व में ऐसा कोई धर्म नहीं जो नफ़रत, अनैतिक रीति-रिवाज़, भेदभाव भरे आदेशों और अमानवीय परम्पराओं का झंडाबरदार हो। श्रमिक वर्ग और स्त्रियों के प्रति ऐसा अत्याचारी, दमनकारी व्यवहार और मनुष्यों को बाँटने का सिलसिला किसी देश में नहीं, पर भारत में इस व्यवस्था पर गर्व किया जाता है कि इसके चलते समूचे भारतीय समाज के अन्दर कभी तनाव और हिंसा नहीं हुई। इस विचार के समर्थकों में प्रगतिवादी समझे जाने वाले लोग भी शामिल हैं जो उच्च जातियों से संबंधित हैं और अब भी अछूतों की वजह से

ज़िंदगी का लुत्फ़ उठा रहे हैं। भला ऐसी घोर अन्यायपूर्ण व्यवस्था चल कैसे सकती थी अगर 'मनु-स्मृति' जैसी पुस्तक शूद्रों और अतिशूद्रों के विरुद्ध कठोर सामाजिक नियमों को पक्का करने वाली न होती। ऐसी ही पुस्तकों के सन्दर्भ में डा. भीमराव अम्बेडकर ने लिखा है—'जिन पुस्तकों को पवित्र ग्रन्थ कहा जाता है, वे ऐसी जालसाज़ियों से भरे पड़े हैं जिनकी प्रवृत्ति राजनीतिक है, जिनकी रचना पक्षपाती है और उनका मनोरथ और प्रयोजन है—कपट और छल।' इसके साथ ही मुझे भारत के पहले प्रधानमंत्री जवाहरलाल नेहरू के शब्द याद आते हैं—'हिन्दू निश्चित तौर पर उदार और सहनशील नहीं हैं। हिन्दू से अधिक संकीर्ण व्यक्ति दुनिया में कहीं नहीं है।' कार्ल मार्क्स का यह विचार और निश्चय कभी नहीं भूलता कि दुनियाभर में अगर कहीं भी अन्याय के विरुद्ध और सामाजिक-आर्थिक समानता के लिए एक हाथ उठता है तो मेरे दोनों हाथ उसके साथ होंगे।'

इसी तरह की भावना के साथ एक निर्भीक पंजाबी सूरमा सामाजिक न्याय के लिए उठा और अजीब इत्तेफ़ाक की बात है कि वह, बाबा संगतिया के गाँव मुगोवाल का ग़दरी बाबा बाबू मंगूराम मुगोवालिया था जिसने अंग्रेज़ों के विरुद्ध देश की आज़ादी की ख़ातिर जेलें काटीं, फ़ाँसी के तख़्ते से फ़रार होकर जंगलों में आदिवासियों के साथ तीन वर्ष का समय गुज़ारा। 1925 के आरंभ में वह मनीला छोड़ कर भारत के दक्षिणी-पश्चिमी इलाकों में सरगर्मी से काम करने के बाद अपने गाँव लौट आया। अछूतों की दरिद्रता और दूभर ज़िंदगी को फिर से देखा। दोहरी-तिहरी गुलामी के अहसास ने उन्हें हिलाकर रख दिया। लाला हरदयाल की जवाबी चिट्ठी मिलने पर वे अछूतों के उद्धार के लिए पूरे तन-मन से काम करने लगे और डा. भीमराव अम्बेडकर से सम्पर्क किया। 11-12 जून, 1926 को अपने गाँव मुगोवाल में अलग-अलग जातियों के लाखों लोगों का एक विशाल सम्मेलन किया और 'आदिधर्म मंडल' की स्थापना की। यह एक प्रकार का सांस्कृतिक आन्दोलन था। उन्होंने सामाजिक असमानता के ख़िलाफ़ 'आदि डंका' नाम का अख़बार भी आरंभ किया। सामाजिक, राजनीतिक और आर्थिक संघर्ष के कारण 1944 में अपने सात अन्य साथियों के साथ वह एम.एल.ए. बने।

यहाँ जो गौरतलब बात है, वह यह है कि मंगू राम मुगोवालिया हमारे गाँव माधोपुर में सन् 1947 से पहले और बाद में आए। ऐसा बताया जाता है कि उनका भरपूर स्वागत किया गया और इसमें समूचा गाँव शामिल था। देश की आज़ादी और अछूतों के उद्धार के लिए किए गए उनके संघर्ष को भारत के लोग सदैव याद करते रहेंगे।

...और चौथा बन्दोबस्त दि ईस्ट पंजाब लैंड (एंड प्रीवेंशन फ्रैगमेंटेशन) आफ होल्डिंग एक्ट, 1943 के तहत अंग्रेजों द्वारा भारत छोड़ कर चले जाने के बाद 1948 में हुआ, जो 1960 तक चलता रहा। इसके अनुसार हर 'कम्मी' परिवार को दो-दो मरले ज़मीन घरों का ढेर-कूड़ा फेंकने के लिए दी गई। इससे पहले भूमिहीन और

ग़ैर-काश्तकार लोगों का ढेर-कूड़ा मालिक लोग मालिकी के हिस्से के अनुसार बाँट लेते थे। जो ग़ैर मालिक काश्तकारी किया करते थे—वे अपने खेतों में डाल लेते थे। ग़ैर मालिक को ढेर-कूड़ा बेचने का हक नहीं था।

...और अंग्रेजी सरकार के गुलाम आख़िर 15 अगस्त 1947 को आज़ाद हो गए। उन्हें और अधिक अधिकार प्राप्त हो गए, पर 'रजूअतनामा' (जागीरदारी बन्दोबस्त के तहत, सरदारी, चौधराहट को बरकरार रखने वाला कानून) ज्यों-का-त्यों रहा, बेशक 26 जनवरी 1950 को भारत का अपना संविधान लागू हो गया। लम्बी जद्दोज़हद और अधिकार-चेतना के कारण 1957 में 'मौरूसी' का हक खत्म हो गया, यानी 'कमीनों' को इसके स्वामित्व के हक प्राप्त हो गए। बसने के लिए अछूतों को दी मौरूसी (विरासत में मिली ज़मीन) के बदले में बेगार करवाने का हक—रजूअतनामा टूट गया। अछूतों से बलपूर्वक और मुफ़्त में काम करवाए जाने वाले कानून से छुटकारा मिल गया। इन्तकाले अराज़ी एक्ट पहले ही खत्म हो चुका था और अनुसूचित जातियों को जायदाद ख़रीदने-बेचने का सम्पूर्ण अधिकार प्राप्त हो गया था।

अछूतों के मुहल्ले/बस्तियाँ पंजाब और भारत के गाँवों में पश्चिम की ओर निचली जगह पर हैं। इसलिए कि ये वर्ग हिन्दू सामाजिक व्यवस्था के अनुसार चारों वर्णों में से किसी एक में भी नहीं आते और इस व्यवस्था के समर्थकों के अनुसार उनकी परछाईं भी नहीं पड़नी चाहिए। कहने को दलित हिन्दू धर्म का हिस्सा हैं लेकिन, वास्तव में यह धर्म उन्हें गुलाम बनाने का एक माध्यम भर है। इसी कारण, इन लोगों को समाज की मुख्यधारा से अलग रखा गया। दूसरी सोच यह थी कि गाँव का गन्दा पानी हमेशा पश्चिम दिशा यानी निचले हिस्से की ओर ही बहता है, इसलिए ऐसे लोगों का वास गन्दमन्द में ही उचित है। ऐसी घटिया और घिनौनी व्यवस्था का प्रत्यक्ष प्रमाण आज भी भारत के गाँवों में देखा जा सकता है।

ख़ैर, 1947 से पहले हमारी बिरादरी के जिस परिवार ने किसी जट्‌ट के नाम पर ज़मीन खरीदी थी, उस जट्‌ट ने पूरी ईमानदारी के साथ उस दलित के नाम चढ़वा दी। यह घटना परिवर्तन और क्रान्ति का एक प्रतीक बन गई। आज़ादी का अहसास चारों ओर फ़ैलने लगा। संवैधानिक दृष्टि से सभी भारतवासी हर क्षेत्र में बराबर समझे जाने लगे। अछूत अब हरिजनों से अनुसूचित जातियों तक का सफ़र तय कर गए, पर सामाजिक व्यवहार और उच्च जातियों की मानसिकता में उतना बदलाव नहीं आया जितनी तेज़ी से इस वैज्ञानिक युग में आना चाहिए था। बहुत से कानून जिस भावना से बनाए गए, वे वास्तविक अर्थों में कार्यान्वित नहीं हो सके। संक्षेप में, सामाजिक परिवर्तन को, समाज के सभी वर्गों से बहुत सारे प्रयास, साहस और दिलेरी की आवश्यकता है। तर्कवादी दर्शन की बहुत ज़रूरत है। दलित समूचे देश को विकसित होते देखना चाहते हैं, ऐसा मैंने पिछले कई वर्षों के दौरान भिन्न-भिन्न दलित बुद्धिजीवियों की बैठकों में अनुभव किया है।

कोरे काग़ज़ की गहरी लिखत

"इस चमारली को डपट के परे हटा तो जरा!" गुरुद्वारे की खिड़कियों से चिपके हुए और एक-दूजे के ऊपर से पंजों के बल सींखचों को पकड़ अन्दर झाँकते हुए हम बच्चों की तरफ़ देख कर परसाद बाँटता गाँव का जट्ट 'भाई' अपने करीब खड़े किसी व्यक्ति को अक्सर ही संग्रांद या गुरपुर्ब (गुरुपर्व) के मौके पर कहता।

खिड़कियों से लटके और चिपके हुए हम सब बच्चे पलभर के लिए जूतियों को पैरों तले रौंदते पीछे हट जाते। जैसे ही उसका मुख दूसरी ओर होता, हम फिर से उसी खिड़की से चिपक जाते।

खीझू स्वभाव वाले उस 'भाई' ने सिक्खी स्वरूप को दर्शाता कच्छा पहना होता, बदन पर मलेशिये का घिस चुका कुर्ता होता और सिर पर पगड़ी इतनी मैली होती कि ये सब उसकी तेल या पसीने से तर हुई टाँगों से मेल खाते दिखाई देते। उसके चेहरे पर फ़ैले चेचक के मोटे-मोटे दाग यूँ लगते जैसे उपलों की सलेटी रंग की राख पर बारिश की बूँदें पड़ गई हों। जब वह चबा कर बात करता तो उसकी तिकोनी-सी सफ़ेद दाढ़ी भी हिलती। उसकी चुँधी आँखों की हम नकल उतारते।

"चन्नणा, तेरे काबू में नहीं आने वाली ये चींगरपोट...मैं भगाता हूँ इन माँ के ...।" वह उछलकर तेज़ी से हमें अधूरी गाली बकता जिसका खाली स्थान हम सबके मन में खुद-ब-खुद भर जाता।

परसाद के लिए सबके बाद में जब हमारी बारी आती तो वह झिड़ककर कहता, "कमजातो, तुम्हें एक बार नहीं कहा, आराम से बैठ जाओ।" पर हम खड़े-खड़े ही एक-दूजे से आगे दोनों हाथों के छोटे-छोटे चुल्लू बनाकर उसकी ओर बढ़ाते। वह बिना झुके परसाद बाँटता और हम फ़ुर्ती से उसे ऊपर हवा में से ही लपक लेते। कभी-कभी जब किसी के हाथों में परसाद न आता और नीचे ज़मीन पर गिर जाता, तो वह रुआँसा हो उठता। जब वह ज़मीन पर गिरा परसाद उठाने को होता, तभी ताक में बैठा कुत्ता अपनी जीभ से उसे छक जाता। इसी प्रकार एक-दो बार मेरी कटोरी उस वक्त हाथ से छूट कर नीचे गिर पड़ी जब 'भाई' जल्दी-जल्दी परसाद

को ऊपर हवा में ही छोड़ रहा था कि कहीं उसका हाथ कटोरी या बच्चों के हाथों से छू न जाए। ऐसा होने पर मेरे चेहरे पर छाई खुशी की लहर एकदम से उतर कर कहीं दूर चली जाती, जो फिर जल्दी न लौटती।

कभी वह किसी से कहता, ''ओए, तूने पहले नहीं लिया?''

''नहीं बाबा, मैंने नहीं लिया अभी।'' परसाद छुपा कर खाने के बाद कच्छे की पिछाड़ी से हाथ पोंछ कर हम में से कोई एक कहता।

घरों की ओर लौटती हमारी ढाणी ऐसे खुश होती मानो बड़ी प्राप्ति कर ली हो। हम एक-दूजे को बताते, ''मैंने भी आज तीन बार लिया।''

''तुझे नहीं पता, कानी बांट करता है ये मुचरू-सा। अन्दर बैठे हुए लोगों को तो मुट्ठी भर-भर कर देता है और हमें ले-देकर वही चुटकी-सा...।'' पास से गुज़र रहे मस्से के ये शब्द मुझे सुनाई दिए, जिन्हें सुन कर मेरे मन में कुछ तिड़क गया जैसे भूचाल से हमारी कोठरी की गुरुद्वारे की तरफ़ वाली दीवार में दरार आ गई थी।

जब मैं अकेला होता तो मेरी सोच फिर गुरुद्वारे के बाहर किसी अरदासिये की तरह जा खड़ी होती, जिसकी मूक आवाज़ मेरे सिवाय किसी को सुनाई न देती। अन्दर बैठे मेरी उम्र के सजे-सँवरे लड़के-लड़कियों और अपने बीच, मुझे अपना नंग ढकने के लिए पहने हुए जांघिये का फ़र्क दिखाई देता या फिर रंगों का। सहसा, पाठ करने वाले भाई की 'कर्मों' के प्रसंग में की गई लम्बी-चौड़ी व्याख्या गाँव के बड़े से गोरे तालाब की तरह आ खड़ी होती, जिसके गहरे पानी पर तैर कर दूसरी ओर जाने का मुझमें साहस न होता। कोठरी की दीवार की दरार बड़ी दरार में बदल जाती और छत गिरने को तत्पर दिखाई देती। बीच-बीच में मेरी आँखों के सामने अपने ननिहाल के गाँव आई मेरी उम्र की उस भोली-सी लड़की का उस समय का चेहरा रह-रह कर साकार होने लगता, जब मेरा परसाद कुत्ता खा गया था और वह रुआँसी हो उठी थी। अपने छोटे से चुल्लू में से जब वह लड़की मुझे परसाद देने लगी थी, तभी एक स्त्री उसकी दोनों छोटी-छोटी चोटियाँ पकड़कर उसे घसीटते हुए ले गई थी और वह 'मामी-मामी' कहती पैर घसीटती हुई आगे-आगे चल पड़ी थी। इन्हीं विचारों में गुम हुआ मैं आख़िर मन ही मन दृढ़ निश्चय कर लेता—'अब से गुरुद्वारे के आँगन में पैर नहीं रखना। ऐसे परसाद को नहीं लेने से क्या थुरने वाला है!'

इसी दौरान, कई बार हमें 'वलियों' के बिक्कर की लाल-सफ़ेद-चितकबरी घोड़ी दिखाई देती। हमारी सारी टोली हुड़दंग मचाती उसी ओर हो जाती।

बिक्कर जब हमारे घरों के पास से गुज़रता तो वह घोड़ी की रास पकड़े उसके आगे-आगे चल रहा होता। घोड़ी अपनी पूंछ बार-बार ऊपर-नीचे और इधर-उधर हिलाती-डुलाती रहती। इस प्रकार हम,'हैंकनों', 'नांगो' और 'शेखचिल्लियों' की

हवेलियों के सामने से लाँघ कर, 'घोड़ों' और 'मंतरियों' की हवेली तक घोड़ी के पीछे-पीछे चलते रहते। मेरा मन घोड़ी की छोटी-सी बछेरी पर उछलकर चढ़ने को करता, जो घोड़ी के कभी आगे और कभी पीछे की टाँगों में अपना मुँह घुसा देती थी। पर कर्मों का खेल मेरा पीछा न छोड़ता था, वह मुझे बछेरी पर चढ़कर झूलने के ख़याल को छोड़ देने के लिए प्रेरित करता। और, कई बार हम उस समय चीखें मारते हुए पीछे हट जाते, जब घोड़ी खड़ी होकर लीद करने लगती। एक बार 'नांगों' के पोखर के पास आए तो मेरे साथ के लड़के पोखर के पानी पर मटकों के ठीकरे फेंकने लगे। वहीं मेरी निगाह आम के नये उगे पौधों पर पड़ी। इनकी नीचे की पत्तियाँ हरी और कोंपलें हल्की भूरी थीं। मैंने एक बूटे की चक्कली निकालनी चाही, पर सफलता नहीं मिली, पर फिर भी मैं धीरे-धीरे होशियारी से एक बूटा जड़ सहित ही उखाड़ लाया।

जब मैं अपने आँगन में बूटा लगाने के लिए खुरपी से मिट्टी खोद रहा था, तभी बापू ने मेरे हाथों की खुरपी छीन ली और बोला, "मामा! तू जट्टों की बराबरी करता है। उनकी तो छह-छह कनालों में हवेलियाँ हैं। हमारे पास तो यही कुछ है, बैठने-उठने को।"

आम के बूटे की तरह मेरे मन ने भी मुरझाना शुरू कर दिया था। किसी तूफ़ानी अन्धड़ ने मेरी चाहतों के 'बौर' को असमय ही हिला कर झाड़ दिया था। मैं फिर भी सोचता, 'हमारे आँगन में भी कोई पेड़ हो...चिड़ियाँ-घुग्गियाँ और तोते आकर उन पर बैठें।'

मैं अभी इन्हीं ख़यालों में खोया हुआ था कि मेरे हमउम्र पाश ने अचानक सूरज छिपने से थोड़ा पहले आकर मुझे बताया, "अपने श्मशान के राह में छलेडा रहता है, गुड्ड!"

वह दौड़ कर आया था और तेज़-तेज़ हाँफ रहा था। मैं हतप्रभ था।

"कैसा होता है वह?"

"कहते हैं इच्छाधारी होता है, कभी आदमी बन जाता है, कभी बकरी, कभी कौड़ियों वाला खड़प्पा साँप और कभी कुछ और।" उसकी घबराई हुई आवाज़ से मैं और भी दहल गया।

"कइयों ने उसे देखा है, कहते हैं—वो बाबरियों वाला बौना साधु भी बन जाता है और उसने काले कपड़े पहने होते हैं।" पाश की आँखों की पुतलियाँ कभी फैल जातीं और कभी आँखें सिकुड़ जातीं। उसके चेहरे पर एक रंग आता, एक रंग जाता।

मेरी हैरानकुन आँखों के सामने यह सबकुछ साकार हो उठता। श्मशान भूमि में बिज्जू मरे बच्चों को ज़मीन के नीचे से खोद कर निकालते दिखाई देते, जिनके बारे में मैंने पहले ही अपनी दादी और हमउम्र साथियों से सुन रखा था।

'तभी, मोहन लाल डाकिया अपने हाथ में बरछा रखता है। इसी कारण उसने

लाठी के सिरे पर लगे बरछे के ठीक नीचे घुँघरू बाँध रखे हैं। जब वह अपने उतावले-उतावले पैर उठाता है, तो घुँघरू बँधे बरछे वाली लाठी को भी फ़ुर्ती से आगे की ओर ज़मीन पर रखता चलता है। घुँघरुओं की छन-छन और लाठी की ठक-ठक से छलेडा डर कर राह में से हट जाता होगा।' मैंने सोचा। उसके सिर पर रखी, ख़ाकी थैली मुझे सुलेमानी टोपी जैसी लगती, एक ऐसी टोपी जिसकी कल्पना मैंने अपनी दादी से कहानी-किस्से सुनते समय की थी। दादी कहा करती, "इस टोपी से सारी आफ़तें रफ़ू-चक्कर हो जाती हैं।"

उस रात मुझे हल्का-सा ताप चढ़ गया। छलेडे को लेकर ख़यालों की लड़ी टूटने, खत्म होने पर ही नहीं आ रही थी। मैं सहमते हुए कभी आँखें मूँद लेता, और कभी खोल लेता। दालान की मोटी दीवार के आले में जल रहा मिट्टी के तेल का छोटा-सा लोहे का काला हो चुका दीया मेरे अन्दर ख़ौफ के उठते ऊँचे-ऊँचे ज्वारभाटों को धकेलने का यत्न करता। जब दीये की लौ काँपती तो छाती में मेरा दिल और अधिक डोलने लग पड़ता। मैं सोचता, 'काश! सुलेमानी टोपी मुझे भी कहीं से मिल जाए।'

...और अगले रोज़ मैं गाँव के पश्चिम में ढड्डा-सनौरा गाँव की तरफ़ जाती राह की ओर न जाकर गोयरां (गाँव के नज़दीक वाले खेत) में ही हग कर जब घर की ओर तेज़ी से लौट रहा था, गली में माई ईशरी से आमने-सामने मेरी टक्कर हो गई थी। हालाँकि वह कुबड़ी होकर चला करती थी, पर शुक्र यह था कि वह गिरते-गिरते दीवार के सहारे से सँभल गई थी। वह मुझे पहचान न सकी और मैं उलाहनों से बच गया था।

"देख तो, गू से कैसे पैर लिबेड़ लाया है।" घर की चारदीवारी के दरवाज़े के पास ईंट-पत्थर से बनाये गये खुरे (खुला ग़ुसलख़ाना) पर मेरे पैर धोती मेरी माँ ने कहा। फिर, उसने दालान के पीछे वाली कोठरी में जाकर मुझे हाँक लगाई, "इधर आ मेरे पुत्त, ये दाने कुरते की झोली में ले जा और रत्ते से चाय-पत्ती ले आ।"

मैं प्रायः ही गाँव के बीच वाली गली में रत्ते बामण की हट्टी को जाया करता और देखा करता, सवेरे-सवेरे झीरों का किच्छी और पाशू, दोनों जट्टों-बामणों और सुनारों के घरों को पानी से भरे घड़े ले जा रहे होते। उन्होंने बाये कंधे पर घड़े, छोटी मटकी को बड़ी होशियारी से गर्दन का सहारा दिया होता। वे अपनी चढ़ती उम्र में ही किसी बूढ़े बुज़ुर्ग की तरह कमर झुका कर चलते। घड़ों के भार तले तेज़-तेज़ चलने के कारण वे हाँफ रहे होते। मेरे मन में आता कि ईंट मार कर घड़े फोड़ दूँ ताकि मुझसे पाँच-छह बरस बड़े पाशू को इस बोझ से छुटकारा मिल जाए। पानी से भरे छलछलाते इन घड़ों के कारण उसके कपड़े भीगे होते। कुछ देर बाद वे स्कूल की ओर दौड़ रहे होते। उनका बापू दीवान भी बहंगी में पानी से भरे घड़े ढोता। वह सँभल-सँभल कर पैर रखता था। बहंगी की रस्सियों-तनियों के अन्दर फँसाये

हुए घड़े झूलते दिखाई देते।

कोई स्त्री दरवाज़े में खड़ी होकर कहती, ''दीवान, आज पानी पहले हमारे घर दे दे, हमने मुकाणे (मातमपुर्सी में) जाना है।''

''पंचा, बड़ा पसीने-पसीने हुआ पड़ा है सवेरे-सवेरे।'' कोई जट्‌ट दीवान के पसीने से भीगे कपड़ों को देखकर पूछता।

''कहीं जाना है। सोचा जल्दी-जल्दी हल्ला मार लूँ।'' वह अपनी माझे वाली बोली में बताता।

कई बार ताई सीबो(झीर) और उसका बेटा जीत भी मुझे लोगों के घरों में पानी भरते हुए दिखाई दे जाते। साथ ही 'कर्मों के खेल' का चक्कर रहट की तरह लगातार चलना शुरू हो जाता। पानी से भरी डोलियाँ, 'भाई' के प्रवचनों की सच्ची साखी और खाली वापस आई छेदों वाली पुरानी डोलियाँ, ये सब एक मन-घड़ंत अकथ कथा की गवाही देते प्रतीत होते। हट्‌टी की ओर आते-जाते मेरे कानों में गुरुद्वारे के भाई के पाठ की आवाज़ पड़ती। लेकिन, बापू कई बार कहता, ''पता नहीं क्यों भाई आज मुँह में ही मिन-मिन किए जा रहा है। कल तो मुर्गे की बाँग के साथ ही दुहाई देने लग गया था।''

''मुँह सँभाल के बोला कर, कोई सुन लेगा तो क्या कहेगा?'' माँ ने धीमे स्वर में बापू से कहा।

मेरा गाँव जो रात के समय घने अँधेरे में गुम हो जाता, दिन निकलने पर उजागर होकर फिर इसी तरह हरकत में आ जाता। और बापू हुक्के के लम्बे-लम्बे घूँट भरने के बाद पीतल का गिलास उठाता। इतने में मेरे ताये के बेटे भी आ जाते। उनके हाथों में या कई बार जेब में या फिर अंगोछे के एक सिरे में बाटी-गिलास बँधा होता। फिर वे दिहाड़ी, आधी दिहाड़ी के लिए घर से निकल पड़ते। मेरी आँखें उनकी पीठ का पीछा करती रहतीं। वे पीछे देखकर कहते, ''जिनके यहाँ जाना है, उनके घर में हमारे लिए भांडों का टोटा ही रहता है, और बता।''

मुझे शब्द न सूझते और सोचने लगता, 'अनपढ़ों से लिखे हुए अक्षर तो पढ़े नहीं जाते, मुँह पर से अनलिखे को ये कैसे पढ़ लेते हैं!'

लेकिन, मेरा मन छलेडे की कल्पना कर-करके खुद ही मकड़जाल बुनता और खुद ही फँस जाता। और इस तरह कितनी-कितनी रात गुज़र जाती। इसी दौरान गीदड़ों की आवाज़ें आनी शुरू हो जातीं जो डरावनी और रुआँसी-सी होतीं। मेरे दिल की धड़कन मेरे कानों में सुनाई देने लगती। जाड़े की रातें खत्म होने का नाम ही न लेतीं। जब इस बड़े इलाके की गन्ने की फ़सल खत्म होती, तो गीदड़ों की आवाज़ें यदा-कदा ही सुनाई पड़तीं।

उधर, बड़े तड़के नम्बरदारों के दास (गुरदास सिंह) की बेहद ऊँची आवाज़ 'जै अली, जै अली' जाड़े की रातों के सन्नाटे को चीरती हुई हमारे कानों में पड़ती।

बिस्तर की गर्माहट में भी कुछेक पल के लिए मुझे कँपकँपी छूट जाती। अपने संग सोये बड़े भाई बिरजू से मैं कस कर लिपट जाता। मैं डर कर अदृश्य परमात्मा को मन ही मन स्मरण करने लग पड़ता। कई बार गहरी नींद तड़के ही आती।

सुबह के समय दास हमारे घर के सामने से निकलता। उसके केश खुले और गीले होते। चेहरे पर भरी हुई सफ़ेद दाढ़ी फ़बती थी, पर वह कोई दैत्य या जिन्न-भूत जैसा लगता। वह ऊँची-सी धोती और निहंगों जैसा कुर्ता पहने होता। उसके दायें हाथ में लोहे की बाल्टी और बायें कंधे पर गन्नों की एक गाँठ होती। उसका ऐसा रूप देख कर मैं डर जाता। मैं फ़ुर्ती से अपने घर के बाहर वाले दरवाज़े के तख़्ते की ओट में छुप जाता।

''धरम से, रस की चाटी पी जाता है लंबड़! पाँच-सात दिन हुए लड़कों ने कोल्हू पर से रस की चाटी उठाकर पिला दी। जब थोड़ा झुका तो कै करने लग पड़ा।'' एक दिन स्वर्णा ने दास को आते देख कर अपने घर के दरवाज़े पर खड़े होकर मेरे बापू से सरसरी लहज़े में बात चलाई।

''पता नहीं क्या समस्या है इनके घर। कितना ऊँचा-लम्बा जवान है, पर आधी रात को रहट चलाने के लिए पशुओं की जगह खुद जुत जाता है।'' बापू ने बात को विस्तार दिया।

''मामों ने सारा तकिया घेर रखा है, पीर ने तो सर चढ़के बोलना ही है। मुसलमान फकीर आसानी से पीछा नहीं छोड़ते हैं।'' स्वर्णा ने लोगों के मुँह चढ़ी बात को दोहराया।

''आखंडपाठ तो बहुत कराते हैं, फिर भी...।'' बापू ने कहा। इतने में दास करीब आकर खड़ा हो गया। मैं तख़्ते की झिर्री में से झाँक-सुन रहा था।

''ठाकरा, मैं शरीर तोड़-तोड़ के फेंकता हूँ, सिर घुमाता हूँ, इतना ऊँचा बोलता हूँ, उस समय कोई सुध-बुध नहीं रहती। पीर कहता है, भई मेरी कब्र क्यूँ उठाई... मेरी ख़ानगाह बनाओ, गुरुवार के गुरुवार चिराग़ करो। नियाज़ दो। पर घर में मेरी चलती हो तब न।'' दास ने हाथ में पकड़ी बाल्टी को ऊपर-नीचे करते हुए अपनी व्यथा संक्षेप में बताई।

'पीर की कब्र भी नहीं रही, फिर वो रहता कहाँ है, बोलता कैसे है? रातों को डराने वाला दिन में किस से डरता है?' मैंने मन-ही-मन सोचा।

पल भर बाद दास कहने लगा, ''स्वर्णे, चल कुएँ पर, तेरा कोल्हू चल रहा है न? जल्दी चल।''

''सवेरे-सवेरे ही बेचैन होने लग गया, लंबड़ा?'' बापू ने पूछा।

''धरम से, तड़प रहा हूँ। अन्दर तो ऐसे जैसे आग लगी हो।''

जब दास और स्वर्णा, दोनों 'बरगद वालों' के घर के पास चले गये तो मैं और अन्य बच्चे बाहर राह में खड़े होकर एक आवाज़ में बोले—जै अली, जै अली!

स्वर्णे ने तैरती नज़र से पीछे मुड़कर देखा, पर दास पीछे की ओर ठीक से

न देख सका।

...और इधर बापू रास्ते के साथ ही बरगद-पीपल के नीचे बँधी गाय और भैंस के पास चला गया। उसने भैंस की पीठ पर थपकी दी और उसके पुट्ठे पर से चिचड़ियाँ उतारने लग पड़ा। इस चिचड़ी-मार सिलसिले के दौरान मैंने देखा कि भैंस आँखें मूँद कर जुगाली करने लग पड़ी थी।

...और, जाड़ा अपने अन्तिम दिन गिन रहा था। मैं और मेरे हमउम्र साथी बरगद-पीपल के पत्तों की फिरकियाँ बनाने-उड़ाने में व्यस्त रहते। पीपल की टहनियों पर से पत्ते झर चुके थे। उन पर नई सुर्ख कोंपलें फूटने को उतावली थीं। इस पतझर (1962) की समाप्ति के साथ ही मेरा स्कूल जाने का सिलसिला शुरू हो गया।

स्कूल में दाख़िला लेने से पहले भी मैं अनेक बार स्कूल जा चुका था, पर छुपन-छुपाई के लिए। मैं, पाश और ध्यान तीनों जोड़ीदार कई बार स्कूल के प्रांगण वाले रहट को चलाते रहते। यह इतना हल्का था कि हम अकेले-अकेले भी गाधी का पूरा चक्कर लगा देते। पानी से भरी लोहे की छोटी-छोटी डोलियाँ चरखी के शिखर पर पहुँचकर उलटी होकर खाली हो जातीं और पतनाले के पानी की धार से यह बड़ी-सी हौदी मुँह तक लबालब भर जाती। मैं घर जाकर उमंग में भर कर यह सब बापू को बतलाता।

"यह जान मुहम्मद की हवेली हुआ करती थी। उन्होंने बड़े शौक से इसके बरामदे, कमरे और मस्जिद बनवाई थी।" बापू ने बताया। हम पूरा परिवार बड़े गौर से सुनने लगे। मैंने देखा, बापू का चेहरा उतर-सा गया था।

बापू ने कुछ याद करते हुए कहा, "एक दिन ऐसी ही दोपहर के बाद जब मैंने दौड़ते हुए जाकर तकिये पर बैठे मोहकू को बताया कि तुम्हारा जान वो लड़ोये की राह चला आ रहा है तो किसी ने भी मेरी बात का विश्वास नहीं किया। उस समय मैं छोटा ही था।" मैंने देखा कि अब बापू के चेहरे पर ख़ुशी की एक लहर थी।

मैंने फिर कहा, भई जा कर देख लो। मोहकू उठकर खड़ा हुआ और एकदम से दौड़ पड़ा। फिर क्या था, उसने जान को बाँहों में कस लिया। बापू यूँ बता रहा था मानो उसने कोई बड़ा काम किया हो।

"वह कहीं रूठ कर चला गया था?" मैंने पूछा तो बापू के बारीक दाँतों की मज़बूत पंक्ति पल भर के लिए दिखाई दी।

"नहीं, वो फौज में था। दूसरी बड़ी जंग में बहुत दिनों तक न कोई उसकी चिट्ठी आई और न ही उसकी कोई खबर मिली। सब बेउम्मीद हो चुके थे।" बापू द्वारा चाव से सुनाई जा रही यह कहानी खत्म होने पर ही नहीं आ रही थी।

"धरम से, जीवां ने बड़ी ख़ुशी मनाई। हमारे घरों में लड्डू बाँटे। जिस दिन नियाज़ बाँटी गई, उस दिन सबसे पहले मुझे घर आकर चावल देने आई, बोली कि

तू मेरे बेटे की आमद की ख़बर लेकर आया था।'' बापू ने स्कूल की इमारत और जान मुहम्मद की हवेली तक जाने के लिए अपनी यादों का घोड़ा पीछे की ओर सरपट दौड़ा रखा था।

''जान मुहम्मद का छोटा भाई अजीज मुहम्मद मेरा जिगरी दोस्त था।'' बापू की आवाज़ पहले से धीमी और थोड़ी-सी भारी हो गई थी। उसके लाखे रंग के गाल ढीले पड़ गए थे। सामने पड़े उसके हाथों के खड्डी पर बुने सिल्की थान की पतली-पतली तहें खुल कर मेरे मन में जैसे बिछने लगी थीं।

''किस्सा-कोताह यहाँ खत्म होता है कि बेशक कहीं-कहीं मार-काट शुरू हो गई थी, पर वे सारे परिवार यहाँ से सही-सलामत चले गये। जब वे ट्रक में बैठे, सारा गाँव इकट्ठा हो गया था। जीवां और मोहकू धरम से, दहाड़ मार कर रो पड़े। अजीज मेरे गले लग कर रोता रहा... जन्म-भूमि छोड़नी कोई आसान है!'' बापू से इससे आगे बोला न गया।

कुछ पल रुककर उसने कहा, ''जब ट्रक चलने लगा तो अजीज मेरी ओर एकटक देखता रहा। उसका मुँह मुरझाया हुआ लगता था जैसे बीमार होकर उठा हो। धरम से, वह जोर-जोर से रोने लगा। मैं भी बेबसी में उसे ताकता रहा। मेरी आँखों में भी पानी भर आया और धुँधला-धुँधला दीखने लगा।... और उस दिन शाम होते ही सारे गाँव में यूँ सन्नाटा छा गया था, जैसे कोई दानव घूमकर गया हो...नावों में पत्थर डाल दिए बेईमान लीडरों ने।''

रात में सोते समय मुझे मार-काट, गले लग कर रोने और गाँव में पसरी ख़ामोशी के कल्पित दृश्य बार-बार दिखाई देते। स्कूल के प्रांगण में अडोल खड़े जामुन के पत्ते टहनियों से टूट-टूट कर गिरते दिखाई देते और मस्जिद अँधेरे से भरी दिखाई देती। सोचता, पहले की तरह बापू ने हुक्के का कश क्यों नहीं भरा? उसकी आवाज़ क्यों भारी हो गई थी? दिमाग पर अधिक ज़ोर डालने पर भी बहुत-सी बातों का मुझे सिरा न मिलता। पता नहीं, मुझे फिर कब नींद आती। सवेरे मेरी हर सोच यूँ मिटी होती जैसे मैंने अपनी तख़्ती पर ताज़ा पोचा मारा हो। पर रात के खाने के वक्त फिर से पूरनों पर लिखे वही अक्षर गहरे होते दिखाई देते।

मेरे मन पर से भय की मोटी परत पिघलने में ही नहीं आ रही थी। मेरी सोच की लम्बी उड़ानों के पंख मानो सिकुड़कर एक बिन्दु में बदल गये हों। इन्हीं दिनों में मेरी रातें और अधिक लम्बी हो गयीं।

वह घटना सायंकाल की थी जब घास-चारा खोदने के लिए निकली हमारे मुहल्ले की स्त्रियों ने उलटे पैर लौट कर दूसरों को बताया, ''नम्बरदारों की हवेली में थाना बैठा है।''

इसी दौरान मुझे तीन ख़ाकी वर्दीधारी ऊँचे-लम्बे पुलिसिये दिखाई दिए। पुलिस मैंने पहली बार देखी थी। उन्होंने निक्करें-कमीज़ें पहनी हुई थीं और पगड़ियाँ बाँध

रखी थीं। उनके हाथों में रूल थे। गर्मी के मौसम में भी उन्होंने गर्म ख़ाकी जुराबें जो टखनों तक मोड़ कर दोहरी की हुई थीं, बूट-सैंडलों सहित पहन रखी थीं। हमारे घर के आगे वाले पूरे रास्ते में सन्नाटा छाया था। न कोई बन्दा और न कोई परिन्दा दिखाई देता था।

हमारे घर के दरवाज़े के पीछे छिपकर खड़ी बूढ़ी औरतों के चेहरे घबराये और बुझे हुए थे। उनके हाथों में खुरपियाँ-दरांतियाँ धीरे-धीरे काँपती-सी प्रतीत हो रही थीं। वे घुसुर-फुसुर कर रही थीं, "ये पनाहगीरों की मिन्दो किसी के साथ भागी थोड़े थी। सुनते हैं कि इन्होंने ही उसके तीन टुकड़े करके, बोरी में डाल कर सिम्बल वाले कुएँ में फेंक दिया था।" मैं उनके पास खड़ा था, मेरी टाँगें मेरा बोझ नहीं सह पा रही थीं।

जब पुलिस वाले चले गये, तब दरवाज़ा खोला गया।

"ये तिलंगा-सा पता नहीं किस कंजर ने भर्ती कर लिया। और वो पिछला साला कैसे मुटिया रहा है, तोंदल-सा, बेगाना माल खा-खा कर।" बापू ने इकहरे और तोंदल सिपाहियों के बारे में दूसरों को सुना कर कहा। सबकी एक साथ छोटी-सी हँसी निकल गई।

बापू ने फिर टिप्पणी की, "साले अणखों वाले! हरामजादी को कहीं और दफा कर देते! 'बारियों' (पाकिस्तान के 'बार' इलाके से आये जट्ट) का क्या बिगड़ा। जट्टों का 'सात बीसी सौ' यूँ ही तो नहीं कहते हैं। अब काटेंगे साले उमरक़ैद! और इनकी करमी को नहीं रखा हुआ गुरमुख (बारियों के परिवार से) ने। रक्खे मूजी (करमी का पति) को घर में कौन पूछता है!"

दिन के समय खेले 'खिद्दो-खूंडी' खेल की उधड़ी हुई गेंद के रंग-बिरंगे चिथड़ों की तरह उलझी मेरी सोचें मेरे नियंत्रण से बाहर थीं। मरी हुई मिन्दो कभी अपने बापू के लिए भत्ता (रोटी-पानी), कभी चाय-पानी और कभी नंगे पैर चारे की गठरी उठाये जाती हुई दिखाई देती। वह मुझे राह में, गली में कभी किसी से बातें करती दिखाई देती तो कभी किसी से। उसकी अदृश्य लाश के तीन टुकड़े—गर्दन, धड़ और टाँगें अलग-अलग दिखाई देते। रात में नींद से पहले सिम्बल वाले कुएँ पर लोगों की इकट्ठा हुई भीड़ दिखाई देती और पनाहगीरों के सारे टब्बर को कुएँ पर ले जाती पुलिस। मैं बड़े भाई से बात करता तो वह कहता, "रब्ब का नाम लिए जा, खुद-ब-खुद नींद आ जाएगी।"

मेरे भीतर ऐसी घटनाओं की टूट-फूट होती रहती। मन ही मन बहुत कुछ गुणा और भाग होता रहता। यह सब कुछ जारी था कि किसी ने बरगद के नीचे खड्डियों में आकर बताया, "दुरगे बामण के रेडियो पर खबर आई है कि चीन ने दगा किया। हिन्दुस्तान और चीन की लड़ाई लग गई है। सरकार ने फौज की भर्ती खोल दी है।"

सभी हक्के-बक्के रह गए और हुक्कों की नलियों की दिशा बदल गई। तनी हुई तानियों में जैसे झोल पड़ गया हो, उन्हें लपेटा जाने लगा। हरनाड़ी किए हुए (जुते हुए) बैल अपनी हवेलियों की ओर लौट रहे थे।

इस उड़ती हुई ख़बर ने मेरे छोटे से तन-मन में बड़ी जंग छेड़ दी। डर और सहम ने मेरे मन में जैसे स्थायी छावनी डाल ली थी। झुटपुटे से लेकर चाँदनी रातों में बरगद-पीपल के नीचे खेली गई 'भंडा भंडारिया' (बच्चों का एक खेल) जहाँ मुझे याद हो आती, वहीं वह मेरे अन्दर ख़ौफ के बरसते बादलों की व्याख्या करती प्रतीत होती।

...और एक दिन माँ ने मुझे हाँक लगाकर नहा लेने के लिए बुलाया, पर वाकया कुछ और ही घटित हो गया था।

"बता मामा, फिर खाएगा मिट्टी?" बापू ने अचानक मेरी कलाई अपने दायें हाथ में पकड़ ली और मुझे कुएँ के अन्दर लटकाकर पूछा। निखरे हुए दिन में यह बादल एकाएक पता नहीं कहाँ से गरज पड़ा था। मेरी नीचे की साँस नीचे और ऊपर की साँस ऊपर रह गई। मेरे दिल की धड़कन तेज़ और ऊँची हो गई थी जो मेरे कानों में लुहारों के कारख़ाने में घन की तरह ठक-ठक बजती सुनाई दे रही थी।

बापू फिर पूछने लगा, "बता मामा, फिर खाएगा मिट्टी?"

इस आसमानी बिजली की तार मेरे तन-मन में बेरहमी के साथ दौड़ गई। मुझसे रोया भी नहीं जा रहा था। बस, लम्बी-लम्बी साँसें ले रहा था और कलेजा मुँह के रास्ते बाहर आने को कर रहा था।

कुएँ की मुँडेर के पास ही ईंटों के फ़र्श पर बैठकर कपड़े धो रही मेरी माँ, कपड़े धोना बीच में ही छोड़कर गुस्से में आकर तीखे स्वर में बोली, "तभी निकालेगा इसे जब इसका दम निकल जाएगा?" फिर वह उठकर खड़ी हो गई, "अगर तेरे हाथ से लड़के की बाँह छूट गयी तो...।"

"बहुत डाँट-फटकार कर देख लिया, इस साले की ऐसे आदत नहीं हटने वाली।" बापू ने भी पलटकर उसी लहज़े में जवाब दिया।

मैं कभी ऊपर याचनाभरी दृष्टि से बापू की ओर और कभी नीचे पानी की ओर देखता जो मेरे छोटे से कद से मुश्किल से पाँच-छह हाथ नीचे था।

"लड़का इतने जोर-जोर से रोये जा रहा है और तू फिर भी..." माँ बापू की ओर ऊँची आवाज़ में झपटी। उसने मुझे जल्दी से बाहर निकाला। मेरा शरीर बेजान-सा हो गया था। जाड़े के महीने में ग्यारह-बारह बजे घटित पन्द्रह-बीस सेकेण्डों की इस घटना से मेरा अलफ़ नंगा बदन पसीने से भीग उठा था।

कुछ देर बाद मुझे अचानक पिछली बरसात का स्मरण हो आया। उस वक्त

कुएँ के पानी का स्तर और ज़मीन के पानी का स्तर एक बराबर हो गया था। जब बारिश हल्की हुई तो ज़मीन से करीब दो बालिश्त नीचे तक कुएँ की मुँडेर नंगी हो गई थी। छोटे-बड़े मेढक कुएँ में तैरते दिखाई दिए। उनके कुएँ में से न निकल सकने की चिंता मुझे लगी रही थी। लेकिन, शाम के वक्त कुएँ के बाहर कई मेढक उछलते-कूदते दिखाई दिए थे और 'टर्र...टर्र...' की आवाज़ें सुनाई दे रही थीं। तभी, मुझे अपना ख़याल आता, 'अगर बापू के हाथ से मेरी बाँह छूट जाती तो क्या मैं मेढक की तरह तैर सकता था?'

मैंने मन ही मन बापू को कोसा और उसके ख़िलाफ़ कई मंसूबे सोच डाले, 'जब भी दाँव लगेगा, बापू की शराब की बोतल मूतर से भर दूँगा। नहीं तो चिलम के अन्दर का जलता हुआ कोयला उसके हाथ पर किसी तरह फेंक दूँगा।'

बापू का यह व्यवहार जब भी मुझे याद आता तो मेरे तन में एक सिहरन-सी दौड़ जाती। मेरा दिल डूबने लगता। लगता जैसे उड़ता हुआ पंछी गुलेल का निशाना बन गया हो।

"शर्म कर कुछ, वो पहले ही जार-जार रोये जा रहा है, ऊपर से फूल बराबर लड़के की कनपटियाँ चपेड़ें मार-मार कर लाल कर दी हैं तूने।" बापू को अबा-तबा बोलती माँ का अपना चेहरा लाल हो गया था। मैं माँ की टाँगों से लिपटा हुआ था।

माँ का इतना गुस्सा मैंने पहले कभी नहीं देखा था। बापू की नित्य की गाली-गलौज और धौल-धप्पे का उसने कभी पलटकर जवाब नहीं दिया था। लेकिन, उसके गुस्से का यह न्यारा रूप देखकर मैं भी डर से काँप गया था। फिर, उसने बैठकर मुझे अपनी बाँहों में भर छाती से लगा लिया और फिर से बहती मेरे आँसुओं की धारों को पोंछने लग पड़ी। वह कुछ देर रुककर बोली, "तुझे अपना नहीं मालूम, राह-गली और खेतों में कोई भुग्गी (ठीकरियाँ जो पुरानी होकर कच्ची-पोली हो जाती हैं) नहीं छोड़ता। देख तो, हुक्के की आदत से मुँह में से कैसे बू आती है। जा, चला जा घर को।"

मेरी माँ की आँखों में लाली और नमी दोनों साथ-साथ दिखाई पड़ रही थीं। बापू दास की पक्की नांद के साथ-साथ पाँच-सात कदमों की दूरी पर अपने घर की ओर जाते हुए फ़र्श पर जमी हरी काई पर फ़िसल गया, पर गिरते-गिरते सँभल गया। फिर भी, वह दबी जबान से बोला, "कमूत की मार, कैसे बड़-बड़ किये जाती है।"

"न, खुद ही तो ले जाता था संग जब फिरनी (गाँव के इर्दगिर्द का रास्ता) पर लड़ोये वाली राह में मिट्टी डाली जा रही थी। वहाँ खतानों में खेलता-खेलता सीख गया मिट्टी खाना।" माँ ने करीब खड़ी दास की बहू मिन्दो को बताया जो मेरी ओर देख रही थी।

"मुरब्बेबंदी (चकबन्दी) क्या हुई, हमारे घर तो मुसीबत आ गई। हमें क्या

जमीनें मिल गयीं!'' फिर रुककर कहने लगी, ''हूँ! जैसे हमारे वहाँ से गड्डे गुजरेंगे मिल को! अभी तो कमबख़्त कहते थे कि खाली रहते हो, सारी फिरनी पर तुम मिट्टी डालो। ये तो हमारे बन्दों ने लड़-भिड़ कर घर-परती मिट्टी डलवाई कि भई, बेगारों का जमाना गया अब।'' माँ ने गर्दन अकड़ाकर कहा। शायद, वह बताना चाहती थी कि लगातार पन्द्रह-बीस दिन मिट्टी फिरनी पर डालते हुए मैं मिट्टी खाने लग पड़ा था।

तभी, राओ का गोलू मुझे सिसकियाँ भरते को बाँह से पकड़कर बरगद के नीचे 'नक्का पूर' खेलती ढाणी के पास ले जाकर पूछने लगा, ''फलातू (अफ़लातून), बता फिर, तेरी ससुराल कहाँ है?''

मैं चुप रहा!

''मेरा यार बन के बता, तेरी ससुराल कहाँ है?''

''कंधाले (मेरी ननिहाल का गाँव) और कहाँ!'' मेरा उत्तर सुनकर वे ठहाका मारकर हँस पड़े।

गोलू दूसरों के सम्मुख मुझसे अक्सर यही पूछा करता जैसे वह मदारी हो और मैं उसका जमूरा। लेकिन, लोगों के हँसने का कारण मेरी समझ में न आता।

सवेरा होते ही बापू मेरे और मेरे बड़े भाई के ऊपर से खेसी या रजाई उतारकर पैताने की ओर फेंक देता। माँ कहती, ''पुत्त, उठ अब। घुटने-घुटने दिन चढ़ आया।'' या फिर कहती, ''गुड्ड, 'भगतों' के यहाँ से गोहरे पर आग ले आ, चाय का पानी चढ़ाऊँ।''

हमारे घरों के चूल्हों में रात को ही सुबह के लिए राख में आग दबाकर रख दी जाती थी। जब कभी ऐसा करना भूल जाते तो आग एक-दूसरे के घर से माँग लाते। दियासिलाई की तीलियों की बचत करते। जाड़े के दिनों की घनी धुंध के दौरान हम चूल्हे के करीब बैठे रहते और सूखे पत्तों के गुच्छे बना-बनाकर आग में डालते रहते या राहों में से गन्नों के इकट्ठा किए हुए छिलके।

दालान और बाहरी दरवाज़े की दीवार के सहारे चार खम्भों पर निर्मित की गई छतड़ी (रसोई) में कोई खिड़की, दरवाज़ा नहीं था। पश्चिम की ओर सरकंडों-नड़ियों का टिट्टा था जो लिपापुता होने के कारण दीवार का भ्रम देता था। सवा डेढ़ ख़ाने की इसकी छत सरकंडों-कड़ियों की थी। धुएँ की जमी हुई मोटी काली परत के कारण सरकंडों की कोई अलग पहचान नहीं रह गई थी। छत से लटकता सरकंडा जब धुएँ से हिलता और उस पर लगी कालिख तभी किसी फाहे की तरह नीचे गिरती जब उससे उसका वज़न उठाया न जाता।

मुझे गिलास में से चाय छानकर कटोरी में डालते देखकर बापू कहता, ''पी

ले अब! अब कोई बरसात है जो कीड़े तैरते दिखते हैं! इन दिनों में गुड़ में कीड़े नहीं पड़ते।''

इस भरोसे के बाद मैं चाय को पानी की तरह पी जाता, पर बरसात के दिनों के सफ़ेद कीड़े मुझे अभी भी चाय पर तैरते हुए दिखाई देना बन्द न होते, जिन्हें माँ ने अपने दुपट्टे का पल्लू रखकर छाना होता। काली चायपत्ती पर मरे पड़े सफ़ेद कीड़े फूलकर मोटे हो गए दिखते।

सर्दियों में हमारे घर के सामने अलाव जलता। बच्चे-बुज़ुर्ग सब आग तापते। हममें से जो अपने घर से बालण न लाता, उसे आग न तापने देने के लिए हाथापाई भी हो जाया करती। अलाव की लपटों के आगे हम अपने बर्फ़ सरीखे ठंडे पैर ले जाते और फिर स्कूल की ओर दौड़ पड़ते। हममें से किसी के पैर में भी जूती न होती। उधर जमींदारों के लड़के-लड़कियों ने दोहरे स्वेटर पहने होते। मैं सोचता, ''कोई मुझे एक स्वेटर दे दे, मैं भी इसकी गरमाइश लेकर देखूँ।'' मेरे इन विचारों की लड़ी तभी टूटती जब मैं दूसरे बच्चों के संग ऊँची हेक में कहता—

सूरजा सूरजा फट्टी सुखा,
नहीं सुखानी, घर को जा।

पल दो पल के बाद मेरा ख़याल फिर से अपने लकीरों वाले कच्छे और कुर्ते पर चला जाता जो ठंड रोकने की बजाय बहती नाक की रेंट को पोंछने-रोकने के अधिक काम आता। मेरे कपड़े इतवार के इतवार धुला करते। नाँद के पास बैठ कर कच्छे के नेफ़े में से जुँएँ ढूँढ़-ढूँढ़ कर मारने में ही मेरा कितना-कितना समय लग जाता। मेरा मन ऊब जाता और गर्दन दुखने लगती। जब माँ मुझे कुएँ पर नहलाती तो मेरे पैरों पर दायें हाथ का अंगूठा ज़ोर से रगड़कर कहती, ''देख तो, मैल की पपड़ियाँ कैसे जमी पड़ी हैं।'' पर मुझे टाँगों और मैल जमे पैरों में अधिक फ़र्क नज़र न आता। मैं फिर इन लम्बी सोचों से बाहर निकल आता लेकिन 'सूरजा सूरजा फट्टी सुखा' की हेक बहुत मद्धम पड़ जाती।

इस दोहराने के क्रम को बीच में ही छोड़कर मैं, खुशिया और भीमा या उसके छोटे भाई प्यारी, जिसे गाँव के अधिकतर लोग आशिक कहकर बुलाते थे क्योंकि उसका रंग काला, शरीर दुबला और चाल निराली थी, की ओर देखने लग पड़ता जो किसी कटड़े-बछड़े को उठाकर स्कूल के सामने से ले जा रहे होते। इन दिनों अक्सर कटड़े-बछड़े, गायें और बूढ़े बैल मरते रहते। बूढ़े भैंसों को तो जट्ट पहले ही मंडी में बेच आते थे। उन्होंने मुरदार की चारों टाँगों को खुरों के पास से जोड़ कर इस तरह बाँधा होता कि टाँगों के बीच से बाँस की मोटी कड़ी निकाली होती। कंधों पर रखा मोटा डंडा या बल्ली उनके आगे-पीछे होकर चलने में रुकावट पैदा न करती। उल्टा लटका कटड़ा या बछड़ा झूला झूलता प्रतीत होता। उसकी गर्दन

और लटकते कान हिल रहे होते।

बड़े मुरदार को पाँच-छह लोग घसीट कर ले जाते। वे एक-दूजे से कहते, ''प्यारी ठीक से खींच, सारा वजन मेरे पर छोड़े जा रहा है।''

पीठ के बल खिंचे जा रहे मुरदार की अगली-पिछली टाँगों के बीच से निकाली गई मोटी कड़ी कंधों पर रखकर वे इस तरह खींचते कि उनका सिर-धड़ कूल्हे पर से आगे की ओर काफ़ी झुका और तना हुआ होता। उनका अपना वज़न पंजों पर होता और घुटने आगे की ओर तीखा तिकोन बनाते दिखाई देते। कई बार उनमें से कोई एक बींडी से जुड़ा होता। जब वे दम मारने के लिए रुकते तो अपने माथों पर आए पसीने को कंधे पर रखे अंगोछों से पोंछते जब कि हम ठंड में ठिठुर रहे होते।

कभी-कभी आधी छुट्टी के समय में हमारी बिरादरी के अन्य बच्चे दौड़कर भीमा और उसके साथियों के संग जा मिलते। घसीटे जा रहे मुरदार के सींग जब ज़मीन पर रगड़ खाते तो = के निशान की तरह दो लकीरें ज़मीन पर खिंचती चली जातीं। मुरदार की आँखें माथे से थोड़ा बाहर की ओर उभरी और खुली हुई होतीं। मुँह भी खुला होता और दाँतों का निचला जबड़ा आगे तक दिखाई देता। मैं कई बार मुरदार का उल्टा हुआ सिर ठीक से पकड़े रहता ताकि वह इधर-उधर न हो। सोचता—उसका बदन छिल न जाए। कई बार मरे हुए पशु को छकड़े पर लादकर ले जाया जाता और हम बच्चे पीछे से धक्का लगाकर उसे धकेलते। बहुत दूर से वापस लौटते समय आसपास के खेतों में से सरसों के पीले फूल तोड़ लेते।

हड़वारा से लौटकर या आम दिनों में जब भी मैं नल से पानी पीता, मेरे बाद पानी पीनें वाला जट्टों का लड़का नल को पहले अच्छी तरह धोकर उसे सुच्चा करता, तब पानी पीता। मैं सोचा करता कि मेरे हाथों में भला क्या लगा है, ये खुद भी तो उनकी पूँछें मरोड़ते हैं।

मृत पशु को जब हमारी बिरादरी के लोग उठा लेते तो जट्टों की स्त्रियाँ उनके पीछे-पीछे पानी के छींटे मारतीं और 'सत्तनाम वाहेगुरु' कहकर हवेली का आँगन पवित्र किया करतीं। मैं सोचा करता कि यह कोई जादू-मंतर होगा। पर यह किसे सुनाया गया? मुरदार को? मुरदार उठाने वालों को? या फिर बोलने वाली ने स्वयं को सुनाया होगा? मुझे लगता—बापू की उलझी तानी की तरह मेरी सोच में भी गुंझल पड़ गई हों जिन्हें सीधा करने के लिए कोई हल नहीं सूझता।

कई बार मस्सा लम्बे पड़े और मर रहे बैल या गाय के पास बैठकर ऊँचे स्वर में गीता का पाठ करता। उधर मर रहा पशु तड़प-तड़पकर आगे-पीछे की टाँगें खींच-खींचकर ज़ोर से पटकता। मस्सा कहता, ''बस, अब गति हो गई समझो।''

''भई मस्से, फ़ायदा भी बहुत दिया इस मीणे (बैल जिसके सींग नीचे की ओर मुड़े होते हैं) ने।'' इकबाल सिंह के बापू उधम सिंह ने एक बार अपने बैल का अफ़सोस

करते हुए कहा था, पर मस्सा गेहूँ के दानों की गठरी पीठ पर लादकर चल दिया था।

मस्सा खड्डी बुनते जब भी किसी से बात करता तो यूँ लगता मानो उसे गुरुद्वारे के 'पाठी' से भी अधिक ज्ञान हो। वह महाभारत और रामायण के हवालों सहित गुरबाणी की तुकों की व्याख्या कर सुनने वाले लोगों को भरमा देता। मुझे पास खड़े को अक्सर वह कहा करता, "गुड्ड, कली की चिलम में आग तो रख दे।"

उसके बारे में घर में बात चलती तो बापू तुरन्त कह उठता, "यूँ ही मामा अगम की बातें मारता रहता है। ऐसे बाँध बाँध लेता है जैसे रब को अभी ही मिलकर आ रहा हो। कोई पूछे तो इससे कि भलेमानस आज तक रब किसी ने देखा भी है?" यह सब सुनकर कभी मुझे मस्सा सही लगता तो कभी बापू। मैं सोचने लगता—'क्या सचमुच पाठ करने से पशु जल्दी मर जाता है? क्या वह पाठ की पंजाबी या हिन्दी समझता होगा?' 'गति' के बारे में तेज़ गति से ख़याल मन में उठते, मगर जलेबी-चक्कर की तरह यह भेद हाथ न लगता कि ये कहाँ से शुरू होते हैं और कहाँ खत्म होते हैं। मेरी सोच सुदूर क्षितिज तक जाती और उसी समय खाली हाथ लौट आती। मुझे लगता कि दिन में ही अँधेरा पसर गया हो।

"सारे बच्चे-बुज़ुर्ग खेतों में जाकर पीपा-परात खटखटाओ। टिड्डी-दल आ रहा है, मक्की की फ़सल बचाओ।" जागर चौकीदार की हाँक से पौ फटने के समय मेरी आँख खुली तो दौड़कर दरवाज़े से बाहर चला गया। उसने पुराने टूटे और जंग लगे नसवारी रंग में बदल चुके पीपे पर शहतूत की सोटी मार-मारकर उसे पिचका दिया था। वह डौंड़ी पीटता तेज़ कदमों से गाँव के बीच वाली गली में चला गया था। लेकिन, उसकी ऊँची आवाज़ 'मक्की की फ़सल बचाओ, भाइयो!' अभी भी सुनाई दे रही थी। उस समय मैं दूसरी कक्षा (1963) में आ गया था।

लोगों के झुंड तेज़ गति से खेतों की ओर दौड़े चले जा रहे थे। हम भी, यानी बापू, बड़ा भाई और मैं, जिसके हाथ जो भी आया लेकर फिरनी के साथ लगते 'अलबलल्लों' के खेत में जाकर पीपा-परात और काँसे की थाली बजाने लगे। हमने उनके खेतों में अपने पशुओं का ढेर (गोबर-कूड़ा) डालकर आधे हिस्से पर मक्का बो रखी थी। मक्के के कई बूटे मेरी बालिश्त जितने थे और कई उससे बड़े। एकदम हरे नरम-नरम! हमने थोड़े से खेत की एक दिन पूर्व गुड़ाई की थी।

जहाँ तक आसपास और ऊपर नज़र जाती, टिड्डी-दल का कोई काफ़िला गाँव की दक्खिन दिशा से पहाड़ यानी उत्तर दिशा की ओर उड़ता जा रहा था। कुछ देर पहले उगे सूरज की किरणें इस सघन टिड्डी दल से छनकर आ रही थीं। जहाँ-जहाँ यह टिड्डी दल उतरता, मक्का, चरी, बाजरे, शीशम के पत्तों को चट कर जाता। टिड्डी दल बैठते ही चावलों के दानों जैसे सफ़ेद लम्बे अंडे दे देता। इनसे उठती

बू के कारण खाली पेट होने पर भी उल्टी आने को होती। उन्हें देख-देखकर और उन पर पैर पड़ जाने के कारण घिन हो आती।

"तेरी मैं तानें निकलवाता हूँ, मामा हीर के!" बापू ने दूर से ही अपने मुँह के सामने से दायें हाथ से टिड्डियों को हटाते हुए कहा। अब मैं थाली पर एक टहनी के बनाये गए डग्गे को बेहद ज़ोर और फ़ुर्ती से मारने लग पड़ा था। साथ ही मुझे ख़याल आया, "टिड्डियाँ तो इतनी तेज़ रफ्तार से उड़ती जाती हैं, फिर जागर चौकीदार को इतना पहले कैसे पता चल गया?"

सूरज अब काफ़ी ऊपर आ गया था। काफ़िले से बिछुड़ी हुई कोई-कोई टिड्डी पीछे रह गई थी जिसे हम होशियारी से मार देते। तभी, बेशुमार चींटियाँ भी न जाने कहाँ से आ गई थीं, जो टिड्डियों की लाशों को खाने और खींचने लग पड़ी थीं। इस टिड्डी दल के पंख मुझे आदमपुर के हवाई अड्डे से उड़ते हवाई जहाज़ों जैसे लगते। पीले रंग की इन टिड्डियों के लम्बूतरे पेट पर थोड़ी-थोड़ी जगह के फ़ासले पर काली धारियाँ थीं जो बहुत खूबसूरत लगती थीं।

लोग घरों की ओर लौटने लगे। नम्बरदारों की हवेली वाले तिराहे पर आकर ताये बन्ते ने बात शुरू की, "तुम्हारे चार मन दाने होंगे सरदार जी, तभी तो हमारे घर भी दस सेर आएँगे।"

"रब का शुक्र है, ज्यादा नुकसान नहीं हुआ।" किसी ने कहा।

"शाबाश भई जागर को! जिस वक्त थाने से सिपाही इत्तिला देने आया, उसी वक्त वो डौंड़ी पीटने लग पड़ा।" ताये ने बताया।

"कहते हैं, थाने में वैरलस आई थी जालंधर से।"

"हमलों (बँटवारा) के बाद (1950 में) जब टिड्डियाँ आई थीं, तब तो दरख़्तों के पत्ते तक चाट गई थीं। बिलकुल नंगे कर दिए थे और ये ज्वारें उसके सामने क्या थीं! कहते हैं, कई जगहों पर तो गाड़ियाँ तक रुक गई थीं।" ताये ने एक लड़ी जोड़ने की कोशिश की। मैं करीब खड़ा उन सबके बेरौनक-से चेहरों की ओर देख रहा था।

"आ मेरे बेटे, ये शीशम की सूखी टहनियाँ उठा ला। धूनी लगाएँ।" ताये बन्ते ने बीच में ही बात काटकर मुझे इशारे से कहा। मैंने सोचा—ताये को अपनी जेब में रखी भोंपू जैसी सुल्फ़ी में आग बनाकर रखनी होगी शायद।

ताये बन्ते का .ख़ुशिया और मैं छोटी-छोटी सूखी टहनियाँ इकट्ठी करके ले आए। इतने में ताये ने राह में से घासफूँस इकट्ठा कर लिया था जिसके ऊपर हमारे द्वारा लाया गया बालण रखकर उसने तीली से आग लगा दी। जब लपट धीमी हुई तो उसने अपने अंगोछे के पल्लू में बँधी गाँठ को खोला। इसमें मरी हुई टिड्डियाँ थीं। उसने इन्हें आग पर फेंक दिया। फिर हाथ में पकड़ी टहनी से उन्हें हिलाने लगा और बोला, "चबा लो, होलकें बन गईं।"

यह सुनकर मैं ताये के मुख की ओर देखता ही रह गया।

ताये ने भुनी हुई एक टिड्डी खुद मुँह में डालकर एक मुझे पकड़ाते हुए कहा, ''चबा जा, चबा जा! इसमें कौन सी हड्डियाँ हैं।'' छोटी-सी हँसी के बाद वह फिर बोला, ''हम तो बड़ी हड्डियाँ चबाते-चूसते रहे हैं।''

मैंने झिझकते हुए भुनी हुई टिड्डी खा ली। बड़ी चटपटी और स्वादिष्ट लगी। फिर मैं खुद ही आग में टहनी मार कर 'टिड्डी होलकें' खाने लगा। .खुशिया के हाथ और मुँह काफ़ी तेज़ हरकत में थे।

मेरे टिड्डी खाने की घटना स्कूल में अफ़वाह की तरह फ़ैल गई और बच्चे मुझे 'टिड्डी खाणा' या फिर 'टिड्डी खाणा सप्प (साँप)' कहकर चिढ़ाने लगे। 'साँप' शब्द उन्होंने मेरे काले-लाखी रंग के कारण जोड़ लिया था। मैं इस शर्मिन्दगी के बोझ तले लगातार दबता चला जा रहा था, जिससे यत्न करने पर भी निकल न पाता। कभी अपनी 'टिड्डी होलकें' खाने की घटना घिनौनी लगती तो कभी सहज। मन में दलील उठती—दीवाली-दशहरे को सभी के घरों में बकरे का मांस पकता है, उन्हें तो कोई कुछ नहीं कहता। लेकिन, पाँच-सात दिन के अन्दर ही यह सम्बोधन टिड्डी दल की तरह दूर उड़ गया था।...और मेरा मन इस सूक्ष्म असह्य बोझ से मुक्त हो गया। मैं फिर से हवा में उड़ती तितलियों और रात में टिमटिमाते जुगनुओं के पीछे दौड़ने लगा था।

तिड़के शीशे की व्यथा

"सारी चमारली का जूते मार-मारकर सिर पोला नहीं कर दिया तो मैं भी जट्ट का पूत नहीं।" बीच वाली गली में से दगड़-दगड़ करते हुए एक ज़मींदार ने हमारे घर के सामने वाले बरगद-पीपल के दरख़्तों के नीचे आकर अपना गुस्सा ज़ाहिर किया।

"क्या हो गया सरदारा, इतने गुस्से में है?" बुजुर्ग ताये बन्ते ने एक हाथ में नलियों वाला छिक्कू और एक हाथ में हुक्के की चिलम पकड़े हुए अपने घर से आते हुए पूछा।

"घास खोदने के बहाने मेरा चारा काटकर ले आई हैं, जैसे इनके बाप का खेत हो।"

उसकी ऊँची आवाज़ सुनकर हमारे आसपास के घरों के सभी बच्चे-बूढ़े इकट्ठे हो गए। उनके कपड़े मैले-कुचैले और फटे हुए थे तथा उन पर पैबन्द लगे हुए थे, जिनसे आती पसीने की हल्की बदबू चारों ओर फैल रही थी। उनके पैर नंगे थे। बहुत-सी औरतों के पैर बिवाइयों से फटे हुए थे और उनके अन्दर जमी हुई मैल की काली टेढ़ी-मेढ़ी लकीरें ऐसी प्रतीत हो रही थीं, जैसे बारिश के अभाव में इन दिनों सूखे की मार झेलते खेतों में आड़ी-तिरछी दरारें दिखाई देती थीं। वे सभी स्तब्ध से अर्द्ध-गोलाकार घेरा बनाकर खड़े थे, चुपचाप एक-दूसरे के चेहरों को देखते हुए। मुझे लगा कि अभी किसी की शामत आएगी। मेरा दिल मारे घबराहट के तेज़-तेज़ धड़कने लगा।

"हम दिन-रात साँपों की मुंडियाँ कुचल-कुचलकर फसलें उगाते हैं और ये झुंड के झुंड जिस ओर निकलते हैं, सब सफाचट कर जाते हैं। कभी मक्का के भुट्टे तोड़ लाते हैं, कभी साग, कभी गन्ने तोड़ लाते हैं और कभी छोलिया ही उखाड़ लाते हैं।" लगातार चीख-चीखकर बोलने के कारण उसके होठों की कोरों पर थूक की झाग के सफ़ेद और पानी जैसे महीन कण लगातार जमा हो रहे थे जिन्हें वह थू-थू करके थूक देता।

"सरदारा, तू बता कौन-कौन थीं? मैं पूछता हूँ तेरे सामने।" ताये ने नम्रता

से पूछा।

"हद हो गई।... और किसी पास-पड़ोस के गाँव से आ गयीं? सब की सब एक जैसी थीं। अब कोई पैरों पर पानी नहीं पड़ने देता। अगर मैं भी खेतों में ही उनके सिरों से दुपट्टे उतार देता तो ठीक होता?" उसने फिर थू-थू किया। उसकी इसी आदत के कारण गाँव में उसका उपनाम 'थू-थू' पड़ गया था।

"हम कम्मी-कमीन लोगों ने और कहाँ जाना है! तुम्हारे खेतों की मेंड़ों पर से ही हमने घास-चारा खोदना है। इसके अलावा तुम्हारी भैंसों की देखभाल भी तो करते हैं।" ताये बन्ते ने बात को समाप्त करने के लहज़े से कहा।

"ज्यादा चालाकी भरी बातें न कर। हमारी हिस्से पर दी गई भैंसें लेकर आ गया, जैसे तुमको आधा हिस्सा तो मिलता ही नहीं... कभी सीना चौड़ा करके कहते हो कि तीन हिस्से हमारे और दो तुम्हारे।"

बात का रुख अपने-अपने अधिकारों की ओर मुड़ने के कारण माहौल गरमाने लगा था पर, ताये बन्ते ने कुछ समय चुप रहकर विनम्रता से बात को बीच में ही काटते हुए फिर कहा, "सरदारा, जिस पंज-दुवंजी (पाँच में से दो और तीन का अनुपात) हिस्से की तू बात करता है, वह कई बार नट जाती है, कई बार बाँझ रह जाती है। आखिर में, कसाइयों को ही रस्सा थमाना पड़ता है। इस ठाकर ने भूरी भैंस की दो-ढाई साल खूब सेवा की, बियाने से पहले दंदा (मादा पशुओं में लगने वाली एक बीमारी) देती रही और बियाने के वक्त मर गई। हम भी तो ऐसी चोटें झेला करते हैं। फिर कौन-सा ये तेरे खेत में से फसल काटकर ले आई हैं।"

"मेरे से ज्यादा बक-बक न कर। खुद ही बता दो कि किसने मेरी फसल बर्बाद की है। नहीं तो मैं पंचैत करूँगा।"

"तुम्हारी सरदारियाँ कायम रहें। छोड़ परे अब गुस्से को...।" ताये ने बात खत्म करते हुए कहा और नलियों वाला छिक्कू नीचे रखकर सिर के अगले हिस्से की गंजी खोपड़ी खुजाने लगा।

"ऐसे नहीं मानने वाले ये चमार लोग..." थू-थू ने क्रोध में आकर कहा और फिर उसने दायीं टाँग पीछे की ओर मोड़ कर पैर में पहना चमरौधा हाथ से उतारने की कोशिश की।

"जा, जो करना है, तू कर ले। खामखाह सिर पर चढ़ा जाता है, सामने कोई बोलता नहीं इसलिए...। जा, पहले 'नांगों' के बूढ़े से पूछ, उस दिन मेरे आगे हाथ जोड़कर बच गया था, नहीं तो दराँती से आँतें खींच लेता।" दसवीं कक्षा में पढ़ने वाले मेरे ताये के पुत्र फुम्मण ने अचानक गुस्से में आकर अपनी दायीं बाँह हवा में लहराते हुए विरोध प्रकट किया।

माहौल में जैसे तूफ़ान आ गया, सभी लोग स्तब्ध रह गए। मारे डर के मेरी टाँगें काँपने लगीं और शरीर में झुरझुरी-सी दौड़ गई। पास खड़ी मेरी माँ ने हाथ

भर के घूँघट में से मेरी ओर देखा और मेरी छोटी बहन को मेरी गोद में पटक़कर स्वयं घर की ओर चली गई। आस-पड़ोस की मेरी चाचियाँ-ताइयाँ घूँघट निकाले खड़ी थीं जो हाथ से पल्लू को थोड़ा-सा सरकाकर इधर-उधर देख रही थीं।

ताया बन्ता और दूसरे लोग फुम्मण को बाजुओं से पकड़कर दायें-बायें करने का यत्न कर रहे थे। लेकिन वह गुस्से में फुँफकारता हुआ किसी की सुन ही नहीं रहा था और ऊँची आवाज़ में बोले जा रहा था, "जो ऐरा-गैरा उठता है, चमारली पर बरस पड़ता है। कभी वे हमारी माँ-बहनों के हाथों से खुरपे-दराँतियाँ छीन लेते हैं, कभी सिर से दुपट्टे उतार लेते हैं। कैसी आदत पकड़ ली है इन लोगों ने! चाहे इनके अपने ही आदमियों ने चारा काट लिया हो, तो भी हमारे सिर मढ़ देते हैं। कोई सुनने वाला ही नहीं।"

"ठीक है, फिर थाने चलकर ही देखना, बेटा! वहाँ देखता हूँ तुझे। यहाँ तो बड़ा अकड़-अकड़कर बात कर रहा है।" थू-थू ने एक और धमकी दी।

"किसी और को धमकी देना, वो ज़माना गया जब ये सब लोग तुम्हारे आगे घिघियाया करते थे।" फुम्मण ने पलटकर जवाब दिया। क्षण भर रुककर उसने फिर कहा, "अब सच्ची बातें सुनकर गुस्सा आता है। खुद यहाँ रोज़-रोज़ आकर डरा-धमकाकर चले जाते हो।"

यह सब देखकर मुझे ऐसा लगता जैसे बस अभी हाथापाई हो जाएगी। कभी ऐसा लगता—जैसे बात खत्म हो गई। दूसरों के चेहरों पर फैली हुई घबराहट को देखकर मैं वास्तव में ही डर गया। मेरा गला ख़ुश्क हो गया और थूक को अंदर निगलना मेरे लिए कठिन हो गया। टाँगें बेजान-सी हो गईं और शरीर ठंडा पड़ गया। मुझे लगा कि मैं अभी धड़ाम से नीचे गिर पड़ूँगा और गोद में उठाई हुई मेरी बहन सिर के बल गिर पड़ेगी।

"पट-पट जूतियाँ पड़ीं तो खुद ही सीधे हो जाएँगे सब, अब जो ऊँची आवाज में बोल रहे हैं।" थू-थू ने फिर अपनी भड़ास निकाली। पल भर रुककर पहले से धीमी आवाज़ में बोला, "चिड़िया, चूहे और चमार की साली बढ़ोतरी ही बहुत है।"

"मुँह सँभालकर बात कर, नहीं तो दाढ़ी उखाड़कर हाथ में पकड़ा दूँगा। और अपने बाप से पहले पूछ जिसने मेरी माँ को पैना मारा था। थाने में नाक से लकीरें खिंचवाई थीं उससे। जब सभी तुझे कहते हैं कि भई चाहे गुरुद्वारे चढ़ा ले, अगर तेरा इन्होंने नुकसान किया है तो, तू फिर भी ऊपर चढ़ता चला जा रहा है।" फुम्मण ने पूरे जोश में निडर होकर ताये बन्ते और दूसरी बूढ़ी औरतों की पकड़ से छूटते हुए कहा। अब उसकी भौंहें और तन गई थीं और माथे पर त्यौरियाँ उभर आई थीं। ऊँचे स्वर में ज़ोर से बोलते हुए उसके मुँह से भी थूक के कण निकलकर हवा में घुलते जा रहे थे।

उम्र में मुझसे आठ-दस बरस बड़े किशोर फुम्मण की निडरता और उसकी

तर्कभरी बातें सुनकर मेरी टाँगों में मानो फिर से जान आ गई थी। क्षणभर मेरे मन में विचार उठा कि मैं भी फुम्मण की तरह निडर और साहसी बन जाऊँ। डराने-धमकाने वालों का डटकर मुकाबला करूँ। बड़ा होकर मैं भी ऐसी गर्जना के साथ बात करूँ और किसी से भी हार न मानूँ। मेरे भी खेत हों और खेतों की मेंड़ों पर मैं भी अपनी मूँछों को ताव देता हुआ नंबरदारों के लड़कों की तरह घूमा करूँ।

इसी दौरान मेरा ताया रामा आ गया और आते ही उसने फुम्मण को डाँटा, "क्या शोर मचा रखा है तूने?...घर को चला जा, नहीं तो जूते मारूँगा।"

"ये जो रोज आकर रौब झाड़ा करते हैं, इनको कोई कुछ नहीं कहता, हम क्या कहीं बाहर से आए हुए हैं कि इन लोगों ने हमारा जीना ही दूभर किया हुआ है। हर समय रौब, हर समय दबदबा। इनके पास जमीनें क्या हो गयीं, हमारे रब्ब बने बैठे हैं। आ गए नए अन्नदाते! अगर हमारे आदमी तुम्हारे खेतों में इतनी कड़ी मेहनत न करें तो तुम भूखे मर जाओ। शाम को पीकर जो चिंघाड़ते हो, यह भी बन्द हो जाए।" गुस्से में लगातार बोलने से थूक के छोटे-छोटे कण अभी भी हवा में गिर रहे थे। उसकी आँखों का रंग सुर्ख हो गया था और उसका काला शरीर तना हुआ था।

फुम्मण को इस तरह बोलते हुए मैंने पहली बार देखा था। उसके गुस्सैल और अड़ियल स्वभाव को सभी जानते थे कि जिस जगह वह सच्चा होता था, वहाँ वह चट्टान की तरह अड़ जाता था। आज की तू-तू मैं-मैं को देखकर मैं अवाक् रह गया था। मुझे लगा कि ज़मींदार हवा में लाठियाँ भाँजते हुए एक-दूजे से आगे निकलकर दौड़ते हुए फिर आ जाएँगे।

इसी समय छन-छन करते घुँघरुओं की आवाज़ आई और सभी की नज़रें एकदम से उधर घूम गयीं। वह एक संन्यासी साधु था। पहले से ही जुड़े मजमे में वह भी आकर खड़ा हो गया। लेकिन वह अपने दोनों पैर ऊपर-नीचे करता रहा, ठीक वैसे जैसे मैं गाँव के स्कूल में दूसरे विद्यार्थियों के साथ 'एक-दो' 'एक-दो' बोलते हुए कदमताल किया करता था। मैं पहली तनाव वाली घटना क्षण भर के लिए भूल गया और धीरे-धीरे उस संन्यासी की नकल करने लगा। मैंने यह हरकत तब बन्द की जब उसने पूछा, "ज़मीन की क्या बात कर रहे थे भाई, सब कुछ तो यहीं रह जाना है, साथ में कुछ नहीं जाना है।"

साधु ने पंजाबी-हिन्दी मिश्रित भाषा में कहा और लगातार कदमताल करता रहा। युवतियाँ और बूढ़ी औरतें सभी अपने-अपने घरों को लौट गईं। बाकी लोग संन्यासी की बातें सुनते रहे। उसने काम, क्रोध, लोभ, मोह, अंहकार के ऊपर काबू पाने के लिए प्रवचन किए और अंत में प्रमाण के रूप में उसने कमर की धोती ऊपर उठाकर ताँबे के छल्ले से बिंधा हुआ अपना लिंग दिखाया। हम सभी बच्चे हैरान रह गए। उसने वैराग्य की बातें कीं। कुछ क्षणों में ही उसने पूरे माहौल को ही बदल

दिया। ताया थू-थू से बोला, "मैं सभी को समझाता हूँ। आज के बाद तेरा नुकसान नहीं होगा। फिकर न कर, अब बात को खत्म कर।"

"तुम पंचैत मेम्बर हो, तुम्हारा कहना मैं कैसे टाल सकता हूँ। फुम्मण से कहना कि नया खून है, थोड़ा होश में बात किया करे। मेरे बेटों को मालूम हो गया तो न जाने क्रोध में क्या कर दें। बिगड़ा हुआ जट्ट छह कनाल ज़मीन बेच दे तो आदमी मार देता है।"

"जा, चला जा परे...।" ताये ने थोड़ी धमकी देते हुए कहा।

उसी समय मेरे यों की बहुएँ हमारे घर के दरवाज़े के सामने आ खड़ी हुईं। मैं मजमा छोड़कर घर की ओर चल पड़ा। जीतो भाभी ने ऊँची आवाज़ में कहा, "चाची, गुड्ड को रोटी के लिए भेज दो।"

मैं अपनी छोटी बहन को घर में छोड़कर छन्ना और रोटियों वाला कपड़ा उठाकर अपनी भाभियों के साथ चल पड़ा। यह काम मेरे प्रतिदिन के कामों में शामिल था। मेरा बापू कभी किसी ज़मींदार के खेत में मज़दूरी करने जाता तो कभी किसी के। हम उनके घरों के आँगन में अपने बाटियाँ-छन्ने (बर्तन) रखकर, नीचे ज़मीन पर बैठ जाते। जट्ट औरतें थोड़ा झुककर ऊपर से ही रोटियाँ ऐसे फेंकती थीं कि हम दोनों हाथों की बनाई हुई पत्तल के ऊपर बड़ी युक्ति से उन्हें लपक लेते थे। दाल-साग की भरी कलछी भी इसी तरह ऊपर से ही बर्तनों में डालती थीं कि उनके गर्म-गर्म छींटे कई बार हमारे पैरों पर पड़ जाते थे, जिनके कारण छोटे-छोटे छाले पड़ जाया करते थे।

ऐसे अवसरों पर मेरी सोच अक्सर झट से पीछे की ओर लौट जाती थी। कभी मुझे मेरा बापू इकबाल सिंह के घर में गेहूँ-मक्की के ढेर को कोठी में डालता दिखाई देता तो कभी बातें करता हुआ, "आज हम इन दानों के ढेर पर नंगे पैर चलते-फिरते हैं, दाने कोठी में पड़ जाने के बाद हमसे इनके भिट जाने (अपवित्र होने) का भय इन लोगों को सताने लगता है। ... और फिर कल किसने यहाँ घुसने देना है हमें!"

'भिट' (भ्रष्ट) शब्द से मेरा मन बार-बार कटता, जैसे हमारे कुएँ की जगत पर रस्सी से कट-कटकर लकीरें पड़ गई थीं! मेरे विचारों के पता नहीं कैसे अचानक पंख निकल आते—बरसात के कीट-पतंगों की तरह! मैं सोचता—ज़मींदार अपने पशुओं को कैसे खूब मल-मलकर नहलाते हैं, पानी पिलाते हैं और उनका हर तरह से ध्यान रखते हैं। उनका कुत्ता कभी दालान के अन्दर, कभी रसोई के अन्दर बिना किसी रोक-टोक के आता-जाता है, बिल्ली के आगे उनके बच्चे म्याऊँ-म्याऊँ करते घूमते हैं। बिलौटों के लिए दूध बर्तन में डालकर उनके आगे रखते हैं और उधर, बापू और उसके साथी अपने-अपने घरों से गिलास-कटोरे लेकर जाते हैं। दिन भर उनके लिए जान मारकर काम करते हैं। इनसे तो ये जानवर अच्छे हैं जो गोदी में बिठाकर प्यार से दुलारे-पुचकारे जाते हैं। फिर, मेरे मन में विचार आता कि ऐसी मज़दूरी

के साथ मेरा कभी वास्ता न पड़े, जैसे-तैसे पढ़ जाऊँ, बड़ा होकर दिल्ली में रहते अपनी बुआ के बेटों की तरह नौकरी करूँ, दिल्ली में रहूँ और नई-नई पैंट-कमीज़ें पहनकर घूमता फिरूँ, न किसी का भय और न किसी की डाँट-डपट हो।

कई बार बापू को मजबूरीवश उन ज़मींदारों के यहाँ दिहाड़ी पर जाना पड़ता था, जिनके घरों की दाल-रोटी हमें बिलकुल पसन्द नहीं थी। कभी-कभी बापू अपने दिल की बात हमसे सांझी करता, ''उस गन्दी औरत के हाथों से बनी रोटी खाकर उल्टी आने को होती है। बाजरे की रोटियाँ, मसूर की दाल के साथ देकर टरका देती है। अभी कोई बाल-बच्चा नहीं है उस बुरी नीयत वाली के।''

अनेक बार बापू की दिहाड़ी की मज़दूरी के बदले में मेरी माँ जट्ट औरतों से गुड़, शक्कर, प्याज़, लहसुन, आलू, गेहूँ, मक्की, उड़द, मोठ, मसूर या कोई अन्य वस्तु ले आती। लेकिन, यह सब देखकर बापू कहता, ''अपनी चीजों की कीमतें अपनी मरजी से बढ़ा लेते हैं, हमारी दिहाड़ी नहीं बढ़ाते। सारा दिन पशुओं की तरह काम कराते हैं।''

''चल छोड़, जैसे-तैसे गुजर-बसर हो रही है।'' माँ ने बात लम्बी होते देख कहा।

''यह जो हमारी चमड़ी झुलसती है, तुम घर के अन्दर बैठी क्या जानो।''

''तुमसे कौन बहस करे। कहता है, घर के अन्दर बैठी रहती है।'' इतना कहकर माँ पिछली कोठरी में किसी काम से चली गई।

अन्त में, बापू अक्सर थके-मांदे बैल की तरह धम्म से चारपाई पर बैठ जाता और कभी लेट जाता। फिर, दुखी होकर अपने आप से ही बातें करने लगता, ''अगर थोड़ी-सी ज़मीन हमारे पास भी होती, बहुत बढ़िया गुजारा हो जाता। पता नहीं किस कंजर ने हमें जमीन से वंचित किया हुआ है। अगर कभी मिल जाए तो साले से पूछें कि मामा, तू भी हमारी तरह किसी की गुलामी करके देख, दो दिन में गांड न फट जाए तो मुझे पकड़ लेना।''

बापू के चेहरे पर तनाव होता, आँखें लाल और भौंहें तनी हुई होतीं। उसकी बातें कड़वीं होतीं और उनमें तेज़ी होती। ऐसे समय मैं सोचा करता कि बड़ा होकर ज़मीन खरीदकर उसमें केले, आम और गुलाब की कलमें रोपूँगा जैसे गाँव के कई जट्टों के कुओं पर हैं।

मैं देखता कि घर में पैसे की तंगी के कारण रोज़ ही नया कलह-क्लेश छिड़ा रहता। खाने-पीने के समय यह कलह अपने शिखर पर होती। बापू गुस्से में गिलास-कटोरे उठा-उठाकर पटकने लगता। रसोई में उनके आपस में टकराने की आवाज़ दलान में बैठे हम लोगों को भी सुनाई देती थी। ऐसा लगता था कि अभी चूल्हे की आग लपटों का रूप धारण कर लेगी। मैं अक्सर ऐसे क्षणों में डर जाता था कि बापू अभी उठकर माँ के दो-चार तमाचे या पीठ पर घूँसे जड़कर अपना गुस्सा

निकाल लेगा और फिर ख़ामोश होकर बैठ जाएगा। अन्त में, बगैर कुछ खाये-पिये सो जाएगा।

इन्हीं दिनों में माँ हम दोनों भाइयों की ओर देखकर दुखी होती पर, बापू तो पहले ही भड़क उठता था—"कहाँ जाकर फाँसी लगा लूँ—तुझे बीसियों बार बताया है कि पैसे की कोई बात नहीं बनी, रोज़ वही झगड़ा, हर वक्त बुरा-भला, बच्चे तेरे ज्यादा हैं, मेरे कम लगते हैं!" बापू के स्वर में क्रोध भी झलक रहा होता और लाचारी भी।

"मुझे ऐसे खा जाने वाली नज़रों से न देख, महीना तो हो चुका है।"

"मैं कहाँ डाका डालूँ, बहुतों से पूछ लिया, माँगने पर तो कोई दुअन्नी भी नहीं देता।" बापू ने माँ की बात बीच में काटते हुए गुस्से में कहा। फिर पता नहीं उसके मन में क्या आया कि वह कहने लगा, "खूब मेहनत करता हूँ, फिर भी कुछ नहीं बनता। हमारी साली किस्मत ही ऐसी है, पता नहीं किन कर्मों की सजा भुगत रहे हैं। इससे तो अच्छा था पैदा ही न होते। क्या कमी पड़ जाती अगर पैदा न होते... ऊपर से तू...।"

"थोड़ा सन्तोष रखा कर, दूसरे की बात भी सुन लिया कर। मैं तो कहती हूँ कि कल बैसाखी है, सूरज निकलने से पहले ही स्नान करा ला इन्हें।"

जलते हुए कोयलों पर जैसे वर्षा की फुहारें पड़ गयी हों। बापू ने अपने सिर पर बँधे हुए अँगोछे के नीचे बालों में उँगलियाँ फिराते हुए 'अच्छा जैसा तुम कहो' कहकर अपनी स्वीकृति दे दी।

अगले दिन तड़के ही बापू मुझे और बिरजू को लेकर गाँव से दक्षिण की ओर चल पड़ा। हम चुपचाप चले जा रहे थे। चाँद भी जैसे हमारे साथ-साथ चल रहा था। रास्ते के किनारे पर जब कभी सरकंडे और झाड़ियों का झुंड आता तो उनमें हवा के चलने से सरसराहट की आवाज़ उत्पन्न होती थी। क्षणभर के लिए मेरे भीतर डर की लहर हवा से भी तेज़ गति में दौड़ने लगती। मैं लम्बे-लम्बे डग भरता हुआ बड़े भाई का हाथ पकड़ लेता। जब हम जंडीर गाँव की फिरनी पर पहुँचे तो चुभ्भे (गुड़ बनाने की भट्ठी) के भीतर से एक कुतिया निकलकर भौंकने लगी। उसके तीन-चार पिल्ले पीछे-पीछे दौड़ते हुए आए। बापू ने उनको धमकाया तो वे सभी वहीं ठहर गए। बापू नें हमें तेज़ चलने को कहा।

"ओह...मर गया!" पोहली (एक काँटेदार पौधा) का सूखा हुआ पौधा हवा से जमीन पर लुढ़कता हुआ अचानक मेरे पैरों के तले आ गया था। मेरा छलाँगें मार-मारकर चलना एकाएक रुक गया। मैं तुरन्त ज़मीन पर बैठ गया। फिर, बापू ने मेरे पैरों के तलवों से काँटे निकाले और हाथ फेरते हुए पूछा, "अब तो नहीं चुभते?"

थोड़ा ध्यान से देखा तो मुझे आभास हुआ कि यह वही जगह थी, जहाँ मंगी (मेरे ताये का पुत्र) और मैं दूसरे साथियों के साथ पिछले साल बैसाखी का पर्व देखने

के लिए आए थे। गाँव के दीवान ने गोलगप्पों की छाबड़ी लगा रखी थी। किच्छी और पाशू ग्राहकों के जूठे बर्तन साफ़ करते और पानी पिलाते थे। पकौड़ों और मिठाई की बहुत-सी दुकानें सजी हुई थीं। कबड्डी का दम भरते लड़के और खेल के मैदान के इर्द-गिर्द गोल दायरे में बैठे-खड़े हुए बच्चों और बूढ़ों की भीड़! ये दृश्य मन के शीशे पर उभरे। घर लौटते समय, रास्ते भर अलगौज़े की आवाज़ एक बार फिर मुझे सुनाई देती रही थी।

"कमीज उतारकर जल्दी से स्नान कर लो, फिर घर को लौटें। गेहूँ काटने भी जाना है, इकबाल सिंह के खेत में।" बापू ने जैसे हमें हुक्म सुनाया। उसने अपनी पुरानी मैली कमीज़ उतारते हुए नसीहत की, "यहीं किनारे पर बैठकर स्नान कर लो, इधर गहरा गड्ढा है।" पूर्व की ओर से आता हुआ पानी घास-पौधों, सरकंडों की झाड़ियों से गुज़रता हुआ, धीमी-सी कल-कल ध्वनि करता हुआ बह रहा था। चाँद की चाँदनी से तालाब में शीशम के पेड़ों की टहनियों और पत्तों की परछाइयाँ दिखाई देतीं जो हिलती भी थीं।

जब हमने कपड़े पहन लिए तो बापू ने थैले में से दराँती निकाली। पाँच मूठें सरकंडे की काटीं, सिर झुकाकर धरती को नमस्कार किया और कहा, "हे मालिक, रहम कर, बच्चों को ऐसा खुजली-रोग फिर कभी न हो।"

वास्तव में, हम दोनों भाइयों के शरीर पर कुत्तों जैसी खुजली हो गई थी। खुजाते-खुजाते शुष्क जगहों पर से पानी रिसने लगता था। आसपास के घरों के बच्चे हमारे संग न खेलते। हमारे परिवार वाले भी हमें ज़्यादा बाहर नहीं निकलने देते थे ताकि हमसे किसी और को ये छूत का रोग न हो जाए। ख़ारिश होने पर हम दिन-रात शरीर पर जल्दी-जल्दी खुजली करते रहते। हमारा कोई वश न चलता, गुस्सा आ जाता। हम रुआँसे से हो जाते।

स्कूल में बहुत दिनों से छुट्टियाँ थीं क्योंकि नई कक्षाओं के शुरू होने का समय था। कुछ दिन पहले परिणाम घोषित हो चुके थे। मैं तीसरी कक्षा में हो गया था। यदि स्कूल की पढ़ाई के दौरान यह सब कुछ होता तो मुझे भी अपने साथ पढ़ने वाले सोहन की तरह घर पर ही रहना पड़ता। खेलना-कूदना बन्द हो जाता। लौटते समय रास्ते में मैंने ऐसा सोचकर सन्तोष कर लिया था।

घर पहुँचे तो माँ के चेहरे पर विश्वास की एक झलक प्रत्यक्ष दिखाई दे रही थी। उसने हमें समझाया और ढाढस बँधाया, "ये सभी घाव भर जाएँगे, अब नाखूनों से शरीर को मत खरोंचना।" क्षण भर रुककर उसने फिर कहा, "रब खुद ठीक कर देगा, हमने उसका क्या बिगाड़ा है।"

अभी ये बातें हो ही रही थीं कि बाहर के दरवाज़े से अचानक एक ही स्वर में आवाज़ आई--

'बारां बरस की होई रे गौरजाँ
पारबती जी इस्नान करेंगे,
शिवा जी दरशन करेंगे... ।'

सिर के ऊपर ज्योतिषियों जैसी पगड़ियों पर मोर के पंख बाँधे हुए वे तीनों बाबा गौरजाँ गाकर घर-घर भीख माँगते थे। शुरुआत हमारे घर से करते क्योंकि गाँव की मुख्य गली यहीं से ही शुरू होती थी। वे घंटियाँ बजाते। एक बाबा एक तुक बोलता और दूसरे दोनों उससे अगली। वे बर्फ़ जैसे सफ़ेद वस्त्र पहने होते थे और धोतियों के छोर पीठ के पीछे कमर पर खोंसे होते। कंधों के ऊपर से गेरुए रंग के कपड़े नीचे की ओर लटकते रहते।

मैं कोठरी में रखे घड़े में से आटे की कटोरी भरकर एक बाबा की बगल से लटकी झोली में डालने के लिए गया तो बापू ने गुस्से से कहा, ''थोड़ा नहीं डाल सकता था, घर में अनाज की पहले ही कमी है। इस माँगकर खाने वाली जाति का तो यही काम है। दिन भी नहीं चढ़ने देते...आ जाते हैं मुँह उठाकर।''

''पता नहीं कब के चले होंगे।'' माँ ने सहज स्वभाव में कहा।

''वहाँ भोगपुर मिल की टीनों के नीचे बैठे हुए हैं... और ये नवाँशहर से क्या अभी आ गए।'' बापू ने बात जारी रखते हुए कहा, ''हैं तो ये अपने ही आदमी, पर ये साले, शिव के भक्त बने हुए हैं, उसकी गोरी-चिट्टी पत्नी के सोहले गा-गाकर अपनी गाड़ी धकेल रहे हैं।''

''माँगना कहीं आसान है, तुम भी माँगकर दिखाओ तो... ।''

''मेरे कोई कीड़े पड़े हुए हैं जो माँगने चल पड़ूँ।'' बापू की बहस को बीच में ही छोड़कर माँ दालान में चली गई और मैं उन बाबाओं के पीछे-पीछे अगले घर की ओर चल पड़ा।

उन बाबाओं के शब्दों को मैं बड़े ध्यान से सुनता। इसके साथ ही 'बरगद वालों' के गुरदास के आँगन में ऊपर एक जगह पर शीशे में जड़ी हुई शिव-पार्वती की रंग-बिरंगी तस्वीर मेरी आँखों के सामने आ जाती। तालाब में नहा रही पार्वती मुझे कितनी ही देर तक बार-बार दिखाई देती रहती। मुझे लगता जैसे मैं कुछ क्षणों के लिए शिव बन गया होऊँ। मुझे बहुत अच्छा लगता, पर इसका ज़िक्र मैं किसी से न करता।

माँ बाहर वाली दहलीज़ पर खड़ी होकर, जो अपने बायें हाथ में बाल्टी उठाये, दायें हाथ से अपनी ओर आने का इशारा करती और साथ ही आवाज़ लगाती, ''गुड्ड, दौड़कर पालो के घर से लस्सी ले आ।''

मैं जट्टों की गली में बाल्टी को घुमाता, छलाँगें लगाता हुआ जाता। जब गुरुद्वारे के आगे 'शेखचिल्लियों' के घर के समीप पहुँचता तो मेरी टाँगों और पैरों में पहले जैसी फ़ुर्ती न रहती। सोचता—बापू भैंसों की देखभाल करता है, उन्हें नहलाता-धुलाता

है, धूप-छाँव में करता है, बारिश में उन्हें सूखी जगह पर बाँधता है। चारा डालता है, पर ब्याने से पहले ही भैंस किसी और के घर चली जाती है। मन चाहता कि बापू से कहूँ, भैंस हम रख लें। घर का दूध-लस्सी पियें और मैं भैंस के कटड़ी-कटड़े के साथ खेलूँ। कभी-कभी मुझे लगता कि इसके बारे में बापू को भी जानकारी है। जब मिलखा सिंह (जट्ट) अपने पोते के बलवान होने के बारे में लोगों को अति उत्साह में बताता, ''भई, हमारा तोची तो दूध पीता है और दूध ही मूतता है।'' तो मैं सोचता कि मैं भी इसी तरह ऊँचा-लम्बा और शक्तिशाली बन जाऊँ।

मैं 'बारियों' (पाकिस्तान के 'बार' इलाके से आए लोग) के खुले-बड़े आँगन में बाल्टी या डोलू रखता और सिर झुकाकर खड़ा रहता। इसके साथ ही लस्सी मांगने के बारे में बेशुमार ख़याल छोटे-छोटे बादलों की तरह एक घटा के रूप में आ घिरते और मन के आकाश पर घोर निराशा और उदासी की वर्षा करते हुए प्रतीत होते। मेरा तन-मन ग्लानि की इस बाढ़ में बहता हुआ लगता। मुझे अपने सिर-धड़ और टाँगों का पता ही न लगता कि वे आपस में एक हैं। मेरी सोच के निरंतर चलते काफ़िले तभी ठहरने का नाम लेते जब पालो अन्दर से ही कहती, ''गुड्ड, थोड़ा रुककर आना, मैं दूध बिलोने लगी हूँ।''

पालो के यहाँ हमने दूध का महीना भी लगाया हुआ था। सुबह-सुबह मेरा पहला चक्कर उनके घर से दूध लाने के लिए लगता। कभी पाव और कभी आधा किलो।

लेकिन लस्सी लेने के लिए कई बार दो-दो चक्कर लगाने पड़ते थे। उधर बापू झपटकर डाँटता, ''अब तो चला जा मामा! सौ बार बताया कि भई लस्सी के बगैर मेरे से नहीं रहा जाता।''

''अगर इतनी जरूरत है तो इस बार मीणी और बूरी दोनों खूँटे पर बँधी रहने देना। और फिर बच्चे खाएँगे-पिएँगे...।''

''देख, कैसे मुँह भर के बके जाती है। जो रकम जमींदारों से उधार ली हुई है मकान के खम्भे बनाने के लिए, वो तुम्हारे बाप ने देनी है?''

''जब भी बोलता है, मेरे माँ-बाप तक जाता है। जबरदस्ती गले पड़ जाता है। बात किस तरफ की होती है, ले किसी ओर को जाता है।''

''सारा दिन गधे की तरह काम करते हैं और ये...।'' फिर बापू गुस्सा होकर मुँह में ही बड़बड़ करने लगा, चिलम के बीच की राख निकालकर कंकरी को ठीक तरह टिकाकर तम्बाकू डालने लग जाता।

कभी-कभी मेरे मन में आता कि बापू को किसी दिन कह दूँ कि मैं आधा गाँव लाँधकर लस्सी लेने नहीं जा सकता, मुझे शर्म आती है। मगर मैं अगली सुबह फिर बाल्टी या डोलू उठाकर कभी किसी के घर लस्सी माँगने जाता तो कभी किसी के। यह सिलसिला जारी रहता। सुबह-शाम को लस्सी का खट्टा पीकर मज़ा आ

जाता। अगर दाल-सब्ज़ी नहीं बनती तो भी उससे काम चल जाता। गर्मियों के दिनों में जब गाय-भैंसों के दूध सूख जाते, हमें लस्सी की काफ़ी तंगी हो जाती। लस्सी पीने की इच्छा बनी रहती। चाय तो हम कई बार बिना दूध के ही पी लेते थे और बापू अपनी किस्मत को कोसते हुए अपना तपता हुआ सीना ठंडा करने की व्यर्थ कोशिश करने लगता।

इस सोच में डूबे हुए मुझे गली में माणकढेरी वाला बाबा बगलों में लम्बी-लम्बी थैलियाँ डालकर माँगता हुआ दिखाई देता। मोटे खद्दर की एक थैली में आटा और एक में दाने डलवाता। माथे पर तिलक लगाकर और गेरुए वस्त्र पहनकर उसने साधुओं जैसा वेश बना रखा था। हर दरवाज़े के सामने खड़े होकर ऊँचे स्वर में बताता, ''बीबी जी, कल पूरनमासी है और ग्रहण भी लगेगा।''

मेरा छोटा-सा तन-मन बड़ी सोच में डूब जाता कि इसे कैसे मालूम कि कल ग्रहण लगेगा? और मुझे तभी समझ में आता जब वह पतली-लम्बी किताब में से किसी को कुछ पढ़कर बताता और किसी को कुछ। मेरे मन में आता कि जब वह हमारे घर माँगने आएगा तो मैं पूछूँगा- मीणी भैंस हमारे घर ही रहेगी? नहीं तो कोई उपाय कर दे जैसे दूसरों से गेहूँ के दाने लेकर करता है। और यह भी पूछूँगा कि रत्ते बामण के बड़े घर और चौबारे जैसा हमारा घर कब बनेगा? कहूँगा–कोई रेख में मेख मार जैसे उसको गाँव के और लोग कहते हैं लेकिन मेरे दिल की बातें दिल में ही रह जातीं और वह हमारे पास वाली ताई तारो के घर (जट्टों के) में चाय-पानी पीकर बीच वाली गली में से लौट जाता। इसी के साथ, मन का शीशा तिड़क जाता जिसकी ख़ामोश व्यथा मेरे वजूद में लहू की तरह चक्कर काटती रहती और ये प्रश्न मेरे मन को कचोटते रहते कि वह बाबा साधु होकर हमारे मुहल्ले में माँगने क्यों नहीं आता!

थूहरों पर उगे फूल

"किस निखसमी का है? ठहर तो जरा, चीर के दो फाड़ करूँ।" घर के सामने बरगद-पीपल के नीचे बैठी मेरी दादी आसमानी बिजली की तरह अचानक कड़की। मामला जानने के लिए हमारे कान खड़े हो गए।

"आज पता नहीं किससे भिड़ पड़ी है।" मेरी माँ ने दालान के अन्दर से उठते हुए कहा। मैं भी मेमने की तरह उसके पीछे-पीछे चल पड़ा। दादी के निकट जाकर उसने पूछा, "क्या हुआ माँ?"

"कंजरों की औलाद, जब भी गुजरता है, फब्ती कसके दौड़ जाता है, मेरे बाप का साला! गाँव भर में मेरी उम्र का कोई बूढ़ा-बुजुर्ग है क्या? इस मरजाणे को शरम नहीं आती मसखरी करते हुए।" दादी दुहाई देती हुई जैसे जायज़-नाजायज़ का फ़ैसला कराना चाहती हो।

"कौन था, पता तो चले?" माँ ने फिर पूछा।

"मुझसे कौन-सा पहचाना गया कुलबोरनी का! फुड़की पैणे (मर जाने) की जलती जबान ही पहचानती हूँ। जबान खींच लूँगी किसी दिन, हाथ आ जाए एक बार।" दादी के पोपले मुँह के अन्दर जीभ ही हिलती दिखाई देती और आँखें सिकुड़ी हुईं। उसके सिर के चाँदी रंगे बालों की दो लटें कनपटियों पर लटक रही थीं। ऐसा लगता था कि वह सचमुच उस फुड़की पैणे को ढूँढ़कर कच्चा चबा जाएगी।

दादी ऊँची आवाज़ में बोलती हुई आहिस्ता-आहिस्ता घर के पास से गाँव की भीतरी गली का मोड़ पार कर गई। मैंने सोचा कि उससे पूछूँ कि वह किसके घर उलाहना देने जा रही है? पर मैं डर के मारे चुप रहा। लेकिन, यह भी साबित हो चुका था कि उसके हाथ के मोटे सोटे और मज़बूत इरादे ने उसकी कमज़ोर निगाह के बावजूद उसकी टाँगों और पैरों को कभी लड़खड़ाने नहीं दिया था। जब कभी और जहाँ कहीं उसे अपने या दूसरों पर अन्याय होता दिखाई देता, वह उसके ख़िलाफ़ बीड़ा उठा लेती—हठी, निडर और हौसला-बुलन्द वीरांगना की तरह मैदान आसानी से न छोड़ती। उम्र के लिहाज़ से वह हाँफ गई लगती, पर हारी नहीं थी।

दादी को उसका 'शिकार' न मिला तो वह जल्द ही उल्टे पाँव लौट आई।

ख़ैर, इतने में दादी के इर्दगिर्द मुहल्ले की मेरी चाचियों-ताइयों और बच्चों का जमघट लग गया। मेरी छोटी बहन ने आकर माँ का हाथ पकड़ लिया। नंग-धड़ंग बच्चों ने अपने मुँह मेरी दादी की ओर उठा रखे थे। उनमें से कइयों की काली-लाल तगड़ियाँ ढीली पड़ चुकी थीं और कोई-कोई उनके काले-लाल मनकों को कभी आगे और कभी पीछे कर रहा था।

"बता तो सही, उसने क्या कहा?" मेरी एक ताई ने उतावली होते हुए पूछा। मेरी उत्सुकता और बढ़ गई। सबके चेहरे ही नहीं, नज़रें भी सवालिया निशान बनी हुई थीं। ऐसा लगता था कि अगर मेरी ताइयों को छानबीन के बाद पता चल जाए तो वे ऊधम मचा देंगी। उसके घर तक जाने से नहीं हिचकेंगी।

दादी का गोरा झुर्रियों से भरा चेहरा पूरी तरह लाल हो चुका था। उसने अपने सिर का पल्लू सँवारते हुए बताया, "डुब जाणा...जाते-जाते बकता था–*तुम्हारी सत्तो के यार, कोई चूहड़ा, कोई चमार।* ... मैं कहती हूँ, सत्तो बछेरी होगी तुम्हारी–हराम की औलाद!" साथ ही, दादी ने हाथ में पकड़ा सोटा ज़मीन पर मारा जिससे 'ठक' की हल्की-सी आवाज़ हुई जो उसके रोष और अणख की गवाही दे रही थी। मुझे लगा कि उसके पास गालियों के नुकीले तीरों का असीमित भण्डार है। 'शिकार' बेशक आँख से ओझल हो चुका था, पर क्रोध में लाल-पीली होती दादी लगातार तीर छोड़े जा रही थी। उसकी दलीलों की अहमियत अपनी जगह थी।

दादी का शोर-शराबा सुनकर पास के घरों से ताई तारो और उसकी बड़ी बहन प्रकाशो जो एक ही परिवार में ब्याही गई जट्टियाँ थीं, हमारे करीब आ खड़ी हुईं। आते ही ताई तारो ने पूछा, "हरो, ऐसी भी क्या बात हो गई जो सींगों पर मिट्टी उठा रखी है।"

यह सुनते ही मेरी सारी सोच मकड़जाल बुनने लगी। ताई तारो और दूसरी जट्टियाँ सौ की आयु को छूती मेरी दादी को उसका नाम लेकर पुकारती हैं। मेरे संग पढ़ने वाले लड़के हमारी बिरादरी के लोगों को उनका नाम लेकर बात करते हैं और जवाब में वे उन्हें 'सरदार जी ' कहते हैं। हम गाँव के सभी लोगों को चाची, ताई, चाचा, ताया (ताऊ), बाबा कहकर पुकारते हैं और ये बगैर किसी संकोच के सीधे ही नाम ले लेते हैं। फिर ख़याल आया कि इस सबके पीछे शायद जाति और ज़मीन का अंहकार बोलता है। मेरी यह विचार-तन्द्रा उस समय टूटी जब दादी पुनः बड़बड़ाने लगी और मुझे लगा जैसे मैं शून्य में से ठोस ज़मीन पर आ गिरा होऊँ। अब मेरी आँखें देखने और कान सुनने लगे थे। घट चुकी घटना के प्रति दादी का रोष-प्रदर्शन लोग पूरी तल्लीनता से देख-सुन रहे थे।

"तुझ मक्कार को हर वक्त ठिठोली ही सूझती रहती है। सोचे-सुने बिना आकर लुतर-लुतर करने बैठ गई है।" दादी ने इतना कहकर जैसे ताई की बोलती बन्द

कर दी हो। ताई के भी क्या कहने कि वह दादी का रौब सह लेती थी और उसके सामने कभी अकड़कर नहीं बोलती थी। इस बार भी वह चुप रही और बात को आई-गई कर दिया, पर बाकी औरतें मुस्करा पड़ी थीं। हम सारे बच्चे ख़ामोश खड़े थे।

इतने में फुम्मण हवा के झोंके-सा पता नहीं किधर से आ गया और अपनी आदत के मुताबिक ज़ोर-ज़ोर से बोलने लगा, ''एक बार दाढ़ तले आ गया तो कचूमर निकाल दूँगा, इस उल्लू के पट्ठे को फब्ती कसने की आदत है।''

''ओह हो! पता तो चले भई कौन था?'' ताई तारो ने फिर पूछा।

''तुम्हें जैसे पता नहीं? पहले आग लगा दी, फिर डब्बू गोयरा चले। कभी कहीं कुछ कानाफ़ूसी कर गया, कभी क़हीं झगड़े की जड़ छोड़ गया। चार खेत क्या हो गए, चाँद पर थूकने से बाज नहीं आते।'' फुम्मण ने क्रोध में दाँत पीसते हुए कहा। मेरे निर्ज़ीव-से पड़े शरीर में जैसे नये सिरे से ताकत आ गई और हाथ फ़ुर्ती से दादी का सोटा पकड़ने को आतुर हो उठे। मेरा शरीर काँपकर रह गया। पल भर बाद मैं किसी भोले-से लड़के की भाँति दादी के पास खड़ा था। लेकिन, मुझे लगा जैसे ज़िंदगी की तल्ख़ हक़ीक़तों से मेरा वास्ता शुरू हो चुका है।

''उस दिन की बात भूल गए? जब 'बाबों' के भगते को घर में घुसाकर आये थे। उस वक्त चें-चें करने बैठ गए थे सारे।'' दादी ने एक पिछला वाकया याद किया और कराया।

''क्या हुआ था तब?'' मैंने दादी के गुस्से के दौरान डरते-डरते उसका हाथ पकड़कर पूछा।

''यहीं खड्डियों में आकर भगते ने जागर चौकीदार को धौंस देकर कहा कि मेरे साथ पट्ठे कुतरवा। वह जवाब में बोला कि मेरे पास फ़ुर्सत नहीं। बस, इस बात पर भगते ने उसके सोटे मार दिए।'' दादी ने अपना पकड़ा हुआ हाथ झटके से मुझसे छुड़ाकर पीछे हटा लिया।

''हैं! फिर?'' मैंने तुरन्त पूछा।

''फिर क्या? सारी चमारली पीछे पड़ गई। उस दिन के बाद भगते ने दोबारा इस मुहल्ले में आकर न ऐसी हरकत की और न ही आँख उठाई।...ऐसे ही जबरदस्ती बेगार कराने ले जाते रहते हैं!'' दादी ने दूसरों की और मेरी हैरानी भरी आँखों की ओर देखते हुए बताया। और इसी के साथ मेरी सोच की सूई बेगारी, ऊँच-नीच, छुआछूत के विचारों पर आकर फँसी रह गई, ठीक वैसे ही जैसे नम्बरदारों के दास की मिन्दो के विवाह पर सूई अटक गई थी 'लक्क हिल्ले मजाजण जांदी दा' वाले तवे पर और बार-बार इतना-सा मुखड़ा 'लक्क हिल्ले' 'लक्क हिल्ले' ही सुनाई देता रहा था। सूई उठा लेने की तरह जब मैं अपने-आप में लौटा तो अहसास हुआ कि इस नये-नये चले तवे पर सूई रुक सकती है तो इन ख़यालों का बार-बार मेरे मन

में आना भी स्वाभाविक ही है। दादी, बापू, ताया और सारी बिरादरी नित्य यही बातें करते हैं। मुझे एकदम सूझा कि इस अदृश्य बोझ से छुटकारा पाने के लिए दिन-रात एक कर दूँ। सहज ही, यह ख़याल भी आया कि नया सुनने-समझने के लिए सूई आगे चलनी चाहिए।

मेरी माँ ने फिर कहा, ''चल दफा कर माँ! बहुत दादे दाढ़ी हग लिया तू भी!''

''माँ, रोटी खा तू! मैं लेता हूँ खबर इस ठिंगू की जो बिफरा फिरता है।'' फुम्मण दादी को बाँह से पकड़कर हमारे घर की ओर लाते हुए कहने लगा, ''जो भी उठता है, पहले जात का ताना मारता है, ढाई-ढाई किल्ले ज़मीन हिस्से नहीं आती, बने फिरते हैं बड़े लाटीकान...।''

''फुम्मण, क्यों शोर मचा रहा है? साँप निकल गया, लकीर पर लाठी मारकर क्या मिलेगा?'' ताई तारो ने समझाते हुए कहा।

''कहता था—तुम्हारी सत्तो के यार, कोई चूहड़ा, कोई चमार। तुम्हारी-हमारी लड़कियों में कोई फर्क है?... और चाची तू ही बता, तब तो कुएँ का पानी भ्रष्ट नहीं हुआ था जब मेरे बापू ने कपड़ों समेत कुएँ में कूदकर धन्नी सुनारिन की बेटी को बाहर निकाला था।'' फुम्मण ग़ुस्से में हलफ़िया बयान दिए जा रहा था। उसके मस्तक का पसीना बूँदों का रूप धारण करके उसके कुर्ते और ज़मीन पर गिरने लगा था।

यह सुनकर मेरे रोंगटे खड़े हो गए। धन्नी की छोटी बेटी मुझे कुएँ में गोते खाती और जान बचाने के लिए हाथ-पैर मारती दिखाई दी और फिर दिखाई दिया मेरा सबसे बड़ा ताया, उसे बचाते हुए। यह सोचते ही मुझे हल्का-सा पसीना आ गया। दिल की धड़कन कुछ पलों के लिए रुक गई-सी लगी। अन्त में, मैंने एक गहरी साँस ली और साथ ही, इस सोच की लड़ी टूट गई।

दरअसल, गाँव की एक बेटी 'वलियों' के कुएँ पर पानी से भरे भारी डोल को खींचते हुए खुद ही कुएँ में खिंचती चली गई थी, क्योंकि कसकर पकड़ी रस्सी को छोड़ने का उसे मौका ही नहीं मिला था। उधर करीब ही गोरे जोहड़ के पास से गुज़र रहे मेरे ताये प्रतापे ने यह सब कुछ देख लिया था। उसने आगा देखा न पीछा, कुएँ में छलाँग लगा दी और लड़की को जिंदा बचा लिया।

इसी दौरान दादी ने अभी बाहर वाले दरवाज़े की देहरी ही पार की थी कि शंख की आवाज़ सुनाई दी। मैं आसपास झाँकने लगा।

''लगता है 'घोड़ों' के बूढ़े का भोग पड़ गया।'' ताई तारो ने सरसरी तौर पर दूसरों को सुनाते हुए कहा। वे दोनों बहनें हमारे घर की गली के मोड़ पर अभी भी खड़ी थीं।

''वो भी पड़ गया होगा, पर शंख तो इधर बोलता है। वो देखो, 'नांगों' के घर के पास राम-गउओं वाले शंख बजाते आ रहे हैं।'' ताई प्रकाशो ने अपना मुँह

दक्खिन की ओर घुमाकर दायें हाथ को आगे की ओर फ़ैलाकर बताया।

मैं और दूसरे बच्चे उछलते-कूदते गायों की ओर दौड़ पड़े जिनके सींग आगे से बहुत ही पतले और लम्बे थे, और नीचे तक चमक रहे थे। बिलकुल संगमरमर की तरह! कई गायों के सींगों के सिरों पर पीतल की फूलदार पत्तियाँ चढ़ाई हुई थीं। धीरे-धीरे यह झुंड हमारे घरों की ओर बढ़ता चला आ रहा था। ऐसी निराली गायें साल में दो-तीन बार ही देखने में आतीं। पच्चीस-तीस की गिनती तक की इन गायों के रंग सफ़ेद होते। किसी-किसी का रंग लाखा या काला होता जिसे वे कपिला गऊ कहते। लोग गायों के इस समूह के सामने बाजरे-चरी के सूखे या हरे डंठलों का ढेर डालते या फिर पूरी की पूरी पूलियाँ लाकर रख देते। वे पत्ते खातीं और मकई-बाजरे के डंठलों को छोड़ कर फिर दूसरी जगह मुँह मारने लगतीं। छोटे बछिया-बछड़े अपनी माँओं के थनों में अपना मुँह मारते। कई दूध पी लेने देतीं और कई कूदती-फाँदती आगे बढ़ जातीं। यह तमाशा देखकर मेरा मन खुशी भरा दरिया बनकर बहने लगता। मैं उत्साहित होकर गायों-बछियों के बारे में अपनी होशियारी बताने की रौ में अपने घर की ओर बढ़ा।

इतने में बापू ने पट्ठों की एक गठरी आँगन के एक कोने में फेंकी जिससे धूल का एक हल्का-सा बादलनुमा गुबार हवा में फैल गया। मैं दौड़कर घर से गउओं-बछड़ों के लिए नये-ताज़े और हरे पट्ठे (चारा) लेने गया। बापू का कुर्ता पसीने से भीगा हुआ था और वह सिर पर से अंगोछा उतारकर मुँह और गर्दन पोंछ रहा था। मैं गठरी की ओर बढ़ा। बापू मुझे उखड़ी कुल्हाड़ी की तरह पड़ा, "खबरदार जो पट्ठों को हाथ लगाया तो...इस निठल्ले टोले ने तो धंधा ही बना रखा है, बाल चुपड़ लिए, माथे पर गेरुए रंग की खड़ी या पड़ी तीन लकीरें खींच लीं और चल पड़े जालंधर की गऊशाला से गायों का झुंड लेकर। कोई पूछने वाला भी है कि क्या राम गायें चराता था? उम्र तो उसने जंगलों में गला दी और अन्त में औरत की ख़ातिर लड़ता-भिड़ता रहा।"

"बस, दो मुट्ठी उस गाय को डालूँगा जिसके पुट्ठे पर पाँचवीं टाँग लगी हुई है।" मैंने बापू के सामने मिन्नत की और साथ ही, उस टाँग को निहारता रहा जो गाय की पीठ पर कभी इधर तो कभी उधर लटक जाती थी।

"इन लोगों ने तो ढोंग रचा रखा है, माँगने-खाने को। अगर ये राम की गायें हैं, तो फिर उसने किसी पर जीभ जैसा लटकता मांस या पाँचवीं टाँग क्यों लगा रखी है? बताये तो कोई?" बापू मानो कोई बहुत बड़ा रहस्य पेश कर रहा था जिसमें से एक चुनौती भरा सवाल झलकता था।

"सारा मुल्क गाय को माँ की तरह पूजता है और तू इस बालक को उल्टे पहाड़े पढ़ाने बैठा है।" माँ ने दालान में आते ही आटे सने हाथ झाड़ते हुए कहा। मुझे लगा, आटा सानती माँ ने हमारी सारी बातें सुन ली थीं।

"तू क्या जाने इनकी चोर-चालाकियों को! लाहौरी राम बाली ने भोगपुर-आदमपुर के जलसों में बताया था कि सारे बामण पहले गउओं-बछियों का मांस खाया करते थे। कहते थे कि हिन्दुओं के ग्रन्थों में लिखा हुआ है कि श्राद्ध में बामणों को गाय का मांस खिलाने से ज्यादा पुण्य मिलता है।" बापू सुनी हुई बातों को सुनाते हुए किसी ज्ञानी से कम नहीं लगता था। उसने थोड़ा हँसकर फिर कहा, "और सुन, कहते थे कि ग्रन्थों में यह लिखा हुआ है कि श्राद्ध में जो आदमी मांस नहीं खाता, वो मरने के बाद इक्कीस जन्मों तक पशु बनता रहता है।"

"तेरी तो अक्ल मारी गई है, कहीं लड़कों की बुद्धि न भ्रष्ट कर देना! गऊ का दूध तो नियामत है, छत्तीस पदारथ बनते हैं इससे। इसी वजह से तो निहंग टांडा मंडी में गायों के रस्से काटकर उन्हें भगा देते हैं कि कहीं बुच्चड़ खरीदकर न ले जाएँ।" माँ ने थोड़ा गुस्से में आकर फिर कहा, "क्यों अनर्थ कर रहा है? पुण्य-पाप से ही ज़मीन-आसमान खड़े हैं।"

"बामणों को दान करके? इस माँगकर खाने वाली कौम ने कभी हाथ से काम नहीं किया। जिनके सिर पर मौज उड़ाते हैं, उन्हें कभी करीब नहीं फटकने दिया। मैं कब कहता हूँ कि गायें हमारी माँ नहीं, सारा टब्बर इनके सिर पर पलता है।" बापू लगातार बोले जा रहा था। मैं हैरान था कि बापू को बेशुमार बातों का पता है जो उसके दिल में शूलों की भाँति चुभी हुई हैं। इनके कारण उसका मुँह कई बार उतर जाता है।

"हमसे उन्होंने कभी दान-दक्षिणा माँगी है? अपनी तरफ से ही किस्से जोड़ता रहता है।"

"हमारे पल्ले क्या है? जूँएँ? और नहीं तो गायों को पट्ठा-दथ्था (चारा) ही चरा ले जाते हैं।"

"यूँ ही न कुफर तौले जा...। लड़का जिद्द कर रहा है, दो मुट्ठी चारा गायों को डाल देगा तो क्या फर्क पड़ जाएगा?". माँ ने मेरे उतरे हुए मुख की ओर देखते हुए कहा, पर बापू अपनी दलीलबाज़ी से तिल भर भी इधर-उधर नहीं हो रहा था।

"बन्दों को जातियों में बाँट कर कुफ़र ये मक्कार तौलते हैं। भला बन्दों की भी कोई जात होती है। ये पशुओं-पत्थरों को पूजते हैं, हमें इनसे भी गए गुजरे समझते हैं। कहते हैं, परे रहो, भ्रष्ट हो जाएँगे। कोई पूछे कि तुम्हारे क्या हमसे ज्यादा अंग लगे हैं?" बापू का पसीना अभी सूखा नहीं था और न खत्म हुआ था। उधर, इन बातों से मेरे दिल पर आरी-सी चलने लगी। मन-मस्तिष्क में कई बातें इस तरह समा गईं जैसे गाँव के पश्चिम की ओर टीले की रेत में पानी को जज़्ब होते देखा था।

"लगे ही हैं! गुरदास के यहाँ शीशे में मढ़ाकर रखी मूरतें देख कभी। शिव की चार बाँहें, एक माता की चार बाँहें, एक की छह बाँहें, गणेश के धड़ पर हाथी का सिर है। नरसिंह का भी कुछ है... मैं तो कहती हूँ कि भई, अगर तुझे पता नहीं

है तो यूँ ही दूसरे की निन्दा न करा कर।'' माँ ने बापू को समझाने के लिए मानो एक और कोशिश की हो।

''बामणों के रचे प्रपंच पर कौन एतबार करता है? कहते हैं—बालमीक ने कुश को तिनकों से पैदा कर दिया, अंजलि के कान में मारी फूँक से हनुमान पैदा हो गया। अष्टभुजी जनानी अभी तक तो धरती पर हुई नहीं। और अगर चार टाँगों वाली जनानी होती तो मैं फिर मानता कि हनुमान जैसे उस वक्त कान में फूँक मारने से पैदा हो गए होंगे। अब तू मुझे बता कि हमारे गुड्ड और बिरजू कैसे जन्मे थे? सो, कुदरत के खिलाफ़ कोई बन्दा काम नहीं कर सकता। आई समझ?'' मुझे लगा कि बापू पट्ठों की गठरी खोलने के साथ-साथ कई रहस्यों भरी अपनी दलीलों की गठरियों की गाँठें भी खोल रहा हो।

''तेरी ये बहस नहीं खत्म होने वाली! हमें और भी बहुत काम हैं।'' माँ ने-पिंड छुड़ाने के लिए जैसे इस सबसे पल्ला झाड़ने की कोशिश की।

''और सुन जा, तसल्ली नहीं हुई हो तो...। और इस बदनीयते को भी समझाया कर जो काम से बचता रहता है। इसके बराबर के बच्चे दौड़-दौड़कर काम करते हैं, और यह मामा फ़िरकी की तरह कभी इधर, कभी उधर घूमता रहता है। घोड़े-सा हो गया, पर ज़रा-सा काम नहीं करता। और पाँच-छह महीनों में चौथी में होने वाला है ये बदमाश। बड़ा (मेरा भाई) देख तो तेरे साथ बख्शो के यहाँ गोबर-कूड़ा करवाने जाता है, बालण लाता है, चारे के लिए जाता है। और ये सारा दिन कान लगाकर कभी किसी की बातें सुनता है, कभी किसी की। मैं पूछता हूँ, ये बातों की कमाई खाया करेगा क्या?'' बापू अचानक दाँत पीसते हुए, उछलकर मेरे पीछे पड़ गया। पिछले दिनों चढ़ा कुटापा याद करते हुए मैं डर के मारे काँप उठा।

''अभी फूल जैसा लड़का है, क्यों इसके पीछे पड़ गया। इस नादान के खेलने के दिन हैं, चार दिन खेल ले, फिर हमारी तरह सारी उम्र यही भाड़ झोंकना है।'' माँ के इन शब्दों के साथ मेरा तन-मन खुशी में नाचने लगा।

बापू के चित्त में पता नहीं रहम आया या बेरहमी उपजी, वह मेरी ओर घूरते हुए कहने लगा, ''कर ले पुत्त हमारे सिर पर ऐशें, बकरे की माँ कितने दिन खैर मनाती रहेगी?''

'ऐशें' शब्द सुनकर मैं हक्का-बक्का रह गया। मेरे नित्य के कामों की सूची, एक झलक की तरह मेरी आँखों के सामने से गुजर गई। मैंने अपने आप को कभी गाँव के किसी कोने में मैले की बाल्टियाँ ढोते हुए, कभी बालण के लिए सूखे पत्ते, गन्ने के छिलके, शीशम के सूखे पत्ते इकट्ठे करते हुए, कभी मक्की बोते बापू और उसके साथियों के लिए लस्सी, चाय-पानी ले जाते हुए, पशुओं को पानी पिलाते और हट्टी-भट्ठी जाते हुए देखा। लेकिन, सोच का यह सिलसिला शंख की फिर से सुनाई दी आवाज़ से भंग हो गया।

मैं ख़ाली हाथ दूसरे बच्चों के साथ गायों के पीछे-पीछे चल पड़ा जो आगे चलकर ढड्डियाँ वाले रास्ते पर हो गई थीं। जाते-जाते वे इन्दर सिंह के चल रहे रहट के चहबच्चे और आड़ में से पानी पीने लगीं। पर मुझे इन्दर सिंह का मेरी दादी को मेरे फूफा (गुलजारी लाल) के बारे में दिया गया उलाहना अकस्मात याद हो आया। लेकिन, यह याद अधबीच में ही टूट गई क्योंकि उधर ध्यान मुझे लगातार हाँक लगाये जा रहा था। गऊएँ आगे बढ़ गईं थीं। मैं तेज़ कदमों से उनके संग जा मिला। सुच्चा, ध्यान, रामपाल और मैं बारी-बारी से बिजली के नए लगे खम्भों से कान सटाकर कुछ आवाज़ें सुनते और उन आवाज़ों की नकल उतार हम एक-दूजे को बताते—'अब मोटर ऊपर चली गई, अब नीचे आ गई।'

इतने में गायें दूर जाते हुए आँखों से ओझल हो गईं और हम घरों की ओर लौट पड़े। मुझे पिछले दिनों खम्भों को गाड़े जाने का नज़ारा खुद-ब-खुद दिखाई-सुनाई देने लगा। बिजली विभाग के पन्द्रह-बीस कर्मचारी जब खम्भे को डाले गए रस्से को हाथों से कसकर पकड़कर खींचते थे तो उनके बाजुओं में मछलियाँ उभरती थीं जो उनकी शारीरिक मज़बूती को प्रकट करती थीं। एक ओर को रस्सा खींचते बहुत से आदमियों के सिर-धड़ आगे की ओर और टाँगें पीछे की ओर तनी हुई थीं। उनके पंजे मानो ज़मीन में गड़े हुए हों। धीरे-धीरे खम्भा ऊपर उठता चला गया और उनका ज़ोर ऐड़ियों पर आ गया। धड़ पीछे की ओर और टाँगें आगे की ओर हो गईं। उनमें से एक बोली बोलता, बाकी पीछे से 'हइशा, हइशा' कहते। कुछ अधूरी, कुछ पूरी बोलियाँ मुझे फिर से सुनाई देने लगीं—

विच्च जलंधर माडल टौन ... *हइशा!*
दो दो गुत्तां, लम्बी धौण ... *हइशा!*
टुट्टी मंजी, बाण पुराणा ... *हइशा!*
सौंण नई देंदा बाल नियाणा ... *हइशा!*
सो जा बच्चिया यार दे जाणा ... *हइशा!*
यार बुलावे भज्जी जावे ... *हइशा!*
खसम बुलावे तीड़ीयां पावे ... *हइशा!*
मर वे खसमां तेरे नहीं वसणा ... *हइशा!*
तेरी कमाई दा कुछ नहीं डिट्ठा ... *हइशा!*
यार दी खट्टी दे आए बन्द ... *हइशा!*
बन्दां विच्चों बन्द सुनहरी ... *हइशा!*
गोटियां विंच्चों गोटा लहरी ... *हइशा!*

इन बोलियों के बार-बार सुनाई देने से मेरे चित्त में कल्पित जालंधर शहर का माडल टाउन दृश्यमान हो उठा। मुझे वहाँ रत्ते, दुर्गे और नम्बरदारों के चौबारों जैसी बड़ी-बड़ी

कोठियाँ, महल-चौबारे और उनमें बसते लोग दिखाई दिए। फिर मुझे लगा कि दो चोटियों वाली लड़कियाँ वहाँ रहने वाले लोगों की प्रगतिशील सांस्कृतिक सोच का संकेत होंगी जैसा कि मैंने अपने गाँव में कम्युनिस्टों के एक जलसे में भाषणों के दौरान सुना था। फिर मेरा ख़याल 'टुट्टी मंजी (टूटी चारपाई), बाण पुराणा' से होकर गरीबी-अमीरी, रहन-सहन, पढ़ाई-लिखाई और अनपढ़ता की ओर चला गया और बाद में औरत की ओर। सभी बोलियाँ औरतों के बारे में! कभी गरीबी औरत में बदलती दिखाई देती तो कभी औरत गरीबी में! बहुत-सी बातें मेरी समझ में न आतीं। मैं सोचता कि बोली के अन्दर का 'यार' बहुत मालदार और गाँव के नम्बरदार जैसा होगा और 'तेरी कमाई दा कुछ नहीं डिट्ठा' वाला व्यक्ति मेरे बापू जैसा कोई खेत-मज़दूर या सड़क पर रोड़ी कूटने वाला मज़दूर रहा होगा जिसे उसकी घरवाली ताने मारती होगी। बापू की पूरे दिन की कड़ी मेहनत के बावजूद उसकी बेबसी और मजबूरियों के बारे में सोचकर मैं घबरा उठता।

मेरे इन सोच-विचारों के काफ़िले एकाएक ऐसे रुके जैसे रेलगाड़ी सिगनल न मिलने से भोगपुर स्टेशन पर पहुँचने से पहले ही रुक गई हो। ऐसा इसलिए हुआ था कि राह से थोड़ा हटकर हमारी बिरादरी की श्मशान-भूमि में बैंहक अमली (नशेड़ी) अपनी बकरियों के झुण्ड को चराते हुए गाता हुआ सुनाई दे गया था—

दुध बकरी दा चो के,
अमली नूं चाह (चाय) कर दे।

बैंहक को कई लोग बोक भी कहते थे क्योंकि वह बहुत ऊँचा, जवान और छड़ा-मलंग था। बस, हुक्का ही उसका संगी-साथी था जिसे वह सीने से लगाए रखता। कई उसे यह कहकर छेड़ते, "तू परवाह न कर, जट्ट का एक बेटा ब्याहा जाए तो समझ ले सारे ब्याहे गए। तेरा एक भाई तो ब्याहा हुआ है।" इस पर वह बस मुस्करा देता।

रेवड़ जैसी हमारी बच्चों की टोली बैंहक बकरियों वाले की ओर सरपट दौड़ पड़ी और मैं इससे बिछुड़कर घर पहुँच गया। मैं उत्साह में भरकर बापू को लगाए जा रहे बिजली के खम्भों के बारे में बताने लगा। इस पर वह बोला, "हम तो तब जानेंगे जब हमारे घरों में से अँधेरा खत्म होगा। यह सब कुछ अमीरों के लिए है! हमारे लिए तो जैसी आज़ादी आई, वैसी अभी न आई। मैं ज्योतिषी नहीं हूँ पर एक बात कहे देता हूँ कि अब अगर तुम पढ़-लिख गए तो घसियारे के बेटे घसियारे नहीं रहेंगे। बस, पढ़ लो जैसे-तैसे, जमींदारों की गुलामी नहीं करनी पड़ेगी।"

मुझे बापू की कई बातें समझ में आ जातीं और कइयों को मैं बार-बार सोचकर समझने का यत्न करता।

"गुड्ड, बात सुनना!" माँ ने आहिस्ता से आवाज़ लगाई, साथ ही इशारा भी

किया। फिर मुझे समझाते हुए कहा, "हमने तेरे बापू को सवेरे वाली बात नहीं बताई, तू भी न बताना, नहीं तो यह पतंगे की तरह फुदकने लगेगा।"

मैंने सिर हिलाकर 'ठीक है' का भरोसा दिलाया। अब तक माहौल पहले की तरह शांत और सहज हो चुका था। ऐसा लगता था मानो दादी के साथ कोई बात ही न हुई हो। पर मेरे मन के किसी कोने में इस घटना ने एक स्थायी ठिकाना बना लिया था। उड़ते पंछी के सीने में जैसे तीर आर-पार हो गया था और वह पंखहीन होकर गिरने-गिरने को प्रतीत होता था। मेरी इस सोच का प्रवाह ध्यान द्वारा लगाई गई हाँक से टूटा, "गुड्ड, आ जा। मुरमुरे भुनाने चलें।"

मैंने फ़ुर्ती से अपनी झोली में मक्की के लाल, किरमिची, कच्चे-पीले से रंग वाले दाने डाले और हम बातें करते हुए गली में चल पड़े।

"देख ले, रब एक ही भुट्टे में कितने रंग-बिरंगे दाने लगाता है।"

"जैसे हम? तू गोरा और मैं काला! कहते हैं बच्चे तो माँ-बाप पर जाते हैं। देख, मेरा और बिरजू का चेहरा ऐन बापू पर है।" मैंने बात को थोड़ा विस्तार दिया।

"भुट्टे के दानों की किसी-किसी कतार में किसी-किसी दाने का रंग जामुनी या ये रत्ते के चौबारे के रंग जैसा गहरा किरमिची-सा होता है।" ध्यान बोला, "तभी तो ऐसे दानों को बाहमण कहते हैं।"

"कहने को तो सूखे गू को भी बाहमण कहते हैं।" मैंने कहा तो हम दोनों की छोटी-सी हँसी निकल गई। साथ ही, मेरे मन में बालों वाली मक्की, परागण प्रक्रिया, दूधिया छल्लियाँ (भुट्टे) और उनमें चोंच मारते तोते, ठूंगा मारते कव्वे दिखाई दे रहे थे। तोते-कव्वे मुझे गाँव के ज़मींदार या उनके पूत-भतीजे लगे और दूधिया भुट्टे- मेरे मुहल्ले की बहन-बेटियाँ लगीं। सोच फिर उछलकर पहली वाली बात पर आ गई कि भुट्टों के दानों की कतारें ऐन सीधी कैसे बनती हैं। परागण प्रक्रिया से बनते दानों का भेद पता लग गया, पर दिखाई कुछ नहीं देता था। मेरी सोच की तार उस समय टूटी जब ध्यान ने कहा, "वो रत्ते की हट्टी और मालां की भट्ठी के बीच मजमा पता नहीं क्यूँ लगा है?"

हमने लम्बे डग भरे।

"कहता है, मुझसे जूठनें नहीं धोई जातीं... आ गया ये बड़े नवाब का पुत्तर!" दीवान अपने बेटे पाशू के बारे में दूसरों को बताते हुए लाल-पीला हो रहा था। उसकी माझी बोली (अमृतसर-गुरदासपुर के क्षेत्र की बोली) हमसे अलग थी जिसकी हम कई बच्चे नकलें उतारते। वे बटाले से आकर हमारे गाँव में आ बसे थे।

"सवेरे से बरतन माँजने बैठा हूँ। मेहमान रोटी खा चुके हैं, देखते-देखते दिन का तीसरा पहर हो गया। जब भी रोटी के लिए थाली उठाने लगता हूँ, तभी हुक्म कर देते हैं—ये दो बरतन धो दे, वो फलाना आ गया। ये तो शाम तक आते रहेंगे।" पाशू के शब्द पटाखों-धमाकों जैसे थे जिनकी 'ठांय-ठांय' से मुझे डर नहीं बल्कि

हौसला मिल रहा था।

"न, कांसे के थाल के दो टुकड़े क्यों कर आया? मेरी बेइज़्ज़ती कराने के लिए? मेहमान क्या कहते होंगे?"

"सवेरे से रोटी नसीब नहीं हुई, गुस्से में और क्या करता? घड़ी भर में पीछे से आवाज़ लगा देते हैं—बस, दो बरतन माँज दे। मैं कहता हूँ—'घोड़ों' का बूढ़ा क्या मरा, भूखा मार दिया। लोग तो जलेबियाँ-ज़र्दा खा कर चले गए।"

मुझे लगा, पाशू जैसे जलेबियाँ-ज़र्दा जैसे शब्दों को मुँह के अन्दर चबाकर अपने भूखे तन-मन की तृप्ति कर रहा था। पल भर बाद वह फिर कहने लगा, "मैं आज के बाद किसी की जूठनें धोने नहीं जाऊँगा! क्या कमी आ जाएगी अगर ऐसा काम नहीं करेंगे—एक पीपा दाने हाड़ी (रबी की फ़सल) पर और एक साउणी (ख़रीफ़ की फ़सल) पर। ... किसी के चार मेहमान आ गए तो हम रोटी बनाएँ-खिलाएँ! इस तरह कभी इसके, कभी उसके खुशी-गमी के मौके पर पकायें-खिलायें! ऊपर से सारा सौदा सिर पर रख कर भोगपुर से लाएँ।"

"मैं कहता हूँ—क्यों लोगों को तमाशा दिखाने लगा है, हम झीवरों का काम इसी तरह सेवा करना है। अब अक्ल कर कुछ। चल, चलकर रोटी खा।" दीवान ने अपने छोटे बेटे पाशू की ख़ुशामद की। वह अभी तक ख़ाली पेट था।

"ये कोई ज़िन्दगी है, मुसीबत है साली! गर्मी हो या सर्दी, सवेरे उठकर लोगों के घरों में पानी भरें, फिर स्कूल जाएँ। मैं अब से स्कूल भी नहीं जाऊँगा, एक बार बता दिया। अगर कच्छा मिल गया तो कुरता नहीं मिलता, जूती तो कभी नसीब ही नहीं हुई। मैं रेहड़ी लगा लूँगा पर जूठन नहीं धोऊँगा।" पाशू मालां की भट्ठी के दानों की तरह उछल रहा था। वह बोलते हुए यूँ लग रहा था जैसे विवशताओं के मरुस्थल में कोई लम्बा सफ़र तय कर रहा हो या उसकी तैयारी कर रहा हो। एक खिला हुआ दाना उछलकर भट्ठी से बाहर जा गिरा और उधर पाशू तेज़ कदमों से अपने घर की ओर चल पड़ा।

उसी पल मेरे मन में ख़याल आया कि पाशू को बताऊँ कि मेरे से बड़े भाई बिरजू के पास जूती तो क्या, टायर रबड़ की फ़ीतियों वाली चप्पल भी नहीं है। मेरे पास एक ही कुरता है। आठ दिन बाद धुलता है। जब तक सूखता नहीं, तब तक नंगे बदन ही घूमता रहता हूँ। पर अचानक भट्ठी के बालण की तरह मेरे ये ख़याल उस वक्त जलकर राख हो गए जब मालां ने मेरे दाने भूनने के एवज में उनमें से अपना हाथ लम्बा कर एक बड़ा-सा हिस्सा निकाल लिया। मेरा मुँह मुरझा गया और भट्ठी के सेंक से और अधिक पिचक गया।

घर की ओर लौटते हुए मुझे अपने संग-संग चल रहे ध्यान का अहसास ही न रहा और कुछ दिन पूर्व सोहलपुर वाले 'बड़े बाबा' द्वारा लाखे रंग के अनजुते जवान बछड़े को हल में जोतने का दृश्य मेरी आँखों में साकार हो उठा। बापू नथ

पकड़कर उसकी नरम-सी गर्दन जुए के नीचे करता, पर वह कभी आगे, कभी पीछे हो जाता। बाबा उसके तगड़े और मज़बूत बदन पर पैना बरसाता। जब जुए के अन्दर उसकी गर्दन करके अर्गल लगा दी तो बापू ने उसकी नथ पकड़कर उसके आगे-आगे चलते हुए पूरे खेत के दो-तीन चक्कर लगवाये। जब वह अड़ जाता और आगे न बढ़ता तो बाबा अपने दायें हाथ में पकड़े पैने के आगे वाला सुआ उसके पुट्ठों में घुसेड़ देता। वह एकदम से उछलता और चलने लग पड़ता। बाबा क्रोध भरे लहज़े में कहता, "कोई नहीं बेटा, थोड़े दिनों की बात है। बग्गे (सफ़ेद बैल) की तरह तू भी सीधा होकर चलने लगेगा, गर्दन पर जुए का निशान पड़ने की देर है।"

हम अपने घर के पास आ गए। रास्ते के किनारे 'हैकनें' की नाँद पर बँधा बैल जो चारे के लिए रँभा रहा था, एक पल को मुझे भूखा पाशू नज़र आया। फिर मुझे लगा कि मेरा बड़ा भाई बिरजू अब 'हाली' हो चुका है। मैं जैसे अनजुता जवान बछड़ा होऊँ और ज़िम्मेदारियों का जुआ मेरी गर्दन पर ठीक से रखने के लिए बापू मुझे नकेल डालने को उतावला हो। अनजुते बछड़े को 'हाली' करने के समय उसको पड़ती पैनों की मार और सुआ चुभाने की घटना के अकस्मात याद आ जाने से मेरा शरीर काँपकर ठंडा-सा पड़ गया।... मुझे लगा कि मैं अपने गाँव से भोगपुर को जाने वाले रेतीले टीले के रास्ते पर नंगे पैर चला जा रहा हूँ। मेरे पैर मालां की भट्ठी के दानों की तरह भुन रहे हैं। जहाँ कहीं घास दिखाई देती है, मैं दौड़-दौड़कर वहाँ खड़ा हो जाता हूँ। मेरी निगाह अचानक राह किनारे उगे सरकंडों-झाड़ों और थूहरों पर पड़ती है। छोटी-बड़ी थूहरों की कतारें पल भर के लिए हमारे मुहल्ले के स्त्री-पुरुषों और बच्चों में बदल गईं। मुझे प्रतीत हुआ जैसे यह वीरान स्थान उनकी वीरान ज़िन्दगी का प्रतीक हो और थूहरों के तीखे-लम्बे मज़बूत शूलों की भरमार उनकी ज़िन्दगी की बेशुमार मुश्किलें! जब मेरी नज़र थूहरों पर उगे फूलों पर पड़ी तो मुझे महसूस हुआ कि ये पाशू, ध्यान, रामपाल, सुच्चा, मेरा बड़ा भाई बिरजू और मैं हूँ जिन्हें बापू जैसे लोग सदैव खिलता हुआ देखना चाहते हैं। सूखे के इन दिनों में ये ख़याल मेरे मन में बरसात करने लगे।

कँटीली राहों के राही

'रबा-रबा मींह बरसा, साडी कोठी दाणे पा।
कालियाँ इट्टाँ काले रोड़, मींह बरसा दे ज़ोरोज़ोर।'

हमारे मुहल्ले के बच्चों की टोली कभी इस गली तो कभी उस गली में उछलती-कूदती स्कूल के पाठ्यक्रम में लगी किताब में से याद की गई उपर्युक्त कविता की पंक्तियाँ एक स्वर में बोलते हुए गुज़रती। हम धरती पर दौड़ते और बादल आसमान में। सिर ऊपर उठाकर देखते तो यूँ लगता जैसे बादल के टुकड़ों ने हमारी तरह एक-दूसरे से आगे दौड़ जाने की होड़ लगा रखी हो। कई बार आसमान पर उड़ते बादलों को देखते हुए हमें 'कालियाँ इट्टाँ, काले रोड़' की तुकें कुछ देर के लिए विस्मृत हो उठतीं और हम अपने आप को भूल जाते। अक्सर 'वणों' (कब्रिस्तान में उगे पौधे) के पास सड़क पर खड़े होकर हमारी ढाणी बातें किया करती।

"बादलों को हमारी आवाज़ सुनाई नहीं दी होगी। नहीं तो वे यहीं बरस जाते।"

"देखो, बादल कैसे पानी ढो रहे हैं। अपनों से आगे वालों को पानी देकर फिर लौट आते हैं—और पानी लेने के लिए!"

"अभी दूर वालों के लिए पानी ढो रहे हैं, हम करीब वालों की बारी बाद में आएगी।"

इसी दौरान, कई बार दूर पूरब या पश्चिम की ओर बूढ़ी माई की सतरंगी पींग (इंद्रधनुष) बहुत बड़े चाप के आकार की दिखाई देती। हम रंगों के नाम बोल-बोलकर गिनते। सबसे पहले जामुनी, फिर गहरा नीला, नीला, हरा, पीला, संतरी और इन सबसे ऊपर लाल! आम तौर पर हम आश्चर्यचकित रह जाते कि रंग आसमान में कैसे चढ़ गए। फिर हममें से कोई दाँतों तले उँगली रखकर कहता, "बूढ़ी माई के पास इतने ही रंग होंगे।"

"ये सारे सूरज के रंग हैं।" फुम्मण से सुना हुआ मैंने बताया। सारी टोली के वातावरण में एक छोटी-सी हँसी गूँजी। मैंने पुनः कहा, "फुम्मण बताता था कि इन सारे रंगों का एक रंग है—धूप।"

"हमें तो धूप के सिवा कोई रंग दिखाई नहीं देता।"

"कहते हैं—मोटे तिकोने शीशे में से ये रंग दीखने लगते हैं।" मैंने और जानकारी दी। इसे भी मैंने सुन रखा था।

"यूँ ही बेकार की हाँक रहा है। चलो, वो पहाड़ देखें।" मैं यह सुनकर उदास हो जाता कि क्या पता, फुम्मण ने ही गप्प मार दी हो। जब मुझे उसकी भरोसे भरी बात की याद आती तो लगता—फुम्मण की बात ठीक ही होगी। इस विचार के साथ मेरा आत्मविश्वास और अधिक दृढ़ हो उठता।

यहाँ पर हम ऊँचे स्थान पर एड़ियाँ उठाकर पंजों के बल खड़े होकर उत्तर-पूरब की ओर गौर से देखते तो पहाड़ों की नीली धारियाँ आकाश से एकमेक हुई प्रतीत होतीं। निखरी हुई चमकती चोटियाँ आँखों के सम्मुख तस्वीरें बन-बनकर उभरतीं, जिनमें से कई तो परियों का रूप धारण करके बहुत सुन्दर लगतीं। बर्फ़ से ढकी ऊँची सफ़ेद चोटियों में से एक के बारे में मैंने कयास लगाया कि यही हिमालय की सबसे ऊँची चोटी होगी जिसे सर एडमंड हिलेरी और तेनज़िंग नोर्के ने 1953 में सर किया था। उस एवरेस्ट शिखर पर चढ़ने वाले वे पहले आदमी थे। यह सोचते हुए मुझे यूँ लगता मानो मैं अपना पाठ याद कर रहा होऊँ।

...और फिर हम घर की ओर दौड़ते हुए ऊँचे स्वर में बोलते हुए जाते—

'रबा-रबा मींह बरसा, ...
कालियाँ इट्टाँ, काले रोड़, ...'

कविता की इन पंक्तियों के दोहराने और भाग-दौड़ के दौरान एक दिन अचानक हवा थम गई। सारे बादल आपस में घुलमिल गए और उनका रूप बदल गया। आसमान कहीं भी खाली नहीं दिखाई दे रहा था। बस, बादल ही बादल दिखाई देते थे। बन्दे-परिन्दे अपने-अपने घरों-घोंसलों में मानो दुबक गए थे। दिन के तीसरे पहर ही अँधेरा छा गया। जब बिजली कड़कती तो उसकी चमक में दूर-दूर तक दरख़्तों और घरों के वहाँ होने का पता चलता। फिर बादलों का गरजना थम गया। बादल जैसे एकाएक फटकर नीचे गिर पड़े हों। सचमुच, मूसलाधार बारिश! मोटे छींटे इतने ज़ोर से बरसते जैसे रिश्ते में मेरी दादी लगने वाली अंधी सन्ती ओखली में धान कूटते समय भारी मूसल चलाती थी।

उस दिन मुझे ऐसे लगा मानो दिन अँधेरे में गुम हो गया हो। पलों में ही जल-थल एक हो गया। बारिश अब ज़ोर से लग चुकी थी और असली गाढ़ा अँधेरा पसर चुका था। बापू दरवाज़े में से बाहर झाँकते हुए कुछ पता लगाने की कोशिश करता प्रतीत हुआ। वह टपकने वाली जगहों के नीचे बर्तन रखता, पहरा देता प्रतीत होता। रात जैसे-तैसे उठ-बैठकर कट गई। दिन निकलते ही बारिश फिर से तेज़ हो गई और बापू का सुबह-सुबह अखण्ड प्रवाह शुरू हो गया—

"और गाड़ें गुड्डे-गुड़ियाँ... और बाँटें ख्वाज़ा खिज़र का दलिया...!"

'धड़ाम!' अचानक हुई इस आवाज़ ने बापू की बात को अधबीच में ही रोक दिया, नहीं तो पता नहीं और क्या-क्या श्लोक पढ़ता वह। हमारी रसोई और आँगन की आधी से अधिक दीवार गली की ओर गिर पड़ी थी, जिसने गली में तेज़ गति से बहते पानी को रोक लगा दी। कुछेक पल में ही पानी पिंडलियों तक चढ़ आया। गलियों-नालियों का फ़र्क तो पहले ही मिटा हुआ था।

"फौरन उठो, कहीं दलान-कोठरी की दीवार ही न बैठ जाए।" बापू ने दहलीज़ से बाहर निकलते हुए चिन्ता भरे स्वर में कहा जिससे पूरा परिवार घबरा उठा।

बस्ती-मुहल्ले के लोग घरों से बाहर निकल आए। किसी ने सिर पर चादर लपेट रखी थी तो किसी ने खाद वाले बोरे के मोमजामे की तिकोनी-सी बरसाती बना रखी थी। बापू गिरी हुई दीवार की मिट्टी को फावड़े से जल्दी-जल्दी उठाकर आँगन में फेंकने लगा। आख़िर में, गली के पानी ने एक छोटी-सी नहर का रूप धारण कर लिया, जिसमें गोबर, कुत्ते-बिल्लियों का सूखा गू और घासफूँस तैरता हुआ जा रहा था।

थोड़ी देर बाद बापू निःसहाय स्वर में बोला, "सारी की सारी मिट्टी बहती जा रही है!"

मुझे लगा जैसे बापू का मज़बूत हौसला बहती जा रही मिट्टी के संग गलने-बहने लग पड़ा हो। उसके चेहरे पर फिर से चिन्ताओं की एक ज़ोरदार बौछार पड़ गई थी। उसने करीब खड़े लोगों को सुनाकर कहा, "यूँ ही तो नहीं--ऊँट, जुआहां, भखड़ा, चौथा गाड़ीवान, चारे मींह न मंगदे, भले उजड़ जाए जहान।"

"अपने सन्त साखी सुनाया करते थे कि एक राजा से बारह घड़ियों की बारिश झेली नहीं गई थी तो उसने प्रजा की सलामती के लिए रब से बारह बरस का सूखा माँग लिया।"

इन बातों के दौरान अचानक एक ज़नाना स्वर हवा में गूँजा, "साधू का केवल कोठे के नीचे आ गया रे लोगो...बचाओ...दौड़ के आओ! बचाओ!"

बारिश हल्की बूँदाबाँदी में बदल चुकी थी। बापू, मैं, कई आदमी-औरतें और कई बच्चे साधू के घर की ओर बगैर वक्त गँवाये दौड़ पड़े। आवाज़ें लगाने लगे, "केवल, तू कहाँ है?...केवल, तू कहाँ है?"

"इधर हूँ।" कोठे के दो खाने जहाँ गिर गए थे, वहाँ से दुखभरी पर जानदार आवाज़ आई। इस संकेत पर फ़ुर्ती से मलबे को हटाया जाने लगा। कड़ियों-शहतीरों को एक ओर किया गया। केवल एक कोने में सीधा खड़ा था। उसका सिर और शरीर मिट्टी-गारे से सना हुआ था। बाहर निकलकर उसने सिर और बदन को इस तरह झटका जैसे भीगा हुआ बकरा अपने रोओं पर से पानी छिटकता है। उसकी टाँगों-बाँहों पर लगी हुई खरोंचों में से लहू टपक रहा था और उसकी टाँगें काँप रही थीं।

"रब ने दूजा जनम दिया है मेरे पुत्त को।" बन्ती ने हाथ जोड़कर ज़मीन की ओर सिर झुकाकर कहा और फिर केवल के सिर पर हाथ फेरा।

पास खड़े छोटों और बड़ों के चेहरों पर ख़ुशी की फ़ुहार बरस पड़ी। लोग अपने-अपने घरों की ओर बातें करते हुए चल पड़े। ताये बन्ते ने अचानक ही दबी ज़ुबान में कहा, "रब ससुरा भी गरीबों पर ही ज़ुल्म ढाता है।"

"सूखा हो या बरसात, भूख, दुख-दलिद्दर, चिन्ता-फिकर हमारे लिए ही रखे हुए हैं साले!" बापू ने कहा।

घर पहुँचकर पता नहीं बापू को क्या सूझा, वह तेज़ कदमों से रसोई के साथ वाली मिट्टी की सीढ़ियाँ चढ़ गया। मैं भी पीछे-पीछे कोठे की छत पर पहुँच गया। बापू मुंडेर के साथ-साथ टपकने वाली जगहों को पैरों से हल्के-हल्के दबा कर छिद्रों को बन्द करने लग पड़ा। मैंने आसपास देखा—हमारी बिरादरी के कई लोग छतों पर चढ़े हुए थे और छतों की मरम्मत की कोशिश कर रहे थे। दूर जहाँ तक भी मेरी दृष्टि जाती, धान की पौध पानी में डूबी हुई और मक्की, चरी, बाजरे के सिर झुके-मुड़े हुए थे। लेकिन, हरे-भरे गन्ने की फ़सल पर पूरा यौवन था। पेड़ स्थिर और सिर ऊँचा किए खड़े हुए ऐसे लग रहे थे मानो सब कुछ चुपचाप देख रहे हों। लोग झुककर चारा काटते यूँ लगते थे मानो धान रोप रहे हों। पानी ने गाँव को पूरी तरह से घेर रखा था। उसी चपेट में सब जीव-जन्तु, पेड़ और मनुष्य आए हुए थे।

चारों तरफ़ पानी की पसरी हुई मैली-मटमैली चादर रास्तगो, माणकढेरी, सिकन्दरपुर और ढड्ढा-सनौरा तक बिछी हुई दिखाई दी। रेल की अचानक बजी सीटी और छुक-छुक की आवाज़ की ओर मेरा ध्यान एकदम चला गया। मैंने देखा कि ढड्ढों के पास से गुज़रती रेल गहरा काला धुआँ छोड़ती तेज़ रफ़्तार से दौड़ती जा रही थी। मेरा मन हुआ कि मैं दौड़कर नम्बरदारों या बाहमणों के चौबारे पर चढ़ जाऊँ और पूरी रेलगाड़ी को देखूँ जो सफ़ेदों, शीशम के ऊँचे दरख़्तों और दूसरे पेड़ों के कारण बीच-बीच से कभी थोड़ी और कभी ज्यादा दिखाई दे जाती थी। यह छुपा-छुपी का खेल देख ही रहा था कि गली में ख़ुशिया और तीन-चार लड़के लाठियाँ उठाये लम्बे-लम्बे डग भरते हुए जाते दिखाई दिए। किसी ने पूछा तो चलते-चलते ख़ुशिया ऊँचे स्वर में बताने लगा, "मछलियों का शिकार करने जा रहे हैं, माणकढेरी वाले लम्बे और बड़े तालाब में बाढ़ आ गई है। आ जा तू भी।"

मेरी उत्सुकता बढ़ी कि दौड़कर ख़ुशिया और उसके साथियों से जा मिलूँ। मछलियों को पर मारते और इधर-उधर तैरते हुए देखूँ। हाथों में से फिसलती मछलियों के बारे में सोचकर मेरा मन प्रसन्नता के गहरे पानियों में डुबकियाँ लगाता प्रतीत हो रहा था। जब आसपास के पसरे गहरे पानी का ख़याल आया तो मैं घबरा उठा, मानो मैं वास्तविकता के रू-ब-रू हो गया होऊँ।

छत पर से उतरे तो मैंने देखा कि हमारे मुहल्ले के लोग टोलियाँ बनाकर

खुसुर-फुसुर कर रहे थे। उनके चेहरों पर किसी चिन्ता-शोक की मानो दोहरी लिपाई हो गई हो। वे बातें कह रहे थे–

"वो तो रात की मरी पड़ी है। मसानों में तो पानी हरहरा रहा है, माणकढेरी वाले तालाब में बाढ़ आई हुई है। शाम तक अगर पानी उतर गया तो पूरब की ओर फूँक देंगे। उधर वाली जगह ऊँची है, वहाँ तो पानी अभी भी कम ही है।"

"मसान का वह हिस्सा तो हमारे लिए ही है।" जुगिंदर सरैहड़े (रुई धुनने वाली बिरादरी से संबंधित) ने अचानक आई तेज़ बौछार की तरह साधारण से ज़रा ऊँची आवाज़ में कहा। उसके ये शब्द सुनकर ताये बन्ते के काले और मैले दाँत थोड़े से दिखाई दिए।

असल में, निम्न जातियों के मसान साझे थे लेकिन, हमारे गाँव से रास्तगो को जा रही राह इन्हें दो हिस्सों में बाँटती थी। आबादी के हिसाब से पश्चिम का बड़ा हिस्सा आदिधर्मियों/रामदासियों का हिस्सा बन गया था, पर अभी भी पहले वाली परम्परा कभी-कभी अपना जलवा अचानक ही दिखा देती थी। शीघ्र ही, फिर से यह ज़मीन का टुकड़ा साझे मसान में बदल गया।

सूरज और बादल आपस में छुपा-छुपी का खेल खेलते रहे जो अधिक देर न चला। बादल फिर घिर आए। आकाश काला पड़ गया। बारिश क़हर बनकर बरसने लगी। लोगों के चेहरे मुरझा गए।

शाम तक हमारी बिरादरी के कुछेक घर ढह गए या उनकी दीवारें गिर पड़ीं। गाँव के गुरुद्वारे की इमारत के बाहर वाला छोटी ईंटों का विशाल बुर्ज़ थोड़ा-थोड़ा करके मेरी आँखों के सामने ढहना शुरू हो गया। ताई तारो (जट्ट) का पशुओं वाला ईंटों के खम्भों पर खड़ा छप्पर गिर पड़ा। बरसते पानी में हमारे घरों की कंजकों यानी कुँआरी लड़कियों ने अपने घरों के परनालों से गिरती पानी की धारों के नीचे उड़द दबाए। चौराहों पर गुड्डे-गुड़ियों को फूँका; लाल-काले कपड़े पर उड़द की दाल रख कर टोने किए कि बारिश रुक जाए। आसपास के पानी भरे खेतों में बड़े-बड़े पीले रंग के मेढकों की टर्र-टर्र और गहरे बादल ऐसे लगते मानो वे भी किसी गरीब-मार साज़िश में शरीक हों।

बहुत से लोगों के चेहरे चिन्ता-फ़िक्र की मूर्तियों में तब्दील हो गए पर मैं और मेरे हमउम्र साथी मेढकों का किसी शिकारी की तरह पीछा करके उत्साहित हो रहे थे। केंचुओं के दो-दो टुकड़े करके और ज्यादा खुश होते कि वे कैसे अलग-अलग होकर भी रेंगने लगते हैं! या फिर, हम ठीकरों को पानी पर रगड़कर फेंकते और उन्हें दूर तक तैरकर जाते हुए देखकर खुश होते।

...और दूसरों की तरह हमारा चूल्हा भी ठंडा था। लेकिन, बाढ़ का पानी अगली सवेरे भी गाँव की बाहरी सड़क के निचले हिस्से में बह रहा था। लोगों को जंगल-पानी की बेहद तंगी थी, ख़ासकर बुज़ुर्गों को। जिनके घर और दीवारें ढह गई थीं, वे फिर से उनके निर्माण कार्यों में जुट गए थे।

"पिछले बरस की कसर निकाल दी इस बार! कुओं का पानी दो-तीन हाथ चढ़ जाएगा। अब दो साल तक कुओं के तल नहीं सूखने वाले।" एक ज़मींदार ने कंधे पर रखा फावड़ा नीचे रखते हुए बरगद-पीपल के नीचे खड़े लोगों के संग खुशी की रौ में बात आरंभ की।

इतने में 'घोड़ों' का मोहणी आते ही पूछने लगा, "सुना भई जट्टा, लगा आया पैलियों (खेतों) के चक्कर? बारिश ने तो वाह-वाह कर दी, लहरें-बहरें लगा दीं।" फिर उसने उत्तर की प्रतीक्षा किए बिना पूछा, "तेरे बछड़े का क्या हाल है? सच, जो तू मंडी से भैंसा लाया था, वो सीधे हाथ ठीक चलता है कि उल्टे हाथ?" उत्तर में कुछ कहने का अवसर दिए बगैर वह फिर बोला, "जबसे हमने लाखा बेचा है, तब से बग्गा (सफ़ेद बैल) उदास रहता है।"

यह सुनते ही बापू त्यौरियाँ चढ़ाकर घर की ओर चल पड़ा था और बोले जा रहा था, "इन्होंने कुओं के दो-तीन हाथ पानी चढ़ने की बात पकड़ रखी है, हमारे लिए तो अभी गले-गले चढ़ा हुआ है। पशुओं का हाल-चाल पूछने बैठा है, मुझसे किसी ने कहा कि गली की तरफ वाली तेरी दीवार गिर गई, बुरा हुआ!" फिर रुककर बोला, "कहते हैं न—गाँव बसता है, कटड़े को मन भर दूध का क्या आसरा!"

दरअसल, हमारी बिरादरी के लोगों के लिए ऐसी क़हर ढाने वाली और भयानक बरसात पहली बार नहीं आई थी। वे तकरीबन हर बरसात का 'चमत्कार' देखा करते। जब एक-दो दिन लगातार बारिश होती रहती तो कच्चे कोठों की दास्तान बरसात की तरह लम्बी हो जाती। कच्ची दीवारों पर मिट्टी की पपड़ी फूलकर धीरे-धीरे गिरने लगती और इनके नीचे से चींटियाँ अपने सफ़ेद अंडे उठाये तेज़ गति से इधर-उधर दौड़ती दिखाई देतीं। दीवारें ढहतीं तो चूहे, छछूंदर, कनखजूरे तथा अन्य कई प्रकार के छोटे-छोटे जीव-जन्तुओं द्वारा छिपने के लिए की गई दौड़-भाग नज़र आती। यह नज़ारा देखने में अच्छा लगता, पर बापू की चिन्ता-फ़िक्र पूरी रकम की तरह मुकम्मल रहते हुए भी यूँ लगती मानो वह हम सबमें तकसीम हो गई हो। हिसाब के सवालों की तरह यूँ लगता जैसे मेरी सोच में उन्होंने ख़ास ख़ाना बना लिया हो।

आठ-दस दिनों के अन्दर उतरी हुई पपड़ियों की जगह को इस तरह लीप-पोतकर भर दिया जाता कि दीवार की खस्ता हुई हालत का बिलकुल भी पता न चलता, जैसे बदन पर के ज़ख्म भर जाने के बाद उनका नामोनिशान मिट जाता है। घरों-दीवारों के पुनर्निर्माण के कारण इनकी चमक-दमक पहले से अच्छी लगती। हमारी बिरादरी के गरीब-गुरबे लोगों के होठों पर मुस्कान भादों की एक-आध बौछार की तरह आ जाया करती। उनकी आपसी बातचीत से लगता कि बरसात का क़हर मानो अतीत की मनहूस याद बनकर रह गया हो। बरगद-पीपल के नीचे फिर सभी लोग टोलियाँ बनाकर बैठने लगे, बातों का सिलसिला फिर से चलने लगा।

"इस बार अभी तक रास्तगो गाँव के गुग्गे वाले नहीं आए। अब तो कारां

(गुग्गा पीर की पूजा की निश्चित अवधि) भी खत्म हो गई।" ताये महिंगे ने हुक्के की नड़ी ताये बन्ते की ओर मोड़ते हुए अचानक बात आरंभ की। थोड़ा रुककर फिर कहने लगा, "कल या परसों शायद गुग्गा नौमी है।"

"दीवारों-कोठों से फुर्सत पा गए हैं, किसी दूसरी ओर माँगने चले गए होंगे। ओ जी, ओ जी!" ताये बन्ते ने पिछले शब्दों को खींचकर बोलते हुए गुग्गा भगतों की नकल उतारी।

इसी दौरान, जागर चौकीदार के घरों की ओर से डमरुओं के बजने के साथ-साथ एक मिली-जुली हल्की-सी आवाज़ में ये शब्द भी सुनाई दिए—

'गुग्गा जो जम्मिया, चौरियाँ वाला,
चानण होइया घर बाहर
जैमल राजिया, कन्ता मेरिया,
ओ जी, ओ जी, ओ जी... ।'

...और फिर उन गुग्गा भक्तों ने हमारे बरगद-पीपल के नीचे अपना पड़ाव डाला। उनमें से एक ने सबसे आगे चलते हुए गुग्गे का झंडा उठा रखा था जिसे रंग-बिरंगे रूमालों, कतरनों, मोर के पंखों, नारियलों और कौड़ियों से सजा रखा था।

गाने से थोड़ा दम मारने के बहाने वे अपने साथ लाए हुक्के के लम्बे-लम्बे सूटे खींचते। जत्थे का नेता भगत कथा सुनाता, "गुग्गे पीर की माँ का नाम बाछल और उसकी मौसी का नाम काछल था। गुग्गे के दो मौसेरे भाई हुए हैं—सुरजण और अरजण! वे किशोर उम्र से ही गुग्गे के साथ वैर-विरोध रखते थे। गुग्गे की घरवाली रानी सिलीअर बड़ी ख़ूबसूरत और दिल भरमा लेने वाली स्त्री थी। सुरजण सिलीअर से स्वयं विवाह करवाना चाहता था। उसको हासिल करने के लिए सुरजण और अरजण ने गुग्गे से युद्ध किया पर वे दोनों गुग्गे के हाथों मारे गए।"

कथा सुना रहे भगत ने कंधे पर रखे अंगोछे से अपनी धुआँखी मूँछें और मुँह साफ़ करते हुए प्रसंग को आगे बढ़ाया, "जब बाछल को इस सारी दुःखभरी व्यथा का पता चला तो उसने अपने बेटे गुग्गे से मुख फेर लिया। गुग्गे ने बेहद दुखी होकर धरती माता से शरण माँगी, पर धरती माता ने गुग्गे को शरण देने से इसलिए इनकार कर दिया कि वह हिन्दू है। इसी कारण गुग्गा मुसलमान बन गया। धरती ने उसे शरण दे दी। वह कलमा पढ़ते-पढ़ते घोड़े सहित धरती के अन्दर समा गया।"

इतनी-सी कथा के बाद डमरुओं पर छोटे-छोटे डग्गे पड़ने लगे और गुग्गा भक्तों की सुरबद्ध आवाज़ ऊँची हो गई—

'अग्गे तो बैठे अरजण ते सुरजण
जुध जो करदे दूले राजिया

नहीं देणी सिलीअर नार
ओ जी, ओ जी, ओ जी।'

कथा बाँचता भगत हुक्का गुड़गुड़ाने लग पड़ा और दो-तीन अन्य भगत घी, सरसों का तेल, गुड़, गेहूँ, आटा अपने बर्तनों-थैलों में डलवाने लग पड़े। जब झंडा उठाकर वे अगले पड़ाव के लिए गाँव वाली गली में घुसे तो हम सभी बच्चों की टोली ने एक ही बोली बोली, वह भी बदलकर–

'गुग्गे दे नौ नियाणे (बच्चे)
गुग्गा पीर आप जाणे
ओ जी, ओ जी,
ओ जी, ओ जी।'

हम बच्चे कटोरे-कटोरियाँ के मुँह, जिन्हें मोमजामे से पहले ही बाँध रखा होता, पर अपने छोटे हाथों से टहनियाँ तोड़ कर बनाई गई खप्पचियों को अपनी तरफ़ से पूरी तान निकालने के हिसाब से मारते। उधर ताये बन्ते ने दूसरों को सुनाकर कहा, ''कभी अंधे घोड़े का दान माँगने चल दिए, कभी गुग्गा... क्या काम पकड़ रखा है इन्होंने भी, जैसे गुग्गा इनकी मौसी का बेटा हो।''

''ये भी अपने जैसे ही हैं, गरीब बेचारे, हमारे जैसे! इनके पास भी कौन-सी जैदाद है! बहाने से चार मन दाने कमा लेते हैं।'' बापू ने ताया के पास बैठते हुए कहा।

''रास्तगो वाला काणा पखीर तेरा सज्जन जो है, हमप्याला! हम आज तक इनके घर नहीं गए, न इनके घर कभी हुक्का पिया, न पानी। तुझे बड़ा प्यार आ रहा है इन माँगकर खाने वालों पर।''

''हमें भी जट्ट कहाँ पास फटकने देते हैं। आँगन में नीचे ज़मीन पर बिठाते हैं, कुत्ते जितनी कदर नहीं।'' बापू ने पलटकर जवाब दिया।

''जट्ट फिर भी ज़मीन-जैदाद वाले हैं, ये रामदासियों को देख लो, हमारे में से सिक्ख बने हैं। पहले इसी कुएँ से पानी भरा करते थे, अब अपनी कुइया बना ली है। कहते हैं–इस कुएँ से हुक्कों में से उँड़ेले गए पानी की बदबू आती है। सीधा नहीं कहते कि हम अब पहले वाले नहीं रहे।''

''हमारी माँ तो अभी तक मुणशा सिंह की माँ को बुआ कहकर बुलाती रही है।'' बापू ने बताया।

''सीता राम की मौसी लगती थी कि...?'' ताये बन्ते ने हुक्के की नली पर हटाते हुए और नाक में अधूरा वाक्य बोलते हुए कहा। साथ ही, छोटी-सी हँसी हँसा, ''और मैं तुझे क्या बता रहा था। सारी एक ही बात थी, साझी रिश्तेदारी थी। बस,

चालीस-पचास सालों से ये सारा फ़र्क़ पड़ा है। इनके टब्बर में से ही था—सन्तराम जो आर्य समाजी बन गया था। उसने मुड़कर इनकी ओर मुँह नहीं किया।" ताये ने पलभर रुककर फिर पहली बात पर आते हुए कहा, "अब सारी बात ये है भई कि हमारे अपने अपने नहीं रहे, और तू हमें चूहड़ों के साथ न मिला... हमारी उनसे कैसी सांझ?...कोई लेना नहीं, कोई देना नहीं, कोई रिश्तेदारी नहीं। सो, ज्यादा सिर पर नहीं चढ़ाते इस जैसी जाहिल कौम को।"

"धौली दाढ़ी का कुछ ख़याल कर। अगर हम चूहड़ों के घर पैदा हो जाते? अगर जन्म लेना अपने बस में होता तो मैं चमारों के घर नहीं पैदा होता।" बापू हुक्के का घूँट भरे बगैर ही उनके पास से उठ खड़ा हुआ। घर की ओर बढ़ते हुए ऊँचे स्वर में बोला, "ये कोढ़ नहीं निकलेगा हम लोगों के अन्दर से, सारा बखेड़ा बाह्मणों का खड़ा किया हुआ है। बखेड़ा कैसा, फूट डाल रखी है खाली बैठकर खाने को, हम जैसों से दूसरों के लिए बेगार करवाने के लिए!"

बापू की विचार-शृंखला खत्म होने का नाम ही नहीं ले रही थी। वह फिर शुरू हो गया, "हमारी क्या जून हुई? न तीन में, न तेरह में। कहने को हम हिन्दू हैं, कोई बताए तो सही कि बाह्मणों, क्षत्रियों, वैश्यों, शूद्रों में से हम किसमें आते हैं? न हमारा धर्म, न वर्ण! कोई पूछे तो सही कि हम हिन्दू कैसे हुए!" बापू बोलते-बोलते जैसे हाँफ उठा था। दम मारकर जैसे फिर से बोलने लग पड़ा, "कई बार मेरा चित्त करता है कि हम सिक्ख बन जाएँ।"

"तुझे किसी ने रोका है?... मुझे तो हिन्दुओं-सिक्खों में कोई फ़र्क़ नहीं दीखता। और फिर, सब तो एक ही रब को मानते हैं।" माँ ने बातचीत में जैसे हिस्सा लेने की कोशिश की हो।

"तेरी बात भी सही है कि जात-पाँत के बारे में सिक्खों में भी हिन्दुओं वाला यह कलंक मौजूद है।" बापू को फिर पता नहीं क्या सूझा, वह कहने लगा, "मैं तो कहता हूँ भई, किसी एक तरफ होकर मर जाओ सब के सब, चाहे जिधर मर्जी मर जाओ। चाहे सिक्ख बन जाओ, चाहे कुछ और पर हिन्दू न रहो। इस नरक में से निकलो।" बापू को जैसे कुछ याद हो आया, वह बताने लगा, "कुछेक दिन पहले लाहौरी राम बाली ने एक जलसे में तक़रीर करते हुए कहा था कि डॉक्टर अम्बेडकर ने कुछ समय पहले गरीबों, कम्मी-कमीनों को कहा था कि बौद्ध बन जाओ, जहाँ न वर्ण, न जात, सबके सब बराबर हैं। हिन्दू पता नहीं किस गुमान में रहते हैं, कहते हैं—हम फलाने-फलाने से ऊँचे हैं। लानत है—डूबकर मर जाओ कहीं ज़ालिमो! मरे हुओं को मारने वालो!"

"क्यों अपना लहू जलाये जा रहा है? छोड़ परे अब!" माँ ने दबी ज़बान से सलाह दी।

बापू को मानो कुछ और याद आ गया था और वह बिना पूछे बताने लगा,

"ये इन्दरसिंह पिछले दिनों माँ को ताना मार गया। कहता था–हरो, दामाद (मेरा फूफा गुलज़ारी लाल) को कहना कि आगे से आड़ में से पानी पिया करे, पतनाले को मुँह लगा कर पिया तो मेरे से बुरा कोई नहीं...। उसने यूँ ही सारी उम्र गुरुद्वारे में ढोलकी कूटते और छैने बजाते गँवा दी।"

मेरी आँखों के सामने पिछले दिनों राम गऊओं का वहाँ पर पानी पीने का दृश्य साकार हो उठा। मुझे महसूस हुआ कि हम लोग पशुओं से भी बदतर हैं। हमसे तो पत्थर और बेज़ुबान पशु अच्छे जिनकी इतनी कद्र होती है। पूजा हो रही है! पल भर बाद मुझे लगा मानो पतनाले से गिरता पानी एकदम खौलने लगा हो और फिर चक्रवात में बदल गया हो।

"क्यों राख को कुरेदे जा रहा है, बुझी हुई आग को फूँकें मार के यूँ ही न लाल-पीला हुए जा!"

"मेरे अन्दर आग की लपटें उठती हैं, ऊपर से तू समझाने बैठी है! अगर हिन्दुस्तान-पाकिस्तान न बनता तो भाइये (मेरा फूफा गुलज़ारी लाल) ने यहाँ छिक्कू लेने आना था लाहौर से, वहाँ इधर जैसा कंजरखाना फिर भी कम ही है।"

यह सब कुछ सुनते ही मेरे मन में ख़यालों का एक और चक्र चलना शुरू हो गया–फूफा अंग्रेज़ों जैसा गोरा-चिट्टा, ऊँचा-लम्बा, तन्दुरुस्त जवान, एक से एक नया कपड़ा पहनता, अगर उसने चलते रहट के पतनाले को मुँह लगाकर पानी पी लिया तो बाबा इन्दर सिंह को डोलियों, बैड़ (रहट का चक्र जिस पर डोलियों की माला चलती है), लट्ठ, गादी के रास्ते भ्रष्टता का ज़हर कैसे चढ़ गया!

इन्हीं विचारों में पड़े-पड़े एक पल को ख़यालों का यह चक्र रहट की डोलियों में परिवर्तित हो गया और कुएँ का 'पत्तण' स्वच्छ व निर्मल पानी के स्थान पर एक शीशा बनकर सामने आ खड़ा हुआ। कई अक्स बनते-मिटते रहे। कभी इनसे ऊँचे-ऊँचे पहाड़ बनते दिखाई देते तो कभी इनमें से ज्वालामुखी फूटता। शरीर एकदम से झिंझोड़ा जाता। सोचता कि मैं कहीं इसमें झुलस न जाऊँ। सोच का यह सिलसिला पता नहीं अभी और कितनी देर निरन्तर जारी रहता, अगर ध्यान मेरा कंधा ज़ोर से हिलाकर ऊँची आवाज़ में न कहता, "कल, सिवइयाँ खाने का दाँव लगेगा। इस बार दोहलटे कुएँ पर चलेंगे।"

गुग्गा-नौमी के दिन हमारे मुहल्ले की मेरी चाचियाँ-ताइयाँ बरगद वाले गुरदास की जगह पर दीये जलातीं और माथा टेकतीं। कच्ची लस्सी के छींटे देतीं। थाल की सिवइयों को बच्चों में बाँटतीं जो पहले से ही कटोरे-कटोरियाँ बजा-बजाकर शोर मचा रहे होते।

गाँव के पूरब की ओर दो-रहट वाले कुएँ पर सिर्फ़ जट्ट, ब्राह्मण और सुनार स्त्रियाँ ही सिवइयाँ चढ़ाने जाया करती थीं। उन्होंने अपनी बायीं कुहनी ऊपर की ओर मोड़कर, अपने कंधे के बराबर किए और फैलाये हुए हाथ पर थाल टिकाये

होते जिन्हें क्रोशिये से बुने सफ़ेद रूमालों से ढका होता और दायें हाथ में कच्ची लस्सी से भरा गिलास या लोटा होता। उनके नए सजीले कपड़े और चाल में एक भरोसा देखते हुए मेरे मन में अनुपात, जमा, घटा और भाग के सवालों जैसा एक सिलसिला शुरू हो जाता। मुहल्ले की औरतों, बहन-बेटियों की तरस भरी हालत की ओर मेरा ध्यान जाने में एक क्षण न लगता जिनके कपड़े मैले, पैबन्द लगे या घिसे हुए होते। उनके बेरौनक चेहरे कतार बनाकर मेरे सामने आ खड़े होते। उनकी चाल में जमींदारिनों जैसी अकड़ दिखाई न देती बल्कि वे नंगे पैर एक हाथ में खुरपा-दरांती और दूसरे हाथ से सिर पर रखी कपड़े या घास की गठरी को पकड़े दिखाई देतीं या फिर कूड़ा-करकट उठातीं, अपने बच्चों को मारती-पीटती हुईं और उन्हें बुरा-भला बोलती हुईं।

ख़ैर, हमारे मुहल्ले के बच्चे उधर दोहलटे कुएँ का भी चक्कर लगा लेते। इस बार ध्यान, रामपाल और सुच्चे के साथ मैं भी बाटी (कटोरा) उठाकर बीच वाली गली में चल पड़ा। सिवइयाँ लेते समय एक-दूजे से आगे होना आम-सी बात होती। जब जाति के नाम पर किसी ने डाँटा-फटकारा और ताना मारा तो मैं वहाँ से चुपके से खिसक पड़ा। मेरे दिमाग में खलबली मच गई। इस स्थान पर सिवइयाँ लेने जाने का यह मेरा पहला और अन्तिम मौका था।

पर शाम तक मेरे चित्त में आकाश में उठती घटाओं की तरह बादल उमड़ते रहे जो घोर उदासी का रूप धारण करके बरसने भी लगे। कुछ दिन तक मेरा रोम-रोम इन ख़यालों से दबता-कुचलता रहा और मन की यह अवस्था अचानक उस समय बदली जब भेड़ों के झुण्ड की तरह हमारे मुहल्ले के बच्चों के टोलों ने ढोल की आवाज़ की ओर एक-दूजे से आगे निकलने की होड़ में दौड़ना शुरू कर दिया, मानो उन्होंने आपस में शर्त लगा रखी हो। कोई कमर के ऊपर से नंगा था तो कोई नीचे से। पल में ढोली के पास पहुँचकर सभी बच्चे भंगड़ा नाचने लगे। बदन से निचुड़ते पसीने की किसी को परवाह नहीं थी।

दरअसल, माधोपुर से दक्षिण की ओर चारेक किलोमीटर की दूरी पर स्थित बिनपालके गाँव का अधेड़ उम्र का इकहरे बदन वाला अच्छरू, जिसके मुख पर माता के दाग थे, छोटी बिल्ली आँखें थीं, खुली पतली दाढ़ी, गले में काले रंग की डोर में लटकता कंठा, सिर पर सीधी-सादी अधमैली सफ़ेद या मोतिया रंग की पगड़ी जिसका एक सिरा लटका हुआ था, बदन पर कुरता-धोती और पाँव में काले क्रोम की जूती पहने, ढोल बजाता इस तरह तेज़-तेज़ कदमों से चल रहा था मानो उसे अभी बहुत सारा रास्ता तय करना हो। हम छोटे बच्चे उसके आगे होकर ढोल की ताल पर नाचते-कूदते तो वह थोड़ा रुककर ढोल बजाने लग पड़ता और आगे बढ़ाया हुआ अपना दायाँ पैर बार-बार ताल के साथ ज़मीन पर इस तरह मारने लगता जैसे वह भी सब कुछ भूलकर छोटा-सा बच्चा बन गया हो।

गाँव के इर्द-गिर्द कच्चे रास्ते पर जाते हुए इस तरह हम पूरे गाँव की परिक्रमा कर लेते। बाज़ी की ख़ुशख़बरी साथ वाले गाँवों में महीना-बीस दिन पहले ही पहुँच जाती। बाज़ीगरों ने बाज़ी डलवाने के लिए गाँव बाँट रखे थे और हमारा गाँव अच्छरू के पास था।

बाज़ी प्रायः दोपहर के समय 'स्यालकोटियों' के बरगद के नीचे हुआ करती। बरगद की बड़ी-बड़ी दूर तक फैली डालियों की छाया तले लड़कियों, बूढ़ी औरतों, बुजुर्गों, बच्चों और युवकों के साथ सारा गाँव बाज़ीगर नौजवानों के जौहर देखने के लिए इकट्ठा होता। ढोल बजाने वालों ने तो जैसे पहले से ही ज़िद ठानकर मुकाबलेबाज़ी की होती जिसके कारण सारे माहौल में जोश भर जाता।

बाज़ी से तीन-चार दिन पहले ही उन्होंने मिट्टी का एक ढलवाँ छोटा-सा रास्ता बना रखा होता जो आगे से काफ़ी ऊँचा होता, जिसे 'अड्डा' कहते। ऊँचे किनारे के ऐन सामने वाले हिस्से के साथ लम्बाई में आठ-दस फुट का एक पटरा (सागवान की लम्बी-पतली मुलायम शहतीर) गाड़ते। जिस स्थान पर मिट्टी खोदी गई होती उसकी बार-बार गुड़ाई करते और उसे अच्छी तरह महीन और मुलायम बनाते। ठीकरों, शीशे के टुकड़ों, कील-पत्तियों जैसी चीज़ों को बड़े ध्यान से चुग कर बाहर करते ताकि वे चुभें नहीं। वहाँ कूदने, छलाँग लगाने का अभ्यास किया करते।

फ़ुर्तीले और तेज़-तर्रार नौजवान बाज़ीगरों ने बाज़ी के समय अपने जांघियों को कस कर बाँध रखा होता। उनके शरीर मज़बूत, गठीले और चिकने-चमकते हुए होते कि उन पर मक्खी तक न ठहरती। वे पश्चिम से पूरब की ओर पटरे तक दौड़ने से पहले अपनी दोनों भुजाओं पर बार-बार हाथ फेरते। फिर तेज़ी से दौड़ कर बायें पैर को ज़ोर से पटरे पर मारते हुए ऊपर की ओर उछलते और पीछे की ओर हवा में छलाँग लगाकर अपनी अगली कलाबाज़ी की कामयाबी के लिए अभ्यास करते। एक-दो युवक जिनकी मसें भीग रही होतीं, दौड़कर आते और हाथों के बल सिर नीचे और टाँगें ऊपर उठाकर इतनी फ़ुर्ती से घूमकर एक चक्कर-सा बना देते जैसे रहट की डोलियों की माला घूम रही हो। बुजुर्ग आपस में बातें करते, "शरीर को बड़ा सँभाल कर रखा है लड़कों ने!"

"धरम से, रूह खुश हो गई लड़कों की ओर देखकर। भई मेहनत से ही शरीर बनता है। हमारे लड़के तो शराबें पी-पी कर पेट बढ़ाये जाते हैं।" एक ज़मींदार ने जैसे अपनी बिरादरी के लड़कों पर रोष प्रकट किया हो।

इसी दौरान ढोलों की आवाज़ और ऊँची हो जाती। बाज़ी डालते जवानों और लोगों में जोश की जैसे बाढ़ आ जाती। बाज़ी बाकायदा शुरू होती, हम छोटे बच्चों के हाथ अपने आप भुजाओं पर हरकत करने लगते—बाज़ी कलाकारों की निरी नकल!

बाज़ी कलाकार कई सीधी और कई उल्टी छलांगें लगाते। वातावरण में और अधिक उत्साह भर जाता। जब कोई नौजवान सिर नीचे और टाँगें ऊपर उठाकर

हाथों के बल चलता तो ढोली और कई बुज़ुर्ग लोग बाज़ीगर का साथ देने की खातिर एक आवाज़ में गा उठते—

कालियाँ घटां चढ़ आइयाँ
मोरां ने पैलां (नृत्य) पाइयाँ...

इस तुक को वे बार-बार दोहराते।

बाज़ीगर दूर से दौड़कर आते, पटरे के शिखर पर पैर से सहारा लेकर लम्बी छलाँगें लगाते, लम्बाई नापते। इसी तरह तेज़ गति से दौड़कर पटरे पर पैर लगाकर छलाँग लगाते और हवा में गुच्छा-मुच्छा किए शरीर की कलाबाज़ियाँ दिखलाते। कई बार उल्टी छलाँगें लगाते अर्थात हाथों के बल पर पैरों-टाँगों को फ़ुर्ती से पीछे की ओर ले जाते। लोगों के जोश और उत्साह में जैसे नई जान पड़ जाती।

"धरम से, बड़ी सफाई से तिहरी छलाँग मार गया लड़का।" कोई बुज़ुर्ग किसी नौजवान की तारीफ़ करता और अच्छरू को रुपये-दो रुपये का नोट पकड़ाता जो हाथ के इशारे से ढोल वाले को रोककर लोगों की ओर मुँह करके कहता, "खाते-पीते रहो सरदारो, तुम्हारी बेलें हरी-भरी रहें।"

जब तक ऊँची छलाँग लगाने की तैयारी की जाती, तब तक 'अड्डे' के करीब लोहे के एक रिंग में से निकलने के लिए एक जवान ज़मीन पर सीधा लेट जाता और दूसरा उसके पैरों-टाँगों की ओर से रिंग में से बड़ी मुश्किल से पहले सिर निकालता, फिर धड़। उन दोनों की देहों पर नील पड़ जाते। ढोली उनसे पूछता, "क्यों भई जवानो, लुहार को बुला कर कड़ा कटवाएँ?"

"नहीं, बिलकुल नहीं!" कठिन परीक्षा की घड़ी में उनकी धीमी आवाज़ सुनाई देती। समीप ही बुजुर्ग अपने दोहरे किए शरीर को एक छोटे रिंग में से निकालता और तालियाँ बजाकर गुनगुने स्वर में गाता और निम्न पंक्तियाँ दोहराता—

कर लो जतन हजार
तोते ने उड़ जाणा!

फिर बारी आती—आग से खेलने की। शहतूत की पतली टहनियों को गोल रिंग जैसा आकार दिया होता और उसे पकड़ने के लिए उसके दोनों ओर एक-एक लम्बी टहनी बाँधी होती। रिंग के इर्दगिर्द कपड़े की कतरनें लपेट रखी होतीं। जब मिट्टी का तेल डालकर आग लगा दी जाती तो उसे दोनों ओर से दो आदमी पकड़कर खड़े हो जाते और उसे अपनी छाती के बराबर ऊँचा उठाए रखते। आग की लपटें बड़ी होती जातीं। दो खास कलाबाज़ दौड़कर आते। उनकी बाँहें आगे की ओर और शरीर इस प्रकार तना होता मानो वे कुएँ में गोता लगाने जा रहे हों। वे अग्निचक्र पार कर जाते। लेकिन, कभी-कभी उनकी देह या किसी अंग को आग छू जाती और

चमड़ी के जल जाने का हल्का-सा निशान पड़ जाता।

इसी प्रकार, कोई नौजवान कलाबाज़ आँखों पर पट्टी बाँधकर, कृपाण को दाँतों तले दबाकर जिसके सिरों पर बाँधी गई कतरनों में से लपटें उठ रही होतीं, पाँव के बल उल्टी छलाँग लगाता और उसी स्थान पर फिर पहले की तरह खड़ा हो जाता।

यह कमाल देखकर मैं हैरान रह जाता। मेरे मन में आता कि मैं भी ऐसी कलाबाज़ी सीखूँ। मुझे भी लोग जानें। मेरे जौहर देखकर लोग तालियाँ बजाएँ और मैं ख़ुश हुआ करूँ।

अन्त में, ऊँची छलाँग का नज़ारा देखने वाला होता। पटरे के आगे बाँसों के शिखर पर चारपाई इस ढंग से बाँधी गई होती कि कोई कलाबाज़ अगर अपने निशाने से चूक जाए तो चारपाई पर गिरे। किसी गंभीर चोट से बच जाए। जब सारे कलाबाज़ एक-एक करके छलाँग लगा चुके होते तो पटरा ऊपर की ओर खिसकाकर ऊँचा कर दिया जाता। अगली कलाबाज़ी देखने के लिए सभी उतावले हो उठते।

''सरदारो, एक ऊँचा-लम्बा जवान दो।'' बाज़ी डलवाने वाला प्रमुख बाज़ीगर ऊँची और विश्वासभरी आवाज़ में कहता।

'''नोबों' का मिंदर कहाँ है? नहीं तो इकबाल सिंह को खड़ा कर लो।'' कोई व्यक्ति बोलता।

महिंदर सिंह, इकबाल सिंह या बारा सिंह का भज्जी—तीनों तन्दुरुस्त और आकर्षक नौजवान! छह फुट दो इंच ऊँचे! मज़बूत और गठी हुई देह! न अहंकार, न किसी से वैर! वे तीनों बारी-बारी से सीढ़ी जैसी ऊपर वाली चारपाई पर हाथों-बाँहों से छाज को पकड़कर खड़े हो जाते। कभी एक, कभी दूसरा। कलाबाज़ पूरी दृढ़ता और भरोसे से बगैर छाज को छुए उसे फलाँगकर तिहरी छलाँग लगा लेते। साथ ही, ढोल पर धमालें पड़तीं। तालियाँ और हल्लाशेरी की आवाज़ें माहौल में गूँजने लगतीं। साथ वाले गाँवों से आए लोग खिसकना शुरू कर देते। कोई किसी को अपने घर चाय-पानी के लिए ले जाता। इस तरह, धीरे-धीरे यह छोटा-सा बाज़ी मेला बिखर जाता।

देखते ही देखते, बाज़ीगरों की टोली के पास गेहूँ का एक बड़ा ढेर लग जाता। गुड़, चावल और दालों की ढेरियाँ लग जातीं। देशी घी और सरसों के तेल से बर्तन आधे-पौने भर जाते। कुछ नगद रुपये इकट्ठे हो जाते। अच्छरू और उसकी बहुत सुन्दर घरवाली बन्ती, जिसकी ठोड़ी पर फूल और बाँहों पर मोरनियाँ ज़हर-मोहरे रंग की थीं, और जो गाँव में कंघी-सुइयाँ बेचा करती थी, के लिए जट्ट स्त्रियाँ थाल में नए अनसिले कपड़े रखकर लातीं। उनके चेहरे प्रसन्न दिखाई देते। उन दोनों का जवान बेटा जुगिंदर या भतीजा बिल्लू फुर्ती से कभी गुड़, घी पर से मक्खियाँ हटाता और कभी उनके ऊपर कपड़ा डालता।

इसी दौरान एक जमींदार ने कहा, "चल भई अच्छरू रामा! इसी बहाने चार मन दाने हो गए। अब तेरा साल अच्छा गुजर जाएगा। कुछ बेच-बाच लेना। और फिर तूने कौन-सी टाँग घुमाई है, बस चार दिन ढोल ही तो बजाया है।"

"सरदारा, यूँ तो तेरी बात सही है, पर इस बार लागत भी खूब लग गई...मँहगाई देख तो कितनी है! और फिर महीना हो गया जूतियाँ घिसाते!"

उधर, दानों के ढेर के करीब गुड़-घी पर बैठती-उड़ती मक्खियों की ओर मैं अभी शायद एकटक देखता ही रहता, अगर ध्यान मुझे झिंझोड़कर न कहता, "गुड्ड! ऊपर देख, 'बारियों' के बिक्कर के चितकबरे कबूतर कैसे कलाबाज़ियाँ खा रहे हैं।"

ये नज़ारा देखते-देखते मुझे लगा मानो कुछ पल के लिए मैं भी चितकबरा कबूतर बनकर गहरे नीले निखरे आकाश में उड़ने लगा होऊँ। पर मेरी परवाज़ अचानक उस वक्त धरती पर आ उतरी जब मुझे उस जमींदार के शब्द स्मरण हो आए, 'तूने कौन-सी टाँग घुमाई है, चार दिन ढोल ही तो बजाया है।'

इस तल्ख़ टिप्पणी के साथ ही एक और ख़याल आया जिसमें मेरा बापू अपने लाखे चेहरे पर त्यौरियाँ चढ़ाये हुए मेरे मन के आकाश पर प्रकट हुआ। यह निरा ख़याल ही नहीं था बल्कि एक हकीकत थी। जब मैं घर पहुँचा तो बापू मुझे जैसे समझाने लग पड़ा, "बाज़ी वाले लड़कों ने देह तोड़कर रख दी, रौनक-मेला करके लोगों का दिल बहला दिया, पर इन जमींदारों ने धेले जितनी क़दर नहीं की। कहते हैं—कम्मी-कमीनों का काम ही सेवा करना और मन बहलाना है। मैं तो कहता हूँ भई, हमारे मुल्क में से ये ऊँच-नीच का कलंक बगैर जूती के नहीं मिटने वाला। अगर चार खेत हमारे पास भी हो जाएँ तो फिर कौन पहचाने इन बेकद्रे जमींदारों को! इनकी नफ़रत भरी निगाहें पता नहीं कब तक घूर-घूरकर देखती रहेंगी। मगर जिंदा रहने के लिए ये सब कुछ झेलना पड़ता है। और क्या करें अब? अन्दर ही अन्दर जल-भुनकर रह जाते हैं।"

कुछ देर चुप रहकर बापू मुझ पर अचानक उबल पड़ा, "मामा! चार अक्खर पढ़ लिया कर, नहीं तो हमारी तरह जमींदारों की गुलामी किया करेगा। सारा दिन देह तुड़वाया करेगा और फिर डाँट-फटकार के बाद मिलेगी दो वक्त की रूखी-सूखी रोटी, जिससे न बंदा मर सके, न जी सके!"

बापू जब भी ऐसी बातों से गुस्सा होता तो सीधा मेरे ऊपर ही बरसता। मुझे उसकी बातें जँचती थीं पर समझ में नहीं आतीं कि घूम-फिरकर मुझे ही क्यों काटने दौड़ता है। उसकी बातों को, उसके विचारों को सुनते हुए मुझे यूँ लगा मानो वह और 'कम्मी-कमीन' लोग अपने दुःखों के साझी बन रहे हों और कठिन समयों में एक-दूजे के सच्चे हमदर्द बन रहे हों और एकजुट होकर अपनी ज़िंदगी को बेहतर बनाने की ख़ातिर जूझने के लिए कँटीली राहों के राही बन रहे हों जिन्हें ज़ख्मी और लहूलुहान होकर भी पता नहीं अभी और कितना रास्ता तय करना हो।

बादलों से झाँकता सूरज

"गुड्ड, तू और रोशी पट्ठे काटकर कुतर आओ।" सोढी मास्टर ने अफ़ीम के नशे की तंद्रा में से हड़बड़ाकर उठते हुए आज फिर पहले की भाँति हुक्म सुना दिया। इसी दौरान उसने दायें हाथ के अँगूठे और तर्जनी से लोहे की छोटी-सी गोल व लम्बी डिब्बी में से नसवार की चुटकी भरने के बाद कहा, "फ़ुर्ती से दौड़ जाओ, भूखी भैंसें रँभा रही होंगी। साथ ही, पानी डाल कर नहला भी आना।"

आज्ञाकारी विद्यार्थियों की तरह हमने न तो आनाकानी की, न ही ना-नुकर। हमने अपने बस्ते अपने मुहल्ले के जमाती लड़कों के हवाले किए और सोढी मास्टर के गाँव सोहलपुर (ढाई-तीन किलोमीटर के फ़ासले पर पूरब-दक्खिन की दिशा में स्थित एक छोटा-सा गाँव) की ओर चल पड़े।

स्कूल के आँगन से निकलकर अभी हम गाँव के बाहरी कच्चे रास्ते पर पहुँचे ही थे कि छोटे-छोटे स्कूली विद्यार्थियों की चल रही पंक्ति की तरह ख़यालों की एक लड़ी मेरे मन में, मेरे तन की परछाईं की तरह मेरे संग-संग चलने लग पड़ी। सोढी मास्टर के गोयरा वाले खेत में पिछले दिनों काटे गए बाजरे का दृश्य साकार हो उठा। उस दिन, एक दिन पूर्व हुई बरसात के कारण खेत की मेंड़ों पर जंगल-पानी के लिए बैठी, भारी और गोरे बदन की ज़नानियों पर मेरी नज़र पड़ी, जिन्होंने अपनी-अपनी नाक पर दुपट्टा रखा हुआ था। यह दृश्य देखते ही मुझे अपने पैर नीचे ज़मीन में धँसते हुए-से लगे और गू की बदबू सिर में चढ़ती महसूस हुई, जिससे मेरे विचारों को विराम लग गया, जैसे हम 'मलाह' (इमला) लिखते समय लगाया करते थे।

"तीसरे दिन हमको भेज देता है। जट्टों के लड़कों को तो कभी नहीं कहता कि पट्ठा-दथ्था कर आओ।" अचानक पहली बार ऐसी प्रतिक्रिया के साथ मैंने बात चलाई।

"उनसे नासें (नासिकाएँ) तुड़वानी हैं! कहते हैं–चूहड़ों के पठाण बगारी! सोढियों-खत्रियों को तो जट्ट टिच्च समझते हैं।" मुझसे तीन-चार बरस बड़े रोशी

ने बताया। चार-पाँच कदम रखने के बाद उसने कहा, ''सोढियों के पल्ले क्या है? सिक्खी? और जट्ट मौजें लूटते हैं—ज़मीनों-जैदादों के सिर पर! यूँ ही तो नहीं ये लोग हमारी गलियों में दहाड़ते फिरते!''

रोशी के इन शब्दों ने मानो मेरी कई पहेलियों और हिसाब जैसे कठिन सवालों को हल कर दिया। मैंने गर्दन घुमाकर उसकी ओर देखा। उसके चेहरे पर एक तल्ख़ी भरे रोष की झलक दिखाई दी।

हमारे परिवारों में ताये के बेटे रोशी को बहुत सारी उन बातों की भी जानकारी थी जिन्हें केवल बड़े लोग ही जानते हैं। दरअसल, वह पहली कक्षा में ही स्कूल की पढ़ाई छोड़कर पास वाले गाँव ढड्डा-सनौरा के एक जमींदार मनजीत सिंह के यहाँ नौकर लग गया था। जमींदार की घरवाली बचिंती शराब बेचने का धंधा करती थी और नशेड़ी लोगों से मेलजोल रखती थी। जब पुलिस छापा मारती तो उसे पकड़ कर भोगपुर की चौकी पर ले जाती। उधर, रोशी उसके लड़कों के संग ढोर-डंगर चराता, घर का काम करता और वहीं रहता भी था। इस प्रकार, वह घर की गरीबी और अभावों के कारण तीन साल नौकर रहने के बाद अपने गाँव लौट आया था और हमारा सहपाठी बन गया था।

''मैं तो कहता हूँ कि बापू और ताये को बता दें ताकि साढी चार अक्खर हमें भी पढ़ लेने दे। सवेरे स्कूल की सफ़ाई करने की बारी लगाएँ, फिर इसके पशुओं के लिए परेशान होते फिरें।'' मैंने दिल की बात कही। मुझे लगा जैसे मैंने कोई सुझाव रखा हो।

''ठहरो तो जरा, आज तुम्हारी चुटिया पकड़कर न घुमाई तो मैं भी जट्ट का पूत नहीं! इन चमारियों को मेरे खेत ही दिखाई देते हैं साफ़ करने को।'' सोहलपुर के नम्बरदार की गरजदार और क्रोधभरी आवाज़ ने अचानक हमारा ध्यान अपनी ओर ख़ींचा। हमारी बातचीत का सूत्र अधबीच में ही टूट गया, जैसे बापू की खड्डी की तानी के धागे टूट जाते हैं। नम्बरदार खेत की मेंड़ों से घास-चारा खोदती-काटती औरतों की ओर तेज़ी से बढ़ रहा था।

इसी दौरान, कुछ दूरी पर 'बुड्ढों' (जिनके यहाँ हमारा परिवार खेती और अन्य काम में सहायक होता था) के कुंज (शीशम के घने पेड़) के पास गधों के रेंकने की आवाज़ सुनाई दी, जैसे शंख पूजा गया हो। पर हम बातें करते हुए चलते रहे, ''रोज यही कुत्तेखानी होती है, हर कदम पर, हर जगह पर। आखिर, हमारे पास पैलियाँ (खेत) क्यूँ नहीं?'' इन्हीं विचारों में गुम होकर जब सोढी मास्टर के घर पहुँचे तो उसकी घरवाली ने हमारे हाथों में दराँतियाँ थमा दीं।

शिखर-दुपहरी में अनमने मन से हम गोयरा वाले खेत में पहुँचे। ताज़ा और सूखे गू से अपने पैर बचा-बचाकर हम आगे बढ़ते। रक्त-सने छोटे-छोटे कपड़ों को दराँतियों की नोकों से उठाकर दूर फेंकते तो आसपास घूमते दो-तीन पिल्ले उन्हें

अपने दाँतों के बीच दबाकर इधर-उधर दौड़ते हुए आपस में खेलने लग पड़ते। उनकी हरकतें देख कर मन ख़ुश होता लेकिन उमस के कारण चारों ओर बदबू इतनी फैली हुई थी कि सीधे सिर को चढ़ती थी। हवा एकदम बंद थी और साँस लेना दूभर हो रहा था। घिन के कारण जी मितलाने से मेरा मन वहाँ से भाग जाने को हुआ ताकि जल्द से जल्द साफ़ पानी से अपने पैरों और टाँगों को धो सकूँ। ...और हम फिर भी पके हुए सिट्टों वाला बाजरा काटते रहे। इतने में, सोढी की घरवाली सिर-मुँह के गिर्द दुपट्टा लपेटकर बाजरे के पूले बाँधने लगी।... और फिर, रोशी और मैं, दोनों एक साथ, पट्ठे कुतरने वाली मशीन चलाते रहे और सोढी की पत्नी पट्ठे के पूले मशीन में लगाती रही। हमारी साँसें फूल गईं और हम पसीना-पसीना हो उठे। मैं मन ही मन सोढी को गालियाँ देता रहा जिनके शब्द मेरे मुख से नहीं निकल रहे थे, पर कानों में सुनाई दे रहे थे।

गाँव लौटने पर जब नल की ओर बढ़े तो सोढी की घरवाली बोली, "रुको, मैं पिलाती हूँ।"

उसके संकेत पर हम घर के गंदे पानी की निकासी वाली नाली की ओर चले गए और दोनों हाथों के चुल्लू बनाकर खड़े हो गए। उसने पानी से भरा जग उठाया और कुछ ऊँचाई से पानी उँड़ेलने लगी। आँगन से बाहर निकलते ही रोशी बोला, "पहले हमारे भाई इन मास्टरों की और इनके पशुओं की सेवा-टहल करते रहे हैं और अब हम कर रहे हैं।... न साला सोढी का तबादला होता है, न ये मरता है। कोढ़ी-सा, लम्बू अमली!"

गधों के रेंकने की आवाज़ फिर सुनाई दी और हम उछलते-कूदते 'भइयों' के डेरे की ओर दौड़ पड़े, जहाँ छोटे-छोटे तम्बू गड़े थे, झोंपड़ियाँ और कोठरियाँ बनी हुई थीं। किसी-किसी झोंपड़ी के बाहर बकरी बँधी थी या फिर मेमने कूद रहे थे। अंदर-बाहर जाते स्त्री-पुरुष और इधर-उधर घूमते गधे दिखाई दे रहे थे।

आगे बढ़े तो देखा, मेरा बापू उन भइयों के संग बैठा बीड़ी पी रहा था, जिन्हें हमारे लोग 'पूरबिये' कहते थे। उन्हें मिली-जुली हिन्दी-पंजाबी में बोलते देखकर मैं हैरान था।

"...उधर तो हमें बच्चों के नाम भी दिनों के नाम पर रखने पड़ते हैं जैसे सोमू, मंगलू, बुद्धू वगैरह या फिर जीव-जंतुओं, पशु-पक्षियों के नाम पर, जैसे मेरा ही नाम है मच्छर दास, इसका मक्खी दास, उसका तोताराम और वो खड़ा है चिड़ी राम... ।"

"...और ये खड़े हैं हग्गीराम और मूतरू राम!" बापू ने बीच में टोकते हुए जैसे भइये की सामाजिक परेशानी की पुष्टि के लिए बात चलाई हो।

"हम लोगों के सभी नाम ऐसे ही गंद-मंद पर हैं।"

"...तो तुम अपने नाम दूसरे लोगों की तरह रख लो। इसमें क्या दिक्कत

है?'' बापू ने सुझाव दिया।

''ठाकुरों, राजपूतों जैसे! भगवान का नाम लो...मेरे माँ-बाप ने मेरे छोटे भाई का नाम उदय सिंह रख लिया था और ठाकुर लट्ठ ले कर आ गए थे कि तुमने हमरे पिता का नाम कैसे रख लिया? बोले–तुम हमरे बाप बनना चाहते हो? तुम्हें क्या हक है कि तुम हमरे नाम रखो। भला चाहते हो तो ये नाम बदल लो।'' भइये के चेहरे पर उदासी की लहर किसी बरसाती नदी की बाढ़ की तरह तेज़ी से चढ़ रही थी।

''तो फिर उनका कहना मान लिया?'' लगता था, बापू अपने संशय को दूर करना चाहता था। उसने अपने कुरते की जेब में हाथ डालकर बीड़ी का बंडल और माचिस निकाली।

''फिर क्या, पिटाई करवानी थी? उस दिन से भाई का नाम उदय सिंह से बुद्धू हो गया।'' भइया को जैसे कोई अभाव खल रहा था जिसके चलते वह उदास-सा हो गया था। उसने ज़मीन पर दायीं उंगली से कोई तस्वीर बनाई या कुछ लिखा। अन्त में, उसी हाथ की हथेली से उसने उसे मिटा दिया।

मुझे उसका यह खेल समझ में न आया। बापू के चेहरे से उसकी उत्सुकता स्पष्ट दिख रही थी, मानो वह इंतज़ार कर रहा हो कि वह भइया अभी अपने इलाके की और बातें बताएगा।

''...ठाकुर दास, क्या बताएँ?...उधर पूरबी उत्तर प्रदेश में हमरी हालत बहुत खराब है। हम गरीब लोगों की नई शादी की डोली सीधे ठाकुरों के घर जाती है। जब चाहते हैं, हमरी बहू-बेटियों को अपनी हवेली में बुला लेते हैं।'' एक भइया दुःखी स्वर में अपने इलाके की व्यथा सुना रहा था।

यह सुनते ही बापू फ़ुर्ती से पाँवों के बल बैठ गया। उसने हाथ में पकड़ी सुलगती बीड़ी दोहरी कर दी और फिर उसके टुकड़े कर दिए। बापू का शरीर तन-सा गया। उसने हमारी ओर एक उचटती-सी नज़र से देखा, पर बोला कुछ नहीं।

''और बताएँ?''' बुढ़ापे की ओर तेज़ी से बढ़ रहा भइया बोलते-बोलते रुक-सा गया। उसका स्वर पहले से अधिक ख़रख़रा और कंपित-सा हो उठा। मुख पर घोर उदासी और निराशा के चिह्न स्पष्ट उभर आए।

उसने शब्दों को किसी बालक की भाँति जोड़ा और जैसे-तैसे हिम्मत करके कहा, ''होली के दिन मत पूछो...शाम को ठाकुर शराब पीकर और लट्ठ लेकर आ जाते हैं...हुक्म सुनाते हैं–अपनी औरतों से कहो, हमरा दिल बहलाएँ।...अब इधर आए हैं तो अपना बाल-बच्चा लेकर आए हैं।''

मुझे लगा, भइये के पास मानो शब्द ही खत्म हो गए हों। उसका गला भर आया और आँखें छलछला उठीं। उसकी गर्दन नीचे की ओर यूँ लटक गई जैसे किसी मुर्गे की गर्दन मरोड़ दी गई हो। यह सब देख-सुनकर मेरे अपने तन में ताकत न

रही और मुख जैसे मुरझा गया।

पल भर बाद, मुझे लगा कि उन लोगों के साझे दुःखों के आदान-प्रदान ने बोली और इलाके की भिन्नता पर पोंछा फेर दिया है। बापू की आँखों में लाली चमकती दिखाई दी। उसे पता नहीं क्या सूझा, वह उत्सुकता से कहने लगा, ''उधर की लानत भरी ज़िन्दगी से तो अच्छा है कि तुम लोग इधर ही बस जाओ।''

''सारी रिश्तेदारी उधर है...क्या करें, कुछ सूझता नहीं। मन तो करता है, पंजाब में बस जाएँ जहाँ सरेआम तो कुछ नहीं है। न ही इतनी छुआछूत है। हमरे को भी तीन-चार बरस हो गए इहां रहते और देखते हुए।''

''औरतें तो भाई हर जगह छुआछूत से परे हैं।'' बापू ने बात आगे बढ़ाते हुए कहा, ''बहुत सारी कुदेसणें (दूसरे प्रांत की औरतें) खरीदकर लाए हुए हैं, बहुत सारी पूरबनियाँ.. ये सोहलपुर की औरतें क्या यूँ ही हमको-तुमको करती हैं? और फिर, औरत बेचारी का हाल भी हमारी तरह ही है। उसका न धरम है, न वरण (वर्ण)। पानी को चाहे जिस बर्तन में डाल लो, उसी में रम जाता है, उसी के रंग का हो जाता है।'' बापू ने बिना रुके कहा।

भइये ने ऊपर से नीचे की ओर सिर हिला कर 'हाँ' में हुंकारा भरा।

''यार, एक बात मेरे को याद आ रही है। पिछले दिनों हमारे गाँव का ड्राइवर जो पहले बम्बई में ट्रक चलाता था, बता रहा था कि वेश्या का पेशा ऊँची-नीची दोनों जातियों की औरतें करती हैं, पर कमला वशिष्ठ, विमला वर्मा, शर्मा वगैरह का रेट दूसरी औरतों से ज्यादा है।'' बापू ने अपनी ओर से नई जानकारी देते हुए कहा, ''एक ही पेशे में कितना फ़र्क! मैं उसकी बात सुनकर हैरान रह गया कि ऐसे जिस्म-फ़रोशी के धंधे में भी ग्राहक जात-पाँत देखते हैं...।''

''गोरी-चिट्टी होती हैं, शायद इसलिए...।''

''चलो छोड़ो, कहाँ-कहाँ की बात करें...।'' बापू ने स्वयं ही शुरू की गई बात को समेटते हुए कहा।

पास बैठे एक अन्य भइये ने अपने दायें हाथ की उँगली से नीचे के होठ में से खैनी निकालकर छिटकी और फिर बायीं ओर गर्दन घुमाकर दाँतों के बीच से थूक की पिचकारी मारी।

बापू और भइयों के चेहरों को देख और इन बातों को सुनकर मेरे मन में एक उथल-पुथल-सी मच गई। कई पहेलियों जैसी बातें मेरी समझ से बाहर रह गईं। फिर, मन में आता कि ये बातें निरन्तर होती रहें और मैं ध्यान से इन्हें सुनता रहूँ। परन्तु, तभी टोकरे में बिठाई हुई काले रंग की नंग-धड़ंग और बहती नाक वाली छोटी-सी बच्ची ने एक साँस में जोरों से रोना शुरू कर दिया। इस कारण सभी का ध्यान उसी तरफ़ खिंच गया। उसके आँसू यूँ गिर रहे थे जैसे बर्फ़ की कुलफ़ी पिघल रही हो।

समीप ही सिलबट्टे पर लाल मिरची रगड़ती उसकी माँ मिरची रगड़ना छोड़कर और साड़ी का पल्ला सिर पर लेकर उस बच्ची को चुप कराने लगी। रोती हुई लड़की के रूखे-बिखरे बालों का घोंसला-सा बना हुआ था और उसकी गालों पर बहते आँसुओं की लकीरें अभी भी दिखाई दे रही थीं, जबकि वह अब चुप हो गई थी। उधर, सिल पर से मिरचों के लाल पानी की एक पतली-सी धार अभी भी बह रही थी, जो क्षण भर बाद छोटी-छोटी बूँदों में बदल गई। कुछ देर बाद मुझे लगा जैसे लाल मिरचें हम सभी के दिलों पर पड़ गई हों और उन्होंने हमारे दिलों के अंदर हलचल-सी मचा दी हो। शायद, इसी कारण छाती पर रखी मेरी बाँहें खुद-ब-खुद खुल कर नीचे लटक गईं और हाथों में अजीब-सी हरकत आ गई। बाजू की छोटी-छोटी मछलियाँ फड़क कर रह गईं।

पल भर की ख़ामोशी के बाद बापू ने फिर बात शुरू की, ''यार, कभी-कभी तो मैं सोचता हूँ कि इस मुल्क में हमारा है क्या? ...तू और सुन, तीसरे दिन जरीब-झंडियाँ उठाये पमैश (पैमाइश) के लिए आ जाते हैं और हमारे आँगन के बीच निशान लगाकर कहते हैं कि चमारों के सारे घर हमारी छोड़ी हुई शामिलात में हैं।''

''तुम लोग जमीन के टुकड़े की बात करते हो, मुझे तो लगता है जैसे हम गरीबों की बहू-बेटियाँ उनकी शामिलात हों।'' भइये ने बापू की बात बीच में काटते हुए जैसे किसी रहस्य की ओर संकेत किया। सिर के छोटे-छोटे बालों में उँगलियों से खाज करते हुए उसने कहा, ''तुम हमसे अच्छे हो... ज़मीन नहीं तो क्या हुआ, थोड़ी-बहुत इज्जत तो है।'' भइये की आवाज़ इतनी भारी हो उठी थी मानो किसी बड़ी इमारत से टकराकर गुम्बद में गूँज रही हो।

यह सुनकर बापू अवाक्-सा उसके मुख की ओर देखता रह गया। भइयों और बापू के मुरझाये चेहरों को देखकर हमारे अपने मुख उतर गए। मेरा मन उचाट-सा हो गया।

''पता नहीं, किन जनमों-करमों की सजा झेलनी पड़ रही है।'' भइये ने अपने आप से प्रश्न किया जिसे हम सबने सुना।

''जन्मों-करमों को आग लगाओ...कोई उपाय सोचो इन जालिमों से छुटकारा पाने का। जैसे हमारे लोग कांग्रेस के सामने माँगें रखते हैं...तुम भी वैसे ही सोचो। सिर झुकाकर और रोने-धोने से कुछ नहीं होने वाला इस बेईमान मुल्क में... ।'' बापू जब तजवीज़ें पेश करता तो एक सुलझे-सयाने इन्सान की तरह प्रतीत होता। एकबारगी मेरे मन में आया कि अगर वह इतना अक्ल वाला है तो मेरी माँ पर हाथ न उठाया करे और न ही 'उसकी माँ की, बहन की' किया करे। लेकिन, यह ख़याल हवा के झोंके की तरह एकाएक कहीं दूर चला गया।

सूरज के पश्चिम की ओर सरकने के कारण पूरब में साये लम्बे होने लगे थे। ठीक, भइयों और बापू जैसे लोगों के दुख-दर्दों की लम्बी व्यथा की तरह। हवा

अब पहले से तेज़ चलने लगी थी। शीशम के पत्ते उड़-उड़ कर हमारे पैरों में और इधर-उधर गिर रहे थे। बरसाती नाले की खुदाई होने के कारण धूल-मिट्टी उड़ने लगी थी। चारों ओर चक्रवात उठने लगे थे। पुरबनियाँ अपने बच्चों को उठाकर तम्बुओं के अंदर घुस गई थीं। हम अडोल खड़े रहे और हाथों से आँखों को धूल-मिट्टी से बचाने लगे।

इसी दौरान, बापू ने उठकर पीछे से कुरता झाड़ते हुए कहा, ''अच्छा भई मच्छर दास, ये हवा अब रुकने वाली नहीं। और ये बच्चे भी सिर पर खड़े हैं, इन्हें मंजिल पर पहुँचाना है।''

पलभर बाद, हमारी ओर इशारा करते हुए बोला, ''बंदे बनकर मन लगाकर पढ़ाई-लिखाई में लग जाओ...। सोढी अमली और दूसरे मास्टरों की तो कल लेता हूँ खबर, जो तुम्हें कभी पट्ठे-दथ्थे (चारा) पर, तो कभी डाक दे के जंडीरों वाले भंगे की ख़रास (बैल से चलने वाली आटा चक्की) पर और कभी भूंदियाँ (माधोपुर से चार-पाँच किलोमीटर दूर एक गाँव) को दौड़ाए रखते हैं।''

''कल तो मास्टर गुरबंता सिंह कृषि मंत्री ने आना है स्कूल में।'' हमने बताया।

''उसके लिए हमारी सारी बिरादरी ने पहले ही फैसला कर रखा है कि कांग्रेस हमें भी जमीनें दे।'' बापू ने हमारे संग इस तरह से बात की जैसे हम इस सारे सिलसिले को समझते हों। वह फिर बताने लगा, ''गुरबंता सिंह भी मास्टर रहा है पहले...हमारे लोगों को कहता था—ज़मीन रबड़ है जिसे खींच कर बढ़ा दूँ और तुम लोगों को बाँट दूँ...? और हमारे लोग उसकी यह दलील सुनकर चुप हो गए थे पिछली बार भोगपुर में। किसी ने कहा ही नहीं कि भाई जिनके पास ज्यादा है और जिससे जमीन सँभाली नहीं जाती, उसमें से काटकर पट्ठे-दथ्थे और कोठे वगैरह डालने के लिए इन गरीबों को भी बंदोबस्त करा दें। चार दिन वे भी सुख की साँस ले लें। कोई बात नहीं, हमारा वक्त भी आएगा कभी।''

बापू रूखे स्वर में यह कहता हुआ 'बुड्ढों' के खेतों की ओर चल पड़ा और हम मौका पाकर गधों को हाँकने लगे। बाँध वाली जगह पर पहुँचकर जब गधों के ऊपर लदे भरे हुए खोंचे खाली होते, हम वहीं से फ़ुर्ती से उछलकर गधों की पीठ पर चढ़ जाते और खदानों तक पहुँचने तक अपनी एड़ियों को इस तरह गधों की बगलों में मारते रहते जैसे हमने राजा-महाराजा लोगों की तस्वीरों में देखा था। इस तरह, हम कितनी ही देर तक मिट्टी और गधों से खेलते रहे। साये और लम्बे हो गये थे। हम अपने गाँव की ओर चल दिए। चक्रवात पहले ही चलती हवा में तब्दील हो चुके थे।

पता नहीं, हम थक गए थे कि मैंने और रोशी ने आपस में अधिक बातें नहीं कीं। बापू की दोपहर वाली बातें गई शाम तक मेरे मन में बार-बार ऐसे आ रही थीं जैसे आसमान में उड़ते बादलों में से सूरज बार-बार झाँक रहा था।

हमारा घर—मुसीबतों का घर

''बस ऐसे ही पूरा गाँव नीचे को धँस गया। जो बचा वो बाढ़ में बह गया।'' दादी अपना दायाँ हाथ ऊपर उठाकर फिर तेज़ी से नीचे की ओर लाती हुई अक्सर हमें यह वाकया सुनाया करती। हम दहल जाते।

''गाँव तो अब भी है। बापू देवी माँ की मन्नत जो उतारने जाते हैं वहाँ।'' मैं कहता।

''है तो सही। जहाँ अब टीला है, पहले वहाँ गाँव होता था। अब तो गाँव दूसरी ओर बसा है।'' दादी कहती। फिर थोड़ा रुककर बताने लगती, ''तेरे बाबा के गोत्र के नत्थू की औलाद है यह सारा टब्बर। तेरे बाबा की एक बहन थी।''

''और तेरे सास-ससुर?''

''तुझे पहले भी कई बार टोक चुकी हूँ कि ज़्यादा छानबीन न किया कर।'' वह डांटकर मुझे चुप कराने की कोशिश करती।

''माँ, तेरे ससुर का क्या नाम था?'' मैं खुशामद करता। उसे जैसे इसमें कोई रहस्य प्रतीत होता। वह अपनी आख़िरी उम्र में भी अपने मर चुके ससुर का नाम मुँह से नहीं लेना चाहती थी। मैं फिर विनती-सी करता—''माँ, बता न।''

''सुदागर।'' वह झिझकते हुए बताती, फिर बोलती, ''यूँ तो अपने बुजुर्गों का पता होना चाहिए। तेरा पड़दादा फौज में था।''

''फौज में?''

''और नहीं तो क्या। किसी अंगरेज़ अफ़सर का अहलकार था।'' वह मैल जमी ऐनक की दाईं ओर की टूटी हुई डंडी की जगह पर बाँधी डोर पर हाथ फेरती और ऐनक को नाक पर अच्छी तरह टिकाती।

''अच्छा!''

''उसे मुरब्बा ज़मीन मिली थी। पर मामला भरा नहीं और ज़मीन...।''

''क्या हुआ फिर ज़मीन का?''

''तेरे पड़दादे को कुछ रिश्तेदारों ने और कुछ अपनों ने फुसलाकर, अपने हाथों

में कर लिया और सारी जायदाद हड़प ली। पता नहीं काग़ज़ों में क्या-क्या लिखवा लिया।'' दादी सारी बात संक्षेप में सुनाकर खत्म कर देती, जो आज भी मेरे मन में अपनी जगह बनाए बैठी है।

''और यह घर?'' मैं अपने घर के बारे में बात करता।

''यह तो तेरे बापू के ननिहाल वालों की जायदाद है। उसके मामे की औलाद नहीं थी। निपूता कहलाने के डर से वह तेरे बापू को बचपन में ही अपने पास ले आए थे। कुछ समय बाद ही बाकरपुर पंडोरी (ज़िला होशियारपुर का एक गाँव जो होशियारपुर-टांडा सड़क पर स्थित है, सरकारी काग़ज़ों में इसका नाम पंडोरी मैल-पत्ती बाकरपुर है) गाँव गरक गया था।''

मैंने हिसाब लगाया कि कुदरत का यह कहर 1860 के बाद और 1866 से पहले टूटा होगा। शिवालिक की पहाड़ियों का बरसाती पानी इसी निचले इलाके की ओर बहता है। परिणामस्वरूप होशियारपुर ज़िले में तेज़ बहावों से बहते नालों के बाँध टूट जाते हैं और दुआबे के बहुत सारे गाँव इनकी चपेट में आ जाते हैं। इन नालों की संख्या अधिक होने के कारण यह मुहावरा प्रचलित है—'बारां कोह ते अठारां चो' (बारह कोस और अठारह नाले)।

लगभग साढ़े तीन मरलों में बने हमारे इस घर की न किसी से पीठ लगती है और न ही इसकी कोई दीवार किसी से साझी है। उत्तर की ओर मेरे दादा के मामा के बेटों के घर को जाती कच्ची गली है। घर के माथे यानी पश्चिम की ओर बड़ा रास्ता और पूरब-पश्चिम में गाँव की प्रमुख बड़ी गली है।

भारत की सामाजिक व्यवस्था के अनुसार हमारा मुहल्ला भी हमारे गाँव माधोपुर के पश्चिम की ओर है। बाबा छज्जू (मेरे दादा के मामा का बेटा) के एक घर को छोड़कर बाकी सभी घर कच्चे थे। इसके दक्खिन दिशा की ओर हमारा घर था, और है। गाँव को जाती जट्टों की गली के मोड़ पर यह पहला घर है जिसके कारण जट्टों से, खेतों के काम के बारे में बातें होती रहती थीं।

''ठाकर, बात सुनना।''

बापू तेज़ी से बाहर वाले दरवाज़े पर चला जाता। आवाज़ देने वाला कई बार मेरी उम्र का मेरे संग स्कूल में पढ़ने वाला लड़का भी हुआ करता। जट्टों के कम उम्र के सभी बच्चे मेरे बापू को उसका नाम लेकर ही बुलाते थे।

'' 'बाबों' का जैब लगता है या 'साधों' का मीता होगा। 'बंब' तो हो नहीं सकता।'' हाँक मारकर बुलाने वाले का हम अंदर बैठे-बैठे अंदाज़ा लगाते।

''मंतरियों' का बख्शा था।'' बापू आकर बताता—''कह रहा था अगर 'पक्के वालों' की मूँगफली खोद ली हो तो हमारे तांगड़ तोड़ दो कल।'' इस प्रकार हम उपनाम का प्रयोग व्यक्ति के नाम से पहले किया करते। दादी अपनी निगाह बाहर वाले दरवाज़े पर टिकाए रखती।

कई बार बातचीत के दौरान मैं उसके साथ अपने दादा के बारे में बात करता ताकि उसके बारे में पता लग सके। वह चुप हो जाती। पर बापू बात को सँभालता, ''भई मुझे थोड़ा-सा याद है। हमारा बापू बहुत काला था, बड़ा ऊँचा-लम्बा और तगड़ा था। इतनी-इतनी तो दाढ़ी थी। कहते हैं उसे बातें बनानी बहुत आती थीं, बहुत मजाकिया था।''

''माँ, कुछ तू भी बोल।'' मैं बीच में टोककर कहता।

''माँ तो बापू पर रौब ही रखती रही है, बोले कैसे।'' बापू बताता।

''अंगरेजों जैसी गोरी और जवान होने के कारण।'' मैंने दादी के पास बैठे-बैठे कहा था।

''हाय कमबख़्तो, पास बैठकर हुज्जतें करते हो।'' वह एकदम भड़क उठी। ऐनक सँभालते हुए उसने जूती उठाई। इतने में मैं रफूचक्कर हो गया था।

...और इस घर में मेरी दादी ने सात बच्चों को जन्म दिया। यानी मेरे तीन ताऊ, तीन बुआ और आख़िर में जन्मा मेरा बापू। यहीं पर उसने अपनी चारों बहुओं के सिर पर पानी वार कर पिया और दो बेटियों की डोली विदा की थी। एक बुआ, भरा जवानी में ही बुख़ार से मर गई थी।

मेरी ताइयों की कोख हरी होती गई। घर का आँगन बच्चों से भरता चला गया या यूँ समझो कि सिकुड़ता चला गया। गुज़ारा न होने पर, हमलों (भारत-पाक बँटवारा) के बाद, गाँव के एक जट्ट से घर के नज़दीक ही ज़मीन ख़रीद ली गई। बापू के हिस्से यह पुश्तैनी घर आया।

हमारे घर के पिछवाड़े में चार खानों की एक कोठरी थी जो हमेशा अँधेरे में डूबी रहती। इसकी छत शहतीरों, कड़ियों और सरकंडों की बनी थी। इस पर चूहे रात-दिन छुआछुई का खेल खेला करते, टक-टक किया करते। मिट्टी झरती, हम 'शी-शी' करते तो वे तेज़ी से दौड़कर अपने बिलों में छिप जाते। कई बार तो हम उनके संग एक तरह से खेलने ही लग जाते।

हमारी कोई भैंस थोड़ी-थोड़ी देर बाद भीत में सींग मारती। भीत को कोई नुकसान न पहुँचे, इसलिए बापू ने अपनी खड्डी की पुरानी तुर (खड्डी पर कपड़ा बुनते समय जिस चौरस लंबी लकड़ी के ऊपर थान लपेटा जाता है) भीत के साथ सीधी करके गाड़ रखी थी। भैंस इस पर ठक-ठक सींग मारती रहती। बापू आधी रात में भी ऊँचे स्वर में उसे कोसता, ''कंजर की, तेरी चमड़ी उधेड़ दूँगा। अब तो रुक जा, सो लेने दे।'' कभी मेरी आँख खुल जाती तो देखकर हैरान रह जाता कि भैंस बापू की बात मानकर सींग मारना बंद कर चुकी होती। लेकिन, कई बार वह अपनी इस आदत की वजह से बापू से मार भी खाती। बापू उठकर उसकी धुनाई भी कर देता।

जाड़ों में दादी की चारपाई इसी कोठरी में हुआ करती। सारे पशु इसी कोठरी

में बाँधे जाते थे। पेशाब की दुर्गन्ध दालान तक आती थी। बकरियों की मेंगनें टप्पा खाकर कोठरी के दरवाज़े की दहलीज़ तक आ जातीं।

गर्मियों में जब सूरज आग बरसाता, बाहर कौए की आँख निकलती, तो इस कोठरी की ठंडक में बैठने-सोने का कुछ अपना ही मज़ा होता। बड़ा भाई, ताऊ का बेटा मछी और मैं दादी की चारपाई पर रखे कपड़े-लत्तों पर अधलेटे से पड़े रहते। कोठरी में कड़ियों के साथ बँधी रस्सी पर पड़े खेस और रजाइयों को झूले की तरह झुलाते रहते। दोपहर में यहीं बैठकर रोटी खाया करते। अपनी माँ से कहते, 'सीबो, रोटियों पर लूण-मिरच लगा दे।'

"दे मामों को पराँठे पकाकर। जब देखो, मारे भूख के मरे जाते हैं। मैं तो कहता हूँ, दो आलू भूनकर मार माथे इनके।" बापू अपनी आदत के अनुसार कहता।

माँ हमें कभी प्याज़, गुड़, राब, अचार या फिर लस्सी के खट्टे के साथ रोटी दिया करती। कई बार हम रोटी छाबे में पड़ने ही न देते और खुद ही रसोई में घुसकर तवे पर से उतरती रोटी उठा लाते। माँ चिल्लाती, "जरा सबर भी करो। हाथ जल जाएगा। इतने उतावले क्यों होते हो। घड़ी भर बाद फिर हाँक लगाओगे—सीबो, रोटी दे।

दूसरों की तरह हम भी अपनी माँ को उसका नाम लेकर ही बुलाया करते थे। सुच्चा-जूठा तो हमारे घरों के शब्दकोश में था ही नहीं।

जाड़े में और मार्च-अप्रैल के महीनों में अनाज की तंगी कुछ ज्यादा ही हो जाती। इसका एकमात्र विकल्प गन्नों के पकते हुए रस से उतारी गई मैली होती। गाँव से काफ़ी हटकर 'मंतरियों' और 'तजरबियों' के कोल्हू पर मैली लेने के लिए कभी बड़ा भाई और कभी मैं जाता और कई बार दोनों इकट्ठे। वहाँ भट्ठी पर कई कुत्तों का पक्का डेरा था। जब हम बाल्टियाँ रखते तो वे एक-दूजे से आगे-आगे आते। बाल्टियों में मैली डालने से पहले भट्ठी में ईंधन झोंकने वाला आदमी एक डोई भर कर दूर फेंकता। कुत्ते उसे जल्दी-जल्दी अपनी जीभों से चाटने लगते। चन्नू का साहब और सोहण, दोनों बाल्टियों सहित प्रायः कोल्हू पर ही मिलते।

हम छोटी मगर भरी हुई लोहे-पीतल की बाल्टियों को बड़ी होशियारी से इस तरह उठाकर लाते कि मैली छलक कर हमारी टाँगों या पैरों पर न पड़ जाए। कुत्ते हमारे पीछे-पीछे चलते रहते। हम गर्दन घुमा-घुमाकर पीछे की ओर देखते और कुत्तों को आँखें तरेरते। बाल्टी को दूसरे हाथ में पकड़ने के समय हम थोड़ा दम मारते तो वे भी रुक जाते। हम अपने घर के पास पहुँचते तो वे पीछे लौट जाते।

मैली ढोते समय मुझे बड़ी शर्म महसूस होती। सोचता कि पंछी की तरह उड़कर अपने घर पहुँच जाऊँ, राह में मुझे कोई न देखे और न ही मुझे कोई मिले। जब कभी संग पढ़ने वाला कोई लड़की-लड़का मिल जाता तो मैं मुँह दूसरी ओर घुमा कर तेज़ कदमों से वहाँ से गुज़र जाता। मैं अपनी माँ और बापू से अपने मन की

दुविधा बताता। बापू एकदम टूटकर पड़ता, ''मैली पीने के वक्त तो कहता है सारी मुझे ही दो!...और तू क्या अकेला जाता है?...सारा चमार मोहल्ला लाता है। हम सिर पर मैली की चाटियाँ रखकर सारे रिश्तेदारों को पहुँचाते थे। कहाँ बसीमूदा और कहाँ बजुआड़ा।'' (ज़िला होशियारपुर के दो गाँव—बसीमूदा और बजवाड़ा जो माधोपुर से 30-34 किलोमीटर के फ़ासले पर स्थित हैं।)

माँ बीच में टोकती, ''क्यों जबान गंदी करता है और पाँच-सात बरस में जवान हो जाएँगे, खुद ही काम-धंधा करने लग जाएँगे ये।''

''फिर सालों ने पता नहीं कटी उँगली पर मूतना भी है कि नहीं। यही मामा ज़्यादा बिगड़ा हुआ है। बड़े को जहाँ चाहो, भेज दो। आगे से जवाब नहीं देता, चुपचाप चला जाता है।''

ऐसे ही, एक दिन बड़े भाई ने हड़बड़ाते हुए कहा था—''अपनी थाली इधर ले आ, मामा आ गया।''

हमने फ़ुर्ती से अपनी थालियाँ-छन्ने कोठरी में भैंस के लिए बनाई हुई छोटी-सी नांद में छिपा दिए। हमारा एक आई.ए.एस. मामा दुपहरी में कार में आया। हमने चावलों में सानी हुई मैली कोठरी में ठंडी होने के लिए रखी हुई थी। अगले वर्ष तो अकाल ही पड़ गया। दूसरा, पाकिस्तान से जंग छिड़ गई। लोग अन्न के लिए इधर-उधर हाथ मारने लगे। सरपंच और नंबरदार की अहमियत और अधिक बढ़ गई थी।

अनाज के अकाल के बाद भी हम पर और हमारे लोगों पर पड़ी स्थायी आफ़त के कारण मैली पीने का सिलसिला कई वर्षों तक चलता रहा, भले ही मैंने हाई स्कूल भी पास कर लिया था।

जट्टों के बच्चे और मेरे हमउम्र मुझे 'मैली पीणा' कहा करते। जब कभी 'तू-तू, मैं-मैं' हो जाती तो वे 'चमार-माँ के यार' जैसा काव्यात्मक फ़िकरा भी कसते। हम में से कोई भी तीखा विरोध न कर पाता।

गर्मियों में कोठरी के ठंडा रहने का एक कारण उसकी कच्ची दीवारें थीं तो दूसरा गाँव के अंदर की ओर जाती गली की नाली और बरसात के उफनते पानी के बचाव के लिए दीवार के साथ बनी मिट्टी की एक बड़ी ऊँची खंदक थी। इस पर हरी और घनी घास फैली थी जैसे किसी लॉन में मिट्टी को ऊँचा-नीचा आकार देकर एक ख़ास शक्ल दी गई हो। बरसात के दिनों में इस ओर की भीत में सीलन ऊपर तक चढ़ जाती, जिसकी दुर्गन्ध नाक में चढ़ने लगती।

सावन में मूसलाधार बारिश के दौरान हमारे घर की छत पर भरपूर हरियाली हो जाया करती। फुट, डेढ़-फुट के करीब ऊँचे तिनके और फुंदनों वाली घास के साथ-साथ ज़मीन से लग कर फैलने वाली बूटी भी ख़ूब फैल जाती। थोड़ी दूर किसी अन्य छत पर से देखने पर यूँ लगता मानों बरसीन के दो क्यारे हों क्योंकि दालान

और कोठरी की छत चाहे साथ-साथ थी पर बीच की छोटी-सी मुँडेर उन्हें अलग करती थी।

चींटियों ने काफ़िलों के रूप में छत के नीचे-ऊपर आने-जाने के लिए दीवारों में बेरोक रास्ते बनाए हुए थे। जब कभी ख़ूब मूसलाधार बारिश होती तो छत से पानी की धारें बहने लगतीं। हम धार वाली जगह पर बड़े बर्तन रख देते। जहाँ कहीं टप-टप पानी चूता वहाँ छोटी-बड़ी कटोरियाँ और गिलास रख देते। कई बार घर के बर्तन भी पूरे न पड़ते और टपकता हुआ पानी जगह-जगह छोटे-छोटे गड्ढे बना देता। यह सारा पानी दालान के पश्चिम में इकलौते दरवाज़े की दहलीज़ के पास वाली नीची आयताकार जगह में भर जाता। मैं, बड़े भाई के संग इसे बड़े चाव से चुल्लू में भरकर बाहर फेंकता। इसी दौरान कभी मुझे या बड़े भाई को तेज़ आँधी-बारिश में छत पर से टपकते पानी को रोकने के लिए कुर्ता उतारकर ऊपर चढ़ाया जाता। मैं छत की मुँडेर के पास नीचे की ओर मुँह करके पूछता, "हो गया बंद?"

"नहीं, अभी नहीं।" घर का कोई सदस्य ऊँची आवाज़ में बोलकर बताता।

"ले, यह रख!" बापू आँगन में से गीली मिट्टी का लोंदा पकड़ाता।

"साले, बहुत बहन मरवा ली, अब तो बस कर।" बापू बारिश और रब पर अपनी भारी-भरकम गालियों की बौछार करता।

"क्यों बकवाद करके मुँह गंदा करता है। हम भी लोगों के संग हैं। तेरे कहे रुक जाएगा भला।" मेरी माँ समझाने के लहज़े में कहती।

"पूरब दिशा वाले सारे घर पक्के हैं। उनसे हमारा क्या मुकाबला? वो दो कनाल ज़मीन गिरवी रख दें तो और पक्का कोठा डाल सकते हैं।" थोड़ा रुककर फिर कहता, "मेरा तो इरादा है कि आँगन में सिरकी लगा लें।"

"सिरकी भी लगा ले। अगर विध माता ने हमारे करमों में यही सब लिखा है तो फिर क्या कर सकते हैं?" माँ दिलासा देती।

"साली विध माता का कहर सूखे-बरसात में हमी पर गिरता है। बाकी मुल्क भी तो यहाँ बसता है। चल, छोड़!" बापू दरवाज़े में से बाहर निकलकर आशा भरे स्वर में कहता, "बादल फट गया सीबो, अब बारिश हल्की हो जाएगी।"

एक बरसात के दौरान आँगन में बाज़ीगरों की कुटिया जैसी सिरकी भी लगाई गई। बारिश के पानी के कारण अंदर बैठने-खड़े होने के लिए जगह ही नहीं बची थी।

बापू को जैसे कुछ याद हो आता, उदास-सा होकर वह कहता, "हमने आदमपुर की नहर खोद डाली, अम्ब के थाने तक सड़क बना डाली, पर मुझसे साला चार खाने का कोठा नहीं बन सका।"

कुछ देर बाद वह चारपाई के नीचे से खुरपी-दराँती निकालकर छत पर चढ़ जाता। खुदाई-कटाई करता। बारिश की बूँदाबाँदी की तरह उसकी श्लोकवाणी जारी

रहती। वह घास-बूटी को जड़ से उखाड़ता, साथ ही बेहया गालियाँ निकालता–''कैसे चार दिनों में ही फैल गया माँ का खसम!''

जब बादलों को चीरकर निकली तेज़ धूप पड़ती तो गाँव की ओर की भीत ढह जाती। ऐसा हर साल होता या एक साल छोड़कर। साथ वाले खाने के तिड़के शहतीर के नीचे की टेक किसी भरोसे की गवाही भरती दिखाई तो देती, पर पारे की भाँति डोलते हमारे मनों की घबराहट में कोई कमी न होती। गिरे हुए मलबे में से अनगिनत चींटियाँ, ततैये, टिड्डियाँ, कनखजूरे और छिपकलियाँ इधर-उधर दौड़ कर छिपते फिरते। गाँव के लोग हमदर्दी जताते हुए कहते–''चल ठाकर, दीवार तो फिर बन जाएगी। शुकर मना कि घर के लोग बच गए।''

बापू फिर मिट्टी के 'गड्डे' भर कर लाता, फिर भीत कूटी जाती।

''फौरन बाहर निकल आओ। बीच वाली शहतीर बैठ गई है।'' बापू ने एक बरसाती रात की सुबह पौ फटने से पहले ही हमें सचेत करने के लिए ऊँचे स्वर में शोर मचाते हुए आवाज़ लगाई।

मिनटों में ही सारा मोहल्ला इकट्ठा हो गया।

''रब का शुक्र मनाओ कि जानें बच गईं। ठाकर, अब शहतीरों के नीचे खम्भे बनवा ले जैसे-तैसे।'' कोई सलाह देता।

बापू, 'बहरों' के सुरजीत सिंह से गरज मुताबिक रुपया-पैसा ले आता और भोगपुर जाकर परनोट पर अंगूठा लगा आता। सुरजीत सिंह साहूकारी करता था।

बरसात के बाद दशहरे के आसपास हमारे घर के निकट वाले बरगद-पीपल के नीचे गधे रेंकते। साथ ही, हाँक सुनाई देती–''गोलू मिट्टी ले लो...गोलू मिट्टी... ।''

बूढ़ी औरतें एकत्र हो जातीं। मोलभाव होने में काफ़ी समय लग जाता। पहाड़ की ओर से आया बारू चमार या ब्यास दरिया पार से आया फेरी वाला कुम्हार बताता, ''बहन, इस गधे की दोनों खोंचें रास्तगो में खाली करके आया हूँ।''

मेरी माँ सहित मोहल्ले की मेरी चाचियाँ, ताइयाँ गोलू ख़रीद लेतीं। माँ ने पहले ही गिरी हुई मिट्टी की पपड़ियों की जगह को मिट्टी के लौंदे लगा कर भरा और लीपा होता। उसे शेष दीवार से इस तरह एकमेक, इकसार किया होता कि बहुत बार पता ही नहीं चलता कि पपड़ी कहाँ से गिरी थी। कहाँ से कच्ची ईंटों की चिनाई वाली सामने की दीवार नंगी हो गई थी। जब माँ इस पर गोलू मिट्टी का दोहरा लेप लगा चुकती तो कुछ देर बाद स्वयं से कहती, ''चल मना, दीवार भी सूख गई और लेप भी अधसूखा हो गया।''

फिर वह तवे के पिछले हिस्से की कालिख़ पर गीला किया हुआ अपना दायाँ हाथ घिसती और फिर 'ठां-ठां' करके दीवारों पर छाप देती। मैं उसकी नकल करता और अपने छोटे-छोटे हाथों की छाप देखकर ख़ुश होता।

ऐसे समय, बापू भी कभी-कभी बाहर से आ जाता।

"ले, नजर से बचाने का काम भी खत्म।" माँ की यह बात सुनकर बापू मुस्कुराता। उसके बारीक और छोटे दाँत बरबस दीखने लगते।

"साले इस कोठे का तकरीबन हर साल झंझट रहता है। पता नहीं कब इससे छुटकारा मिलेगा?" बापू शिकायती अंदाज़ में कच्चे कोठे की न खत्म होने वाली कहानी को समेटता।

"दिन हमेशा एक से नहीं होते।" माँ ढलते सूरज की किरणें पकड़ती प्रतीत होती।

कोठरी के एक कोने में माँ के दहेज वाली एक छोटी पेटी रखी हुई थी जिस पर मोर-मोरनियाँ, उनके बच्चे, फूल, बेलें तथा अन्य कई प्रकार के बूटे बने हुए थे। ये सब सलेटी, हरे, लाल तथा काशनी रंगों से बनाए गए थे। इस पेटी में एक अन्य संदूकची हुआ करती थी। उस पर भी ऐसी ही चित्रकारी थी।

जब मेरी माँ पेटी खोल कर उसमें से कोई चीज़ निकालती तो कई बार मैं और मेरा बड़ा भाई वहाँ खड़े होते। हमें दादी और माँ के सूफ़ के काले घाघरे दिखाई देते। हम उन्हें फैलाते तो वे तंबुओं जैसे दिखाई देते। तीलियों और तिनकों पर रंग-बिरंगी धारियों से फुलकारीनुमा कढ़ाई किया हुआ बड़ा-सा पंखा दिखाई देता। उसे निकाल कर हम बारी-बारी से हवा करते। उसके तीनों ओर गुलाबी कपड़े की झालर लगी होती थी। डंडे की ओर उसके ऐन नीचे चौकोर आकारवाली जगह, बड़ी जुगत के साथ डंडा हाथ में पकड़ने के लिए छोड़ी हुई थी। जब ज़ोर से हवा करते तो दालान की पाँवों तले की मिट्टी भी उड़ने लग जाती। विवाह या किसी की मृत्यु पर जब लोग इकट्ठा होते, यह पंखा गाँव के कई घरों में जाता। पाँतों में बैठे बराती या किसी की मृत्यु पर आए लोग, इस पंखे की हवा लेते।

पेटी के करीब ही बड़े मटके, घड़े, हांडी, कुज्जे आदि टेक लगाकर रखे होते। उनमें भाँत-भाँत का अन्न, गुड़, शक्कर, दालें, रोटियों के सुखाए गए टुकड़े वगैरह रखे होते। सबसे ऊपर वाले बर्तन में नमक होता, जो ढक्कन से ढका होता। उन बर्तनों में से किसी एक में बापू देसी शराब की बोतल छिपाकर रखता। जब कभी वह पेग लगा लेता तो अपनी छोटी-छोटी मूँछों पर हाथ फेरता। बीड़ी पीता। माँ से कहता—"तेरी बात सही है भई, दिन ज़रूर फिरेंगे। तगड़े होकर ये खुद-ब-खुद बोझ उठा लेंगे। सीबो, धरम से कहता हूँ, तेरी बातों से मेरा हौसला बुलन्द हो जाता है।"

पेटी की बगल में ही एक कच्ची कोठी थी जिसमें दुनिया भर का छोटा-मोटा सामान ठुँसा पड़ा होता। यहाँ रखे कुठले में दादी गाँव की जट्टनियों से मिला हुआ गुड़, शक्कर या राब से भरी कटोरी रखती थी और इसकी छोटी खिड़की की कुण्डी में बड़ा-सा ताला लगाकर चाबी अपने दुपट्टे के पल्लू में बाँध लेती थी। कई बार वह दीये की रोशनी में कोठी में से चीज़ें ढूँढ़ा करती।

कोठी के नीचे और ऊपर बापू का जूती बनाने का सामान रखा होता जिसमें

कवाई, कलबूत, रंबी, कुंडी, फरमे, जमूर और हथौड़ी हुआ करती। मैं कई बार इन औज़ारों से खेलता। बापू भड़ककर मुझसे इन वस्तुओं को छीनता और गालियाँ देता। कई पड़ोसी जट्ट और झीर ये औज़ार माँगकर ले जाते। वे कील, मेख, खुरी आदि खुद ही ठोंक लेते।

"अगर मैं उस वक्त भाइये (मेरा फूफा गुलजारी लाल) से लाहौर में पूरा काम सीख लेता तो कारीगर बन जाता। शहर में किसी पेड़ के नीचे बैठकर पैसे कमाता। अब जैसा, जट्टों का गुलाम न होता।" इन औज़ारों को देखकर बापू अपनी यह दास्तान किसी अभाव की तरह शुरू कर देता।

कोठी के करीब एक कोने में चक्की हुआ करती थी। जब मैं बहुत छोटा था, मेरी माँ इस पर पूरे परिवार के लिए आटा पीसा करती थी। साथ में गाती–

"पुत्तां नूं देंदा बाबल महल ते माड़ियां
धीआं नूं देंदा देस पराये
वे मेरे धरमियां बाबला..."

(बेटों को देता पिता महल और माड़ियाँ, बेटियों को देता पराये देश, ओ मेरे धर्मात्मा पिता)

वह अपने नए जनेपे से पहले ही अपने लिए सौंफ, सोंठ, छोले, गेहूँ और अन्य कई चीज़ें पीसकर रख लेती। बाद में बापू उन्हें भूनकर देसी घी में मिलाता–इसे हम 'गजा' कहा करते। एक के बाद एक जन्मी मेरी चार बहनें और एक भाई के जन्मों के समय मुझे भी यह खुराक खाने का अवसर मिलता रहता।

ग्रीष्म की एक दोपहरी को बापू किसी जट्ट के खेत में आधी दिहाड़ी लगाकर घर लौटा था। उसके बायें कंधे पर साफा लटक रहा था और उसके ऊपर फावड़ा था। माँ खाट पर कुछ ही समय पहले जन्मी मेरी दूसरी बहन के साथ लेटी हुई थी और उसने माथे पर दुपट्टा बाँध रखा था। पास ही मैं खेल रहा था। बापू ने दालान में घुसते ही आँख के इशारे के साथ-साथ मुँह से बोलकर पूछा–"क्या हुआ?"

"लड़की!" माँ ने बताया।

"दुरफिटे मुँह तेरे।" बापू ने मुँह बनाया।

"लड़का पैदा करना मेरे हाथ में है क्या?" माँ ने बेबसी भरे स्वर में कहा। मुझे लगा कि बापू इस बार बेटे की आस लगाए बैठा था। उसने फावड़ा नीचे रखा और तेज़ी से खुरे की ओर हाथ-मुँह धोने चला गया। पर मुझे रुई जैसी नरम छोटी बहनें अच्छी लगतीं। मैं उन्हें कभी गोद में उठाता कभी कंधे पर। उनसे लाड़ करता, उन्हें गुदगुदाता। छी-छी करके हँसाता। वे भी किलकारियाँ मारतीं। मैं उन्हें झुलाने के लिए उतावला रहा करता।

माँ को जब लीड़े-कपड़े, पोतड़े या चूल्हे-चौके का कोई काम करना होता तो

दालान में हमेशा बिछे रहने वाले अपने दहेज के बड़े पलंग की बाही (पाटी) से अपना दुपट्टा या साफ़ा बाँधकर झूला बनाती और उसमें नव-जन्मी मेरी बहन को लिटा देती। मुझसे कहती—"बेटा, इसे झुलाते रहना, रोने न पाए। मैं दाल चढ़ा दूँ चूल्हे पर और कुएँ से पानी के दो डोल भर लाऊँ।"

मेरी माँ को मेरी तीसरी बहन के जन्म के बाद सूतकी का ताप चढ़ गया जो धीरे-धीरे मियादी बुख़ार में बदल गया। उसके सिर के बाल झड़ने लग गए और डेढ़-एक महीने में काफ़ी झड़ गए। फिर वह गंजी हो गई। वह सिर पर दुपट्टा या कोई कपड़ा बाँधकर रखा करती। उसके दुबले शरीर के कारण आँखें और चेहरा डरावना-सा हो गया। बुख़ार टूटने में ही नहीं आ रहा था। बूढ़ी-बुजुर्ग औरतें आतीं, पूछतीं, "गंगो (दाई) क्या कहती है, ठाकर? जैसा बताती है, वैसा ही करता जा।"

बापू हममें से किसी को कहता, "ये मूढ़ा चाची को दे।"

धान की फूँस के मूढ़े बापू खुद ही बना लेता था। चौरस या गोल-गोल। पहले वह फूँस को छाँटकर इसकी रस्सियाँ बटता था।

"कंधाला जट्टां वाले चिरंजी लाल (मशहूर हकीम) के पास करूरा लेकर गया था परसों। कहता था—माता (चेचक) निकल आई है। हम तो पहले तेइया ताप ही समझ रहे थे।" बापू ख़बर लेने आए लोगों को बताता। उसका चेहरा चिन्ता में फीका-सा हो उठता।

"अभी तो छोटे-छोटे बच्चे हैं...रब ठीक करेगा...सीबो हौसला रख। देह को रोग लगा ही करते हैं...तगड़ी हो, उठकर बच्चे सँभाल।" मोहल्ले की कोई सयानी बूढ़ी अपनी फटी हुई सलवार, जिसमें से उसके मैले कपड़ों से मेल खाते काले घुटने झाँक रहे होते, को ठीक करते हुए कहती।

बुज़ुर्ग औरतें मेरी माँ और बापू को दिलासा देतीं और सलाह भी। उठते समय आशीशें देतीं। "ठाकर, घबरा मत...रब भला करेगा। अगर माता है तो परहेज रख।"

उधर हम अपनी बहन को चम्मच से दूध पिलाकर ख़ुश होते। वह किलकारियाँ मारती। बापू हँसकर माँ को बताता, "देख सीबो, बकरी का दूध पी-पीकर कैसे फूलती जा रही है।"

"यूँ ही नज़र न लगा देना। क्या मालूम इसी के कारण मेरी जान बच गई है।" माँ मुस्कुराकर धीमे स्वर में बोलती।

जब मेरी यह बहन पाँच-छह साल की हो गई तो एक दिन वह बार-बार सिर में खाज करती रही। माँ ने सोचा—जूँएँ पड़ गई होंगी। उसने उसके बालों में बारीक कंघी फेरी और जूँएँ ढूँढ़ने लगी। कुछ न दिखा। हल्के से बुख़ार के दौरान भी गुनगुने पानी से उसके सिर के बाल धोए। सिर के बीच का हिस्सा कुछ ख़ुश्क और फूला हुआ था। माँ ने वहाँ हाथ रखा तो वह पिलपिला रहा था। अचानक नाख़ून लगने की देर थी कि माँ ने घबराई हुई आवाज़ में बापू को ज़ोर से पुकारा।

"वहाँ क्या कर रहा है? मैं आवाजें दिए जा रही हूँ।"

"क्या मुसीबत पड़ गई तुझे?" बापू अंदर से बोला।

"लड़की के सिर में तो कीड़े कुलबुला रहे हैं।"

बापू ने गरम पानी से बलजिंदर का सिर धोया। झाड़ू के तिनके से कीड़े निकाले जो एक सफ़ेद से तंतु-जाल में फँसे हुए थे। फिर, बापू ने डॉक्टर की तरह मुझे हुक्म दिया, "गुड्ड, वो आले में से फिनैल की बोतल उठा ला जिससे गाय की पिछाड़ी के कीड़े धोते हैं।"

"कोई अक्ल कर, इसे भोगपुर ले जा।" बापू को माँ ने सलाह दी।

बापू बलजिंदर को साइकिल पर बिठाकर मोगा सोकड़ा फार्मेसी वालों के यहाँ पट्टी करवाने चला गया।

बाद में, मैं अपनी इस बहन को पट्टी करवाने ले जाता रहा। मेरी हैरानी की उस समय कोई सीमा न रहती जब डॉक्टर कीड़ों वाली जगह पर बनी मोरी में दवाई लगी डेढ़-दो पट्टियाँ कैंची से धकेल देता। हर तीसरे दिन पट्टी करवाने के बावजूद ज़ख्म भरने में महीना लग गया।

बरसात और जाड़े के दिनों में हम दालान में सोया करते। कोठरी के दालान वाली, बीच की दीवार में बने आले में रखे दीए की रोशनी में हम दोनों भाई पढ़ा करते। एक ही चारपाई पर सोते। एक बार दीवाली से पाँच-सात दिन बाद रात को जब बड़ा भाई पढ़ रहा था तो वह अचानक मुझे धक्के मारने लगा। मुख से वह कुछ नहीं बोल रहा था। मैं जागकर फिर सो जाता। आख़िर, उसने खींचकर चांटा दे मारा। धीरे से बोला, "वो देख साँप, रोशनदान के रास्ते आया.."

हम घबरा उठे पर चारपाई पर से न उतरे। वह ख़ूब काले चमकते रंग वाला फनियर नाग कलेंडर लटकाने के लिए गाड़े गए कील पर अपनी पूँछ की कुंडली मारे हुए था। वह अपने चौड़े फ़न के साथ दीवार से काफ़ी आगे बढ़कर हवा में आ जाता। थोड़ी देर बाद वह नीचे उतर आया। हम एक-दूजे से लिपट गए। फिर वह फुर्ती से कोठरी में घुस गया। हमने बापू को जगाया। अभी हमने पशुओं को वहाँ बाँधना आरंभ नहीं किया था।

हमारी अफ़रा-तफ़री और ऊँची आवाज़ें सुनकर आसपास के लोग भी उठ गए। ताऊ के बेटे भी आ गए। उन्होंने कोठरी का छोटा-मोटा सारा सामान और उपले उठा कर आँगन में रख दिए। वे सतर्क होकर साँप को ढूँढ़ते, कड़ियों में लाठियाँ मार-मारकर जाँचते रहे। बाँसों की कड़ियों में डंडे घुसा-घुसाकर देखते कि कहीं इनकी खाली पोरों में न घुस गया हो पर कुछ भी पता न चला कि साँप गया किधर!

आँगन में से किसी ने कहा, "लड़कों को भरम हुआ होगा।"

कोई कहता, "अब ये इतने बच्चे तो नहीं और फिर दीवा जल रहा था।"

कोई बोला, "सारी धरती इन्हीं की है और फिर धरती राह दे देती है इन्हें।

फिर भी दहलीज़ के आगे राख छान दो और गुग्गल जला दो...सवेरे अपने आप मालूम पड़ जाएगा अगर लकीर पड़ गई तो। क्यों ठाकर?"

राख छानने के बाद बापू ने दो टूक कहा, "ये आधे गुरुद्वारे में तो वन फैला हुआ है। जब तक इन बाँसों को और इस झाड़-झंखाड़ को काटा नहीं जाता, तब तक तो ऐसा ही होता रहेगा। यह देखता नहीं, गिलोय कैसे फैली पड़ी है।"

गुरुद्वारे के घेर के लिए कँटीले पौधों और दरख़्तों की बाड़ बनी हुई थी। दरअसल, यह बाड़ खरगोशों, साँपों, गोहों, नेवलों आदि की एक बड़ी पनाहगाह थी। राजपुर (माधोपुर से पश्चिम की ओर छह किलोमीटर के फ़ासले पर एक गाँव) के सांसी अपने शिकारी और साधारण कुत्तों की फ़ौज के संग आते। उनके हाथों में लाठी-डंडे कुदालियाँ होतीं। वे फ़ुर्ती से शिकार पर झपटने के लिए कुत्तों को सिसकारते। भिन्न-भिन्न आवाज़ें निकालते। शोर मचाते। देखते ही देखते उनमें से किसी के कंधे पर रखी लाठी के सिरे पर ख़रगोश या गोह लटक रहे होते।

ख़ैर, अगली सुबह साँप की कोई लकीर न दिखाई दी। मैं डर के मारे कई दिन कोठरी के अंदर न घुसा। अगर दिन के समय किसी काम से अंदर जाता तो दिल की धड़कन तेज़ हो जाती और टाँगें काँपने लगतीं। कुछ दिन बाद सब कुछ सामान्य हो गया। माँ पूर्ववत तड़के उठकर दूध बिलोती हुई गाने लगी थीं—

सुन नी माये मेरीये
धीयां क्यूं दित्तीयां दूर
सुन नी माये मेरीये...

(सुन ओ मेरी माँ, बेटियों को क्यों दिया दूर, सुन ओ मेरी माँ)।

ब्रह्मा के थोथे चक्रव्यूह

"मैं गरमी उतारता हूँ इस राणी खाँ के साले की!" आँगन में घुसते हुए बापू ने तीखी और तल्ख़ ज़बान में कहा। इसके साथ-साथ उसकी क्रोध से भरी घूरती हुई नज़रों के तेज़ रफ़्तार तीर सीधे मेरे शरीर की ओर बढ़ रहे थे। उसने बगैर साँस लिए फिर कहा, "जब तेरे पंतदरों ने पकड़कर तुझे फेंटा चढ़ाया न, तब माँ तुझे याद आएगी! गंदी औलाद कहीं की...।"

मैं नहीं जानता था कि बापू आज मुझे क्यूँ गंदा-मंदा बोल रहा है। मैं सहम उठा और मेरी देह बेहरकत हो गई। मैंने वहीं खड़े-खड़े दालान के अन्दर माँ की चारपाई की ओर झाँका, जहाँ वह नव जन्मी मेरी तीसरी बहन के जनेपे के कारण गर्दन तक खेसी ओढ़ कर लेटी हुई थी। उसने अपने दोनों हाथों की बनाई कंघी पर रखे हुए अपने सिर को ऊपर उठाया। माथा दुपट्टे में लिपटा दिखाई दिया।

माँ का कमज़ोर-सा चेहरा कुछ दिन पहले पीला ज़र्द हो गया था, जो बापू के शब्दों से और अधिक फक्क हो उठा। उसके गालों पर झाइयाँ पहले की भाँति थीं और आँखें अन्दर की ओर धँसी हुई थीं, जिन्हें देखकर मैं घबरा गया। पता नहीं मुझे फिर क्या सूझा, मैं फ़ुर्ती से माँ की चारपाई के पास रोनी सूरत लेकर जा खड़ा हुआ।

"ये किसी दिन हमारे सिर फुड़वाएगा...हड्ड हरामी! सारा दिन इल्लतों के अलावा भी कुछ सूझता है इसे?" बापू मेरी ओर बढ़ता हुआ कह रहा था कि माँ ने बीच में टोकते हुए पूछा, "बुझारतें ही डालता रहेगा कि कुछ बताएगा भी...इसके पीछे क्यों इतना हाथ धोकर पड़ गया है?"

"बुझारतें ले के आ गई?... तूने ही सिर पर चढ़ा रखा है इस तुख़्म की मार को।"

"फिर वही बात... कुछ बताएगा भी कि अबा-तबा ही बोलता रहेगा।" माँ ने चारपाई पर बैठकर मुझे अपनी छाती से लगाते हुए कहा।

" 'हैकनों' की कुँई में चोरी-छिपे मूतता है।" बापू ने जब बताया तो माँ मेरी

ओर हैरानी से देखने लगी।

"उसी कुँई में डुबोकर मार देंगे, अगर पता चल गया... अभी से लग गया बड़ा चौधरी बनने! वैसे टट्टी करके अभी हाथ धोने नहीं आते।"

"पड़ोस का मामला है, ऐसा क्यूँ करता है? ख्वाजा खिजर को दुनिया पीर मानती है और तू...।" माँ ने पहले मेरी ओर, फिर बापू की ओर देखते हुए कहा।

"कहता है जट्ट हमें कुओं पर चढ़ने नहीं देते... आ गया बड़ा मुखालफत करने वाला! जब हमारा अपना कुआ है तो तूने वहाँ झुनझुना लेने जाना है! बड़ा आया नम्बरदार!" बापू ने लगातार बोलते हुए मेरी बायीं बाजू को मरोड़ा दिया। मेरे मोटे-मोटे आँसू यूँ टपकने लग पड़े जैसे बरसात में हमारे घर की सरकंडों, कड़ियों और शहतीरों वाली छत जगह-जगह से टपकने लग पड़ती थी।

माँ ने चारपाई से नीचे उतरकर बापू से मुझे छुड़ाते हुए कहा, "वैसे नहीं समझा सकता? बच्चों की काँच जैसी हड्डियाँ होती हैं। अगर बाँह टूट गई तो लेकर घूमते रहना कभी इस गाँव तो कभी उस गाँव।"

"मुझे इसकी हेकड़ी निकालने दे आज...सबक सिखाता हूँ इसे कि कुओं मैं कैसे ...।" बापू क्रोध में बोलते हुए हाँफने लगा। कुछ देर बाद वह फिर बोला, "हमें नहीं पता जैसे इन बातों का।"

बापू ने तड़ातड़ दो-तीन थप्पड़ मेरी बायीं कनपटी पर दे मारे। मैं अपनी आँखें बाँहों से पोंछने लगा। फिर मैंने उड़ती हुई नज़र से दालान में झाँका। एक कोने में मेरी दो बहनें सहमी हुई-सी खड़ी थीं। छोटी धीरे-धीरे सिसक रही थी और उसकी नाक में से पानी बहने लगा था।

"न, अब सारे गाँव को बताकर ही रुकेगा? शुकर है कि किसी को कुछ पता नहीं।" माँ ने मेरा पीछा छोड़ने के लिए दलील दी।

माँ ने मुझे डपटा और समझाया, "आगे से ऐसी हरकत नहीं करनी, ख्वाजा पीर नाराज हो जाएगा...।"

फिर वह मेरी बहनों की ओर बढ़ी और उन्हें चुप कराने लगी। छोटी बहन की आँखों को दुपट्टे के छोर से साफ़ किया। मैंने अपने आँसू उल्टे हाथों से पोंछ लिए।

कुछ देर बाद मैं मन ही मन खुश हुआ कि अब बापू कुटापा नहीं करेगा। उसे मेरी कई हरकतों का पता नहीं है। फिर असमंजस की स्थिति में पड़े मुझे पता नहीं क्या सूझा कि मैं स्वयं ही बताने लगा, "मैंने अकेले ने ही थोड़े मूता था। हम बस्ती के लड़के कुओं में मूतते ही रहते हैं, दोपहर को छुअन-छुआई के बहाने...।"

"दुरफिट्टे मुँह इस तुख़्म की मार के ...जिन्दों को मारेगा ये तो।" बापू के दायें हाथ का थप्पड़ मेरे मुँह पर लगने ही वाला था कि माँ ने तेज़ी से बापू का उठा हुआ हाथ पकड़ लिया।

तभी, बरगद-पीपल के नीचे से उठकर पानी पीने आई मेरी दादी ने पूछा, "इतनी देर से क्या बड़बड़ लगा रखी है? ऐसी क्या मुसीबत आ गई?"

दादी को पल में ही सारी घटना का पता चल गया। वह कहने लगी, "सारी चमारली पल-पल का हगा-मूता जाकर जट्टों को बताती है, अपने ही अपनों के खिलाफ जा के चुगलियाँ लगाते हैं। अगर उन्हें ये बात खुड़क गई तो समझो खड़क गई...।" फिर वह मेरी ओर घूरकर देखते हुए बोली, "अब कैसे होंठ अटेर कर खड़ा है घुन्ना-सा! जैसे मुँह में जबान ही न हो।"

"सुना है, इस अफलातून ने गाँव के कई आदमियों-औरतों के बारे में कई टोटके जोड़ रखे हैं।" बापू ने क्रोध में बोलते हुए पूछा, "बता किस-किस के बारे में हैं? बोल फटाफट! नहीं तो दो और लगाऊँगा कान पर...।"

मैं स्कूल के सबक की तरह याद की गई काव्य-तुकें सुनाने लग पड़ा—

तेसे उत्ते आरी धन्नी सुनिआरी
तेसे उत्ते आरी राम प्यारी
नत्था सिंह नाई लाभ सिंह भाई
इन्दर सिंह गंगी दा लाभ सिंह रंडी दा
मालां, मालां, मालां, तेरे पैर सोने दीयां खड़कालां...

बापू ने एक बार फिर से हाथ ऊपर उठाया तो मैं बोलते-बोलते रुक गया, मानो रट्टा लगाया पाठ बीच में ही भूल गया होऊँ। कुछ देर बाद मैं बिना पूछे ही बताने लगा, "ये टोटके मैंने नहीं जोड़े, दूसरों से सुने हुए हैं।"

"और तूने कौन से जोड़े हैं?"

"वो दूसरों के बारे में हैं।"

"शाबाश! हराम के जने... चन्न चढ़ाएगा किसी दिन।" बापू ने किसी ज्योतिषी की तरह कहा। उसका क्रोध मुझे पहले से कुछ ढीला पड़ गया लगा।

"चल, छोड़ अब... बहुत समझा दिया।" माँ ने अपनी चारपाई की ओर छोटे-छोटे कदम रखते हुए कहा जैसे बहुत दिनों से बीमार हो।

बापू मेरे पास से हटकर हुक्के की चिलम में आग रखने के लिए रसोई की ओर चल दिया। पर हम सबकी नज़रें एकाएक मेरी नवजन्मी बहन की ओर उठ गईं, जो छोटे-छोटे हाथ-पैर मारती हुई रोने लगी थी। उसकी छोटी-छोटी आँखों में से पानी निकलता देखकर मैं हैरान रह गया कि इनमें से आँसू कैसे निकले होंगे।

जनेपे के बाद माँ का दुर्बल हो गया शरीर और पीला चेहरा देख कर मुझे तरस-सा आ गया। कुछ दिन पहले की उसकी हालत मेरी आँखों के सामने आ गई—उसका बड़ा फूला हुआ-सा पेट, चाल में न चुस्ती, न फ़ुर्ती, और आँखों में निरी सुस्ती ही सुस्ती! चूल्हे के सामने बैठी चूल्हे से मिट्टी की डली तोड़-तोड़कर खाती! बापू

उसे खीझकर डाँटता-डपटता।

मैं हैरान-परेशान होकर रह जाता कि दरम्यानी कद-काठी और लाखे रंग का बापू कैसे माँ पर रौब बनाए रखता है। वह कभी-कभी कुटापा भी कर देता है, 'पर वह पलटकर उसके सामने जवाब नहीं देती है। और न ही उसे ऊँची-लम्बी और सुन्दर होने का गर्व है। ऐसा सोचते हुए एक ख़याल मेरे मन में यूँ ही आया, जैसे दिन ढलने पर हमारे घर के दरवाज़े से धूप अन्दर आ गई थी। मैंने संकोच में माँ के सिरहाने खड़े होकर बताया, "मैंने रत्ते की दीवार पर आदमी-औरत और दो बच्चों की रंगीन तस्वीर बनी देखी है।"

"फिर? बता क्या बात बताना चाहता है?" माँ ने मेरी बहन को दूध पिलाने के बाद उसे अपनी छाती से लगाकर उसकी पीठ पर हाथ फेरते हुए पूछा।

"वहाँ लिखा हुआ है—बस दो या तीन बच्चे, होते हैं घर में अच्छे।"

मैंने बताया तो माँ ने मेरा सिर सहला दिया। पर पता नहीं क्यों उसकी आँखों में पानी छलक आया। उसने दायें हाथ में दुपट्टे का एक कोना पकड़कर अपनी आँखों की कोरें साफ़ कीं। पता नहीं, फिर वह किन ख़यालों में गुम हो गई। उसकी आँखें देखने को खुली हुई थीं। न वह उन्हें झपक रही थी, न ही इधर-उधर घुमा रही थी। बस, एकटक मेरी छोटी बहन की ओर देखे जा रही थी।

इतने में बड़ा भाई स्कूल से पढ़कर आ गया। मैं होशियारी से घर से निकलकर बरगद के नीचे पहले से वहाँ बैठे बापू और दादी के निकट जाकर बैठ गया ताकि वह जान न सके कि बापू ने आज मुझे पीटा है। मैंने देखा कि अंधा साधु गरीब दास कथा सुनाते हुए कह रहा था, "अच्छा! जो तुम कहते हो, वही प्रसंग सुना देंगे रात को।"

मुझे पिछले दिनों के प्रसंग की याद हो आई, जब लोग एकाग्र मन से अंधे साधु का प्रवचन सुन रहे थे। वह बायें हाथ से इकतारा और दायें हाथ से मंजीरे बजाता और दम मारने के लिए हुक्के के लम्बे-लम्बे घूँट भरता दिखाई दिया। मैं उतावला हो उठा कि कब रात का खाना-पीना हो और नई-अनोखी बातें सुनने को मिलें।

लोग अन्न-पानी छककर बरगद-पीपल के नीचे खड्डियों वाली जगह पर आ जुटे तो गरीबदास ने पूछा, "हाँ जी, भले लोगो, ब्रह्मा जी का प्रसंग सुनना चाहते थे न, सुनो।" साथ ही, इकतारे के तार को कसा और दायें हाथ की पहली उँगली पर चढ़ाये मिज़राब से तार को हिलाया।

"भाई, पुराणों में आता है कि ब्रह्मा जी ने सारी मृष्टि को बनाया। सारे मनुष्यों को पैदा किया, मनु जी महाराज के अनुसार ब्रह्मा जी ने अपने अंगों से ब्राह्मणों, क्षत्रियों, वैश्यों और शूद्रों को जन्म दिया।" सन्त गरीबदास ने इस प्रवचन के बाद हुक्के की नै के लिए अपने सामने की ख़ला में हाथ मारा। उसके काले-सफ़ेद बालों

की सघन और अन्दर की ओर धँसी हुई दाढ़ी जो हुक्के के धुएँ के कारण धुआँखी हो गई थी, का पोला-सा उभार मधुमक्खी के किसी छोटे छत्ते के समान लग रहा था।

इसी दौरान मुझे हल चलाते किसानों के मुख से सुनी यह बोली याद हो आई—

सौंह रब्ब दी झूठ न बोलां,
बकरी नूं ऊठ(ऊँट) जम्मिया।

इसके साथ ही मेरे ज़ेहन में ख़यालों की जैसे बाढ़-सी आ गई और विचारों की लहरें बरसाती नदी की तरह किनारे से टक्करें मारने लग पड़ीं। मेरी आँखों के सामने मेरी माँ का गर्भ के दौरान बढ़ा हुआ पेट आ गया और साथ ही, ब्रह्मा जी का भी! माँ मेरी बहन को दूध पिलाती दिखाई दी। सोच का यह सिलसिला अंधे साधु की कथा की भाँति लम्बा और भेदभरा हो गया कि ब्रह्मा जी ने एक साथ चार बच्चों को कैसे जन्म दिया होगा? जनेपे के समय उनकी साफ़-सफ़ाई और मदद के लिए दाई गंगो जैसी कौन उनके पास होगी? उन्होंने अपनी दो छातियों से उन चारों को दूध कैसे पिलाया होगा और अंगों में गर्भ-उभार मेरी माँ के फूले पेट जैसा कैसे हुआ होगा और वे कैसे चलते-फिरते होंगे?

फिर, एकाएक मेरा ख़याल मेरी चाचियों-ताइयों, मामियों-मौसियों की ओर घूम गया जो साल-दो साल के बाद बच्चे पैदा करती रहती थीं। लेकिन, एक बार में चार बच्चे कभी नहीं। बार-बार सोचने पर भी मैं यह पता न लगा सका कि किसी आदमी ने भी बच्चा जन्मा होगा। मेरी सोच में उस समय विघ्न पैदा हुआ जब सिलवटहीन कसी हुई पगड़ी और नए-नकोर कुरते-पायजामे में आकर्षक व्यक्तित्व वाला अधेड़ व्यक्ति खड़ा होकर पूछने लगा, "महाराज, ब्रह्माजी की जनानी नहीं थी?"

"थी... उसका नाम... भाई...हाँ-हाँ...आ गया याद... उसका नाम था सरस्वती!" अंधे साधु ने बहुत देर तक सोचने के बाद बताया।

"उसका कोई बेटा-बेटी?"

"भाई, जितना मुझे पता है, उसकी कोई औलाद नहीं थी। बताते हैं कि बच्चे सिर्फ ब्रह्मा जी से ही जन्मे।"

वातावरण में एक छोटा-सा ठहाका गूँजा। माहौल गोष्ठी चर्चा में बदल गया।

"इसका मतलब कि वह हिजड़ा था या नामर्द।"

"नामर्द या हिजड़े न तो बच्चे पैदा कर सकते हैं और न ही उनसे पैदा होते हैं।" एक अन्य पैंट-कमीज़ वाले लड़के ने तेज़ स्वर में बोलते हुए बातचीत में हिस्सा लेने की मंशा से कहा।

"मर्दों को बच्चे होते कभी नहीं देखा।" एक आवाज़ आई।

"भाई, इतना सुना हुआ मालूम है कि ब्रह्मा जी ने अपनी बेटी के साथ सहवास

किया था, सृष्टि को आगे बढ़ाने के लिए। ग्रन्थों में लिखा हुआ है।''

''यह तो निरा कुफ़्र है, अपनी बेटी के साथ इतना अनर्थ कौन कर सकता है! कोई नहीं मान सकता!'' मेरे करीब बैठे बापू ने धीमे स्वर में कहा।

''महाराज, ब्रह्मा जी का मन्दिर कहाँ है?'' तनी हुई पगड़ी वाले अधेड़ पुरुष ने फिर पूछा।

''मन्दिर तो कहीं नहीं है।'' अंधे साधु के मुख से दबी ज़बान में निकले ये शब्द यूँ लगते थे जैसे उसके इकतारे के ढीले तार में से निकले हों।

''क्यों बीच में शोर मचा रखा है? प्रसंग आगे सुनने दो। नहीं अच्छा लगता तो अपने घरों को जाओ।'' मस्से ने कहा। उसने अपनी ढीली बँधी पगड़ी के नीचे सिर पर दायें हाथ से खाज करने के बाद फिर कहा, ''चार अक्खर क्या पढ़ लिए, पर लग गए! तुम्हें इन रहस्यों का क्या पता कि दुनिया कैसे चली।''

''तुम ही बता दो फिर कि ब्रह्मा के मुँह, धड़, बाँहों और पैरों में गर्भ कैसे ठहरा होगा? ब्रह्मा के शरीर को किसने कैसे भोगा होगा? औरतों की तरह माहवारी कैसे हुई होगी! सौ हाथ रस्सा और सिरे पर गाँठ! कभी आदमियों को भी बच्चे पैदा हुए हैं! यूँ ही भरम फैला रखा है सारा, लोगों को भरमाने की खातिर इन चालबाजों ने...।'' थोड़ा रुककर फिर बोला, ''रूस दस साल पहले धरती की गुरुता पार कर गया और अब अमरीका चाँद पर झंडा फहराने की तैयारी कर रहा है और इधर हमारे ये लोग अभी ब्रह्मा की धोखाधड़ी और लूट-खसोट वाले सृजन से बाहर नहीं निकल रहे।'' पक्की उम्र का वह व्यक्ति बगैर किसी झिझक के बोले जा रहा था और मैं मन ही मन खुशी से उछल रहा था।

मस्सा खीझकर फिर बोला, ''कल तुम कहोगे कि रविदास ने पत्थर को कैसे तैराया? परसों कहोगे कि धन्ने ने पत्थर में से रब कैसे पा लिया? इस न्यारे मार्ग पर चलकर तपस्या करके ही कुछ मिलता है, यूँ ही थोड़े दुनिया घरबार छोड़कर जंगलों में तपस्या करने जाती है। कल के जन्मे, आज अक्ल देने लग पड़े हैं।''

लालटेन के प्रकाश में मैंने देखा। सुनने वालों के चेहरों से यूँ लगता था जैसे उन्हें दोनों धड़ों की बातें सोलह आने सच लग रही थीं और मनुष्य के अंतरिक्ष में जाने की बात पर किसी ने ध्यान नहीं दिया था।

''हमसे नहीं सुनी जाती ये कंजर खप्प!'' जुगत से बाँधी हुई पगड़ी वाले ने धीरे से कहा और उसका दूसरा साथी उसके पीछे-पीछे चल पड़ा।

दरअसल, वे दोनों हमारे गाँव के कामरेडों के मेहमान बनकर आए हुए थे। उन्हें नाराज़ होकर बीच में यूँ उठकर जाते देखकर किसी ने बुरा-भला नहीं कहा।

अपनी पाठ्य पुस्तक में पत्थर की मूर्तियों की पूजा के बारे में कबीर साहब का निम्न दोहा बार-बार मेरी आँखों के सामने आता रहा—

पाहन पूजे हरि मिले तो मैं पूजूँ पहाड़
या ते वो चक्की भली, पीस खाये संसार।

"सारा मजा किरकिरा करके चल पड़े, बड़ा सुन्दर प्रसंग चल रहा था।" मस्से ने अपनी आदत के अनुसार अपनी बात नाक में बोलकर लोगों का ध्यान खींचने के लिए दुख प्रकट किया। वह किसी विजयी पहलवान की तरह प्रभाव डालकर रूमाली जीतने के यत्न में बोले जा रहा था, पर अब लोग उसकी बातों से बेरुख हो गए थे।

कानाफूसी और नई बहस का अन्त न होता देखकर बापू भरा हुआ दीवान छोड़ने के लिए उतावला हो उठा। मैं भी उसके पीछे-पीछे घर की ओर चल दिया। मेरे ताये के बेटे मंगी ने कहा, "भई दलीलें तो लड़कों के दिल पर असर करने वाली थीं। एक नहीं चलने दी अंधे की।"

"उन लड़कों की दलीलें सुनकर तो यूँ लगता है कि हम सब अंधे हैं। जैसे किसी ने कह दिया, वैसे ही मान लिया।" बापू को जैसे कोई बात सूझी हो, "मंगी, एक बात तो दिल को लगती है कि अगर रब है तो उसका भी कोई माई-बाप होगा। कौन-सा बंदा है जिसका माँ-बाप नहीं, कौन-सा दरख़्त या बूटा है जिसकी जड़ न हो, बीज न हो।" बापू घर की दहलीज़ तक जाते हुए बोलता रहा। बीड़ी मुँह में दबाकर जलती तीली को बहती हवा से बचाने के लिए वह दोनों हाथों की ओट बनाकर मुँह तक ले गया। मुँह में खींचा धुआँ बाहर छोड़ते हुए वह जलती हुई तीली को देखता रहा और धीमे से बोला, "सारी कल्पना ही है, यूँ ही राम-रौला है, सृष्टि को किसने बनते देखा है। कुदरत की ओर किसी का ध्यान नहीं गया कि वह कैसे दिनरात हमारे जैसे कामगारों की तरह मेहनत करती रहती है। पेड़, मनुष्य छोटे से बड़े हो रहे हैं... झड़ते पत्तों की जगह नए पत्ते आ जाते हैं... कमाल हैं कुदरत के करिश्मे भी!"

पहले ही उठकर जा चुके उन दोनों अधेड़ पुरुषों के सवालों-जवाबों की लड़ी मेरे मन में लम्बी होती चली गई। आँगन में बान की नंगी चारपाई पर सोते समय मेरी बन्द आँखों में उन दोनों अजनबियों के ठोस ख़याल, मेरे मन के अँधेरे के आकाश में रोशनी भरने के लिए चमकते जुगनुओं की तरह कभी इधर, कभी उधर छोटी-छोटी उड़ानें भर रहे थे।

आज की सभा और बापू के विचारों ने मेरे ख़यालों को नई उड़ान दे दी। मुझे अन्दर ही अन्दर महसूस हुआ कि मेरे ख़यालों में बहुत कुछ नया-नया सा भरता जा रहा है। दीवान वाली जगह पर अँधेरे में जलती लालटेन मुझे बार-बार दिखाई दे रही थी। मुझे लगा कि मैं ब्रह्मा के थोथे चक्रव्यूह से बाहर निकल गया होऊँ जैसे धरती के गुरुत्वाकर्षण से मनुष्य!

भूख-प्यास न पूछे जात

धुंध के बादल दौड़-दौड़कर सूरज को चारों ओर से घेर रहे थे। दोपहर होने वाली थी पर उनके छँटने के आसार नज़र नहीं आ रहे थे। ठंडी बर्फ़-सी हवा के कारण स्कूल के बहुत से बच्चे अभी भी ठिठुर रहे थे। आधी छुट्टी से पहले बजी घंटी सुनकर सभी हक्के-बक्के रह गए। किसी ने कुछ अंदाज़ा लगाया, किसी ने कुछ। मेरे मन में आया कि मोहन लाल अवश्य अपनी डाक-थैली में ऐसी कोई ख़बर लेकर आया होगा जिसके कारण बेवक्त छुट्टी की घंटी बजी है।

पाँचों कक्षाओं के विद्यार्थी पंक्तियां बनाकर बैठ गए, मानो सुबह की प्रार्थना सभा जुड़ी हो। हैडमास्टर चेतराम शर्मा हमसे मुख़ातिब हुए, "बड़े दुःख से बताना पड़ रहा है कि हमारे देश के प्रधानमंत्री श्री लाल बहादुर शास्त्री जी का कल (10 जनवरी 1966) ताशकन्द में हिन्द-पाक समझौते के कुछ देर बाद निधन हो गया है।"

विद्यार्थियों, अध्यापकों के चेहरों पर इस सूचना ने मानो ठंडी धुंध की एक और परत चढ़ा दी हो। वे बेहरकत खड़े बुत के समान लग रहे थे।

हैडमास्टर जी बताने लगे, "जैसा कि तुम्हें पता ही है कि शास्त्री जी बहुत गरीब परिवार में पैदा हुए थे। वह एक बरस के थे कि उनके पिताजी का देहान्त हो गया। वाराणसी में पढ़ने जाने के लिए कई बार गंगा नदी तैरकर पार करनी पड़ती थी क्योंकि उनके पास नाव से दूसरे किनारे तक जाने के लिए भाड़ा नहीं होता था। वह बहुत गम्भीर और बड़े परिश्रमी स्वभाव के विद्यार्थी थे। उन्होंने चढ़ती जवानी में देश की आज़ादी में हिस्सा लेना शुरू कर दिया था। अहिंसा में यकीन रखने और सादा जीवन व्यतीत करने वाले इन्सान थे। वह कई महकमों के वज़ीर रहे। छोटे कद के शास्त्री जी को उनकी बड़ी उपलब्धियों के कारण हमेशा याद रखा जाएगा। अब मैं उनका दिया हुआ नारा तीन बार दोहराऊँगा, तुम सब पीछे-पीछे जोश के साथ बोलना—जय जवान, जय किसान...श्री लाल बहादुर शास्त्री अमर रहें!"

उपस्थित विद्यार्थियों सहित मास्टर जी और बहन जी ने एक स्वर में ऊँची आवाज़ में नारे लगाते हुए अपने दायें हाथ की मुट्ठी को हवा में ऊपर उठाया।

फिर हैडमास्टर जी ने सलाह जैसा हुक्म सुनाया, ''अब हम दो मिनट का मौन रखेंगे।''

सभी गर्दन झुकाकर शान्त खड़े थे, ख़ामोशी पसरी हुई थी। मास्टर रामकिशन जी के 'विश्राम' कहने के बाद हैडमास्टर शर्मा ने दिवंगत प्रधानमंत्री के शोक के लिए दो दिन की छुट्टी की घोषणा की। भरा हुआ स्कूल पल भर में खाली हो गया। विद्यार्थी बस्ते-तख्तियाँ उठाये यूँ दौड़ते जा रहे थे जैसे जेल से छूटे क़ैदी दौड़ते हैं, जैसे पहले प्रधानमंत्री पंडित जवाहरलाल नेहरू के निधन पर हुई छुट्टी के समय खुशियाँ मनाते दौड़े थे।

ख़ैर, मैं अकेला चलता रहा। शास्त्री जी के पास पैसे न होने के कारण नाव से नदी न पार कर सकने की हक़ीकत ने मुझे बेचैन और परेशान कर दिया। सोचा—क्या हुआ जो संग पढ़ते लड़के जात का ताना मारते हैं, शास्त्री कौन-सा ब्राह्मण था। क्या हुआ अगर मेरे पास और कपड़े नहीं हैं, मेरे साथ मेरा बापू है, शास्त्री के पास तो वह भी नहीं था। अगर शास्त्री अपनी गरीबी में मेहनत और दृढ़-निश्चय के बल पर यहाँ तक पहुँच सकता है तो मुझे पूरी हिम्मत से पढ़ना-लिखना चाहिए।

घर की दहलीज़ पार करते ही मेरे विचारों की मालगाड़ी वहीं की वहीं रुक गई। दो-तीन दिन पहले मिलने के लिए आई मेरी बुआ करमी रो रही थी। उसकी सुर्ख आँखों से लगता था कि वह बहुत देर से आँसू बहाती रही होगी। मेरी माँ और दादी उसके करीब बैठी थीं। बुआ दुपट्टे से आँखें पोंछती हुई बोली, ''रब वो दिन किसी वैरी को न दिखाए, माँओं के सामने उनके सरू के बूटे जैसे बेटे मार दिए, बेटी-बहनों के स्तन काट दिए गए। लोगों ने अपने हाथों से बेटियों को काटकर कुओं में फेंक दिया, बहुतों को ज़हर दे दिया।''

बुआ ने फिर आँखें पोंछीं और बताने लगी, ''हमारे काफ़िले के कई बंदे राह में मर-खप गए। लाशों के देखे हुए ढेर जब रात में आँखों के सामने आते हैं, तो अभी भी आँखों की नींद उड़ जाती है। पता नहीं बसते-रसते लोगों का लहू दिनों में ही कैसे पानी बन गया जिसके बारे में कभी सोचा नहीं था। मरजाणा, न पाकिस्तान बनता, न लोगों की ऐसी दुर्दशा होती।''

बुआ की बातें सुनकर मेरी माँ ज़ारज़ार रोने लगी और मेरी हिचकियाँ बँध गईं। मुझे लगा कि बुआ के मन पर लगे ज़ख्म अभी हरे थे। यह दुःख जब उसे याद आता है तो वह सुबकने लग पड़ती है।

माँ ने मुझे अपनी बाँहों में ले लिया और बुआ को दिलासा देते हुए बोली, ''बीबी, किसी के बस की बात नहीं। जो किस्मत में लिखा है, वो होकर रहता है।''

''जब भी आती है, यही दुखड़ा लेकर बैठ जाती है। तू शुक्र मना कि तेरा सारा टब्बर सही सलामत पहुँच गया।'' दादी ने अपनी चुप तोड़ी।

''मैं रोती हूँ कि हिन्दुस्तान-पाकिस्तान बन गया, अपने घर राजी-खुशी रहें। लोगों को चैन से बसने दें। एक-दूजे से बदला लेते हैं लड़ाई छेड़कर। पता नहीं कितनी

माँओं के बेटे इस जंग की बलि चढ़ गए होंगे। मैं दिनरात दुआएँ करती रही कि मेरा भाई-भतीजा राजी-खुशी घर लौट आएँ। रब का शुक्र कि लड़ाई (सितम्बर 1965 की जंग) बन्द हो गई।'' बुआ की आँखों से टप-टप बहता पानी पता नहीं कहाँ से आ रहा था। उसकी भारी हो गई आवाज़ के कारण मेरा मन एक बार फिर भर उठा।

इसी दौरान बापू ने थोड़ा झुककर दालान के दरवाज़े में से निकलते हुए आटे का बोरा दोनों हाथों में पकड़कर नीचे रखा, जो राशन कार्ड पर भोगपुर से मिला था।

उसने गट-गट करके लस्सी पीने के बाद खाली गिलास माँ को थमाते हुए कहा, ''मर जाना है दुनिया ने लड़-भिड़कर, कुछ हमलों (1947 में भारत-पाक विभाजन) में मर गए, कुछ प्लेग से मर गए, कुछ इस लड़ाई में मर गए और बचे-खुचे पर साल पड़े सूखे के कारण भूख से मर जाएँगे। कुओं के तले सूख गए हैं। फसलों ने क्या झाड़ देना है!''

बापू ने हम सबकी ओर देखते हुए फिर कहा, ''शहर में अखबारें पढ़ते लोग बताते थे कि हालात बंगाल के अकाल (1943) जैसे बनते जा रहे हैं। उस वक्त परिवार के परिवार मर गए थे, घर के घर खाली हो गए थे। लोगों ने दस-दस किलो आटे के बदले अपने बच्चे बेच दिए थे और अपनी बेटियों की कीमत लगाई थी। बहन-बेटियाँ घर छोड़ने के लिए मजबूर हो गईं। कई तो शहरों में धंधा करने लग पड़ीं। थोड़ी-बहुत पंजाब आ गईं। ये भाई बलबीर लंगड़ा (हमारे घर के पीछे रहता एक परिवार) नई बंगालिन लाया...।''

बापू की आगे की बात शायद मुझे सुनाई नहीं दी थी। मेरे मन के शीशे पर एक तस्वीर उभरी—'भाई राणी' की, जिसमें वह ताई आतो के कोठे की छत के ऊपर से, नीचे आँगन में झाँककर उससे बातें कर रही थी। वह पक्के रंग की मज़बूत और गठीले बदन की ऊँची-लम्बी जवान औरत थी जो एक से एक नया कपड़ा पहनती और सुर्खी-बिन्दी लगाकर रखती। जब वह थोड़ा हिन्दी लहज़े में पंजाबी बोलती या हँस-हँसकर बातें करती तो उसके सफ़ेद दाँतों की मोतियों जैसी पंक्ति आकर्षक लगती। मेरे मन पर से भाई राणी का अक्स उस समय ओझल हुआ; जब बाहर वाले दरवाज़े में से मर्दाना और जनाना आवाज़ सुनाई दी।

मैंने बाहर की ओर झाँका। मेरी माँ, बुआ और दादी के चेहरों के रंग उड़े हुए थे, मानो घर में कोई ताज़ा दुःखद घटना घटी हो। माहौल की गहरी ख़ामोशी सें कोई पराया आदमी अंदाज़ा लगा सकता था कि घर में कोई नहीं रहता। बुआ बायें घुटने पर बायीं कुहनी टिकाकर सिर को हाथ का सहारा देकर बैठी सचमुच कोई स्थिर मूर्ति या चित्र प्रतीत होती थी।

पल भर रुककर मैं उस वक्त फ़ुर्ती से बाहर वाले दरवाज़े की ओर बढ़ा, जब

याचना भरी आवाज़ पुनः मेरे कानों में पड़ी। एक जवान आदमी ने बूटियों वाली पगड़ी के ढीले से आड़े-तिरछे लपेटे मार रखे थे। बदन पर सफ़ेद कुर्ता और कमर में धोती बाँधी हुई थी। उसकी घरवाली सुन्दर थी और उसका चेहरा लाली लिए हुए था। उसने बहुरंगी साड़ी पहन रखी थी और ऊपर से गरम शॉल ओढ़ रखा था। कमर में चाँदी की तगड़ी थी। बाँहों और पैरों में चाँदी के मोटे कड़े, छल्ले और कंगन थे। उनकी हल्के पीले रंग की देसी जूतियाँ खूबसूरत लग रही थीं। उन दोनों ने एक-एक बच्चा अपनी-अपनी छाती से लगा रखा था।

यह सब देखकर मेरी माँ आ गई। वे दोनों याचना करने लगे, ''बीबी, दो-दो रोटियाँ दे दे या दो मुट्ठी आटा दे दे, हम और हमारे ये बच्चे भूखे हैं। सूखा पड़ रहा है, फसल नहीं हो रही। हम माँगने वाले नहीं हैं। बस, दो रोटियाँ या...।''

इस अजनबी जोड़े की मिन्नत-समाजत देखकर मुझे दया आ गई। छोटे बच्चे ने अपनी माँ की बुक्कल में से हमारी ओर अजनबी नज़रों से देखा और फिर माँ के कंधे से सिर टिका लिया।

हम माँ-बेटे को दालान के अन्दर प्रवेश करते देखकर बापू ने पहले की तरह कहा, ''देखो, जोरावर और इज्जतदार राजपूतों को भूख ने कैसे मोहताज बना दिया है! इन्हें हमारी बस्ती-मुहल्ले का पता भी है। इन्होंने हमें कभी अपने पास बैठने नहीं दिया। हम गंगानगर गेहूँ-चने काटने जाते थे, प्यास लगने पर जब हम इन्हें पानी पिलाने के लिए कहते तो ये पहले हमसे हमारी जात पूछते। अब हमारे दर पर माँगते घूम रहे हैं। भला कोई पूछे कि अब तुम्हारी अकड़-अंहकार और वो दबदबा कहाँ गया? कहते हैं कि भूख-मुसीबत के समय किसी ने अपनी माँ के यार को भी बाप बना लिया था।''

हुक्के के दो-तीन तेज़-तेज़ कश भरने के बाद वह फिर कहने लगा, ''हमारी बात समझने का किसी के पास टैम ही नहीं कि जात-पाँत का सारा ताना-बाना रब ने नहीं, आदमी ने अपने स्वार्थ के लिए घड़ा हुआ है।''

बापू की ओर से लगातार की गई इन बातों को घर के सदस्यों ने ध्यानपूर्वक तो सुना, पर भरपूर हामी किसी ने नहीं भरी। माँ ने मेरी नवजन्मी बहन को दूध पिलाने और सो जाने पर उसे बिस्तर पर लिटाने के बाद कहा, ''बात यहाँ खत्म होती है कि लिखे के आगे किसी का जोर नहीं चलता। देखो, अकाल ने कइयों को राजा से रंक बना दिया।''

बुआ ने सिर हिलाकर माँ की बात का समर्थन किया और दादी ने पाँव में जूती डालकर हाथ में सोटी पकड़ ली।

''इसे दूसरों की चिंता है, अपनी नहीं। हम रोज फाके काटते हैं, हम पर किसी को दया नहीं आती कि बच्चे बिलखते हैं, मन भर अन्न दे दें, हिसाब आगे-पीछे हो जाएगा। बुरे समय में की गई नेकी को कोई कहाँ भूलता है? कहते हैं–रब का

भाणा... साला रब... निरा बखेड़ा! अगर हो तो हमारी फरियाद न सुने? ऐसे जालिम से तो दूर ही भले।'' बापू ने मन की भड़ास निकालते हुए अपना दो टूक फैसला सुनाया।

माँ को अकस्मात जैसे कुछ याद आ गया था। उसने मुझे अपनी ओर आने का इशारा किया। फिर उसने सिल्वर की बाल्टी की ओर देखते हुए कहा, ''मंतरियों के यहाँ से मैली की बाल्टी भरवा ला, इसकी तो बातें खत्म नहीं होने वालीं।''

ऊपर तक भरी बाल्टी लाते समय, जब मैं बाल्टी को दूसरे हाथ में लेने लगा तो मेरे दायें पैर पर गरम मैली छलककर गिर गई। छोटे-छोटे छाले अक्सर ही पड़ते रहते थे। मन अफ़सोस के गहरे पानियों में डूबता-तैरता रहता, दुःखी होता, शर्मिन्दगी का अहसास उस समय अधिक तीखा और तेज़ हो जाता जब जट्टों के जमाती लड़के कभी सहज रूप से तो कभी तल्ख़ होकर फ़िकरे कसते, ''मैली पीने के कारण तुम्हारे रंग मैल जैसे हो गए हैं। मैली पीणी जात फिर भी सांड की तरह अकड़ती फिरती है...इस साल अच्छा दाँव लगा होगा मांस खाने को...बहुत कट्टे-बछड़े मरते हैं इस सूखी ठंड में...क्यों गुड्ड?''

मैं खीझ उठता। मन जलभुनकर रह जाता जैसे आलू की बेलों या छोटे नरम पौधों को पाला मार जाता है। मन में आता कि कहने वाले का सिर-माथा ईंट-पत्थर मारकर फोड़ दूँ और कहूँ–''हमारी मजबूरी है, कोई शौक तो नहीं? तुमको हमारी भूख का क्या दुख! तुम तो खा-खाकर फटने को फिरते हो और हमारे पेट धँसते जाते हैं, कमजोर बैलों की तरह।''

मन में उठे ख़्यालों की लड़ी स्कूल के रहट के चक्कर की तरह खत्म होने में नहीं आ रही थी। सोचता- बस, थोड़ा समय रह गया गाँव में जात के ताने सुनने और झेलने को! जब गीगनवाल स्कूल में पढ़ने लगूँगा तब न कोई मैल पीने और मरे पशुओं के मांस के बारे में ताने मारेगा और न ही रास्तों में से 'बालण' के लिए घास-फूस इकट्ठा करते देखेगा।

जब मुझे हैडमास्टर चेतराम शर्मा की ओर से शास्त्री जी की ज़िंदगी के बारे में बताई गई तल्ख़ हक़ीक़तों की याद आई तो मेरा हौसला और अधिक बुलन्द हो गया। साथ ही याद हो आई बापू की वह बात कि जहमत, भूख-प्यास न पूछे जात, इन अभावों-तंगियों के कारण हमारे लोग सिर झुकाकर जीते हैं, मैं तो चाहता हूँ, कल हमारी औलाद अपने पैरों पर खड़ी हो, गर्दन उठाकर स्वाभिमान से चले, चार हाथ ज़मीन खरीदे या सरकार से लड़भिड़कर ले।

बापू की इन ख्वाहिशों पर ख़रा उतरने के लिए मैं निरंतर छटपटाता रहता। मुझे लगता कि दिन-ब-दिन मेरी राह रोशन होती जा रही है जिसके कारण मन ही मन मैं अम्बर से तारे तोड़ने के मंसूबे बाँधते न थकता।

बिरादरी का मसला

"ले भाई चाचा, हमारा गुड्ड इस बार पूरा हाली हो गया। धान लगाने और चुगने के लिए चमिआरी, रास्तगो, सिकन्दरपुर, ढड्डियाँ और सोहलपुर तक जाने लगा है। अपने गाँव में तो पर साल भी 'बाबों' के जाता रहा। गन्ना, जवार गोड़ने का तरीका भी आ गया।... एक बात है भई, गुड्ड की कमर बेशक शिकारी कुत्ते जैसी है, पर हड्डी पक्की है।" मेरे ताये के बेटे मंगी ने मेरे कंधे पर रखे अंगोछे में लपेटे और पीठ की ओर लटकाये गिलास की ओर देखते हुए एक दोपहर को खुशी भरे लहज़े में बापू से बात की।

मैं हल्के-से मुस्कराकर दालान में चला गया। मेरी कमर और गर्दन फट्टे की भाँति अकड़े हुए थे, सारे शरीर में टूटन और दर्द महसूस हो रहा था। कद्दू किए खेत में झोने की पौध लगाते-लगाते मेरे दायें हाथ के अंगूठे के नाख़ून के आगे का हिस्सा सफ़ेद हो गया था मानो उसमें मवाद पड़ गया हो। पैरों की उंगलियों के बीच की जगहें पानी के कारण गल गई थीं, जिनके अन्दर बार-बार खाज करने को मन करता।

मैं सोचता—स्कूल की छुट्टियाँ क्या हुईं, मेरे लिए मुसीबतों की बरसात ले आयीं। छुट्टियों की ये कैसी रुत है, सिर पर काटने वाली धूप और पैर गरम पानी में! मेरे संग पढ़ने वाले कई लड़के-लड़कियाँ अपने मामों-मौसियों के गए हुए हैं और मैं अपने बापू और भाई के साथ अभावों-तंगियों की दलदल में फँसा हुआ हूँ। ऐसा सोचते हुए मेरी आँखें नम हो गईं।

जब मुझे कुछ दिन पहले 'बारियों'* के सोहन के नियाई वाले निचले खेत में धान लगाने की याद आई तो पानी पर तैरती सूखे गू की लेंडियाँ, बदबू मारता गोबर, घास-फूस और बेरी की छोटी-छोटी सूखी कँटीली टहनियों के काँटों का पैरों में चुभना और एक बड़े प्रश्नचिह्न की तरह अपने शरीर का झुका होना, ये सभी

---

* पाकिस्तान के 'बार' इलाके से आए हुए लोग।

दृश्य मेरी आँखों में साकार हो उठे। रोश-आक्रोश मन में गरम पानी की तरह उबाल खाने लगते। मैं धड़ाम से चारपाई पर गिर पड़ना चाहता ताकि सो सकूँ।

"चाचा, चल और दो बरस में गुड्ड आ मिला समझ हमारे साथ!" मंगी ने फिर कहा।

यह सुनते ही मानो आसमानी बिजली बिना बादलों के ही मेरे ऊपर आ गिरी। कोठे की छत से शाम-सवेरे देखी न समाप्त होने वाली शिवालिक पहाड़ियाँ और हिमालय पर्वत की आसमान को छूती चोटियाँ, अपने सामने लम्बी दिखाई देती जिन्दगी की तरह बार-बार आँखों के सामने आने लगीं। मेरे मन में आया कि मंगी का सिर ईंट-रोड़ा मारकर फोड़ डालूँ और बापू का भी जो ऐसी मायूस कर देने वाली बातें सुने जा रहा है। उसी पल ख़याल आया—मेरी बड़ी बुआ के बेटे दिल्ली में सरकारी अफसर हैं, मेरा मामा डी.सी. लगा हुआ है... मैं अनपढ़ रहूँ? सारी बिरादरी की तरह दूसरों की गुलामी और बेगारी करूँ? मेरे से ये नहीं हो सकता।

बापू ने मंगी की बात पर जैसे ध्यान ही नहीं दिया या अनसुना कर दिया। हुक्के की चिलम में आग डालने के लिए वह रसोई के अन्दर जाते-जाते कहने लगा, "मैं तो इसे कहता हूँ कि स्कूल की वरदी लायक पैसे कर ले या फिर कुरता-पाजामा सिला लेना।"

"पिछले साल भी ऐसा ही कहता था। बाद में कोठे की छत के लिए लाये कल्लर के दो गड्डों के पैसे दे आया था।" मैंने बीच में टोककर कहा।

"वो तेरा पतंदर बीस तो चक्कर लगा चुका था, उससे पीछा नहीं छुड़ाना था?"

"और इस बार?"

"खड़ा हो जरा... तुझे लिखकर दूँ, मामा हीर के!" बापू फ़ुर्ती से चूल्हे के आगे से उठते हुए मेरी ओर झपटा तो मैं दौड़कर बाहर बरगद-पीपल के नीचे चला गया।

गाँव के पश्चिमी हिस्से वाले रास्ते पर से जोशभरी एक ज़ोरदार आवाज़ आ रही थी। बोलने वाला 'हैकनों' की हवेलियों की ओट में था। आवाज़ और करीब आ रही थी।

"...बहनो और भाइयो...इस वक्त जो सख़्त ज़रूरत है, वो है विश्व-शान्ति की।"

"ये तो भूंदियों वाला कामरेड रामकिशन है—भोगपुर में नाई की दुकान करता है।" दादी के पास बैठे फुम्मण ने बताया।

वह दायें हाथ में सायकिल का हैंडिल और बायें हाथ में भोंपू पकड़े बोलता चला आ रहा था, "अगर अमन-अमान होगा तो हम गरीबी के ख़िलाफ़ और बीड़ा उठा सकते हैं। सरकार पर ज़मीन की हदबन्दी के लिए दबाव डाल सकते हैं, उजरतें तै करा सकते हैं। उन्हें लागू करा सकते हैं। जिन्सों के भाव बढ़ाने और खादों पर सबसिडी बढ़ाने के लिए धरने-मोर्चे लगा सकते हैं।"

थोड़ा रुककर उसने सायकिल को स्टैण्ड पर खड़ा किया और दायाँ हाथ उलटा कर उसने माथे का पसीना पोंछा और फिर भोंपू में मुँह लगाकर बोलने लगा, "साथियो! अगर सरहदों पर सफ़ेद झण्डे लहरायेंगे तो तरक्की के आसार ज्यादा हो सकते हैं। मैं बताना चाहता हूँ कि एक टैंक, एक जहाज़ और एक मिसाइल पर जितना खर्च आता है, उससे कई स्कूल, कई अस्पताल और भलाई की अनेक योजनाएँ चलाई जा सकती हैं। हम इन दिनों में विश्व-शान्ति रैली करेंगे, तुम जोश-खरोश से उसमें हिस्सा लेना... दिन और तारीख़...।"

"इंकलाब ज़िंदाबाद! इंकलाब ज़िंदाबाद!!" फुम्मण ने अचानक दायीं बांह हवा में उठाकर और हाथ का मुक्का बनाकर नारे लगाए।

तमाशा देखने वालों की तरह अर्द्ध-गोलाकार घेरा बनाकर खड़े गाँव के बच्चों, बुज़ुर्गों और लड़कों में एक नयी प्रकार की हरकत आ गयी थी। नौजवानों के सीने तन गए थे।

"पुरवा हवा बहने लगी है।" किसी ने कहा, "लगता है, कहीं बारिश हुई है। कोह-काफ से पार की हवाएँ कहीं इधर भी आ जाएँ तो लहरें-बहरें हो जाएँ। दरख़्तों पर निखार आ जाए।"

एक अन्य बोला, "हमारे कहने से भला जंग रुक जाएगी?"

"सारे फ़साद की जड़ है अमरीका। पाकिस्तान को उठाए फिरता है। साथ ही अपने हथियार बेचे जाता है।" कामरेड अजैब सिंह ने लोगों को बताया, "जब तक रूस हमारे साथ है, किसी की मजाल नहीं जो हमारी ओर आँख उठाकर भी देखे। अगर रूस के साथ और संधि हो जाए तो समझो मुल्क तरक्की की राह पर चलने लगेगा।"

"अगर मुल्क में से बेईमानी हट जाए या घट जाए, तब भी हमारी हालत सुधर जाए।" मेरे ताये रामे ने कहा।

"यूँ ही निठल्लों की बातें! लड़ाई तुमसे पूछ कर लगेगी?" मंगी ने कहा।

"भई बातें तो भूंदियों वाला कामरेड खरी-खरी करता है, यूँ ही क्यों कहें! किसी दिन इसके पास बैठकर और बातें सुनेंगे।" बापू ने दूसरों को सुनाकर कहा।

इतने में इकहरे, फ़ुर्तीले शरीर और तीखी घनी मूँछों वाला कामरेड सायकिल पर पैर रखा और चलता बना। मेरी निगाह कितनी ही देर तक उसकी पीठ का पीछा करती रही।

औरतें अपने-अपने घर लौटने लगीं। दिहाड़ीदार खेतों की ओर जाने के लिए उठ खड़े हुए। तभी ध्यान ने हाँक लगाई, "गुड्ड, आ अब ...।"

मैंने फिर अंगोछे के एक सिरे में गिलास बाँधा और पीठ पर लटकाकर नम्बरदारों

के खेत में धान लगाने के लिए चल पड़ा। टाँगों-बाँहों सहित मेरा शरीर कड़ाकेदार धूप में झुलसकर और भी काला हो गया। बिलकुल झोटे की चमड़ी-सा।

मैं सोचता–जमींदारों के कम उम्र के लड़के, मेड़ों पर टहलते हुए हाथ से काम करने वालों को, डाँटते-फटकारते समय उम्र का लिहाज़ भी नहीं करते और हमारे लोग उनके सामने मुँह भी नहीं खोलते। अगर मैं पढ़ न पाया तो पहाड़-सी लम्बी उम्र में ये सब कैसे झेलूँगा। यह प्रश्न मुझे अन्दर ही अन्दर घुन की तरह खा जाने को उतावला प्रतीत होता। क़भी-कभी मुझे लगता मानो मैं शीशम का काला-स्याह लट्ठा होऊँ, घुन जिसका कुछ भी नहीं बिगाड़ सकता।

''ओह...!'' ढड्डों की हद के पास मेरे बायें पैर में लगी ठोकर के कारण मैं कराह उठा। अँगूठे के साथ वाली लम्बी उँगली का नाखून थोड़ा-सा ऊपर उठ गया था और हल्का-सा लहू निकल आया था।

''मुँह झुकाये चल रहा है, देखकर चल।'' ध्यान ने पहले मेरे पैर की ओर और फिर मेरे मुँह की ओर देखते हुए कहा तो मुझे अहसास हुआ कि वह मेरे साथ है।

''फ़ौरन जख्म पर मूत दे, अपने आप ठीक हो जाएगा ये।'' ध्यान ने सलाह दी तो मैंने तुरन्त उसकी बात पर अमल किया। हम फिर से पहले की तरह अपनी मंज़िल की ओर बढ़ने लगे।

''देखते ही देखते मौसम बदल गया, पर हमारे दिन न बदले।'' एक दिन सहज ही यह ख़याल मेरे मन में आया। भरे जाड़े में उम्मीदों का जोश गरमाहट का सबब बनने लगा।

''इन वोट वालों को चैन नहीं पड़ता, चुनाव में अभी पूरा डेढ़ महीना पड़ा है।'' ताये मंहगे ने लोगों से भरे एक टैम्पो को आते देखकर कहा। आवाज़ आई–

झंडिये तिन्न रंगिये
तैनूं वोट किसे नहीं पाउणी
झंडिये तिन्न रंगिये...

माइक पर तूम्बी के साथ गा रहे हमारे फुम्मण के ये शब्द किसी रोष को प्रकट करते प्रतीत हो रहे थे। वह कभी भाषण देने बैठ जाता–शहीद भगत सिंह, राजगुरु, सुखदेव और अन्य कई शहीदों के बारे में तो कभी ऊँची और जोशभरी आवाज़ में नारे लगाने लग पड़ता–इंकलाब ज़िंदाबाद!

बीच-बीच में कामरेड राय नारा लगाता–''गली-गली से उठी आवाज़...'' टैम्पो के अन्दर खड़ी लड़कों की भीड़ तथा अन्य लोग जवाब में बोलते, ''दाती सिट्टा (हँसिया-हथौड़ा) कामयाब!''

''जीतेगा भई जीतेगा''–राय।

''कामरेड कुलवंत जीतेगा''–लोग।

"मोहर कहाँ लगानी है?"—राय।

"दाती-सिट्टे पर...।"—लोग।

फुम्मण के साथ मैं भी दो-चार बार टैम्पो में चढ़कर साथ वाले गाँवों में गया। कई बार जब "रोको, टैम्पू रोको" की आवाज़ें आतीं तो झूटा लेने (सवारी पर थोड़ा घूमने) के लिए चढ़ी बच्चों की मंडली जल्दी-जल्दी नीचे उतर जाती।

हम थक-टूटकर रात को खाने के समय घर में घुसते। बापू 'बूढ़ों' के बिगड़े बैल की तरह रस्सा तुड़ाकर मेरी ओर झपटता। कहता, "अगले महीने (मार्च, 1969) में तेरे आठवीं के इम्तहान हैं, तू अपनी किताबों को हाथ नहीं लगाता। स्कूल की लैबरेरी में से बाहर के मुल्कों की किताबें ले-लेकर पढ़ने लग गया है तू। अच्छा तारेगा हमें जो अभी से अफलातून बना फिरता है। ऊपर से कामरेडों के पीछे लगने लग पड़ा है, जैसे उन्होंने हमारे नाम ज़मीन लिख देनी है... कुलवंत की तीन सौ किल्ला पैली है, दो-दो किल्ले कम्मियों (निम्न जाति के कामगारों) को दे दे।"

"पार्टी वाले कहते थे कि अगर एक जमींदार लोगों को जमीन दे भी दे तो क्या फर्क पड़ जाएगा, सारे मुल्क में भूमि-सुधार का बीड़ा उठाना है। कहते थे, अगर इंकलाब आ गया तो सारे लोग बराबर हो जाएँगे।" कामरेडों से सुनी हुई बातें मैंने बतायीं।

"बातें तो अच्छी करते हैं पर अमल में...। जमीन देनी तो एक ओर रही, इनमें जट्टपना दूसरों से कम है क्या जो इतनी ऊँची हाँकते हैं।"

"मैंने उन्हें बात करते सुना था कि जब तक कुलवंत काम दे, लेते जाओ, हमारी सोच का प्रचार हो रहा है...पार्टी के पास पैसे ही कहाँ हैं?"

"जमींदारों को और सरमायेदारों को चौधर चाहिए, बस। जिधर भी मिल जाए। हालांकि कुलवंत जैसा बन्दा इलाके भर में नहीं, पर इन बात का बतंगड़ बनाने वालों का कोई क्या करे जो ये साबित करने पर सारा जोर लगा देते हैं कि हमारे जैसा सच्चा और ईमानदार कोई नहीं।"

फिर पता नहीं बापू ने उस दिन बोलना कब बन्द किया होगा। मुझे इतनी गहरी नींद आई कि सुधबुध ही न रही कि करवट भी बदली होगी।

उत्थे अमलां नाल होणगे निबेड़े
जात किसे पुछणी नहीं।
साढे तिन हत्थ धरती तेरी,
बाहलियां जागीरां वालिया।

रब्ब मिलणा गरीबी दावे,
दुनिया गुमान करदी।

एक दिन तड़के रमते साधु की मन को खींच लेने वाली वैराग्यमयी आवाज़ में ये बोलियाँ सुनकर मेरी आँख खुल गई। मैंने तुरन्त 'झूल' में से मुँह बाहर निकाला।

हाँ, झूल!

दरअसल, यह झूल पिछले तीन जाड़ों से हमारी 'रजाई' बना हुआ था, हम दोनों भाइयों की साझी! बापू जब भोगपुर की शूगर मिल में शिफ्ट ड्यूटी करके रात में घर लौट रहा था, तब यह झूल राह में मिला था। बैल पालने के किसी शौकीन ज़मींदार द्वारा फूल-बूटों वाला यह झूल बड़ी हसरत से नया-नया भरवाया गया लगता था और शायद, पहली बार उसने उस रात अपने बैल को कोहरे और ठंड से बचाने के लिए ओढ़ाया होगा। गन्नों से लदी बैलगाड़ियाँ जब ज़मींदार मिल की ओर ले जाते तो बैलगाड़ी पर लदे गन्नों के ऊपर से कई बार उनकी चादर या ऐसी कोई अन्य वस्तु नीचे गिर पड़ती जैसे यह झूल!

पल भर को मुझे लगा मानो मैं झूल में छिपा हुआ बछड़ा होऊँ जिसे बैलगाड़ी, हल-पंजाली और आग बरसाती धूप में जुए में निरन्तर जुतना है और फिर जिसकी गर्दन पर ज़ख्म का गहरा निशान पड़ना ही पड़ना है। मैं हड़बड़ाकर उठा और चारपाई पर बैठ गया। उस साधु के बोल मैं भूल गया। बैठे-बैठे मुझे नींद का एक झोंका आया। साथ में लेटा बड़ा भाई जाग उठा। मुझे झटका-सा लगा मानो कोई सपना टूट गया हो। रमते साधु के बोल गलियों में फिर गूँजे—

उत्थे जात नहीं किसे ने पुछणी
बंदिया तू माण न करीं।

नामदेव दी बणाई छप्परी,
धन्ने दीयां गउआं चारियां।

नाम जप ला(ले) निमाणिये जिंदे,
औखे वेले(कठिन समय) कम्म आऊगा।

लोकगीतों जैसी ये बोलियाँ पहले भी तड़के से सवेरा होने तक सुन रखी थीं, पर आज वाले साधु के बाजे (हारमोनियम) की सुर के कारण मेरे मन के अन्दर अनेक प्रकार के ख़याल पनपने लगे। मैं उठा और बाहर वाले दरवाज़े को आहिस्ता से खोलकर सिर बाहर निकालकर इधर-उधर झाँकने लगा। वह हल्की-सी धुंध को चीरता, ठंड में अपने गरमाहट भरे शब्द बोलता, माहौल में सोच को बिखेरता धीरे-धीरे चला आ रहा था। मेरे बराबर से गुज़रते हुए उसने आशीर्वाद की मुद्रा में अपना दायाँ हाथ हवा में ऊपर उठाया। मैं मन ही मन प्रसन्न हो गया।

मैंने देखा कि उसने अपने बाजे की दोनों ओर की कुंडियों में अँगोछा बाँध

कर गले में डाल रखा था और खुद भगवा वस्त्र पहन रखे थे। इसी दौरान 'हैकनों' का कुत्ता सामने से दौड़कर आते हुए भौंकने लगा, पर साधु जट्टों की गली के अन्दर अपनी मस्ती में बाजा बजाता और गाता हुआ चलता जा रहा था। उधर मेरे ज़ेहन में मेरी सोचें रगों में दौड़ते लहू की तरह तेज़ गति से सरपट दौड़ने लगीं—बापू, माँ और उनके बुजुर्ग कई पीढ़ियों से गरीबी-भूख के घोर दलिद्दर, हीन जात की भावना के शिकार हैं, रब उनके रहन-सहन के हालात से परिचित नहीं होगा, नहीं तो 'धन्ने की छप्परी' की तरह हमारा भी कारज सँवार देता। अगर उसके मिलने के लिए गरीबी एक शर्त है तो कम से कम मिलकर हालचाल ही पूछ जाता। हमारे पास या हमारे संग तो वह सब कुछ है जो उससे मिलने के लिए होना चाहिए।

इसी दौरान, अचानक मुझे पिछले दिनों हमारे गाँव में हुए जलसे में कामरेड मलकीत चन्द मेहली द्वारा की गई तक़रीर का ख़याल हो आया—"स्वर्ग का लालच देना, मनुष्य की ओर से मनुष्य को लूटने की एक सोची-समझी चतुराई भरी चाल है। यह आरामपसन्द टोला जिस मेहनतकश समाज के दम पर पलता है, उसे ही कोसता है, मोह-माया से दूर रहने के लिए कहता है और स्वयं गर्दन तक इसमें धँसा हुआ है। यह सब का सब दम्भ है, पाखंड है। तुम्हारे दुःख-दलिद्दर, गरीबी और भुखमरी का एक ही रास्ता है—इंकलाब! सारे समाज की बराबरी। तुम साथ दो, इंकलाब हमारी दहलीज़ पर है।" फिर उसने नारे लगाए थे, "दुनिया भर के मज़दूरो एक हो जाओ, किसान-मज़दूर एकता, ज़िंदाबाद! इंकलाब ज़िंदाबाद!"

बोलते समय कामरेड मेहली की गर्दन की नसें इस तरह फूल गई थीं मानो उनके अन्दर लहू नहीं, हवा भर गई हो। काला चेहरा ताम्बई हो गया था और आँखों में लाली दिखाई देने लगी थी। आक्रोश और विद्रोह ने उसके पहले वाले और अब वाले चेहरे में एक बड़ा फ़र्क ला दिया था। जब वह अपने दायें हाथ को उठा-उठाकर हवा में लहराता तो उसका शरीर भी कभी आगे, कभी पीछे होता जैसे चाबी वाला खिलौना छनकते हुए आगे-पीछे होता है।

स्कूल के बड़े और खुले प्रांगण में बैठे लोगों में जोश और जज़्बा स्पष्ट दिखाई देता था। मैं सोचकर हैरान रह गया कि प्रौढ़ उम्र के उस साधारण से दिख रहे दरम्यानी कद-काठी वाले पक्के रंग के आदमी, जिसके मुँह पर चेचक के गहरे और बड़े दाग हैं, को ये बातें कहाँ से सूझती हैं! रब से कतई भय नहीं खाता।

यह सब सोचते हुए मेरी रगों में एक बार फिर से खून खौलने लगा। रमते साधु के शब्द गलियों में गूँजते हुए अब हवा में मिल रहे थे। मैं फिर दालान के अन्दर अपने झूल में जा छिपा।

"जट्टों-ज़मींदारों को कहाँ सुनाई देता है! साढ़े तीन हत्थ धरती तेरी, बाहलियाँ (अनेक) जगीरां वालिया! अगर सुन लिया होता तो हमारे बारे में भी सोचते—हम जैसे लोगों को न दुत्कारते, बेगार न कराते, कुछ जगह-ठिकाना इन्हें भी देने की सोचते,

आखिर बरसों से सेवा करते आ रहे हैं।'' बापू ने चारपाई पर से उठते हुए जैसे हमें सुनाकर कहा हो। कुछ पल बाद उसके दिल में जो आया, वह कहने लग पड़ा, ''नाम या किस्मतों के खेल ने क्या सँवारना है! बहुत काम करते हैं, दिन-रात सख्त मेहनत करते-करते खोपड़ी घिस चली, पर कुछ नहीं हुआ। अगर कोई सच पूछे तो मैं कहता हूँ—भई मन में पक्का भरोसा रखो और अपने बलबूते पर खड़े होओ... ।''

झूल में हम दोनों भाइयों को खुसुर-फुसुर करते देख बापू बोला, ''बिरजू, तू तो काम में बहुत हाथ बँटाता है, पर ये बदनीता (कामचोर) जरा भी काम को हाथ नहीं लगाता। रोटियाँ तोड़ने के लिए है, बस।''

मेरे मन में विचारों की सूई तेज-तेज पीछे की ओर चलने लगी, चार-पाँच किलोमीटर दूर अपने मिडिल स्कूल गीगनवाल पैदल चलकर पढ़ने जाता हूँ, लौटते समय बगल में झोले के अलावा सोहलपुर से बरसीन, छटाला, सेंजी (पशुओं के चारे की किस्में) और कभी-कभी कड़ब (ज्वार-बाजरे के सूखे डंठल) के दो-दो गट्ठर सिर पर उठाकर लाता हूँ, कभी बापू या बड़े भाई के साथ गन्ने छीलने जाता हूँ, ढड्डे-सनौरे से गेहूँ और मक्की का पन्द्रह-बीस किलो आटा पिसवाकर लाता हूँ, और मैं क्या करूँ? मैं कई दलीलें सोचने लगता कि और क्या-क्या करूँ जिससे कि बापू उल्टा-सीधा बोलना बन्द कर दे और मारे-पीटे नहीं, न ही फटकारे।

कुछ समय बाद मुझे लगा मानो जाड़े का मौसम, किसी कामरेड के भाषण की तरह और लम्बा होता जा रहा है। ठंड ने अपना शिकंजा दिन-रात हमारे ऊपर कसा हुआ था। तन ढकने के लिए आसमानी रंग के मलेशिये के कुरता-पांजमा पहने और पाँव से नंगे मेरे शरीर को चीरती हवा मानो मेरी जिंदगी का सत्यानाश करने पर तुली हो। स्कूल जाते समय दिल धड़कता रहता कि मास्टर किशन चन्द आज फिर न पूछ बैठे! प्रार्थना के बाद वह अक्सर विद्यार्थियों से मुख़ातिब होता और पूछता, ''जिस-जिस ने वर्दी नहीं पहनी, खड़े हो जाओ।''

मेरे सहित पूरे स्कूल में से गिनती के दस-बारह लड़के-लड़कियाँ खड़े होते। मन रुआँसा हो उठता। बगुले जैसी मेरी लम्बी-पतली गर्दन मारे शर्म के और अधिक झुक जाती। ऐसा लगता मानो मैं धरती में गर्क होता जा रहा होऊँ। ख़याल आता—'शुकर है, ठिठुरते हुए स्कूल पहुँच गया, कहीं राह में ही नहीं गिर पड़ा, जैसे सोहलपुर वाले बुड्ढों का कटड़ा कड़कड़ाते जाड़े की ठंड से तड़पकर गिर पड़ा था।' ज़मीन पर पड़ी उसकी लाश की बायीं खुली आँख की याद आते ही मेरा तन-मन कँपकँपा उठा।

''जिन-जिन के पास घर और स्कूल के लिए यही कपड़े हैं, वे खड़े रहें, बाकी बैठ जाएँ।'' उम्र की साँझ क़ी ओर तेज़ी से बढ़ रहे, दरम्याने कद, गोरे रंग, सफ़ेद मूँछों वाले, सिर पर पाधा पगड़ी, कमीज़ और पाजामा पहने मास्टर किशन चन्द ने अपनी भारी आवाज़ में फिर कहा।

धुंध के उड़ते-जुड़ते बादलों की तरह मेरे मन में ख़यालों की लड़ियाँ जुड़ने लगीं–मेरे नये स्कूल में मेरी नीची जात, घोर गरीबी के कारण लाचारियों-मज़बूरियों का किसी को पता नहीं होगा, पर यह सब कुछ स्कूल के अन्दर पैर रखने के कुछ दिनों के भीतर ही, मास्टरों के नित्य के नये वर्दी-स्यापे के कारण किसी दुर्गन्ध की तरह फैल चुका था। मन के आकाश में तेज़-रफ़्तार आँधी चलने लगी थी जिसने मेरे स्वाभिमान की जड़ों को हिलाने, तने और शाखाओं को तोड़ने में अपनी पूरी ताकत लगा दी। फिर ख़याल आता–हम सबको जब लड़के-लड़कियों के गाँवों की पत्तियों, जातों का ही नहीं, मास्टरों का भी आगा-पीछा मालूम है, तो फिर मेरे बारे में पता लगना कौन-सी अनहोनी बात है। इस सच्चाई ने मेरे स्वाभिमान पर छाये बादलों को छितरा दिया। मेरा हौसला फिर से बुलन्द हो गया।

ठंड गुनगुनी धूप में बदल गई। दरख़्तों पर पतझर सवार हो गया। पत्तों के बगैर दरख़्त यूँ लगते जैसे मेरे अपने सगे-सम्बन्धी और भाई-बहन हों। मेहनतकश लोगों की तरह ये नंगे तन कड़ाकेदार गर्मियाँ-सर्दियाँ झेलते हैं, कठिन समय में छाया बाँटते हैं, बरसातों में ओट देते हैं और सबको ऑक्सीजन देते हैं। जब वे फैलने लगते हैं तो मालिकों द्वारा बेरहमी से इनके सिर कलम कर दिए जाते हैं। टाँगों-बाँहों जैसी डालियाँ काट दी जाती है। ऐसा ख़याल आते ही, तीन चौथाई छाँट दिए गए दरख़्त मेरे बापू, ताये और उसके बेटों में बदल जाते।

डरावना जाड़ा फिर से छलाँगें लगाता आ रहा था। कम्युनिस्ट, सहकारी चीनी मिल, भोगपुर को अपनी सरगर्मियों का केन्द्र बनाने के लिए दाँव-पेंच में लगे हुए थे। किसान-मज़दूर एकता के नारे इस बार और भी ज़ोरदार आवाज़ में गूँजने लगे। नतीजा–नये बने एम.एल.ए. कामरेड कुलवंत सिंह की अगवाई में पूरी तैयारियों के बाद बड़ी संख्या में गिरफ़्तारियाँ!

मेरे मन में आता कि मुझे कामरेडों के मुँह पर चढ़ी बातों से भी अधिक विचारों की जानकारी हो। थोड़ा और बड़ा होकर जोशीले-फ़र्राटेदार भाषण दिया करूँ और लोगों को कायल कर दूँ। कोई जब रूस के अन्दर सामाजिक समानता और समान प्रगति की बातें करता तो मैं अपने भविष्य की सुखभरी कल्पना करके मन ही मन गर्वित हो उठता।

...और लोग मिल की गिरफ़्तारियों की बातें करते, विशेश कर जट्ट लोग बापू आदि लोगों से पूछते, "ईशर, दौलती और मुणशा सिंह छड़े का कौन-सा कमाद (गन्ना) है जो भाव बढ़ाने और बिजली चौबीस घंटे करवाने के लिए जेल में बैठे हैं।... कामरेडी के भड़काए हुए हैं।"

"आज हमारे लोग तुम्हारा साथ देते हैं... कल तुम लोग हमारे साथ चलोगे। क्यों? क्या ख़याल है?" बापू ने 'पक्के वालों' के बुज़ुर्ग वतन सिंह से पलटकर सवाल किया जब हम उनके खेत में से मूँगफली उखाड़कर घरों की ओर लौट रहे थे।

वतन सिंह अपने शेर जैसे मुख पर जंचती सफ़ेद और लम्बी दाढ़ी पर हाथ फेरते हुए हल्के से हँसा, पर मुख से कुछ न बोला। फिर आगे से मुड़ी हुई नोक वाली अपनी धूल भरी जूती को पैने से झाड़ने के बाद किसी गर्व के साथ बम्बी की ओर चल दिया। ताये के बेटे मंगी-सोहणु ख़ामोश खड़े थे।

बापू ने वतन सिंह की पीठ की ओर देखते हुए टिप्पणी की, "बड़े नाशुकरे हैं ये लोग! किसी के ख़यालों की बिलकुल भी परवाह नहीं। इनकी खातिर अपनी दिहाड़ी-मजूरी छोड़कर जेल में बैठे हैं और ये ताने मारने से नहीं थकते। यूँ ही तो नहीं कहा करते—जट्ट क्या जाने गुण को, लोहा क्या जाने घुन को।"

हमारी बिरादरी के जेल गए कम्युनिस्ट हमदर्दों के बारे में कई दिनों तक बातें होती रहीं, हालाँकि वे अपने घरों को लौट आए थे। कोई कहता—यह सब कुछ पार्टी की लीडरी चमकाने के लिए है। कोई कहता- ये सारे बड़े ज़मींदारों के कहे में आए हुए हैं।

और जब धान की रोपाई, तलाई और मक्की की गुड़ाई का समय आया तो बस्ती के सभी कामगार बरगद-पीपल के नीचे एकजुट होकर बैठ गए और उन्होंने एक रुपया दिहाड़ी बढ़ाये जाने का प्रस्ताव पास किया। इसकी ख़बर रातोंरात सारे गाँव के घर-घर में पहुँच गई।

सवेरे गाँव में ऐसी हवा चली कि वातावरण ख़ामोश हो उठा। जट्टों-ज़मींदारों और हमारे मुहल्ले के कामगारों के बीच हवा ही दीवार बनकर खड़ी हो गई। जट्टों के लड़के मूँछों को ताव देते हुए लाठियाँ लेकर सुबह-शाम गाँव के बाहर वाली सड़क पर चक्कर लगाने लगे ताकि उनके खेतों में निचली जात का कोई भी व्यक्ति हगने न बैठ पाए। मर्द साथ वाले गाँवों में जंगल-पानी के लिए जाने लगे। बच्चों और स्त्रियों को इससे बहुत परेशानी हो गई।

बिरादरी के लोग साथ वाले गाँवों में रहने वाले निचली जाति के कामगारों को पक्का कर आए कि वे माधोपुर में दिहाड़ी करने के लिए न आएँ। हालात तेज़ी से चिन्ताजनक तो हुए ही, तनाव भरे भी हो उठे। बहुत से परिवार अपनी गाय-भैंसें, कटड़े-बछड़े रिश्तेदारों के यहाँ छोड़ने को विवश हो उठे। कुछेक के हौसले अभी भी बुलन्द थे और कइयों के मुख मुरझाये से लगते थे।

पाँच-छह दिनों के बाद हमारी बस्ती के लोग फिर से अगली कार्रवाई के लिए सिर जोड़कर विचार-विमर्श करने बैठ गए। ताये रामे ने बताया, "भई, जमींदारों के यहाँ से संदेसा आया है कि दिहाड़ी बढ़ाने की माँग छोड़ दो, नहीं तो और सख्त नाकेबन्दी करेंगे।"

"कितने दिन कर लेंगे? सामने फसलें नहीं दिखाई देतीं। खुद आ जाएँगे ठिकाने पर, जरा जिगरा रखो।"

"मेरा विचार है कि कामरेड अजैब सिंह और मीते से बात की जाए। वे मसला

सुलझा सकते हैं और फिर हमारे बंदे भी तो उनके साथ मेलजोल रखते हैं, उनके साथ जेल काटकर आए हैं।" एक ने सलाह दी।

"मैं उनके पास होकर आया हूँ। वे कहते हैं, हमारी हमदर्दी तुम्हारे साथ है। हम अकेले कैसे दिहाड़ी बढ़ायें? बिरादरी का मसला है, हम उनसे बाहर नहीं हो सकते। कल को उनसे वोटें भी लेनी हैं सरपंची की, और फिर...।" एक हमदर्द कामरेड ने चक्रवात की तरह आते हुए एक साँस में बताया।

यह सुनते ही उम्मीदों का महल रेत की इमारत की तरह भरभराकर गिर पड़ा। हमारे लोग जट्टों के सलूक की बुराई करने लगे, "जट्ट जट्टां दे साले, करदे घाले माले। खुद चंगा खाते हैं, मंदा बोलते हैं। दारू-शराब निकालते हैं, बेचते हैं, विलायती ख़रीदते हैं और दूसरों पर नशा उतारते हैं, खरमस्तियाँ करते हैं। हमारे सिर पर ऐश लूटते हैं। दिहाड़ी का रुपया बढ़ा देते तो क्या घिस जाता। महँगाई तो देखें, हर शै को आग लगी है, लीड़ा-कपड़ा तो एक ओर रहा, चायपत्ती भी दूभर है!"

"उस दिन मेहली कैसे गला फाड़-फाड़कर कहता था, किसान-मज़दूर एकता समय की जरूरत है, एक-दूजे का साथ दो, सहारा बनो। जिस दिन आएगा, पूछेंगे—भई तू तो इस एकता-सहारे की गवाही भरता था, खेत मजदूर सभा किस काम के लिए है?" बापू ने दुःखी स्वर में कहा।

"भाइयो, घबराओ नहीं। कोई न कोई रास्ता जरूर निकल आएगा।" कामरेड मुणशा सिंह छड़ा अपनी कमर की बायीं ओर लटकते गातरे पर हाथ फेरते हुए कहने लगा। चेहरे से यूँ महसूस होता था मानो उसने उम्मीद का पल्ला कसकर थाम रखा हो। उसने धीरज से कहा, "जट्टपने से भरे दिलों को बदलना कोई आसान है? लड़के आगे पढ़-लिखकर शायद...।"

मुझे लगा, मुणशा सिंह मानो दाद-खाज के कारण अपने बदन पर पड़े बेढंगे दागों जैसे सामाजिक कलंक के धब्बों को कोस रहा हो जिनसे शारीरिक श्रम बेचने वाले लोग हर वक्त परेशान रहते हैं। अपने बदन के जख़्मों पर मरहम लगाने की उसकी हरकत और इस नामुराद बीमारी के ख़िलाफ़ खुजली भरी जद्दोजहद से मुझे यूँ लगा मानो वह सामाजिक-आर्थिक 'काणी वंड' (बंदर बाँट) के कोढ़ के विरुद्ध एक लम्बी लड़ाई लड़ने के वास्ते कमर कसने के लिए सबको प्रेरित कर रहा हो।

कुछ देर बाद मुझे लगा कि वीरान-बंजर ज़मीनों जैसी ज़िन्दगियों में हरियाली के लिए सबको मिलकर निरन्तर और अधिक प्रयास करना है। इसलिए कि हमारी व्यथा-दर-व्यथा युगों पुरानी है जिसे न किसी ने कभी सुना है और न ही महसूस किया है।

बरसात में सूखा

"बिरजू, ध्यान से मेरी बात सुन। जैसे-तैसे दसवीं कर ले, तेरा मामा डी.सी. लगा हुआ है, कहीं नौकरी लगवा देगा, तेरी जून सुधर जाएगी।" बापू और माँ ने मुझसे चार बरस बड़े भाई को बार-बार समझाया। बख्शी (बिरजू) सन् 1970 में अपनी दसवीं की पढ़ाई अधबीच में ही छोड़कर घर बैठ गया था। मैं उसी वर्ष नौवीं कक्षा गें आगा था।

डी.सी. शब्द सुनते ही मुझे वह निखरा हुआ दिन (1964) याद हो आया, जब बरगद-पीपल के नीचे बापू, ताया रामा और मुहल्ले के अन्य लोग खड्डियों पर बुनाई कर रहे थे और जालंधर से कपड़ा बेचने आये बजाज हंसराज और भगवान, जो आपस में साला-बहनोई थे, कपड़ों की चलती-फिरती खुली दुकान पहले की भाँति सजाकर ग्राहकों के पसन्द के थान उनके सामने फेंक रहे थे।

तभी, माँ ने दौड़ते हुए आकर बापू की खड्डी के पास बैठे बख्शी को पोस्टकार्ड पढ़ने के लिए कहा था। सभी लोग बख्शी के मुख की ओर देखते हुए चुपचाप गौर से सुनने लगे, "मैं आई.ए.एस. बन गया हूँ, बधाई!"

आई.ए.एस. बनने वाली बात समझ में नहीं आई। फिर हंसराज ने चिट्ठी पकड़ी और पढ़ी। बोला, "पहले लड्डू मँगवाओ, फिर बताऊँगा क्या बात है।"

समीप खड़े हम सब लोगों के चेहरे खिल उठे थे। बापू ने उतावला होते हुए पूछा था, "लाला, फौरन बता, यह क्या होता है?"

"आई.ए.एस. डी सी लगा करते हैं, सीबो बहन बधाई! तेरा भाई इतना बड़ा अफ़सर बन गया है।"

बापू दौड़कर जैराम की दुकान से लड्डुओं का थाल भरवा लाया जो पूरे मुहल्ले में बाँटे गए। लोग अकेले-अकेले या समूह में बधाई देने के लिए हमारे घर आए थे।

चक्रवात की तरह आया यह ख़याल फिर से मन के किसी कोने में समा गया और बख्शी का दुबला-सा चेहरा सामने आ गया।

और इधर बख्शी ने एक ही 'ना' पकड़ रखी थी, "चाहे एक बार कहलवा लो, या सौ बार...मुझे नहीं पढ़ना।"

"चल, बात खत्म हुई। कल से हमारे संग दिहाड़ी पर चलना।" बापू ने इस आस से कहा कि शायद रोज़-रोज़ के कठिन काम और मालिकों की डाँट-फ़टकार आदि की सोच कर अभी भी वह पढ़ने के लिए हाँ कर देगा।

"दिहाड़ी-मजूरी पर कोई नया जाना है? चार-पाँच सालों से जा रहा हूँ जब तीन रुपये दिहाड़ी के तेरे हाथ पर रखा करता था, भूल गया?" बख्शी ने याद दिलाया।

"अच्छा, जैसी तेरी मर्जी!" बापू ने न चाहते हुए भी अपनी सहमति दे दी। कई दिनों तक बापू का मन उदास रहा जैसे किसी चीज़ के खो जाने का दुःख हो। उसने हुक्के की नली अपनी ओर घुमाई और एक लम्बा कश भरने के बाद बोला, "सारी आस-उम्मीदों पर पानी फिर गया।"

तभी, रामा ताया ने बाहर वाले दरवाज़े की दहलीज़ लाँघकर अन्दर आते हुए और हम दोनों भाइयों को अपनी दादी की चारपाई पर बैठे देखकर अपने मज़ाकिये स्वभाव में कहा, "बिरजू और घिरजू ने थाणेदार के गंडासी मारी...।"

ताया ने लाड़ से हमारे कई नाम रखे हुए थे। वह खाँसते हुए घर में प्रवेश करने की बजाय हमारे बारे में कोई टोटका, कभी कोई तुक बोलकर घर के अन्दर पाँव रखता और मेरी माँ फ़ुर्ती से दो हाथ लम्बा घूँघट निकाल लेती।

बापू के पास ताया के बैठने की देर थी कि उसने हुक्के की नली उसकी ओर कर दी। उसने जल्दी-जल्दी लम्बे-लम्बे कश भरे। ताया कभी धुएँ को मुँह में से, कभी नाक में से छोड़ता और कई बार पता ही न चलता कि धुआँ चला किधर गया। वह उसे कितनी ही देर तक मुँह में ही रोके रखता। फिर उसने सहज ही पूछ लिया, "कैसे मुँह लटकाये बैठे हो? जैसे बेटी दफनाकर आ रहे हो। बताओ तो सही।"

"इसके मामा को क्या बताएँगे? पढ़ता नहीं या हम इसे पढ़ा नहीं सकते? क्या सोचेगा वह हमारे बारे में?" बापू ने प्रश्न पर प्रश्न खड़े कर दिए जिनमें से जवाब भी झलकते थे।

"पढ़-लिखकर कहीं काम लग जाएगा। आगे तू अपना सोच-विचार कर ले।" ताया ने कुछ दिन पहले की तरह बख्शी को फिर से समझाया।

मैंने देखा, बापू का अधेड़ उम्र का चेहरा मुरझा गया था। वह एकटक धरती की ओर देखता रहा मानो किसी खोई हुई चीज़ को खोजने का यत्न कर रहा हो। मैंने देखा कि बापू की तीन-चार दिनों की बढ़ी हुई दाढ़ी में सफ़ेद बालों की गिनती दिन-प्रतिदिन बढ़ती जा रही है।

...और फिर बख्शी बापू के साथ दिहाड़ी-अधदिहाड़ी पर जाने लगा। पतला, फ़ुर्तीला और मज़बूत हड्डी का शरीर कितना-कितना बोझ उठाता, फावड़ा चलाता,

ईंटें उठाता-फेंकता और गारे की घाणी करते न थकता। उसने मुसीबतों का फंदा अपने गले में खुद ही डाल लिया था। कुछेक दिन बाद मुझे लगा जैसे न पढ़ने का उसका चाव धीरे-धीरे उतरने लगा हो। वह अपने चेहरे पर उग रहे बिरले मोटे बालों को दायें हाथ के अँगूठे और उँगली से तेज़ी से गुस्से में नोचता इस तरह लगता मानो वह अपने भविष्य से जूझने का यत्न कर रहा हो। चेहरे के कील-मुँहासों से यूं लगता जैसे उसकी ज़िंदगी भी अब समतल न रही हो। जब वह उन्हें दबा-दबाकर उनमें से पीक और कील निकालता तो उसका चेहरा कई तरह के रूप बदलता जैसे किसी बच्चे को डराने की कोशिश कर रहा हो।

बापू और माँ बख्शी के बारे में सोचते, चिन्ता करते और आपस में बातें करते, ''सारी उमर ऐसे ही चमड़ी उतरवाएगा ये! मैं तो कहता हूँ भई, तू डी.सी. साहब से बात कर। कहीं पुलिस में ही भर्ती करा दे। तुझे पता है, पुलिस वाले लोगों को मारते ही नहीं, उनसे पैसे भी ऐंठते हैं।''

यह सुनते ही मामा जी का चेहरा मेरी आँखों के सामने आ गया—भरवां, कटी हुई आकर्षक मूँछों वाला गोरा रोबदार चेहरा! सिर के पीछे की ओर काढ़े गए छोटे बाल और गठीला ऊँचा-लम्बा जवान शरीर! साथ ही, तीतर-पंखी बादलों जैसे ख़याल मन की लहर के साथ-साथ एकत्र होने लगे। पल भर में ही पिछले जाड़े में मामा जी और बापू के बीच हुई बातें सुनाई देने लगीं और दृश्य उजागर होने लगा।

बापू ने गाँव आए मामा जी को अपने परिवार की मजबूरियों की अकथ-कथा सुनाने की ख़ातिर बात चलाई थी, ''साहब अगर जी.एम. को कहकर मुझे मिल में इस बार पक्का करा दो तो घर की गुज़र-बसर ठीक से होने लगेगी।''

''भाइया, मैं बात करूँगा।'' मामा जी ने भरोसा दिलाया।

''बच्चे ठीक ठाक पढ़ जाएँगे, रोजगार का वसीला बन जाएगा, उमर के चार दिन सुख से गुजर जाएंगे।'' पल भर की ख़ामोशी के बाद उसने अपने गहरे रिश्ते का अहसास करते हुए अपनत्व भरे शब्दों से याचना-सी की।

''ठाकर दास, फ़िक्र न करो, मैं बात करूँगा। जल्दी पता दूँगा।'' मामा जी ने फिर यकीन दिलाया।

बापू को घर की तरक्की और खुशहाली अगर कहीं दिखाई देती थी तो वह थी गन्ने के सीज़न की मिल में मज़दूरी या बारह महीने की मिल की नौकरी में! इसी कारण, वह मामा जी के पीछे पड़कर बार-बार कहते-सुनते झिझकता नहीं था, ''चलो, इस बार नहीं तो अगले सीजन में देख लेना...।''

''मुझे पंद्रह साल हो गए हर सीजन पर काम करते हुए, जिनकी छोटी-मोटी सिफारिशें थीं, वो पक्के हो गए। या फिर वो पक्के हो गए जिन्होंने चढ़ावा चढ़ा दिया। हम आठ-दस वही बन्दे रह गए हैं जिनका कोई बेली-वारिस नहीं है, अगर...।'' बापू दलीलें देकर चुप हो गया। शायद, उसे अब मामी द्वारा बताई गईं मामा जी

की मजबूरियों की याद हो आई थी।

मामा जी ख़ामोश बैठे अपनी नेकटाई पर बार-बार हाथ फेरते रहे जैसे उसकी कोई सिलवट निकाल रहे हों।

मिल की गन्ना-मजूरी की ऋतुएँ पहले की तरह आती-जाती रहीं। जब मामा जी सहकारिता तथा अन्य विभागों के सचिव बने, तो बापू और माँ बहुत ख़ुश हुए। अँधेरे भविष्य में आस-विश्वास का एक जलता हुआ चिराग़ नज़र आया।

बापू के संग मिल में मज़दूरी करने वाले, मुहल्ले के लोग कहने लगे, "ले भई ठाकर, तेरी पौ बारह हो गई समझ। बारह महीने की पक्की नौकरी बस लगी ही समझ। जट्टों की बेगारी से पीछा छूट जाएगा। रौब से कह, तेरा हक बनता है, यार ऐसा न सोच—मुल्ला सबक नहीं देगा, तो क्या घर भी नहीं आने देगा?"

ऐसी बातों ने बापू को उकसाया और उत्साहित किया। उसने शर्म-संकोच को झटकते हुए हिम्मत करके एक बार फिर कहा, "साहब, अब तो सब कुछ तुम्हारे हाथ में हैं। मेहरबानी करके अगर...।"

"ठाकर दास, तुम्हारी बात अपनी जगह ठीक है, पर लेबर के लिए मैं किसी को नहीं कहूँगा...ठीक है, किसी पढ़े-लिखे के लिए सिफ़ारिश करनी हो तो और बात है।" मामा जी ने अपने मन की बात साफ़ और स्पष्ट ढंग से बता दी।

बापू की कुत्ता-झाँकन एक पल में खत्म हो गई।

लेकिन, उसने आस का पल्ला फिर भी न छोड़ा, मानो पिछले पंद्रह बरसों की मिल की मौसमी मज़दूरी उसकी पक्की नौकरी का हक बन गई हो। अब वह बड़े मामा जी, जो सरपंच थे, के इर्द-गिर्द चक्कर लगाने लग पड़ा था। सिरतोड़ यत्नों के बावजूद परनाला वहीं का वहीं रहा।

मेरे मन में इन ख़यालों के ओले पड़ने उस वक्त रुके जब बापू ने माँ को धीरज के साथ सलाह दी, "मेरी बात छोड़ तू, बिरजू के मामा को तू खुद एक बार कहकर देख। अगर थोड़ा-सा ज़ोर मार दे तो समझ ले कुल तर गया। हम तो अपना टैम जैसे-तैसे गुजार रहे हैं, पर इसकी ओर देख के मन डूबने लगता है। अभी उमर पड़ी है, कल को ब्याह-शादी भी होनी है, जट्टों के रिश्ते तो पैलियों को होते हैं और हमारे यहाँ देखते है, मुंडा काम क्या करता है! सौ बातें पूछते हैं। और..।"

बापू ने थोड़ा रुककर फिर कहा, "तू जा, कहकर देख, दस पास नहीं तो क्या हुआ, फेल तो है ही।"

बापू ने स्थिति के अनुसार फ़ैसला करने के लिए किसी गड्ढे को पार करने के वास्ते एक लम्बी छलाँग लगाई। मुझे लगा, बख्शी के भविष्य की चिन्ता उसे अन्दर ही अन्दर घुन की तरह खाये जा रही थी।

बापू माँ को उसके भाइयों के ताने मारता, उल्टा-सीधा भी बोलता, क्रोध में आकर कई चीज़ें उठा-उठाकर मारने लगता। और माँ, वह जैसे छाती पर पत्थर रखकर

सब कुछ सह लेती। बस, इतना भर कहती, "भला, मेरे हाथ में क्या है? कहना-सुनना ही होता है।"

उन्हीं दिनों माँ के बार-बार कहने पर मामा जी ने बख्शी को पुलिस में भर्ती के लिए बुलाया। मामा जी का सन्देशा बख्शी के लिए सावन-भादों के बादल की तरह आया जो कभी बरस जाता है और कभी साथ वाली मेंड़ को सूखा छोड़ जाता है।

दरख़्तों पर गहरी हरियाली की तरह पूरे परिवार के तन-मन में खुशी की लहर दौड़ने लगी, ठीक वैसे जैसे गाँव के निकट के नाले में बिना बरसात ही बाढ़ आ गई थी और लोग बातें करने लग पड़े थे, "दूर पहाड़ों पर पानी बहुत बरसा होगा, तभी बाढ़ आई। वहाँ भला क्या ज़रूरत है बारिश की, वहाँ ऊँची जगहों पर तो बरसता ही रहता है। इधर, बगैर बारिश ही लोगों का कितना कुछ बाढ़ में बह गया।" मुझे लगा जैसे बापू के पहले गिले-शिकवे, ताने-उलाहने और बेउम्मीदी मामा जी का सन्देशा आने से बहकर दूर चले गए हों।

मामा जी ने सलाह दी, "पुलिस से रोडवेज़ की कंडक्टरी कहीं अच्छी है। बख्शी को कहो, लायसेंस बनवा ले।"

बख्शी ने जालंधर के चक्कर लगा-लगाकर कंडक्टरी का लायसेंस कुछ दिनों में बनवा लिया। उसने गाँव से सौ किलोमीटर दूर पठानकोट से एक महीने का 'फर्स्ट ऐड' का प्रशिक्षण भी ले लिया। नित्य के किराये-भाड़े की तंगी के बावजूद उसके पैर धरती पर नहीं लगते थे। उसकी सोच ने राकेट की गति से दौड़ना शुरू कर दिया। घर में हैरानी भरी खुशी की बातें होने लगीं जैसे पिछले दिनों अमेरिका के चाँद पर जाने, वहाँ से मिट्टी-पत्थर और तस्वीरें खींचकर लाने की ख़बरों के बारे में लोग बातें कर-करके हैरान हुआ करते थे। पढ़े-लिखे जहाँ इसे साइंस का कमाल कहते, वहीं बड़े-बूढ़े लोग थे जो इन ख़बरों को अफ़वाहें कहकर सहजता से एक पल में रद्द कर देते।

"गुड्ड, तुझे सच बताऊँ, रात में सपनों में मैं बस ड्राइवर को सीटियाँ मारता रहता हूँ। भोगपुर, काला बकरा, किशनगढ़ और दूसरे सारे अड्डों से सवारियाँ उठाता हूँ, उतारता हूँ। बड़ा मज़ा आता है जब ड्राइवर मेरे सीटी बजाने पर बस रोकता और चलाता है।" कुछ देर बाद वह फिर कहने लगा, "अब पक्की नौकरी मिल जाएगी, तू जितना मर्जी पढ़ लेना। कापियों-किताबों की कमी नहीं आने दूँगा। मामा की तरह बड़ा अफसर बन जाना।"

बड़े भाई का यह भरोसा सुनकर मुझे एक पल तो लगा था मानो मेरा कद हाथ भर और ऊँचा हो गया हो। मैं मन ही मन हवा में उड़ते हुए अपने संगी-साथियों के सामने कई तरह की डींगें मारने लगा। कुछ समय बाद मुझे ऐसा लगने लगा जैसे मैंने एकाएक सोलह जमातें पास कर ली हों और महीने के महीने अपनी तनख्वाह

के नोटों की गड्डी लाकर अपनी माँ की हथेली पर रखने लग पड़ा होऊँ। अपने मन की ख़ुशी पर बाँधा गया बाँध टूटने-टूटने को होता।

लेकिन, सारे परिवार के चेहरों पर चढ़ी ख़ुशी की लहरें जल्द ही उतर गईं जैसे बरसाती नाले का शिखर दोपहरी में उफनता पानी सूरज छिपने के साथ ही उतर गया था, जब पूछताछ के उत्तर में मामी ने बताया, "बख़्शी के बारे में इनका कहना है कि फलाने को ये कह नहीं सकते, वह उनसे बहुत सीनियर है और, फलाने को इसलिए नहीं कहेंगे क्योंकि वह उनसे बहुत जूनियर है। कहते हैं, फिर भी तुम लोग फिकर न करो...।"

मुझे लगा मानो दालान की पिछली कोठरी का शहतीर फिर टूट गया हो जिस पर बापू के सिवाय किसी और की दृष्टि न पड़ी हो, और वह किसी और बल्ली की तलाश में जुट गया हो। उसका बुलन्द हौसला इसकी गवाही दे रहा था।

बापू ने ख़ामोशी का सागर पार करते हुए कुछ पल बाद माँ से कहा, "अगर मेरी सास आज जिंदा होती तो वो तेरे दुखड़े सुनती...।"

यह बात मेरे कानों में पड़ने की देर थी कि मेरी आँखों के सामने एकदम मेरी अंधी नानी का लाखे अखरोट जैसा झुर्रियों से भरा शान्त चेहरा आ गया। उसने मुझे कभी आँखों से नहीं देखा था। वह बड़े मद्धम उजाले वाले दालान में बैठी अपने बेटी-बेटों, पोते-पोतियों और मेहमानों की प्रतीक्षा करती आहट लेती रहती। मुझे वे पल स्मरण हो आए और साथ ही मन भर आया, जब (सन् 1964 में) नानी मुझे छू-छूकर देखती कि मैं कितना ऊँचा और तगड़ा हो गया हूँ। वह मेरे सिर पर बार-बार हाथ फेरती, मुझे बाँहों में समेटती, लाड़ करती और कहती, "इधर भी बुग्गी (चुम्मी) दे मेरे पुत्त, दीदों में जोत होती तो अपने दोहते को देखती—अब तो नौ बरस क़ा हो गया है गुड्ड, है न सीबो? रब इसकी उमर लम्बी करे, सुखी रखे...।"

मैं अपने ख़यालों में बहुत पीछे जाकर उस वक्त लौटा जब बाहर वाले दरवाज़े में से ताये रामे के शब्द मुझे सुनाई पड़े।

उसने घर में फैली मातम जैसी उदासी का कारण पूछा तो बापू ने फिर वही दास्तान संक्षेप में कह सुनाई।

"दूसरों को तो अक्ल देता फिरता है कि अपने पैरों पर आप खड़े हो, पक्का इरादा रखो...और अब खुद क्यों डोलने लगा?" ताये ने हुक्के की नड़ी पीछे करने के बाद अपनी मूँछों पर दायें हाथ का बनाया मुक्का फेरते हुए कहा। पता नहीं उसके मन में क्या आया, बोला, "एक बात और बता दूँ, गुड्ड का मामा साधु स्वभाव का है।"

"दूसरों के काम भी तो...। हमसे शायद दूर ही रहना चाहते हैं। जो भी थोड़ा-सा बड़ा अफसर बन जाता है, वह अपना पीछा ही भूल जाता है।"

बापू को टोकते हुए उसने कहा, "तू यूँ ही लोगों की बातों में न आया कर।

लोग तो बहुत कुछ कहते हैं कि बड़े अफसरों की एक अलग जमात बन गई है और वे गहरी रिश्तेदारियाँ भी छोड़ते जा रहे हैं। गुड्ड का मामा तो अभी भी आता-जाता है।''

बापू का मुँह और भी छोटा हो गया। उसके मस्तक पर त्यौरियाँ उभर आईं। वह पल भर सोचने के बाद बोला, ''मैं सोचता था, सीबो...।''

मुझे अन्दर ही अन्दर महसूस हुआ कि बापू उस वक्त को नहीं भूल पा रहा है जब माँ जट्टों के सुरजन सिंह की हवेली में पशुओं का गोबर-कूड़ा उठाया करती थी। माँ के संग कभी बड़ा भाई तो कभी मैं जाया करता। सर्दियों में जब वह हाथों की ओक बनाकर पशुओं का गोबर-मूत्र उठाती तो मुझे घिन आती। दम घुटने लगता। मेरा मन होता कि दौड़कर किसी खुले स्थान में चला जाऊँ। बीच-बीच में यह सोच उभरती कि मैं माँ की कोई ख़ास मदद नहीं कर रहा तो उसके संग क्या करने आता हूँ। फिर मुझे लगता मानो मैं उसका आसरा होऊँ या उसका पहरेदार।

''बता, क्या सोच रहा था?'' ताये ने दो-टूक पूछा।

''यही कि बिरजू का कहीं काम बन जाता तो चार दिन हम भी...।'' बापू इससे आगे बोल नहीं पाया मानो भविष्य की चिन्ता ने उसकी जीभ पलट दी हो या खींच ली हो।

फिर, एकाएक वह कोठरी के एक कोने में पड़ी माँ की दहेज वाली पेटी में से सँभालकर रखी चिट्ठियाँ निकाल लाया। दूसरे हाथ में पकड़ी काँसे की थाली को नीचे ज़मीन पर रख, उसमें सारी चिट्ठियाँ टिकाकर उसने खीसे में से माचिस निकाली। आग लगाते हुए बोला, ''जलाकर इनका तेल इस हाथ में लगाऊँगा, कहते हैं, दाद-खुजली हमेशा के लिए हट जाती है।''

कुछेक पल रुककर फिर कहने लगा, ''बातें तो खत्म नहीं होंगी, मैंने सोचा आज यही काम खत्म कर लूँ।''

बापू की बातों की किसी ने हामी नहीं भरी।

''गुड्ड का मामा उसूलों वाला आदमी है! और फिर वह सरकार का नमक खाता है। तभी तो कहता है--पढ़ते है नहीं, नौकरियाँ कहाँ से मिल जाएँ! वह गलत नहीं कहता कि अच्छे नम्बर लेकर खुद आगे बढ़ो। और फिर हमारे लिए यह क्या कम है कि वह गुड्ड का मामा है।'' ताये ने पूरे भरोसे के साथ कहा।

बापू ने जैसे ताये के कहे शब्द सुने ही न हों।

''मौसमों के हेर-फेर की तरह इन्होंने रात में फिर तंग करना है...'' कहकर वह फ़ुर्ती से उठा और बाहर वाले दरवाज़े की दीवार के सहारे खड़ी खाट को बिछाकर उस पर ज़ोर-ज़ोर से लाठी बरसाने लगा। उसमें से झड़ते खटमलों को पैरों की जूती से

मसल-मसलकर मारने लगा। मैंने भी आगे बढ़कर बताना शुरू कर दिया, "एक ये जा रहा... एक वो जा रहा...।"

खाट के पैताने तो कभी सिरहाने लाठी पीटते हुए बापू के माथे से पसीना टपकने लगा था। आख़िर, वह हाँफ गया। उसने लाठी बायें हाथ में पकड़कर दायें हाथ की पहली उँगली से पसीना पोंछा और बाहर बरगद-पीपल की घनी छाँव तले बैठी मेरी दादी के पास जाते-जाते बोला, "ये बरसात कहने भर को है, सूखा पता नहीं अभी और कितने दिन रहेगा!"

मैं बापू की बातों पर विचार करने लगा और उसके पीछे-पीछे चल पड़ा।

मेरी दादी—एक इतिहास

"तुझे मौत आ जाए इसी घड़ी...खड़ा हो जरा...आ लेने दे तेरे पैदा करने वाले को, फिर देख कैसी पड़ती है मार...तुझे कच्चे को लूण लगा के खाऊँ...।" हाथ में जूती पकड़े मेरे पीछे दौड़ती मेरी दादी अक्सर ऐसी ही श्लोकवाणी पढ़ती और इन श्लोकों के बीच में ठहराव का कम ही इस्तेमाल करती।

गली-मुहल्ले के लोग नित्य घटती ऐसी घटना को देखने के लिए पल भर में आ जुटते। जट्टों का अधिकतर आना-जाना हमारे घर के सामने से ही था और अब भी है।

'चल छोड़ माई, लड़का नासमझ है।' यह बात कोई व्यक्ति झिझकते-झिझकते ही कहता कि कहीं उसी की शामत न आ जाए।

इस पर, वह और अधिक भड़ककर बताती, "लोगों के बच्चे स्कूल से दो-दो गिलास दूध ले आये, यह टुटपैणा जो था, वो भी गिरा आया। आये तो सही, अगर इसकी बोटियाँ कर-कर न खायीं तो...और फिर, खुरपी और लड़के को जितना भी पीटो, उतना ही थोड़ा।" वह अपना पाठ जारी रखते हुए घर की ओर लौट पड़ती।

उन दिनों में सूखे दूध के डिब्बे आया करते थे और उन्हें स्कूल के प्रांगण में ही कड़ाही, पतीले या देग में पानी डालकर उबाला जाता था। फिर वह दूध छोटे विद्यार्थियों को पीने के लिए दिया जाता था। गरीब बच्चे यह दूध अपने-अपने घरों को चाय के लिए ले जाते थे।

मैं कुछ देर बाद इधर-उधर घूम-घामकर लौट आता, पर उसका पारा इतनी सहजता से नीचे नहीं उतरता था। एक बार किसी बात से खफ़ा होकर उसने पीतल का गिलास फेंककर मारा, जो नेफ़े के ऊपर मेरे नंगे पेट पर लगा। लगते ही, गिलास के गोलाकार किनारे मेरे पेट पर छप गये जिसके निशान कई सालों तक बने रहे।

वह अपनी कमीज़ के ख़ीसे में गुड़ रखती थी। करीब बैठा मैं चुपके से आँख बचाकर गुड़ की डली निकाल लेता और फिर, बाहर खिसककर दाँतों से काट-काटकर खाया करता।

जब दादी सुर में होती तब हमारे संग प्यारभरी बातें किया करती। मैं लाड़ से बाँहों से लटकते मांस को बारी-बारी से पकड़ता जो मेरे छोटे-छोटे हाथों में न आता। मैं अपने दुबले से शरीर की ओर देखता और कहता, ''माँ, थोड़ा-सा मांस मुझे भी दे दे।''

''कमबख्त, खाया-पिया कर, मांस ऐसे ही नहीं चढ़ा करता।'' वह खुश होकर नसीहत देती। तभी, हमारे घर के पिछवाड़े रहने वाले बढ़ई परिवारों की कोई बहू आ जाती।

''माई, घर आना जरा।'' हम समझ जाते कि काम क्या है।

कभी-कभी वह मुझे अपने संग ले जाती और मैं मुर्गी की दोनों टाँगों को पकड़कर उसे उलटा-लटकाकर ले आता। मिस्त्रियों ने अंडे बेचने के लिए मुर्गियाँ पाल रखी थीं। जब कोई मुर्गी बीमार हो जाती या मर जाती, वे हमें बुलाकर उठवा देते।

एक दिन दादी ने मुझे मुर्गी काटने को कहा। बापू चारे के लिए अभी घर से निकला ही था। मैंने एक आज्ञाकारी पुत्र की तरह गन्ने छीलने वाला हँसिया उठाया और आँगन में नाँद वाली दीवार के पास खड़ी चारपाई के पाये पर मुर्गी को रख कर काटने लगा। मुर्गी का धड़ मेरे हाथ में था। मैंने दो-तीन बार हँसिये से वार किया पर उसकी गर्दन धड़ से अलग न हो सकी। कुछ दूरी पर बैठी दादी बड़बड़ाने लगी, ''फुड़की पैणे! इतना बड़ा हो गया, तुझे अभी...।''

बस, फिर क्या था। उसके एक इशारे से मैंने बाँयें हाथ से मुर्गी की गर्दन पकड़ी और दायें पैर से उसका धड़ दबा लिया। हँसिये के एक ही वार से उसकी गर्दन धड़ से अलग हो गयी।

शाम के समय की इस हरकत से मेरा मन दुःखी हो उठा। देर रात तक मुझे नींद न आयी। आँखों के सामने उसकी गर्दन, उसका धड़ और उसके फड़फड़ाने का दृश्य घूमता रहा। मारे डर के मैं मन ही मन ईश्वर को याद करने लगा। मेरे साथ लेटा मेरा बड़ा भाई गहरी नींद में बेफ़िक्र सोया पड़ा था। पता नहीं, मुझे फिर कब नींद आयी।

दादी किसी अभाव के दुखड़े के साथ अचानक बात शुरू करती, ''टुट पैणा, हिन्दस्तान-पाकस्तान क्या बना, खाने-पीने की वो बातें ही नहीं रहीं। रास्तगो के मुसलमान सिर पर गोश्त के भरे टोकरे उठाये बेचने के लिए आया करते थे, जैसे शहरों में केले-सेब बेचते हैं। जी भरकर खाया करते थे।''

''तुझको इन बातों का क्या पता, जब नौकरों का बछड़ा बीमार होकर अचानक मर गया था, बड़ा मोटा-तगड़ा था। सब घरों में उसका गोश्त तराजू पर तोल-तोलकर बाँटा गया था। टुट पैणे... ने आखिर में झगड़ा खड़ा कर दिया कि हमें पिछले पुट्ठों का गोश्त क्यों नहीं दिया।'' वह इस तरह अपनी यादों को ताज़ा किया करती जो मेरी स्मृतियों में गहरे उतरती जातीं।

"पहले खाने को अन्न कहाँ मिलता था? जमींदारों के यहाँ बाजरा तोड़ने जाया करते थे। बालियों को सुखाना, कूटना, पीसना...तब कहीं जाकर रोटी खानी। गोश्त के शोरे से बड़ा अच्छा गुजारा हो जाता था। जाड़े में ज्यादा पशु मरते थे। गोश्त सुखाकर रख लेते थे। हड्डियाँ सुखाकर कोठी पर या फिर छत पर कड़ियों से टाँग देते थे।" दादी अपनी ज़िंदगी का मानो एक और अध्याय शुरू कर देती जिसे कभी वह बड़े चाव से और कभी दुःखी मन से लगातार हमें सुनाती।

मैं अब कुछ बड़ा हो गया था। हमें फाके तो बहुत करने पड़े, पर जहाँ तक मुझे याद है, मरे पशुओं का मांस कभी घर में नहीं लाया गया था। सो, इसी कारण दादी की इन बातों में मेरी दिलचस्पी और अधिक बढ़ने लग गई थी।

"हमलों (देश के विभाजन के समय हुए दंगों) से कुछ पहले हम सभी चमारों के घरों में पशुओं की चरबी के पीपे भरे रहते थे। सब इसे घी की तरह इस्तेमाल करते थे, तुड़का लगाते थे, रोटियाँ चुपड़ते थे।" दादी बताती। मेरी हैरानी की सीमा न रहती। मैं माहौल को ठीक-ठाक बनाये रखने की हर संभव कोशिश करता ताकि दादी को किसी भी प्रकार से गुस्सा न आ जाए।

"उन दिनों सरसों या मिट्टी के तेल के दीये कौन जलाता था। हमारे घरों में चरबी के दीये जलते थे।" पास बैठा पड़ोसी खुशिया दादी के हलफ़िया बयान की पुष्टि करता और एक-एक बात विस्तार और बारीकी से बताने का यत्न करते हुए कहता, "तू अपने बापू से पूछ ले, ये छज्जू, ढेरू, माघी, सींहा-मींहा पखीर... ये सब मांस खाते थे।"

बीमार होकर मरे पशुओं का मांस खाने की घटनायें सुनकर मेरा दिल डूबने-सा लगता। जंगली जानवरों और अन्य पशुओं का शिकार करके तो राजे-महाराजे मांस खाते ही रहे हैं। आदि मानव का जीवन ही जंगल और जंगली जीवों पर निर्भर रहा है। सभ्यता के विकास शिखरों पर पहुँचकर भी हमारे ये लोग इन हालात में रहने-जीने के लिए विवश हैं। मुझे अपने देश की आज़ादी, सभ्यता और संस्कृति जैसे शब्दों पर प्रश्नचिह्न लगते महसूस होते।

होश सँभालने के बाद से मैंने अपनी दादी को कभी काम करते नहीं देखा था। लेकिन वह अपनी और दूसरों की बहू-बेटियों की बुराई ज़रूर किया करती, "कंजरियाँ, दोपहर तक सोकर नहीं उठतीं। इस वक्त तक तो हम दस सेर आटा पीस लिया करती थीं। मशीन पर हमारा आटा कौन पीसता था?"

हाँ, वह अपनी कमीज़-सलवार को खुद ही टाँका-टाँकी लगा लेती। अपने कपड़े खुद धो लेती। जेठ-अषाढ़ में उसे बहुत गरमी लगती। इन दिनों में वह घर के पास वाले पीपल के तले खाट बिछाकर बैठी रहती। कमीज़ कम ही पहनती। वह अपने दुपट्टे को इस ढंग से शरीर पर लपेटती कि वह साड़ी में बदल जाता। अपने समय में वह गाँव में सबसे बड़ी उम्र की थी। पर जब कोई बड़ा-बुजुर्ग उसके सामने खड़ा

होकर हाल-चाल पूछता तो वह दुपट्टे को अच्छी तरह सँवारकर सिर पर ओढ़ लेती। अन्दर-बाहर कहीं भी जाती 'दिब' की पंखी उसके हाथ में हुआ करती।

जाड़ों में भी वह ज्यादा कपड़े या गरम कपड़े नहीं पहनती थी। मेरे बापू के हाथ की बुनी हुई डिब्बी वाली खेसी वह ओढ़ा करती और पैरों में धौड़ी की जूती पहनती। बीच में, कभी-कभार मेरे पुलिसिये ताऊ की उतारी हुई ख़ाकी जर्सी पहन लिया करती। इस दौरान, जब हमारी माँ कड़कड़ाते जाड़े में हमारे नहाने के लिए पानी के पतीले गरम करती, तो दादी इस पर टोका-टाकी किया करती। वह कहती, "न, सारा बालण पानी गरम करने पर ही लगा देना है क्या?...दो घड़ी धूप में पड़ा रहने देती।"

गर्मी हो या सर्दी, वह दोपहर को नहाती। उसके लिए पानी की बाल्टी आँगन में धूप के आते ही रख दी जाती। वह और मेरी माँ, दोनों आँगन में बने खुले गुसलख़ाने में, खाट को खड़ा करके उस पर कोई कपड़े का परदा डाल कर नहा लिया करतीं। हम सब जने रात को यहीं पर पेशाब किया करते। इस खुले ग़ुसलख़ाने से पेशाब की बू हमेशा आती रहती जबकि चक्की के पाट ज़मीन खोदकर इसके बराबर टिको दिये गये थे।

माँ जब कपड़े धोने वाले साबुन से हमें नहलाती तो दादी फिर से अपना वही राग अलापना शुरू कर देती, "साबुनों से नहलाने लग पड़ी है...आ गयी बड़े रजवाड़े की बेटी...हम तो लीड़ा-लत्ता रेह से धो लेते थे। सिर लस्सी-दही से धो लिया करते थे। अब नई-नवेलियों की अकड़ का कोई ठिकाना नहीं है।"

यह सुनकर भी मेरी माँ चुप रहती। वह उसके कड़े-रूखे स्वभाव से यूँ डरती थी जैसे धुनकी से कौवा! मेरी माँ न तो दादी के सामने मुँह खोलती थी, न ही उसके हुक्म के आगे ना-नुकर करती थी। कई बार तो लगता था मानो उसकी ज़बान कहीं गायब हो गयी हो।

कभी-कभी गाँव की कोई जट्टी दादी को धीरे से कहती, "हरो, घर आना जरा।"

वह बगैर किसी हील-हुज्जत के अपनी डंगोरी उठाती और उसके पीछे-पीछे चल पड़ती। वह पल भर में ही उलटे पैर लौट आती। उसके गोरे चेहरे की झुर्रियाँ समुद्री लहरों की भाँति प्रतीत होतीं। वह देहरी लाँघती तो ज़मीन में उलटी दबाई गई हरे रंग की बोतलों पर पुराने जर्जर दरवाज़े के पट बिना किसी चीं-चीं के अन्दर की ओर घूम जाते जैसे कोई बच्चा एड़ी के बल सन्तुलन बनाकर घूमता है। वह हुक्म देती, "कहाँ मर गया सारा टब्बर, खाट बिछाओ।"

हममें से कोई एक आगे बढ़कर फ़ुर्ती से उसकी बात का पालन करता। वह जैसे किसी ख़ास प्राप्ति के नतीजे के लिए, खुशी की रौ में अपने दुपट्टे या किसी कपड़े में लाये गये रोटियों के टुकड़े जल्दी-जल्दी सुखाने के लिए डालने लगती। ये

विवाह, सगाई या पाठ के भोग के बाद के बचे-खुचे टुकड़े होते। जब इन्हें गुड़-पानी में रांधा जाता तो खाते ही जाने को जी करता। कई बार इन्हें गन्ने के रस की आख़िरी चासनी के कड़ाहे में पकाया जाता। महक से ही मुँह में पानी भर जाता। स्वाद खाने पर ही पता चलता।

मेरी दादी कभी गुरुद्वारे नहीं गयी जबकि हमारे घर और गुरुद्वारे के बीच एक गली ही पड़ती है। हाँ, जब बरसात न होती और सूखा पड़ जाता तो जट्ट 'ख़्वाजा-खिजर' का दलिया देते। हमारे मुहल्ले में जागर चौकीदार हाँक लगाता, "गुरुद्वारे से सब लोग दलिया ले आओ भई..." 'ले आओ भई...' को वह किसी टेक की तरह लम्बा खींचता और आगे बढ़ जाता।

वह अपनी थाली तुरन्त भरवा लाती। फिर उसमें देसी घी डाल कर खाती। वैसे, संग्रांद में कभी परसाद लेने नहीं गयी, न कभी कथा-कीर्तन सुना, और न ही किसी ख़ानगाह पर दीवा जलाया। दीवाली पर भी कभी दीये नहीं जलाये। उसे इन धार्मिक रीतों को रिवाज के तौर पर पालने का शौक नहीं था। बल्कि वह तो कहा करती, "बन्दा, दसों नाखूनों की कमाई करे, निंदा-चुगली न करे, नेक नीयत को मुरादें। और भला रब को आग लगानी है।"

अब उसकी आँखों की ज्योति पहले जैसी नहीं रही थी। बन्दे को पहचानने के लिए वह आँखों पर हाथ का छप्पर-सा बनाती। कई बरस हुए उसकी बायीं आँख का आपरेशन हुआ तो उसके ऊपर हरी पट्टी बाँधी गयी, पर वह तब भी टिककर न बैठी। उसने अपना आना-जाना बरकरार रखा। इतना फ़र्क ज़रूर पड़ गया था कि वह हाथ में सोटा हरदम रखने लगी थी। उसका घर में रौब और बाहर दबदबा बराबर कायम था। जब कोई बच्चा उसे खिझाने के लिए शरारत भरी हरकत करता तो वह गुस्से में बरस पड़ती, "किस बच्चेखाणी की औलाद है?... अपनी माँ के आगे जाकर कूकें मार हरामी!"

जब गाँव की कोई जट्टी या कोई अन्य औरत बिना अभिवादन किए उसके करीब से गुज़र जाती तो वह ऊँचे स्वर में कहती, "पता नहीं कौन यारों-पीटी हंकार में डूबी परे-परे से ही गुजर गयी।"

पीपल के नीचे बैठीं ताश के खिलाड़ियों की ढाणियाँ, बारां टाहणी या कंचे खेलते बच्चे, इन सबकी नज़रें एकदम से दादी की चारपाई पर केन्द्रित हो जातीं। बात को जानने के लिए वे बेसब्री से उसकी ओर देखने लगते।

"ये कौन थी कंजरी?" हवा के तेज़ झोंके की तरह वहाँ से गुज़री औरत का वह आगा-पीछा एक कर देती। समीप बैठे या पास से गुज़रते आदमी से वह गुस्से में भर कर पूछ-पड़ताल करती।

इस प्रकार जो औरत उसे अभिवादन किए बिना वहाँ से गुज़र गयी होती, उसकी तो शामत ही आ जाती। दादी उलाहनों और तानों पर उतर आती। सुलह

तभी होती जब खेत से लौटते समय वह औरत एक तरह से अपनी 'गलती' को कबूल कर लेती, "मुझे जरा जल्दी थी माँ, यह ले गरम-गरम गुड़, कोल्हू चल रहा है।"

उसे बैठी-बैठी को रस, गुड़, दही, साग, मक्खन और गन्ने मिल जाते। इसमें से वह कुछ हमें और कुछ अपने दूसरे पोते-पोतियों को दे देती।

"माँ, पाँय लागूँ।" कोई दूसरी औरत वहाँ से गुज़रते हुए कहती। यह सुनकर उसके अन्दर उठी लपटों पर जैसे बारिश की बौछार पड़ जाती।

"गुरु भला करे।" वह किसी-किसी को तो असीस की झड़ी लगा देती। वह कइयों की तारीफों के पुल बाँधते न थकती और कहती, "ये गंगी के पोते की बहू कलविंदर हुई, गुज्जर सिंह की लाल मुँही हुई, बगैर बुलाये नहीं गुजरतीं। मेरे लिए अच्छी हैं, बड़ा आदर-मान करती हैं, यूँ ही क्यूँ कहूँ।"

कई घर उसे पीरों की तरह मानते। वार-त्योहार पर बहुत कुछ खाने को दे जाते। लोहड़ी से अगले दिन गन्ने के रस में बनी चावलों की खीर कई जट्ट घरों से आती। इसे हम दो-दो दिन तक खाते रहते। ऐसे अवसरों पर दादी मुझे बहुत अच्छी लगती। जब चाय के लिए घर में गुड़ न होता, तो वह अपने पास से दो भेलियाँ पकड़ा देती। सारा परिवार उसका शुक्रगुज़ार हो जाता।

कभी-कभार मेरी बुआ करमी अपनी माँ और मेरी दादी की खैर-खबर लेने आ जाया करती। वे घंटों बातें करके भी न थकतीं। बुआ मुझे इशारा करके धीमे से कहती, "नंती के यहाँ से हुक्की तो पकड़ ला, बेटा।"

मैं बड़े चाव से हुक्की में ताज़ा पानी भरता। हुक्की गुड़गुड़ाने के लिए जब कभी मुझसे लम्बा सुट्टा लग जाता तो मेरे मुँह में पानी भर जाता और खाँसी छिड़ जाती। अन्दर बैठी बुआ समझ जाती कि सब कुछ तैयार है। वह दादी से छिपकर हुक्की पीती थी क्योंकि उसे इस गुड़गुड़ और धुएँ से सख़्त नफ़रत थी। कभी-कभी वह मेरे बापू को बुरा-भला कहती, "तेरे मुँह में हर वक्त हुक्के की नलकी रहती है, आग लगा इसे।"

उसका दबदबा जारी था। एक दिन ताई तारो (जट्टी) और चाची छिन्नी पीपल पर डाले गये झूले पर पींगें ले रही थीं कि दादी को पता नहीं क्या सूझा, वह ऊँचे स्वर में दुहाई देते हुए आयी, "इन नटनियों, लुच्चियों को यही काम रह गया है। आदमियों की कोई परवाह ही नहीं है, वे थके-मांदे आये हैं। बदमाश कहीं कीं।"

यह सुनते ही पींगें नीचे आ गईं। शिखर-दुपहरी का सूरज मानो अस्त होने के लिए उतावला हो उठा हो। चेहरों पर चढ़ी लाली फीकी पड़ गयी। तमाशबीन खिसकने लग पड़े। वह अभी त्यौरियाँ चढ़ाए आगे बढ़ ही रही थी कि सब की सब तितर-बितर हो गयीं।

दादी के साथ ताई तारो की पटती भी बहुत थी। ताई दाल-सब्ज़ी को तुड़का

लगाती तो आसपास के कई घरों में ख़बर हो जाती कि उसने आज क्या भूना है। दादी को इसका दसवंध अपने आप पहुँच जाता।

ताई की तीन देवरानियाँ-जेठानियाँ थीं। जब वे किसी मातम में या फिर घर से बाहर कहीं जातीं, तो चाबियाँ दादी को थमा जातीं। वह ख़ुश होकर राह चलते लोगों को सुनाकर कहती, "ये चन्दा सिंह की बहुएँ कहीं भी जाना हो, चाबियाँ मुझे ही देकर जाती हैं। मेरा कुटुम्ब तीन दिन भी काटते रहो तो भी खत्म न हो...मेरी तो मुझको पूछतीं ही नहीं।"

एक बार उसी ताई से कहा-सुनी हो गयी। तब ताया ऊधम सिंह जिसे सभी गाँववासी 'शही' कहते थे, गुज़र चुका था। वह घोड़ी वाले बिक्कर सिंह के साथ बैलगाड़ी चलाता था। दादी ने अपना ही शोर मचा रखा था। उसने राह में खड़ी होकर कह दिया, "तूने गाँव की कई औरतें रंडी कर दीं, पर तू रंडी होकर भी रंडी न हुई।"

कटार जैसे इन शब्दों को सुनकर सबके सिर शर्म से झुक गये।

"तू भूल गयी जब मैं ब्याही आयी थी? उस वक्त तक तेरा ससुर जाँघिया पहनकर नंग-धड़ंग घूमा करता था। आ गयी मुझसे झगड़ा करने, सैंतलबाज (चतुरानी) कहीं की!" प्रत्युत्तर में ताई हँस पड़ी और बात आई-गई हो गयी।

मुझे याद है, गाँव के कई जट्ट शादी-ब्याहों के कारजों में दादी से सलाह लेने आया करते थे। वह जैसा कहती, वैसे ही सभी कारज पूरे किये जाते। वह किसी बुज़ुर्ग जट्ट के आने पर कभी भी अपनी चारपाई पर से नहीं उठती थी, जैसे कि मेरा ताया रामा जट्ट को चारपाई पर बिठा लिया करता था और खुद नीचे ज़मीन पर बैठ जाता था। आदर-सत्कार की एक मिसाल कायम होती प्रतीत होती। जब बापू और ताया, जट्टों की हवेलियों या घरों में जाते तो उन्हें कोई अपने बराबर तो क्या, यूँ ही बैठने के लिए भी न कहता।

पर दादी की वह घटना मुझे कभी नहीं भूली। जिन दिनों बारिश नहीं हो रही थी और सूखे का क़हर निरंतर जारी था, गाँव की औरतें पानी में गोबर-मिट्टी मिलाकर इंद्र देवता को रिझाने के लिए आपस में होली खेल रही थीं। 'नोबों' की सीबो ने दादी के ऊपर उस घोल की बाल्टी उलट दी। बस, अखण्ड प्रवाह शुरू हो गया।

"मरदों की शौकीन कहीं की, नीच! कुछ तो मेरे धौले बालों की शरम कर लेती, बच्चे पीटी!" वह बेधड़क गालियाँ बकती उसके घर तक चली गयी। फिर उल्टे पैरों लौट आयी क्योंकि वहाँ पर उससे माथा भिड़ाने वाला कोई नहीं था। मसला तभी खत्म हुआ, जब तक सीबो ने घर आकर दादी से माफी न माँग ली। इस दौरान वह तीन महीने तक हमारे घर के सामने से नहीं निकली जबकि यहाँ से उसका रोज का आना-जाना था।

दादी का हठी स्वभाव उसके बुढ़ापे में भी नहीं बदला था।

हम घर के सारे सदस्य सोचते कि दादी के कपड़े मेरी माँ धो दिया करे। पूछने पर दादी उखड़ी कुल्हाड़ी की तरह टूट कर पड़ती, ''मैंने नहीं किसी का मोहताज होना, इससे तो अच्छा रब्ब उठा ले!''

उसकी सूरत अभी अच्छी थी। जब हम उसकी बातों को गौर से सुनते तो वह कई पुराने प्रसंग छेड़ बैठती, ''आज की औरतों से तो चार कदम चला नहीं जाता, मैं चलकर लाहौर पहुँच जाती थी।''

अंग्रेजों के राज की बात चलती तो वह महारानी एलिजाबेथ (द्वितीय) के बारे में झट टिप्पणी करती, ''रंडी, अभी कल तो मलका बनी है।'' 'जार्ज पंचम' और 'अडवर्ड' के नाम के सिक्कों के बारे में मैंने उसी से पहली बार सुना था।

दादी की सेहत दिन-प्रतिदिन गिरने लगी थी, पर उसके खाने-पीने में ज्यादा फ़र्क नहीं पड़ा था। लस्सी, गन्ने का रस, मैली, साग, मक्खन, मक्की की रोटी पहले की तरह ही खाती-पीती। कभी वह कटोरी में और कभी मक्की की रोटी के ऊपर बहुत सारा साग रख कर उसके बीच एक गड्ढा-सा बनाकर उसमें मक्खन रख लेती। अगर मक्खन न होता तो दही रख लेती। रोटी खाने से पहले रोटी का छोटा-छोटा चूरा करती और चिड़ियों को चोगा देती। बीस-तीस चिड़ियाँ उसके पास चारपाई पर आ बैठतीं। वह दृश्य दिल को खींचने वाला होता। कुत्तों को दरवेश समझकर बुरकियाँ डालती। आख़िरी उम्र में एक-दो कुत्ते उसके पक्के संगी-साथी बन गये थे।

और फिर उसकी कड़क आवाज़ पहले जैसी न रही। बच्चे उसके करीब से सीटियाँ बजाते दौड़ जाते। अगर कोई बच्चा या बड़ा उसे तंग-परेशान और मज़ाक करता तो वह कहती, ''रब करे तुम्हारे भी ऐसे दिन आएँ।''

दादी के बदले हुए सुर पर हैरानी होती। मुझे उसकी मांस खाने से संबंधित कुछ गालियाँ जो वह अक्सर मुझे और दूसरे शरारती बच्चों को दिया करती थी, याद आ जातीं जो इस तरह की थीं–'तेरा कीमा बनाके खाऊँ', 'तेरा कलेजा निकाल के खाऊँ', 'तेरा गोश्त बनाके खाऊँ', 'तेरा भुरता बनाके खाऊँ', 'तेरा मगज निकालकर खाऊँ', 'तेरे सीरमे पीऊँ', 'तेरा कबाब बनाके खाऊँ' आदि।

उसके खाट पकड़ लेने पर माँ भावुक हो उठती। वह हमको बताती, ''हमारी माँ जैसी घर-घर पैदा नहीं होंगी, पैंतालीस-पचास साल रंडेपा काटा, बच्चे पाले, उनकी शादियाँ कीं, पर मजाल है किसी से दबकर रही हो।''

घर में बातें होने लगीं, ''पता नहीं, माँ जाड़ा काटेगी भी या नहीं। सौ साल के करीब है, सौ नहीं तो दो साल कम होगी।''

जाड़ों में दादी की चारपाई पिछली कोठरी में होती और वहीं पर पशु बाँधे जाते थे। दिन के समय उसकी चारपाई आँगन की धूप में बिछा दी जाती।

गाँव के कई सयाने लोग जिनमें आदमी और औरतें होतीं, उसकी चारपाई के पास आकर उसे सलाह देते, ''हरो, रब-रब किया कर।''

जाड़े का मौसम बीत गया, गरमी की ऋतु आ गयी। गेहूँ की फ़सल काटी जाने लगी। बापू और मेरे ताये के बेटे आपस में बात करते, ''कहीं फ़सल कटाई के बीच ही माँ...''

वह चारपाई पर पड़ी रहती। मेरी माँ उसका कपड़ा-लीड़ा धोकर उसे पहनाती। वह उसे बच्चों की तरह सँवारती, उसके बालों में कंघी करती। लोग मेरी माँ की प्रशंसा करते हुए कहते, ''भई सीबो, तेरा जवाब नहीं। बहुत सेवा-टहल करती है तू। रब तेरे भी दिन फेरेगा।''

दादी का मेरी माँ के प्रति रवैया नरम पड़ गया। उसकी ज़बान पर आषीशें आने लगीं। इन दिनों वह अक्ल देने जैसी बातें करने लग गई थी। तभी, गाँव का कोई आदमी या औरत आकर कहती, ''हरो, रब-रब करा कर। सुरती रब की ओर लगा, जरा जल्दी छुटकारा मिल जाएगा।''

''बड़ी आग लगाती हूँ बच्चा पीटे को, ले ही नहीं जाता तो मैं क्या करूँ?'' वह अपने पोपले मुख से एक ही जवाब देती।

''माँ, बता कौन-सी चीज खाने को तेरा दिल करता है?'' एक दिन हमने पूछा।

उसने साफ़ शब्दों में कहा, ''गोश्त का शोरबा।''

बापू शाम को बकरे का मांस ख़रीद लाया। रात को एक कटोरी गोश्त और तरी से भरकर दादी को दी गयी। उसने गेहूँ की रोटी तरी के साथ खायी।

अगले दिन दादी में जैसे जान आ गयी। उसने मेरी माँ से कई बातें कीं। पर यह (2 मई, 1976) उसकी साँसों का अन्तिम दिन बन गया। आधा गाँव इकट्ठा हो आया। उसकी मृत देह के पास उसकी सिफ्तें होने लगीं।

''कंगन की तरह खनकती थी हरो। रंडेपा काटा इज्जत से। वाहेगुरू झूठ न बुलाये, अंग्रेजों को मात देता था उसका रंग-रूप! धरम से बड़े रौब वाली थी बुढ़िया।'' मुझे लगा, जैसे ताई तारो उसे श्रद्धांजलि भेंट कर रही थी।

मेरी माँ रो रही थी। हम दुःखी थे। अर्थी के पीछे लोगों का एक दरिया था जो श्मशान भूमि की ओर जाने वाले सारे रास्ते पर दूर-दूर फैला दिखाई देता था। अर्थी पर बाँधे हुए गुब्बारे हवा में ऊपर की ओर उड़ रहे थे, मानो उसके स्वाभिमान की हामी भर रहे हों।

हम, चमारों का बरगद

"ये बरगद-पीपल के बीच इतना फासला था कि हम जब बच्चे थे, बीच में से निकल जाते थे।" एक दिन मस्ती में आए बापू ने घर के सामने वाले बरगद-पीपल के दरख़्तों का ऐतिहासिक प्रसंग छेड़ दिया, जिसके बारे में जानने की मेरी हार्दिक इच्छा को सहज ही बौर पड़ गया।

"अब देख लो, दोनों एक-दूजे से कैसे लिपटे हुए हैं, बीच में से हवा भी पार नहीं हो सकती।" इतना कहकर बापू चुप हो गया, पर मैं उतावला था कि बात जारी रहे।

"इन बेजुबानों ने बिना बोले, बिना चले, जवान होकर एक दूसरे को गले लगा लिया, और इधर बंदा है, साला बंदे को पास नहीं फटकने देता।" बापू ने चुप्पी का छोटा-सा दरिया पार करके बात आगे बढ़ाई, लेकिन उसके ताम्बई माथे पर, आलू वाले खेत की मेंड़ों जैसी त्यौरियाँ उभर आई थीं। मुझे अपने बापू के चेहरे से उसके अन्दर चल रहे जोड़-घटाव का अहसास हुआ। आँखों के सम्मुख बरगद-पीपल के खड़-खड़ करते पत्तों के झड़ने का दृश्य साकार हो उठा और साथ ही, नई कोंपलें चमकती हुई दिखाई दीं।

"तुझे और बताऊँ... ये बरगद-पीपल के दरख़्त हमारे बापू (पिता—राम दित्ता) और झीरों के राम सिंह के बाबा(दादा) ठाकर ने मिलकर लगाए थे।" यह सुनकर मैं इन दरख़्तों और मनुष्यों की उम्रों के हिसाब में पड़ गया। अपने दादा की मौत, दादी और अपने बापू की उम्र से मैंने यह अंदाज़ा लगाया कि इन दोनों दरख़्तों को 1876 से 1880 ईसवी के बीच लगाया गया होगा।

"अगर ज्यादा ही पीछे पड़ा है तो और सुन... ये बरगद के नीचे खड्डियों वाली 16 मरले की जगह अपनी बिरादरी के लोगों ने मिलकर 'निचले मुहल्ले' वाले क़रतार सिंह से बिना लिखत-पढ़त के खरीदी थी और 'पक्कों वाले' भाई हरबंस सिंह ने इसे नापा था। उन दिनों क़मीन (अछूत) जाति के लोगों को खेती के लिए तो क्या, कोठा डालने तक को भी जगह खरीदने का हक नहीं था। इन्तकाले अराजी

कानून लागू था—उसके तहत चमार-चूहड़े पैसे देकर भी अपने नाम जमीन नहीं खरीद सकते थे।'' बापू एक ख़ास बहाव में बह चला था, जिसमें मैं किसी तरह की रुकावट पैदा नहीं करना चाहता था।

जट्‌ट, ब्राह्मण, सुँनार, बढ़ई, नाई, झीर, सरेहड़े आदि जातियों का सतनाजा हमारे बरगद को 'चमारों का बरगद' ही कहा करता था। कभी गाँव का कोई जट्‌ट दूसरे से पूछता कि वह किधर से आया है, तो वह प्रत्युत्तर में बताता, ''चमारली की तरफ गया था। चार चमार दिहाड़ी के लिए करके आया हूँ।'' कई 'चमारड़ी' शब्द का प्रयोग करते। बापू उस जट्‌ट के चले जाने के बाद कई बार 'साला चमारों का!' जैसी गालियाँ बककर अपने मन की भड़ास निकाला करता।

फ़सल कटाई के दिनों में मज़दूरी पर गेहूँ काटने के लिए जट्‌ट रात के खाने के समय या तो हमारे बरगद के नीचे या फिर मुहल्ले के चक्कर लगाया करते। कइयों ने कच्छे के ऊपर मैला-सा कुरता या बनियान पहन रखी होती। अँगोछा कंधे पर होता जिसे वे टाँगों पर से मच्छर हटाने के लिए बार-बार इस्तेमाल में लाया करते। उनके चले जाने के बाद बापू अक्सर ही कहता, ''पता नहीं, इन जट्‌टों को कब अकल आएगी? भई तू घर में आया है, कमर में धोती-तौलिया ही बाँध लेता।''

हमारे सभी परिवारों के लोगों को मालूम होता कि किसकी रोही य़ा मैरे वाली भूमि पर, किसकी रकड़ वाली, छल्ल वाली भूमि पर गेहूँ की फ़सल भारी है। रेत के टीले वाली गेहूँ की कटाई की तरफ़ अधिक लोग मुँह न करते। कहते—कौन साला हाड़ तुड़वाये, टीले में सूखे दाने की गेहूँ में।

कोई व्यक्ति गेहूँ मज़दूरी पर काटना तय कर लेता। तीनों समय रोटी और दो बार चाय भी मिलती। कई जट्‌टों को मेरा बापू और ताये के बेटे जवाब दे देते कि फलाने के जाना है। पीछे से कहते, ''पूली तो तोलकर उठवाता है मामा, बुरी नीयत वाला, और खामखाह पीछे पड़ा रहता है। कहता है, तुम हुक्का-बीड़ी ज्यादा पीते हो। भला, इस बहाने दम न मारें तो टिकने कहाँ दें। सारा दिन चमड़ी भुन जाती है और पूली देने के समय सौ-सौ नखरे करते हैं।''

पीपल के शिखर की डालियों पर सुबह-शाम मोर बैठते और 'कियऊँ-कियऊँ' की आवाज़ें निकालते। फिर वहाँ से उड़कर हमारे घरों की छतों पर बैठकर नृत्य किया करते। हम चुग्गा डालते, वे हमसे कम ही डरा करते। कौवे बरगद की गूलरों में चोंच मारते। चिड़ियाँ बार-बार उड़तीं और फिर बैठ जातीं। बरगद-पीपल के इर्दगिर्द मैंने कई अवसरों पर मौली के धागे बँधे देखे जिसके बारे में मैंने एक दिन बापू से यूँ ही पूछ लिया था।

''गाँव के पूरब की तरफ 'वलियों के मुहल्ले के बरगद और हमारे बरगद का विवाह पूरी रस्मों के साथ किया गया था—गाँव के लोगों ने बड़ी खैर-सुख मनाई थी।'' बापू बरगद-पीपल की काफ़ी मोटी और लम्बी डालियों और उनकी सघन छाया

की ओर इशारा करके कहता, "हमारे लिए तो इन दरख़्तों ने बड़ी लहरें-बहरें लगा रखी हैं, यूँ ही क्यों कहें। इनकी खैर माँगने के लिए मौली बाँध देते हैं, और क्या... ।"

इनके नीचे हमारी बिरादरी के बहुत से परिवारों की खड्डियाँ थीं और रोटी-रोज़ी इन्हीं पर निर्भर थी। खड्डी के काम में घर के सभी सदस्यों को लगना पड़ता था। जैसे, पहले सूत की अट्टियों के चीरू बनाए जाते, फिर उन्हें चरखड़ी पर चढ़ाकर चरखे की तकली पर नड़े काटे जाते। बापू तानी के लिए सरकंडे गाड़ता जो नीचे से जुड़े होते और ऊपर से अंग्रेजी के 'वी' अक्षर की शक्ल के होते। यह एक लम्बी इकहरी पाल होती। कभी वह दो-दो सरकंडे दोहरी कतार में गाड़ता। तकलियों के साथ गाड़े हुए सरकंडों की दरारों के बीच में से ताने को निकालकर उन्हें तानता। ऐसा करने पर हवा के कारण बनी एक लहर-सी दिखाई देती। जब नड़े का धागा खत्म हो जाता तो नए नड़े के धागे के सिरे को थूक लगाकर पहले वाले धागे के संग मरोड़ी देता। शाम तक जल्दी-जल्दी ताना तनता। मेरा बड़ा भाई बख्शी भी इस काम में हाथ बँटाता। बापू अगले दिन ताणी खींचकर उस पर मांड़ी चढ़ाता। ऊपर से एक बड़ी कूची को फेरता ताकि धागे आपस में जुड़ न जाएँ। फिर ताणी इकट्ठा करता और 'रश' के साथ उसका एक-एक धागा थूक लगाकर मरोड़े देकर जोड़ता जाता। फिर पल्लू के लिए खड्डी पर चढ़ाता। अब बाने के लिए नलियाँ तैयार की जातीं। बापू खड्डी में टाँगें लटकाकर बैठता। वह पैरों से पंजाले की पसारें बारी-बारी से दबाकर ताने के बीच में से नाल को कभी दायें और कभी बायें हाथ से फ़ुर्ती के साथ निकालता। अगर नुकीली नाल (जिसमें नली-धागा होता) धीमे चलती तो उस पर सरसों के तेल का हाथ मलता। वैसे भी काली लकड़ी की नाल घिस-घिसकर इतनी मुलायम हो जाती कि हाथों में से फिसलती रहती।

बापू और ताये की खड्डी के पास कुछ पड़ोसी जट्ट बातें करने के बहाने बैठा करते थे। इनमें से ताया हरी सिंह, जिसे गाँव के सभी लोग हरी राम या लुंज कहकर बुलाते थे, या उसका बड़ा भाई चन्नू मुझे प्रायः हाँक मारा करता, "गुड्ड, रत्ते बामण से लम्प की डिब्बी तो पकड़ ला दौड़कर।" ताया चन्नू सिर खुजलाता और भोगपुर की चीनी मिल में हुई घटनाओं को हँस-हँसकर सुनाता।

मैं दौड़कर दुकान की ओर जाता और झट से सिगरेट ले आता। वे दोनों भाई कभी इकट्ठे तो कभी अकेले-अकेले खड्डियों में आकर सिगरेट पर सिगरेट फूँका करते। उनके ताये का बेटा रेशू अपने पास रेडियो रखता था और शाम को झुटपुटा होने तक यहाँ बैठा रहता था। उसका सिर बीचोबीच से गोलाई में मुंडा हुआ देखकर मेरी हँसी निकल जाती। मुझे यह बार-बार देखने का अवसर मिलता जब ताया अपने 'केश' सुखाता या फिर सिर को हवा लगवाता। कई बार ज्ञानू नाई उसके सिर के बीच वाले बाल यहीं बैठकर मूंड देता था और कभी दाढ़ी का खत बना देता था। ताया अनब्याहा था, इसलिए कई लोग उसे पीठ पीछे 'छड़ा' या 'बोक बकरा' भी

कहा करते थे।

बापू जब खड्डी में से उठकर घर से नलियाँ लेने के लिए आता या पेशाब करने के लिए उठता, तो मैं चोरी-छिपे हुक्के का कश मार लिया करता। बापू मेरी यह करतूत देखकर दूर से ही मुझे बहन-बेटी की गालियाँ बकने लग पड़ता।

तभी, गाँव की कोई जट्टी आ जाती। बहुत-सी जट्टियाँ अपने पास से सूत या रुई देकर बापू से सफ़ेद खेस, चादरें आदि बुनवाया करतीं। वे मेरी माँ को अपने घर बुलाकर सूत या रुई तराजू में तौलकर देतीं। माँ के साथ हिसाब करके बदले में मेहनत की एवज में गेहूँ या मक्की के दाने दिया करतीं। कई बार मैं भी माँ के संग उनके घर जाने की जिद्द करता।

जब मेरी माँ को जट्टी सूत या लोगड़ (पुरानी रुई) की गाँठ उठवाती तो साथ ही कहती, "सीबो, रुक जरा, लड़के को गुड़ की डली दे दूँ, बहल जाएगा।" मेरे चेहरे पर रौनक आ जाती। मुँह में पानी आ जाता। मैं अपनी हमेशा बहती नाक को अपने कुरते की बाजुओं से बिना हाथ लगाए पोंछ लिया करता। माँ से आगे दौड़कर घर पहुँच जाता।

इन खड्डियों पर फौज के लिए तौलिये बुने जाते। लहरिया बुना जाता। सिल्क-लीलन की 110-110 गज़ का ताना और 30-30 गज़ का थान होता। जब कभी सिल्की ताने की खड्डी और खुंडे के बीच कुछ झोल पड़ जाता तो बापू मुँह में पानी भरकर उसे पिचकारी की तरह फ़र्राटे के साथ बाहर छोड़ता। मैं यह देखकर अपने जैसी छोटी-सी हँसी हँसता। बापू दो-तीन बार इसी तरह पानी उलीचता तो ताना फिर से तन जाता। फिर वह हाथ और पैर के दस-दस नाखूनों को फुर्ती से हरकत में ले आता।

"ताने का उस वक्त साला मिलता क्या था, पाँच रुपये थान के! ताने का सारा कच्चा माल होशियारपुर के गाँवों—जौड़ा, ख़ानपुर, चंडियाल, ख़लासपुर के मुसलमान जुलाहों और नैणोवालिये मुंशी से बुनने के लिए लाया जाता था। सारा रास्ता पैदल तय करना पड़ता था और दो-दो मन की गाँठें सिर पर उठाकर लानी पड़ती थीं। कभी तेज-चिलचिलाती धूप, कभी बारिश, कभी आँधी, कभी कड़ाके की ठंड! फिर भी, आते-जाते थे।" बापू ने दुःखी होकर एक और अकथ कथा शुरू कर दी। अब मैं देखता हूँ कि ये गाँव सात से सत्ताईस किलोमीटर की दूरी पर बसे हुए हैं।

"हम तो शायद पैदा ही जुल्म झेलने के लिए हुए हैं, कैसा जीना था उस वक्त हमारा!" बापू ने दुखती रग पर एक बार फिर हाथ रखा।

"एक बार पता है, क्या हुआ? भोगपुर की चौकी का दरोगा यहाँ खड्डियों में आ गया। धरम से खूब जवान था साला! मुझे और धन्ने को कहने लगा कि कल थान लेकर थाने आओ। अपनी ओर से हम कितने सारे थान ले गए। उसने

एक-एक थान हम दोनों से छाँटकर रख लिया। हम खड़े रहे कि कुछ देगा। वो बहन का खसम तो उल्टा दबका मार कर कहने लगा, दौड़ जाओ, मेरे मुँह की तरफ क्या देखते हो! धरम से हमारी लातें काँपने लगीं। हम फौरन थाने से निकल पड़े कि कहीं कोई और माँ का यार आकर ठगी न कर ले।'' बापू बात को विस्तार देता रहा। कुछ पल बाद, वह फिर अपनी पहली वाली बात पर आ गया, ''इन खड्डियों में बड़ी रौनकें हुआ करती थीं।''

यह सुनकर मुझे बाल उम्र में इस बरगद के झरे हुए पीले पत्तों की बनाई गई फिरकियाँ घूमती हुई दिखाई दीं, जब मैं हवा के ख़िलाफ़ दौड़ता हवा हो जाता था। यह स्मरण करते हुए मेरे तन-मन पर इस बरगद-पीपल की छाँव की तरह रौनक पसर गई। विवाह-शादी के अवसर पर बाँधे गए लाउड-स्पीकर साकार हो उठे। जादूगरों और तमाशा दिखाने वाले की ओर से देशी ठेके की शराब की बोतलें, अनसिले कपड़ों के सूट और अन्य बहुत-सा सामान निकाले जाने पर मैं अन्दर ही अन्दर खुश होकर रह गया। पीतल के बर्तन कली करते कारीगर की अँगीठी के धुएँ से मुझे खाँसी उठती महसूस हुई।

''हमारा दीवान (मेरा ताया दीवान चन्द) हीर का किस्सा पढ़कर सुनाया करता था। बड़ी सुरीली आवाज़ थी। आधा गाँव इकट्ठा हो जाता था।'' बापू ने कहा। अब उसके चेहरे पर हल्की-सी मुस्कान तैर रही थी।

इसी दौरान, मुझे अंधे साधु गरीब दास का ख़याल हो आया जो गर्मियों में बरगद के नीचे 'पूरन-भगत', 'कौलां', 'तारा रानी' और ' दहूद' का किस्सा सुनाया करता था। वह एक हाथ से इकतारा और दूसरे हाथ में पहने मजीरे बजाता। वह बीच-बीच में प्रसंग सहित कथा की व्याख्या भी किया करता। साथ-साथ हुक्के का कश भी भर लिया करता। उसकी लम्बी, भरवां सफ़ेद दाढ़ी और मूँछें धुआँखी होकर लाखे रंग की हो गई थीं और उसके गेरुए रंग के चोले से एकमेक होने का भ्रम पैदा करती थी। उसके घने केशों में जुओं और लीखों की भरमार का दूर से ही पता लग जाता, जब वह अपनी पगड़ी के नीचे निरन्तर खाज करता। गरीब दास को सभी 'अंधा साधु' ही कहा करते। गाते समय कई बार वह मुझसे कहता, ''गुड्ड, चिलम में आग रख दे।'' वह आधी-आधी रात तक गाता रहता। चलते समय कोई उसे न्योता देता, ''महाराज, कल हमारे यहाँ परशादा छक लेना।''

एक और अंधे साधु का मुझे स्मरण हो आया जिसने अपना नाम असलम रखा हुआ था। वह भरपूर कदकाठी वाला आदमी था। हाथ में 'समों' वाली लाठी रखता था और हरे रंग का चोला और हरी टोपी पहनता था। साल में दो-तीन बार हमारे गाँव में आकर कुछ दिन तक रहता था, हमारे घर के बिलकुल साथ वाले घर—मेरे बापू के ताये के बेटे के घर में। वह कव्वाली, काफ़ी और दूसरे धार्मिक गीत गाया करता। वह हारमोनियम या सारंगी बजाता। उसके अन्य मुरीद तबला और सारंगी

बजाया करते। उसे हाल-सा आ जाता। उसकी आवाज़ ऊँची होती जाती जो थमने का नाम न लेती। वह साधु था तो हमारी बिरादरी का पर, उसने इस्लाम को अपना लिया था—सामाजिक समानता की खातिर। उसके प्रवचनों के कारण मेरे अपने ताये के तीनों बेटों ने उसे अपना मुर्शिद बना लिया था। उसे गुरु ग्रंथ साहिब की बाणी का भरपूर ज्ञान था। वह कई ग्रंथियों के ग़लत गुरबाणी उच्चारण को पकड़ लेता और सरेआम फ़टकार लगाता। वह चुनौती देता, ''मेरे से पूछो कौन सा शब्द कितने सफ़े पर है। मेरे से गुरु ग्रंथ साहिब बेशक उल्टा पढ़वा लो।'' गाँव के कई लोग उसके विचार सुनने के लिए आया करते।

''एक बार हमारे महने वाले सन्तों ने इन खड्डियों वाली जगह पर, बरगद के नीचे दरबार साहिब (गुरु ग्रंथ साहब) का खंड पाठ करवाया।'' यह बात शुरू करके बापू ने जैसे मेरे ख़यालों की लड़ी को और जोड़ने-बढ़ाने की कोशिश की। हालाँकि मैं छोटा था, पर मेरे सामने सन्त रामलाल का गोरा-सुन्दर चेहरा प्रगट हो गया जो उनकी दूध जैसी सफ़ेद दाढ़ी से मेल खाता था। गुणी-ज्ञानी होने के कारण पूरे गाँव में उनकी अच्छी मान्यता थी। भोग के समय लगभग सभी बिरादरियों के लोग उनके वचन सुनने के लिए आए। जब परसाद बाँटा जाने लगा तो वे सब बारी-बारी से हाथ धोने या पेशाब करने के बहाने खिसक गए। इस घटना की चर्चा हमारे लोग कई दिनों तक करते रहे। कहते—''अगर परसाद नहीं लेना था तो आए क्या थन लेने थे!''

बरसात के दिनों में बुनाई का काम बहुत कम हो जाता। हम लोगों ने गाँव के या फिर साथ लगने वाले गाँवों—सोहलपुर, माणकढेरी, रास्तगो, सिकंदरपुर, ढड्डा-सनौरा के जट्ट-जमींदारों से भैंसें आधे पर या दो-तिहाई हिस्से पर ली होतीं, जिन्हें वे बरगद के नीचे ही बाँधा करते। लस्सी-दही के साथ बरगद के पास वाले कुएँ में से डोलू से पानी निकाल-निकालकर इन्हें नहलाते। पूँछों को मूँडते, धलियार (पट्टे) डालते। मेरा बापू भैंसों के गले में घंटियाँ और पाँवों में झाँझरें पहनाता। हमारा पूरा परिवार इनके आगे-पीछे ही लगा रहता। हम—मेरा बापू, मेरा बड़ा भाई और मैं—गाँव के निकट से बहते नाले में से या टीले पर से रेत लाकर इनके नीचे डालते। सर्दियों में मैं और मेरा बड़ा भाई बख्शी राहों में उगे शीशम के पेड़ों के झरे-बिखरे पत्तों को बटोरकर लाते। कभी-कभी खेतों में से गन्नों की पत्ती जट्टों से चुराकर इकट्ठी कर लाते और पशुओं के नीचे डालते।

जब भैंसें ब्याने वाली होतीं तो वाजिब मूल्य पड़ता। अक्सर जट्ट खरीदा करते। इस प्रकार मेरा बापू साल-डेढ़ साल बाद भैंस का रस्सा-संगल खोलकर जट्ट के हाथ में पकड़ा देता। घर के अन्य सदस्यों के मुँह लटक जाते।

कभी-कभी भैंस हमारे घर में ही ब्या जाती। मैं कटड़ा-कटड़ी के साथ खेला करता, उससे लाड़ करता। जब कटड़ा रस्सा चबाता तो मैं खुश होता। मैं उसके

मुँह में नरम-नरम घास डालता तो वह उसे और मेरे हाथ को चबाने की कोशिश करता। मेरी आँखें नम हो जातीं। पल भर बाद मैं उसका सिर सहलाने लग जाता। इसी मोह के कारण मैं भैंस के पीछे जा रहे कटड़े के लिए जिद्द किया करता था।

''हम एक और भैंस ले आएँगे—पंज कल्याणी, भूरी, मीमी-सी!'' कई बार माँ मुझे बहलाती।

बापू अपने पहले घर गई भैंस की तारीफें करता न थकता, ''धरम से, बड़ी अच्छी थी।'' कभी कहता, ''हमारे पास पैसे होते तो हम रख लेते। हमें तार देती वो, बड़े रवे की थी। पर हमारी साली किस्मत कहाँ?''

इस बरगद के नीचे रुलिया नाई हमारी हज़ामतें बनाया करता। हम सभी बच्चे उसे ताया कहकर बुलाते थे। सिर के बाल काटते समय वह हमें नीचे ज़मीन पर बिठा लेता और कुरता उतरवा लेता। वह पास बैठे ताये मंहगे या दलीपे से लेकर हुक्के का घूँट भरता रहता। कितनी-कितनी देर बैठा मैं थक-ऊब जाता तो बाल सुइयों की तरह चुभने लगते। कैंची, मशीन के बाद उसका आखिरी हथियार उस्तरा हुआ करता। वह अपनी गुच्छी में से उसे निकालता तो पहले उसे चमड़े के एक गोल आकार के टुकड़े पर दो-चार बार कभी इस ओर से तो कभी उस ओर से रगड़कर घिसता। फिर उसकी धार को परखता और दायें हाथ के अँगूठे के साथ वाली दो उँगलियों को पानी से भरी कटोरी में भिगोकर, कनपटियों और कानों के पीछे के हिस्से को तर करता। मैं दहल जाता, वह 'बस-बस' कहता तो उसके कानों की बालियाँ झूलने लगतीं। वह फिर मेरे सामने ज़मीन पर रखे छोटे से शीशे को उठाकर अपनी कुतरी हुई दाढ़ी और मूँछों को सँवारता। अपने बालों की लटों को सफ़ेद परन्तु मैली पगड़ी के नीचे खोंसता। जब बापू कटे बालों को देखता तो टिप्पणी करता, ''कंजर की सारी उमर गुजर गई, पर बाल बनाने नहीं आए। देख कैसे ऊबड़-खाबड़ बाल काटे हैं। देख तो सही सीबो, साले ने इधर भी लड़के के खरोंचें डाल दीं।''

एक बार मैंने बापू से पूछा, ''ताया हमारे बाल काटने चार किलोमीटर दूर ढड्डियाँ से आता है। हमारे गाँव में भी तो ताया ज्ञानू और उसका बापू बाबा नत्था सिंह बाल काटते हैं।''

''वो हिन्दू नाई हैं। हमारे बाल नहीं काटते।'' बापू यह कहकर दूसरे काम में व्यस्त हो गया। बात मेरे पल्ले पूरी तरह न पड़ी। पर ताये ज्ञानू को मैंने कई बार जट्टों के पशुओं की पूँछों के बाल काटते देखा था।

बरगद-पीपल के नीचे खड्डियों वाली खुली साफ़-सुथरी जगह होने के कारण यहाँ कोई न कोई सरगर्मी बनी रहती। विवाह के दिन निश्चित किए जाते। विवाह होते। बारातें ठहरतीं। मातम की घड़ी में लोग यहीं पर आकर बैठा करते।

इस बरगद-पीपल के कारण हमारा मुहल्ला समूचे गाँव के मनोरंजन का साधन भी था। इस जगह पर 'नकलें' हुआ करतीं। 'साल' होता। 'साल' की रस्म साल

भर बाद अक्सर बरसात के बाद ढोर-डंगर की खैर-सुख के लिए निभाई जाती थी, जो चमारों के फ़र्जों में शामिल थी। इसकी तैयारियाँ महीना भर पहले ही आरंभ हो जातीं। हम चढ़ती उम्र के लड़के अपने से बड़ों के साथ 'साल' के लिए 'सामग्री' तथा दूसरी रस्में निभाने वाले चेलों और नकलचियों की खातिर रसद के लिए एक पशु पर सवा सेर के हिसाब से घर-घर से अनाज उगाहने जाया करते। हमारे और कई गरीब जट्ट परिवारों के घरों में अनाज का अभाव होता, जिस कारण वे अपने पशुओं की गिनती घटाकर बताया करते।

'साल' पशुओं की मुँह-खुर की बीमारी को हटाने और 'सिद्ध' देवता को रिझाने के लिए होता। इसकी रस्में सम्पन्न करने वाले 'भगतों' का मुखिया कडियाणे वाला किरपा हुआ करता। वह ऊँचा-लम्बा और चौड़ी छाती वाला व्यक्ति था। उसने भगवे वस्त्र पहन रखे होते और गले में कई मालाएँ होतीं। उसकी बेटी नंती हमारे घरों में ब्याही हुई थी और उसका दामाद मस्सा भी उसका चेला था। वह अपने आप को मस्सा सिंह कहलवाता था, पर गाँव के बच्चे उसे मस्सा रंघड़ (एक बदनाम ऐतिहासिक महंत) ही कहा करते, पीठ पीछे। किसी की गाय-भैंस दूध न देती तो वह आटे के पेड़े को हाथ में लेकर मुँह में कुछ बुदबुदाता और फिर रुक-रुककर फूँकें मारता।

बाद में पेड़ा कराने आई स्त्री के बारे में उत्साह में भरकर कहता, "साली गाय को पट्ठे डालती नहीं, दूध क्या आसमान से टपकेगा?" वह बातों-बातों में मीठे मज़ाक भी कर लेता, "आ गई लेकर, हाथ हल्का कराने। कहती है- भाइया, बहू के पैर भारी नहीं होते। भई भाइया इसमें क्या करे?"

'साल' की शुरुआत हमारे घर की पिछली कच्ची दीवार के साथ मिट्टी के एक छोटे से लिपे-पुते चबूतरे पर बाबा सिद्ध चानो के नाम पर कुछ श्लोक-मंतर पढ़ने के साथ हुआ करती। संग्रांद-अमावस्या को हमारे मुहल्ले के लोग अपने पशुओं की तंदुरुस्ती के लिए इस चबूतरे पर मीठी मोटी रोटी और चूरमा बच्चों को बाँटा करते जो आम तौर पर गेहूँ-मक्की के आटे और गुड़ के मिश्रण से पकाये-बनाये जाते।

बाबा सिद्ध चानो या बाबा सिद्ध वली चमारों का एक प्रसिद्ध शक्तिशाली देवता और पशुओं का रखवाला माना जाता है। सवेरे-शाम बाबा सिद्ध चानो और भगवान कृष्ण का 'अखाड़ा' लगता। हारमोनियम बजाता भगत श्लोक पढ़ता और दो भगत आपस में मल्लों की तरह कुश्ती करते। भगत कथा सुनाता कि कृष्ण जी महाराज बड़े नीतिवान और योद्धा थे। एक बार उनकी बाबा सिद्ध चानो के साथ टक्कर हो गई। अट्ठारह दिन तक 'अखाड़ा' लगा रहा। कृष्ण जी बाबा सिद्ध को चित न कर सके। आखिर, दिन छिपने के बाद उन्होंने अपने पैर के पद्‌म द्वारा ऐसा कर दिया कि लगा सूरज अभी अस्त नहीं हुआ, और आराम कर रहे बाबा सिद्ध

को कृष्ण जी ने धोखे भरी चाल से चित कर दिया।

'अखाड़े' वाले अन्तिम दिन की रात को 'साल' होता। गाँव के लोगों सहित आसपास के गाँवों के लोग इतनी बड़ी संख्या में आते कि घरों की मुँडेरों पर स्त्रियों, बच्चों, सयानों की कतारों से एक और दीवार बनी हुई दिखाई देती। आरती-अरदास होती, गुरु रविदास की महिमा होती तो 'भौरा' चिमटे से जलते कोयले के टुकड़े उठा-उठाकर मुँह में रखता, उन्हें निगल जाता, कभी चबा कर भी खाता। कभी दाँतों के बीच कस लेता, अन्दर से बाहर की ओर फ़र्राटा मारता, अंगारे छोड़ता। भगत साथ-साथ गाते रहते, "भौरा आग खाएगा... ।" लोग हैरान होते। जैसे ही रस्म पूरी होती तो साजिन्दे एकदम आवाज़ उठा देते, "था थैया...था थैया!" साथ ही नर्तक जिसने लड़कियों वाला लिबास पहना होता, उछलता-कूदता तबले-बाजे वालों के समूह में आ मिलता, बोल उठाता—

विच्च भाफाँ छड्डे शरीर
कुड़ती मलमल दी ... ।

या

लक्क मिण ना दर्जिया मेरा
सूट सी दे वन पीस दा।

या

गलगल वरगी जट्टी
खा लई ओ काले नाग ने।

इसके साथ ही रुपये-रुपये की 'वेलों' की शुरुआत हो जाती। जब निकट वाले क़िसी गाँव का कोई व्यक्ति या गाँव के एक धड़े का आदमी पाँच सौ एक की वेल कराता तो वेलों का एक सिलसिला बेल की तरह लम्बा होता चला जाता। टकूए, लाठी या बरछे के साथ नोट बाँधकर ऊपर हवा में उठाये जाते। नर्तक लड़का दायें हाथ के अँगूठे और तर्जनी को मुँह में डाल कर सीटी बजाता तो साजिन्दे पल भर के लिए अपने साज़ों की आवाज़ें धीमी कर लेते, "वेल, रुपये की वेल, एक सौ एक रुपये की वेल, मीते छड़े की वेल, मेरे खसम मीते की वेल!" ऐसी वेलें छड़े अपने लिए कहकर करवाते थे। कई बार कोई शराबी इस 'लड़की' को 'पकड़' लेता। वह भी प्रत्युत्तर में आँख दबाकर शराबी टोलियों को ख़ुश करते हुए उनकी जेबें खाली करवाने में सोलह कला सम्पूर्ण होने का सबूत देता।

हमारे गाँव में 'नकलों' के लिए माणकढेरी (होशियारपुर) से मिरासी आया करते थे। इन मिरासियों को वहाँ के लोगों ने 1947 के दंगों में पाकिस्तान नहीं जाने दिया

था। 'साल' वाले 'भगत' और 'नक्काल' पिप्पलां वाला गाँव (होशियारपुर) की चमार बिरादरी के थे। नक्काल और भगत, जट्ट और सीरी के रूप में नकल उतारते जिसके संवाद कुछ इस प्रकार से होते–

जट्ट – हाँ भई धन्ने, नौकर लगेगा?
कम्मी – जी सरकार!
जट्ट – बोल क्या माँगता?
कम्मी – खाऊँगा-पिऊँगा तुम्हारे सिर।
जट्ट – खाना-पीना हमारे सिर।
कम्मी – लीड़ा-कपड़ा पहनूँगा तुम्हारे सिर।
जट्ट – लीड़ा-कपड़ा हमारे सिर। और ...?
कम्मी – तेल-साबुन तुम्हारे सिर।
जट्ट – हाँ, तेल-साबुन हमारे सिर! और ...?
कम्मी – जूती तोड़ूँ तुम्हारे सिर।

इसके साथ ही हँसी-ठहाकों के गुब्बारे और ऊँचे हो जाते। 'जट्ट' इस 'कम्मी' की दायीं पसलियों पर चमड़े की तिकोनी पटाकी बरसाता। 'नक्काल' ने तो पहले ही कुरता गले तक ऊपर उठाया होता।

इस प्रकार, मनोरंजन भरी रात का तीसरा पहर हो जाता। 'साल' वाला 'भगत' बीच में टोककर कहता, ''खुशिया, भीमा जहाँ कहीं भी बैठे हों, चबूतरे पर चले जाएँ।''

'साल' की अन्तिम रस्मों को पूरा करने के लिए 'भगत' किरपे को चारपाई पर बिठाकर चार लोग कंधा देकर गाँव की पश्चिमी हद पर ले जाते, जहाँ वह एक 'टूना' करता और पशुओं पर पड़ी 'भारी' उनके शरीरों से बाहर निकालता। चारपाई के आगे की ओर हाथी की सूँड़ बनाकर 'हाथी की सवारी' का भ्रम पैदा किया होता। जाते समय आपस में बातचीत न करने की सख़्त हिदायत होती थी। एक-दो बार ये रस्में देखने के लिए मैं भी संग गया था। हद से कुछ पहले ही हमें रोक दिया जाता कि 'चीज़' बच्चों पर वार न कर दे।

''भई, इस बार बहुत 'भार' पड़ा। बड़ी भारी थी पशुओं पर।'' लौटते हुए बात चली।

''किरपे भगत का भार कौन सा कम है! खुशिया सबसे ज्यादा ठिगना है, तभी ज्यादा भार उसके ऊपर पड़ा।'' मैंने सोचा।

पौ फटने से पहले ही जागर चौकीदार हाँक लगाता, ''माल-डंगर साल के नीचे से निकालो भई...।'

'स्यालकोटियों' के बरगद की डाल से लाल कपड़े में लपेटकर बाँधे नारियलों, सामग्री और मौली के धागों के नीचे से गाँव के एक-एक पशु को निकाला जाता।

यह डाल पूरे रास्ते पर यूँ फैली हुई थी, मानो किसी शाही दरवाज़े का ऊपरी हिस्सा हो। इस रस्म के बाद सारे गाँव के घरों, हवेलियों के अन्दर जल के छींटे दिए जाते। गुग्गल-धूप की धूनी दी जाती। कुछ सामग्री बाँटी जाती ताकि अगले दिनों में लोग इसका धुआँ पशुओं को देते रहें।

हमारे बरगद-पीपल के नीचे गर्मी और बारिश के मौसम में 'बारां टाहनी' 'नक्का पूर' और ताश के खिलाड़ियों की टोलियाँ जुटती थीं। हुक्कों की गुड़गुड़ होती। कई बार तो बरगद से कुछ फ़ासले पर 'नांगों के पोखर' पर टर्राते मेढ़कों की टर्र...टर्र...और हुक्कों की गुड़गुड़ एक-दूसरे में विलीन हो जाती।

इन दिनों में मेरी बुआ और मुहल्ले की बहन-बेटियाँ अपने भाई-भतीजों को राखी बाँधने आतीं। राखी वाले दिन ये राखियाँ बापू आदि अपनी-अपनी बाँहों पर घंटा-दो घंटा ही बाँधकर रखते और फिर इन्हें उतारकर हुक्के की नै से सजा कर बाँध देते थे, जो वहाँ पर महीना भर बँधी रहतीं।

बरगद की छोटी डालियों पर छोटे बच्चों के लिए झूले डाले जाते। बड़ी स्त्रियों, जवान औरतों के लिए पीपल की मोटी डालों पर मर्द खुद झूले डालकर देते थे। ताई तारो (जट्टी) और चाची छिन्नी इतनी ऊँचे-ऊँचे झूले लेतीं कि मेरे जैसी छोटी उम्र वालों के दिल घबराने लगते थे और कई बार ऊपर की साँस ऊपर और नीचे की नीचे रह जाती।

हमारा बरगद जहाँ बरसातों में समूचे गाँव को पूरियों के लिए पत्ते उपलब्ध करवाता और अन्य खुशियों का वसीला बनता, वहीं भय-चिन्ता, तनाव और लड़ाई-झगड़े का गवाह भी बनता। जब कभी जट्टों का कोई जवान लड़का अपनी बैलगाड़ी हमारे घरों के सामने से निकाल रहा होता, गाड़ी में खड़ा होकर बैलों की नथों में डाले रस्सों को पकड़कर पुचकारना शुरू कर देता और गाना गाने लगता, फिर हमारे घरों की ओट जैसी बाहरी कच्ची दीवारों के ऊपर से हमारी सुन्दर और मासूम-सी बहन-बेटियों को ताकता-झाँकता। हमारे लोगों में से कोई आदमी पलटकर बोलता, "मामा! गड्डा गाँव के बाहर वाले रस्ते से नहीं जाता क्या?" या फिर कहता, "तू बैठकर गड्डे को नहीं ले जा सकता?" कोई अन्य व्यक्ति मुँह में बड़बड़ाता, "बना फिरता है रानी खाँ का साला, हर वक्त धौंस देते हैं कि हगना-मूतना बन्द कर देंगे। तुम क्या रब को गाँड देकर आए हो जो तुम्हें ये ज़मीनें मिल गईं। हम नहीं तुम्हारे जैसे!"

कई बार शराब में धुत्त बख्तौरा या उसका छोटा भाई 'लम्बा सोढी' आकर हल्ला-गुल्ला करते, माड़ी धाड़ चमारली! दोनों बिरादरियों में आमने-सामने टक्कर हो जाती। लाठियाँ हवा में लहराने लगतीं। साथ ही, गालियों की मिसाइलें दागी जातीं। पाँच-सात मिनट की यह घटना उस समय खत्म होती जब ताया चन्नण सिंह अपने बेटों को बुरा-भला बोलता और सब लोगों से कहता, "बात को खत्म करो, मेरी

सफ़ेद दाढ़ी की इज़्ज़त मिट्टी में मिला दी औलाद ने!"

"इस बरगद के नीचे हमारे साथ क्या-क्या नहीं हुआ?" बापू ने अन्दर की बात इस लहजे में कही जैसे वह हमें कुछ बताना चाहता हो। यह रात की रोटी खाने के बाद का समय था।

"हाँ, बता बापू।" मैंने बेसब्री में कहा।

"हमलों (भारत-पाक विभाजन) से पहले नम्बरदार शेर सिंह सीधा यहाँ हमारी खड्डियों पर आया करता था। हुक्म देता था—ठाकरा, तू और खुशिया, कल थानेदार की घोड़ी के लिए घास ले जाना।"

"आँधी हो या बरसात, हम मजबूर होकर थाने में घास लेकर जाते। पहले नम्बरदार को घास की गाँठें दिखाते। वह दोनों हाथों से गाँठ को ऊपर हवा में उठाकर तोलता, साथ ही देखता कि घास बढ़िया भी है कि नहीं। थानें पहुँचकर हम वैसे ही डर जाते थे। जब तक मुंशी की तसल्ली न होती, हम गाँठों के पास खड़े रहते। घोड़ी बीमार हो जाती तो शामत हमारी आ जाती थी कि घ्ज्ञास अच्छा नहीं। बड़े बुरे दिन थे! डाक्टर अम्बेडकर और मंगूराम उठे, तब कहीं जाकर ये कुछ ठीक हुए। बँटवारे के बाद भी पुलिस वाले आते रहे, पर हमने घास ले जाना बन्द कर दिया कि अब तो मुल्क आज़ाद हो गया।"

"और बताऊँ!" बापू की आँखों में लाली चमक रही थी।

"बता।" हमने कहा।

"एक बार गाँव लड़ोआ का ज़ैलदार अच्छर सिंह और शेर सिंह नम्बरदार इधर से गुज़र रहे थे। हम सब अपने ध्यान में खड्डियों में बुनाई कर रहे थे। अचानक, ज़ैलदार अपनी घोड़ी से उतरा और चाचा छज्जू पर डंडे बरसाने लगा। बोला—मेरी घोड़ी की रास नहीं पकड़ी। चाचा ने खूब मिन्नत-बिनती की कि सरदार जी, आपको देख नहीं पाया...नहीं तो रास पकड़ लेता। पूरी चमारली को गालियाँ बकता रहा, फटकारता रहा। कहता था—तुमने घोड़ी के खुरों की आवाज़ नहीं सुनी? धरम से, हम सब खड्डियाँ छोड़कर अपनी-अपनी जगह थर-थर काँपते रहे। आखिर, शेर सिंह ने ज़ैलदार को कहा—छोड़ो भी अब, सरदार जी। छज्जू राम, आगे से ख़याल रखना। इतना कहकर दोनों घोड़ियों पर चढ़ कर रास्तगो की ओर चल दिए। ज़ैलदार साले को जज जितने हक मिले हुए थे, जिसे चाहे अन्दर कर देता था, जिसे चाहे छुड़वा देता था। कहते हैं, सात खून माफ थे साले को, तभी तो दुनिया डरती थी उससे! बेगार कराने को हमारे कितने ही आदमी ले जाता था, बहन का खसम!"

बापू का क्रोध किसी ज्वालामुखी की तरह फट पड़ा था। फिर मुझे लगा कि वह हमें आज़ादी के असली अर्थों को समझने के लिए प्रेरित कर रहा हो।

अंग्रेजी सरकार के पिट्ठू इस ज़ैलदार को मैंने भोगपुर के थाने के पास कई अवसरों पर वहाँ घूमते देखा था। उसे उन दिनों में ही देखा जब वह मरों जैसी ज़िन्दगी

काट रहा था। लेकिन, उसकी पगड़ी का कुल्ला (तुर्रा) तब भी किसी घमंड की हामी भरता सिर पर ऊँचा उठा दिखाई देता था।

बापू ने कहा, ''ऐसा होता रहा हमारे साथ, जैसे-तैसे पढ़-लिख लो ससुरो! ज़िन्दगी सुधर जाएगी। अब तो पहले से जमीन-आसमान का फर्क है।''

फिर, वह दिन भी आ गया जिसके बारे में मैंने कल्पना में भी नहीं सोचा था और वह मेरी याद का एक न भुलाया जा सकने वाला वाकया बन गया। यह 1972 के फरवरी महीने की बात है। मैं दसवीं कक्षा के अन्तिम दिनों में था। स्कूल से लौटा तो देखा कि हमारे बरगद-पीपल को काट दिया गया था। कटे हुए ये दरख़्त देखे नहीं जा रहे थे। बरगद-पीपल की लम्बी-मोटी डालियाँ ज़मीन पर पड़ी थीं। तने की छाती पर जागर चौकीदार और उसके बेटे जल्लादों की तरह तेज़ी से आरा चला रहे थे।

अभी हाल ही में बीता जाड़ा मुझे बरबस याद आ गया जब भारत-पाकिस्तान जंग के दौरान हमारे बहुत से परिवारों ने ब्लैक-आउट रातों में इनकी शरण ली थी। इनके नीचे कई मोर्चे खोदे गए थे। जब आदमपुर हवाई अड्डे या भोगपुर की शूगर मिल के आसपास पाकिस्तानी बम गिरता तो हम लोग दौड़कर इन मोर्चों में जा छिपते थे।

इन डरावनी रातों में इस बरगद-पीपल के नीचे ठीकरी पहरे के लिए गाँव के लोग इकट्ठा होते। खौफ़ के दौरान भी मैंने वहाँ ज़िंदगी को धड़कते देखा था। हँसी-मज़ाक को इंदर सिंह का स्वर्णा तूल देकर उस समय शिखरों पर पहुँचा देता जब वह ठहाका लगाकर कहता, ''इन जाड़े की रातों में चोरियों का भेद दशहरे से पहले ही खुल जाएगा, क्यों किशने?'' हम लड़के इस राज़ वाली बात को समझ जाते।

बरगद-पीपल के कटे टुकड़ों को देख मुझे लगा मानो सभी के सिरों पर से एक साया उठ गया हो। खड्डियों वाली जगह नंगी हो गई थी। हमारे लोगों पर होते जुल्मों के गवाहों का खात्मा कर दिया गया था।

इस दुःखदायी घटना से मेरे घरवालों के चेहरों पर अफ़सोस का मातमी पहरा प्रत्यक्ष दिखाई दे रहा था। दादी ने अगली सुबह पौ फटने तक बददुआओं की झड़ी लगा रखी थी, ''कमबख्तो, तुम्हारा नाश हो! जैसे तुमने मेरा दिल दुखाया, रब तुम्हारे साथ भी ऐसा ही करे!''

अपने ब्याह के बाद से ही दादी ने इस बरगद-पीपल को बड़े होते देखा था और इन दोनों की छाया का आनन्द लिया था। उसके दिल को दुःखी करने वाली बात यह भी थी कि उसके पति के हाथों लगाई गई इस निशानी का नामोनिशान मिटा दिया गया था।

बापू ने भी बड़ा दुःख मनाया। पर उसने यह कहकर दिल को तसल्ली दे ली कि चलो, जो हो गया, सो हो गया, अब जट्टों के छोकरे तो नहीं आकर बैठेंगे यहाँ!

रेगिस्तान में बहा दरिया

"ठाकरा! ठाकरा! दरवाजा खोल!" एक ही साँस में बोली गई घबराई हुई-सी आवाज़ थी।

"बाऊ बसन्त सिंह लगता है।" कहकर बापू फ़ुर्ती से बाहर वाला दरवाज़ा खोलने के लिए आगे बढ़ा। वह जाते-जाते कह रहा था, "मुँह अँधेरे! कभी आगे न पीछे... ख़ैर हो।"

"ठाकरा! जीत ने रात में संखिया खा लिया! तुझे बुला रहा है। रत्ते के यहाँ से हींग लेकर जल्दी ही आ जा।" बाबा ने आँगन में प्रवेश करते हुए रुआँसे स्वर में रुक-रुककर कहा। फिर वह बुक्का फाड़कर रोने लगा। वह लपेटे हुए कम्बल से आँखें पोंछने लगा। हम सबके चेहरे उतर-से गए।

"रात में नहीं बता सकता था?" बापू ने तल्ख़ी के साथ शिकवा किया।

बाऊ बाबा को जैसे सुनाई ही न दिया हो। उसने फिर नाक में बोलते हुए कहा, "ठाकरा! जल्दी पहुँच। मलकीत कौर भी कल की मायके गई हुई है।"

मैंने देखा कि बाऊ बाबा जूती पर ओस की वजह से मिट्टी की एक मोटी तह जमी हुई थी। उसके चेहरे पर उदासी और लाचारी की एक परत चढ़ी हुई थी।

"कैसा काम किया मूरख ने!" बापू ने ये शब्द धीमे से बोले।

बाऊ बाबा आया बाद में और उठकर पहले चल दिया। कुछ दिन पहले की बात एकाएक मेरी आँखों के सामने आकर घूमने लगी। ताया जीत उस दिन हमारे गाँव और अपने गाँव सोहलपुर के बीच बरसाती नदी के लिए नये-नये लगाए गए बाँध के साथ वाले तिरछे से ज़मीन के टुकड़े में हल चला रहा था। उसने लाड़ भरे शब्दों में कहा था, "गुड्ड!" और पैने सहित अपना दायाँ हाथ हवा में हिलाकर इशारा किया था। जब मैं उसके करीब गया तो उसने हल रोककर ज़बरन मेरा कुर्ता और कच्छा उतारा और मरखने बैल के सींग पर टाँग दिया। फिर हँस कर बोला था, "खुद ही उतार ले अब।" मैं रुआँसा हो उठा था। मैं एक हाथ आगे और एक हाथ पीछे ले जाकर अपना नंग ढकने की कोशिश करने लगा। मैं जितने ऊँचे स्वर

में रोता, ताया उतना ही ज्यादा हँसता। उसके चौड़े दाँतों वाला ऊपर का जबड़ा काली दाढ़ी और मूँछों के बीच में फबता था। आख़िर, ताये को खाँसी छिड़ गई थी और उसका भरा हुआ सुडौल सुन्दर चेहरा लाल हो उठा था।

"ले, इस पैने से उतार ले।" ताये ने बैठकर मुझे बाँहों में भर खिझाते हुए कहा। वह जानता था कि इस काले-सफ़ेद बैल से मैं बहुत डरता हूँ क्योंकि वह सींग मार देता था। हमारे गाँव से ख़रीदे बछड़े के साथ भिड़ते समय उसका एक सींग पूरा ही उखड़ गया था और उसके बीच से निकली छोटी-सी गुल्ली पर डेढ़-दो महीने तक पट्टी बाँधी जाती रही थी। मेरा सुबकना अभी जारी था कि बड़े बाबा अरजन सिंह (ताये का चाचा बाबा) ने दूर से ही फौजी रौब वाली डाँट मारकर कहा, "ओए शर्म कर कुछ, बहुत हो गई तेरी ठिठोली!"

ताये ने तुरन्त कपड़े उतारकर मुझे दे दिए थे। इतने में ताई (मलकीत कौर) सुबह का नाश्ता लेकर आ गई थी और साथ वाले खेतों में काम करते बापू, बड़े बाबा और छोटे बाबा जिसे सभी 'बाऊ' कह कर बुलाते थे), आ गए थे। जब ताई को पता चला तो वह ताये को घूरती हुई मुझे अपने संग घर ले गई थी।

मेरी इन ख़यालों के डिब्बों वाली लम्बी रेलगाड़ी उस वक्त रुकी जब बापू के मुख से "ओह! तेरी...!" निकला।

जल्दबाज़ी में साइकिल को कोठरी में से निकालते समय बापू के दायें टखने से थोड़ा-सा ऊपर टाँग की हड्डी पर बिना पैडिल वाली किल्ली ज़ोर से लगी थी। उसके मुख से सहज ही निकल गया था, "जल्दबाजी के आगे गड्ढे ही रहते हैं साले!"

बापू हवा से भी तेज़ साइकिल दौड़ाकर सोहलपुर पहुँचना चाहता था। उसने ताये वाले विलायती साइकिल को दरवाज़े से बाहर करते हुए मुँह पीछे घुमाकर हमें हुक्म दिया था, "आज स्कूल से छुट्टी कर लेना दोनों जने!"

कुछ देर बाद हम दोनों भाई रोटी खाकर सोहलपुर के लिए निकल पड़े थे। मेरे मन में कई डरावने ख़याल आ रहे थे। चलते-चलते बीच-बीच में मुझे कँपकँपी-सी छूट जाती और दिल की धड़कन तेज़ हो उठती। बाँध पर साँपों की लकीरों को देखकर मैं और भी डर गया।

दोनों बाबाओं के चेहरे उतरे हुए थे। उनकी निगाह रास्ते की ओर थी। वे आपस में कम ही बोल रहे थे। अगर बात करते तो बस इतनी कि दोपहर हो चली है, ठाकर अभी भी नहीं आया।

बाऊ बाबा का एक पैर अपने बेटे जीत की चारपाई की ओर और दूसरा बाहर की ओर होता। उसे जैसे चैन नहीं पड़ रहा था और उसकी नाक में से पानी बह रहा था।

कुछ देर बाद एक सफ़ेद कार आकर रुकी। बापू के साथ एक ऊँचा-लम्बा, मोटा, गोरा-चिट्टा, घनी दाढ़ी वाला सरदार निकला। वे सीधा ताये की चारपाई के

पास गए। अब दोनों बाबा भी एक उम्मीद के साथ उनके करीब आ खड़े हुए थे।

''सरदारा सिंह! पैसे जितने मर्जी लग जाएँ, परवाह नहीं, मुंडे को बचा लो।'' बाबा अरजन सिंह ने याचना भरे स्वर में कहा।

बाऊ बाबा उन सबके मुँह की ओर देख रहा था और बेबसी की झलक उसके चेहरे पर स्पष्ट दिखाई दे रही थी। वह ताये की चारपाई के पास नीचे ज़मीन पर बैठ गया।

डॉक्टर ने ताये की छाती पर बार-बार टूटी लगाई जिसके सिरों को उसने अपने कानों में अपनी सफ़ेद पगड़ी उतारकर ठूँस रखा था। फिर, उसने ताये को दवाई दी जिससे उसे उल्टियाँ आने लगीं। बाद में उसने पुड़ियाँ दीं और टीके लगाए।

''सरदार सियाँ, तुम्हारी कार में भोगपुर या जालंधर ले चलते हैं।'' बड़े बाबा ने फिर मिन्नत की।

इसी दौरान डॉक्टर ने बापू को एक ओर ले जाकर कुछ कहा। दोनों बाबों के चेहरे और भी फक्क पड़ गए। वे अडोल बेजान-से बुत बनकर खड़े थे। लगता था जैसे उन्हें स्वयं कुछ नहीं सूझ रहा था और डॉक्टर ही उनके लिए रब बन गया था।

''वाहेगुरु पर भरोसा रखो। मैंने दवाई दे दी है, बाकी उम्र तो ऊपर वाले के हाथ में है।'' डॉक्टर ने कमीज़ के नीचे का अपना 'गातरा' ठीक किया और कार की ओर जाते हुए दोनों बुज़ुर्गों को दिलासा दिया। पलक झपकते ही कार धूल में गुम हो गई जिसका पीछा मेरी निगाह दूर तक करती रही।

उधर, हवेली के साथ वाले जोहड़ के दूसरी ओर घर को जाने वाली गली में दोपहर से पहले की बैठी दादी राओ ने मुझे हाथ से अपने पास आने के लिए इशारा किया।

''क्या कहकर गया है डाक्टर?''

''कहता है, उम्र तो ऊपर वाले के हाथ में है।''

दादी आहें भरती तेज़ी से हवेली की ओर बढ़ी। पर उससे दो कदम भी न उठाए गए मानो टाँगें जवाब दे गई हों। वह कलेजा थामे वहीं घूमकर बैठ गई। उसकी आँखों से टप-टप आँसू गिरने लगे।

बाऊ बाबा और मैं फिर ताये द्वारा जगह-जगह की गई टट्टी पर मुट्ठियाँ भर-भरकर मिट्टी डालने लगे। बाऊ बाबा के हाथ काँप रहे थे। वह धीमे स्वर में जैसे अपने आप को ही सुनाकर कह रहा था, ''अन्दर तो सारा कट-फट गया है, अब तो निरी चरबी गिराने लग पड़ा है।''

''ठाकरा! मुझे बचा ले, मुझसे गलती हो गई।'' ताये ने चारपाई पर मरोड़े मारते हुए फिर से अपनी बेबसी ज़ाहिर की तो हमारी नज़रें फिर ताये की चारपाई पर जा टिकीं। बाऊ बाबा की आँखों में से पानी यूँ बह चला मानो। नाका टूट गया हो और पानी ने जैसे किसी मोटी मेंड़ को बहा दिया हो।

"तेरे पास ही हैं सारे, हौसला रख!" बापू ने जैसे बड़ी हिम्मत इकट्ठी करके कहा हो। फिर उसने दूसरी ओर मुँह घुमाकर अपनी पगड़ी के एक छोर से आँखें पोंछ ली थीं।

"ठाकरा! मैं मर जाऊँगा, बचा सकता है तो बचा ले, पर उसे मेरे पास न आने देना।" ताये ने पल भर रुककर फिर कहा, "अगर तू मेरे पास से चला गया तो मैं कुंइया में कूद जाऊँगा।"

"जीत, हौसला रख...।" बापू के पास जैसे ताये से भी अधिक शब्दों का अभाव हो गया था। उसने अन्दर से बाहर आकर बाबा अरजन सिंह को बताया, "मुझसे उसका टूटना नहीं देखा जाता!"

नारंगी रंग में रंग चुका सूरज छलाँगें लगाते हुए छिपने को हो रहा था। परिन्दे अपने घोंसलों की ओर उड़ानें भरने लगे थे।

बापू कुंइया से पानी पीकर लौटा तो ताया दूसरी चारपाई पर कमर में लपेटी सफ़ेद चादर ओढ़कर पड़ा हुआ था। उसने पूछा, "जीत, क्या बात है? इधर पड़ गया?"

"ठाकरा! अब सब खत्म है।"

"जीत, ऐसा न कह...रब...।"

"मलकीत कौर से मेरी तरफ़ से माफ़ी माँग लेना कि गलती...।" ताये ने जैसे अपनी सारी ताकत इन शब्दों में लगा दी हो। तभी तो बापू का कसकर पकड़ा हाथ खुद-ब-खुद ढीला पड़ कर छूट गया।

समीप खड़ा बाऊ बाबा बुक्का फाड़कर रो पड़ा।

"इक अलावलपुर (ज़िला जालंधर) में बैठा है और दूसरा विलैत में...मेरा तो यही था सब कुछ...।" बाऊ बाबा ने रोते हुए अपने बेटों को याद किया। वह गिर-गिर पड़ता था और फिर ताये की चारपाई के पास बैठकर ज़ार-ज़ार रोने लगा।

दोनों बाबाओं का रोना-बिलखना सुनते ही दादी दोनों हाथों से अपनी छाती पीटती दौड़ती आई। अब उसकी टाँगों में जान पता नहीं कैसे लौट आई थी। वह विलाप करते हुए ताये को यूँ आवाज़ें लगा रही थी मानो सोये हुए को जगा रही हो। बिलख-बिलखकर रोती हुई दादी को देखकर मैंने खुद फिर से रोना शुरू कर दिया था।

उतर रहा अँधेरा सबको ज़बरन अपनी चादर में छिपा लेने के लिए उतावला हो रहा था।

इसी दौरान चैन की पीतो और नम्बरदारनी नन्नी ने भी आकर ऊँची आवाज़ में रोना शुरू कर दिया। नांद पर बँधे पशुओं ने अपने मुँह रोने-पीटने की आवाज़ों की ओर उठा रखे थे। लगता था जैसे उन्हें भी किसी अनहोनी के होनी में तब्दील होने का अहसास हो गया हो।

...और, बापू ने हम दोनों भाइयों को बुलाकर कहा, "तुम गाँव चले जाओ, मैं भी आता हूँ।"

करीब खड़ा बाबा अरजन सिंह कह रहा था, "ठाकरा, उठकर कठार चला जा, अँधेरे-अँधेरे। मलकीत कौर को कहना कि जीत बहुत बीमार है, अपने भाई को साथ लेकर आ जाए। उसके भाई को परदे से समझा देना कि मकाण दिन चढ़े ले आए। जाते हुए अपनी बुआ और बहन—एक परिवार में ब्याही बुआ (प्रीतो) और भतीजी (मीतो) को सलाले में बताते जाना।"

अंत्येष्टि से लौटते हुए मैंने देखा कि छोटे से गाँव का बड़ा-सा रास्ता रिश्तेदारों, सगे-संबंधियों और ताये के दोस्त-यारों से भरा पड़ा था। यह दुःखद घटना 1965 की दीवाली से बीस-बाईस दिन पहले की थी।

यद्यपि अब ताये का भोग पड़ चुका था, तब भी हमारे घर में उसकी बातों का अखण्ड प्रवाह जारी था। बापू गर्व से कहता, "जीत जैसे बन्दे क्या घर-घर में पैदा होते हैं?... एक बार हम हवेली में खड़े थे तो जीत के मन में पता नहीं क्या सूझा, मुझे बाँह से पकड़कर खुरली के पास ले जाकर बोला—इस वक्त हमारे पास पगड़ियाँ नहीं हैं, आ तू भी गाय के बदन पर हाथ रख ले, आज से हम दोनों भाई बन गए। फिर घर पहुँचकर उत्साहित-सा होकर मलकीत कौर से बच्चों की तरह बोला—आज के बाद ठाकर साइकिल, पैसे या कोई चीज माँगे तो ना नहीं करना, अगर किया तो मुझसे बुरा कोई नहीं...अब हम भाई बन गए हैं।"

बापू कुछ पल रुककर फिर बताने लगा, "एक बार हवेली आकर मलकीत कौर ने मुझसे कहा। भाइया जी, पता लगा है कि बरामिये मेंहदू के घर में बैठकर पी रहे हैं। जरा...। मैंने फौरन साइकिल उठाई और जाकर हाँक लगाई। जब वह गेट पर आया तो मैंने कहा—लानत है तेरे पर, आज यहाँ बैठकर पी रहा है, कल तेरे घर भी आएँगे ये। फिर क्या था—चुपचाप वहीं से मेरे संग चल पड़ा।"

"और बताऊँ?" बापू ने पूछा।

"एक बार पीते-पीते तोखी शहिबाजपुरिये ने मुझे डाँट मारते हुए उल्टा-सीधा कुछ कह दिया। जीत ने उठकर गले से पकड़ लिया—अगर फालतू बोला तो देख लेना... यह मेरा भाई है। तूने जाना है तो चला जा। तलवंडी सुच्चे ने भी एक बार चमार-कमीन कहकर कुछ कहा था तो जीत ने उसी समय उसको बुरी तरह बेइज़्ज़त कर दिया था।"

बापू के पास ताये से जुड़ी यादों का एक अच्छा-खासा भंडार था। रात में रोटी खाते समय वह ताये के बारे में कोई न कोई बात शुरू कर देता।

"जब अवतार का ब्याह था तो माणकढेरी वाला बाबा फुलके बनाते-बनाते चाचा अरजन सिंह को कहने लगा—ठाकर चूल्हे के नीचे बालण डाले जा रहा है। चाचे ने खूब ठोककर जवाब दिया—इसके हाथों वाले बालण से ज़हर चढ़ता है! इसी

तरह ज्ञानू (नाई) कहे कि खाने-पीने वाली सारी चीजों में ठाकर हाथ डाले जा रहा है। फिर दारू (माधोपुर का जट्ट हलवाई) ने कहा—शरम कर कुछ! तू है तो हमसे बड़ा... हमें जो बोतल मिलनी है, वो भी नहीं मिलेगी ऐसे तो। सब कुछ तो ठाकर के हाथ में है। इस पर ज्ञानू कहे—अच्छा, जैसी तुम्हारी मर्जी। मैं पूछते-पूछते रह गया कि दो दिन पहले खंड पाठ पर जट्टों-चमारों के घर से लस्सी इकट्ठी करके बाल्टियाँ भरकर हम माधोपुर लाए थे। उन्हें एतराज नहीं तो तू क्यों बीच में चौधरी बना फिरता है!''

बापू फिर जैसे एक कमी-सी महसूस करते हुए कहता, ''दिन तो जैसे-तैसे गुजर जाता है, दिन ढलता है तो ऐसा लगता है जैसे जीत मेरे साथ-साथ हो। रात में अव्वल तो नींद नहीं आती, अगर आ जाए तो सपनों में जीत, बाँध के साथ वाले कच्चे रास्ते में साइकिल की घंटी को खोलकर एक हाड़ा (पेग) खुद पीता और एक मुझे देता है। कहता है—चल उठ, बकरे बुलाएँ (मस्ती में होठो से निकाली जाने वाली तेज़ आवाज़)। तू घबरा न, मैं जो तेरे साथ हूँ।''

बापू की बातें सुनते समय मेरा मन रात के अँधेरों को चीरकर ताई के घर की ओर उड़ानें भरने लगता। बिल्लियों जैसा ताई का रुदन सुना नहीं जाता। छुट्टी वाले दिन मैं गोली की तरह सीधा उसके पास चला जाता।

बड़ी दादी ईसरी (ताई की दादी सास) आँगन में खाट पर लोई या रजाई लेकर बैठी होती। मैं करीब जाकर बैठता तो वह रजाई का पल्ला मेरे ऊपर दे देती, अपना हाथ मेरे सिर और पीठ पर फेरती हुई असीस की बरखा करते हुए कहती, ''ठाकर को पाँच रुपये देकर मैंने तुझे लिया है। मैंने पगड़ियाँ बदली थीं जीत और ठाकर की! जल्दी-जल्दी तगड़ा हो जा मेरे पुत्त!''

इसी दौरान, मुझे अपने गाँव की दुबली, पक्के रंग वाली और छुहारे की तरह झुर्रियों से भरे मुँह वाली बुजुर्ग नम्बरदारनी भागो की याद हो आती जिसके कपड़े मैले होते, पैरों में पुरानी जूती और हाथ में सोटा होता। वह हमारे घरों की औरतों-लड़कियों से कुछ दूरी बनाकर अपने कपड़ों को समेटे हुए बात किया करती। गली-मुहल्ले में खेलते बच्चों में से जब किसी का हाथ उसे छू जाता तो वह झट डंडा मार देती, गालियाँ-उलाहने अलग! वह भ्रष्ट हो जाती। मैं सोचता, बड़ी दादी को तो कुछ नहीं होता। वह भी तो जट्ट है, मुरब्बा ज़मीन है। हमारे गाँव वाले तो रड़ा टाहली(ब्यास दरिया का मंड) को काही (जंगली घास) के लिए बैलगाड़ियाँ लेकर जाते रहते हैं और फिर भी हमारे साथ ऐसा करते हैं।''

बड़ी दादी इतना लाड़ करती कि मेरा दिल अपने गाँव में लौटने को नहीं करता। फिर ख़याल आता—हमारे गाँव में भी ऐसा पानी और ऐसी हवा बहती है। सहज ही बापू का जवाब मिलता, ''सोहलपुर गाँव पूरा तो अमलियों (नशेड़ियों) का है। ये .खुशिया नहीं अपनी बिरादरी का... उसके घर से जब तब डोडे-मावा(अफ़ीम) मांग

लाते हैं सब। इनकी एक-दूसरे के बगैर गरज पूरी नहीं होती और ये किसी के साथ क्या छुआछूत करेंगे।''

मेरी इस उधेड़बुन के धागे उसी समय खत्म होते जब ताई चाय का गर्म गिलास मेरे हाथ में ला पकड़ाती।

ताई मुझे कभी रोटी के ऊपर गुड़, राब, शक्कर-मक्खन आदि रखकर देती और दाल-दही या साग अलग से। अचार को मन करता तो मैं रसोई के साथ वाली कोठरी में रखी चाटी में से एक डली निकाल लाता। वह मुझे अपने जूठे बर्तन धोने या माँजने न देती।

ताई मेरे संग पहले से ही बेहद मोह रखती थी। कई बार वह अपनत्व भरी याचना के साथ मुझे कहा करती, ''छुट्टी वाले दिन मेरे पास आ जाया कर, मेरे पुत्त! मेरा मन लगा रहता है।''

उसकी दुःखती रग का मुझे थोड़ा-थोड़ा पता था। वह मुझमें अपने मर चुके बेटे और बेटी को तलाशती थी। वह कपड़े धोती तो मैं धीरे-धीरे हैंडपंप चलाता रहता। वह कोई भी काम करती, मुझे अपने संग-संग रखा करती। मैं भी उसके पीछे-पीछे यूँ चलता रहता जैसे बकरी के पीछे मेमना!

साँझ होने पर घर लौटने लगता तो कहती, ''पुत्त, अपनी माँ से कहना आकर मिल जाए। तार के ब्याह के बाद बस तेरे ताये के मरने पर ही आई थी, कहना जल्दी चक्कर लगाए।''

अपने गाँव की ओर जाते हुए मेरे पैर जैसे भारी हो उठते। सोचता—हम ताई के घर के पास कोठा डाल लें, माधोपुर से न रोज़ आएँ और न जाएँ।

मैं घर पहुँचकर बताता कि ताई ने आज क्या-क्या खाने को दिया। माँ हाथ जोड़कर अरदास करने के लहज़े में कहती, ''रब तेरी ताई की झोली भी भरे!''

''पहले लड़का हुआ तो उसे जलोदर हो गया। मैं तो अपनी लाल गाय का दूध सवेरे ही पहुँचा आता था, पर ज्यादा उम्र नहीं लिखी थी। लड़की पैदा हुई तो यूँ ही देखते-देखते हाथों में से चली गई। अब रब निशानी दे तो उम्र लगाकर दे।'' बापू ने विस्तार से बयान किया।

''वंश के लिए रब खुद ही बूटा लगाएगा, करमों की मारी के साथ पहले ही बहुत अन्याय हो गया।''

मैंने बीच में टोककर पूछा, ''ताया उस दिन बड़े बाबे के बारे में...?''

''उसने चाचे से बोतल के लिए पैसे माँगे थे, किसी के साथ दशहरे पर पीनी थी। चाचे ने झिड़क दिया कि शराबों-कबाबों के लिए मेरे पास पैसे नहीं हैं। ये थी बीच की बात।'' फिर उसने अचानक कहा, ''अगर डाक्टर सरदारा सिंह मेरे साथ तभी चल पड़ता, जब मैं उसके पास पहुँचा था, तो जीत बच गया होता। मामा नखरे ही करता रहा—बस, ये मरीज देखकर चलते हैं। ऐसे ही बूढ़ी औरतों की तरह बहानेबाजी

करते दोपहर कर दी। फिर कहे—उम्र तो ऊपर वाले के हाथ में है। बना फिरता है बड़ा डाक्टर।"

"बंदे के हाथ में क्या है? अब तो सतिगुरु औलाद दे। मलकीत कौर का दुःख थोड़ा कम हो जाएगा।" माँ के पास दोहराने के लिए यही बात थी।

ताये की मृत्यु के बाद उसके वारिस की ज्यादा बातें हुआ करती थीं, जैसे हम इस भरे जाड़े में गरमाइश की बातें करते थे। फिर नववर्ष आ गया।

एक दिन (पहली जनवरी 1966) शाम के समय बापू ने सोहलपुर से आकर बताया, "मलकीत कौर की गोद में लड़की है।"

"रब, बेटा दे देता तो...।" माँ ने थोड़ा अटककर कहा, "चलो, रब उमर लम्बी करे।"

इन दिनों मैं कई दिन तक ताई के पास नहीं गया, जैसे कि मैं अपनी माँ के जनेपे के समय इधर-उधर खेलता रहता था, उसकी खाट के पास अधिक नहीं जाता था। जिस दिन मैं गया, ताई मुझसे बोली, "ये देख, तेरी बहन आ गई है। और दो महीनों में तू पाँचवीं पूरी करके सरकारी मिडिल स्कूल, गीगनवाल) पढ़ने लग जाना। साथ ही, देबी को भी खिलाया करना।"

देबी रूई जैसी नरम, और मासूम-सी। मैं उसे गोद में उठाता, वह भी उमंगित-सी खुश होकर हुंकारे भरती। पास बैठी दादी राओ गर्दन पीछे की ओर घुमाकर नसवार की चुटकी भरकर अपने नथुनों में ठूँसती रहती। मैं चुपके से उसकी बगल वाली जेब में से नसवार की डिब्बी निकाल लेता। दुबारा नसवार सूँघने के लिए वह जेब टटोलती, इतने में मैं छत पर चढ़ जाता। वह ऊँची आवाज़ में बोलती, "दम ले, कमबख्त! मैं लेती हूँ तेरी खबर... बंदे का पुत्त बनकर डब्बी दे दे!"

इस पर मेरे नाचने-कूदने के अन्दाज़ को देखकर वह हँसने लगती और उसके पोपले मुँह में सिर्फ़ जीभ ही हिलती दिखाई देती। उसके चेहरे की झुर्रियाँ उस वक्त और अधिक सघन दिखाई देतीं जब वह आँगन के बीच से पूरब दिशा की ओर मुँह करके आँखों को सिकोड़कर हाथों का बारी-बारी से छप्पर बनाकर ऊपर मेरी ओर देखती। वह इधर-उधर डंडा तलाशती तो मैं होशियारी से सीढ़ी का एक-एक डंडा उतरकर हवेली की ओर सरपट दौड़ जाता। कुछ देर बाद वह मुझे हाथ से इशारा करती और हाँकें लगाने लगती, "अपने बाबा के लिए चाय ले जा, मेरा पुत्त!"

मैं बम्बी पर बाबा के सामने चाय का डोल रखता जिसकी कौवे जैसी निगाह पहले ही राह की ओर उठी होती। वह पोस्त पानी में भिगोकर मलता, कपड़े में उसे छानता और फिर आँखें मूँदकर एक साँस में चढ़ा जाता। फिर, नसवार सूँघने के कारण हल्के सुनहरी रंग की हो गई मूँछों और झड़कर छोटी हो चुकी खुली-खुली-सी चितकबरी मैली-सी दाढ़ी पर हाथ फेरने लगता। मुझे समझाता, "गुड्ड, आज के बाद मेरे से चाय नहीं माँगना और न ही रास्ते में पीना। इसमें डोडे (पोस्त) होते

हैं। मैं तो फँसा हुआ हूँ, कहीं तू न...।'' फिर चाय के घूँट भरते हुए मुझे नसीहत देता, ''मेहनत से सारे काम रास आ जाते हैं। यूँ ही तो नहीं कहा करते—डटकर काम करो और जी भरकर खाओ। बेशक, मुझे अमल लगा है, पर मैं टैम बर्बाद नहीं करता, बंदा जितने लायक हो, अपने काम लगा रहे।''

बाऊ के कपड़े अक्सर मैले होते। छिपकर बैठा वह कच्छे की जूँएँ मारता रहता। उसके सिर के काले-सफ़ेद बाल जटाओं में बदलकर बालिश्त भर रह गए थे जो जूँओं-लीखों से भरे रहते। वह दोनों हाथों से कितनी-कितनी देर तक खाज करता तो ढीली-सी बँधी उसकी पगड़ी ऊपर की ओर उठ जाती, जिसमें से आधी जटायें बाहर की ओर निकली होतीं। वह छह महीने बाद ही नहाया करता था। वह तन पर पानी पड़ने से ऐसे डरता था जैसे किसी काली घटा को देखकर बकरी काँपने लगती है।

बाऊ से मेरी दोस्ती हो गई थी। वह, बड़ा भाई और मैं पशुओं के लिए चरी, बाजरा, गा्चा, बरसीन, छटाला, सेंजी, लूसण (एक प्रकार की घास) काटते। चने, मसूर, मेथी, लोबिया, सरसों, सौंफ, अलसी, अरहर, खोदते-काटते। गन्ने छीलते, रस्सी बटते। मिर्च-प्याज की पौध लगाते। मूली-शलजम के बीज बोते, शकरकन्द की बेलें काट-काटकर लगाते, गन्ने का बीज काटते। इन सब कामों के दौरान मैं कभी नहीं ऊबता क्योंकि बाऊ बाबा मुझे रामायण और महाभारत की कहानियाँ और गुरुओं की दिलचस्प साखियाँ सुनाता रहता था। मेरे मन में आता कि मैं इन्हें अपनी कापी पर लिख लूँ।

काम करते-करते बाऊ नसवार की डिबिया खोलकर दायें हाथ के अँगूठे और तर्जनी से चुटकी भरकर नथुनों के अन्दर रख, ज़ोर से साँस अन्दर की ओर खींचता।

नशे की झोंक में उसकी आँख लग जाती। जब होश आता तो कहता, ''मेरा पुत्त, खूब पढ़ा कर, घर का दलिद्दर ख़त्म हो जाएगा।'' मुझे लगता बाऊ पर जैसे 'धुर की बाणी' उतरी हो। मैं उसकी भूरी आँखों में झाँककर मन ही मन हँसकर रह जाता।

इसी दौरान, कई बार कोई रीढ़ के दर्द का झाड़ा करवाने आ जाता। बाऊ हाथ वाला काम छोड़कर कहता, ''गुड्ड, वो बकायन के पत्ते तोड़ ला।''

वह रोगी की टाँग पर उन पत्तों को लगातार हिलाता और मुँह में बुदबुदाने लगता। बाद में सलाह देता, ''एक बार और आकर झाड़ा करवा जाना। कौन-सा पैसे लगते हैं। रब पर भरोसा रख, ठीक हो जाएगा। सच, अब आए तो परसाद लेकर आना।''

परसाद बाँटता बाऊ बताता, ''हमें तो बख़्शश है और हमारे हाथ में क्या है? सतिगुरु की कृपा है।''

उधर, बड़े बाबा हाँक लगाते, ''गुड्ड, आ जा, झूले ले ले।'' मैं दौड़कर सुहागे

(पाटा) के ऊपर जा बैठता। वह बैलों को तेज़ दौड़ाने के लिए उनकी नाक से बँधे रस्से को खींचता और पैना ऊपर हवा में उठाकर प्यार से थोड़ा ऊँचे स्वर में कहता, "बेड़ा तर जाए तुम्हारा।"

झूले दिलाने के बहाने बड़े बाबा मुझे कई बार अपने संग बैलगाड़ी पर बिठाकर आटा पिसाने के लिए बहिराम सरिश्ता ले जाता और कभी टायर में पंक्चर लगवाने के लिए।

मैं गड्डे की मंजी पर बैठता जबकि बाबा झूले पर पशुओं के रस्से पकड़कर बैठता। पर गड्डे को हाँकने से पहले फौजी उसूल ज़रूर इस्तेमाल करता और कहता, "गड्डे की भंडारी की कुंडी अच्छी तरह लगा दे, कोई रस्सा या दराँती न खिसककर गिर जाए।"

बड़ा बाबा कहीं भी जाता, अपनी दूध जैसी सफ़ेद दाढ़ी को सँवारकर बाँधता जो उसके भरे चेहरे पर ख़ूब जँचती। उसकी हल्की बिल्लौरी आँखें लिश्कारे मारतीं। वह हमेशा 777 नंबर की मलमल की बर्फ़ जैसी पगड़ी चिन-चिन कर बाँधता। सफ़ेद कुर्ते-पायजामे से उसके तन-मन की सुन्दरता और सयानापन और भी निखरा-निखरा दिखाई देता। उसकी चाल-ढाल में फ़ौजी ज़िन्दगी की झलक प्रत्यक्ष दिखाई देती।

बाबा अरजण सिंह का पूरे गाँव में और घर में बहुत मान-सत्कार था। वह ज्यादा नहीं बोलता था—धैर्य के साथ बात करता। बेशक वह परिवार के सदस्यों को डपटता-झिड़कता नहीं था, पर उससे सब थर-थर काँपते थे। उसके हुक्मों का बग़ैर किसी ढील के पालन किया जाता। मैं भी डरता और उसके सामने शरीफ़ होने का स्वाँग रचता।

जब बाबा मुझे किसी काम से घर की ओर भेजता तो मैं देबी को खिलाने में व्यस्त हो जाता। हालाँकि मैं आठवीं-नवीं में हो गया था, फिर भी मैं कभी आँगन में 'घोड़ा' बनकर उसे अपनी पीठ पर चढ़ाकर झूले देता, उसे हँसाता और कभी 'चंचल घोड़ा' बनकर उसे नीचे गिराकर रुलाता। इस तमाशे को देखकर ताई दूर से ही कहती, "और डेढ़-दो साल में गुड्ड टांडे पढ़ने लग जाएगा। फिर कौन इसे खिलाया करेगा?"

"दीशी (देबी की बुआ की बेटी जो यहीं पर रहती और पढ़ती थी) जो है, ये खुद ही सहेलियाँ बन जाएँगी।"

सोहलपुर से लौटते समय मेरे कंधे पर स्कूल का लटकता झोला और सिर पर 'कड़ब' या 'सेंजी' या 'बरसीन' की पूली होती। देबी और ताई के बारे में लौटते हुए सोचता तो सिर पर उठाया बोझ बिलकुल भी महसूस नहीं होता। मुझे ताई या दोनों बाबों की छोटी-छोटी बातें याद हो आतीं तो मैं मन ही मन ख़ुश होता। पर दादी के शब्द मुझे चुभते जो हवेली से खेतों को जाते समय उसने मुझसे कहे थे, "कंधे पर रखे फावड़े से तू तो निरा जट्ट लगता है।"

और मुझे कई दिनों तक महसूस होता रहा कि दादी राओ ने जैसे गाली दी हो। मैं मन ही मन उससे नाराज हो गया था।

टांडा कालेज में पढ़ने लग जाने के कारण मेरा सोहलपुर आना-जाना पहले से कम हो गया। ताई और दोनों बाबा आकर मिलने के लिए सन्देश भेजा करते पर मैं अपनी ही नई व्यस्तताओं से घिरा रहता–कभी कवि दरबार सुनने तो कभी कालेज की किसी सरगरमी में। जब मेरे साथी मुझे बताते, ''एन.एस.एस. के कैम्प में बड़ी मौजें हैं, एक बार चल तो सही।'' तो मैं भी बी.ए. भाग-दो के इम्तिहान के बाद मूनकां (गुरुद्वारा टाहली साहिब) में लगे कैम्प में शामिल हो गया। दो-तीन दिन ज़ोरदार बारिश होती रही।

''मैं गाँव होकर आता हूँ ...।'' बारिश हल्की हुई तो एक दिन सुबह मेरे गाँव के मित्र ध्यान ने कहा।

वह शाम के वक्त लौट आया। आते ही बताने लगा, ''गुड्ड, तेरा बापू मिला था। कहता था–उसे बता देना कि चौथ (26-6-1977) को चाचा अरजण सिंह गुज़र गया। कहता था–दिमाग की नस फट गई थी।''

यह सुनते ही बाबा की मुझे याद आने लगी। कभी वह मुझे सुबह के समय छोटे से पीपल के नीचे खाट पर बैठा गुटका खोल कर 'जपुजी' और संध्या के समय 'रहिरास' का पाठ करते हुए दिखाई देता। कभी वह हमारे गाँव आकर हमारी मज़दूरी में मिले हुए गेहूँ के गट्ठरों को गाहने के लिए फल्हा (एक प्रकार का चौखटा, जिससे गेहूँ आदि को गाहने का काम लिया जाता है) डालता हुआ तो कभी किसी ढह गए कच्चे कोठे के लिए मिट्टी के गड्डे भरकर लाता हुआ, पशुओं को हाँकता हुआ, कभी बापू के लिए खेतों में उगाए, दबाये और सुखाए तम्बाकू का गड्डा लाता हुआ और फिर मेरे ताये दीवान की बैठक में रम के गिलास पीता और बातें करता हुआ दिखाई देने लगा, ''दीवान यह देख, मेरे बायें गुट में से गोली निकल गई थी, पर रफ़ल नहीं छोड़ी थी, पनामा नहर पार कर रहे थे उस वक्त, पहली जंग में।''

ताया भी उमंग में भरकर बताता, ''हम सी.आर.पी. वाले भी पकड़े गए। मिज़ो बागियों के बड़ी लट्ठ फेरते हैं, पर मजाल है कि वे अपने किसी आदमी का भेद दे दें, फ़िजो बड़ी चीज है!''

बाबा मुझे कभी किसी के साथ बातें करता हुआ तो कभी खाट पर बैठा सन निकालता हुआ, अलाव सेंकते हुए लोगों से बातें करता-सुनता दिखाई देता, ''ये बहिराम सरिश्ता जो एक बड़े टीले पर बसा हुआ है, वाले बरगद के साथ ब्यास दरिया की बेड़ी बँधती मेरे बाबा ने देखी है।''

मरा हुआ बाबा मुझे और भी अच्छा लगने लगा जब मेरी आँखों के सामने उसके द्वारा दिया गया लट्ठे का कमीज़-पायजामा आया। जब मैं आठवीं में पढ़ रहा था, तब ये कपड़े बाबा ने अपनी गुरधाम यात्रा के बाद ख़रीद कर मुझे दिए

थे।

मैं कैम्प से लौटा तो बापू ने बताया, "ये घर के सामने वाली एक मरला ज़मीन लेकर दे गया चाचा। गुड्डू की फीस या और पैसों की ज़रूरत पड़ती तो चाचा कहा करता—जितने चाहिए इस अलमारी में से ले ले, बाकी सँभालकर रख देना।"

बापू ने फिर रुककर बताया, "जब मैं चाचा के साथ उसके अहसानों की बात करता तो वह कहता—ठाकरा! तुमने सीड़ें (ज़मीन को अधिक उपजाऊ बनाने के लिए पाँच-छह फुट ज़मीन खोदकर नीचे की मिट्टी ऊपर और ऊपर की मिट्टी नीचे करने का एक उपाय) खोदकर हमें ख़ुशहाल बना दिया। पहले हमारे खेतों में झींगुर बोलते थे, खाने योग्य दाना-फक्का मुश्किल से होता था। अब सौ-सवा सौ बोरी गेहूँ मंडी में फेंकते हैं! यह तुम्हारा ही प्रताप है। हम जन्मों तक तुम्हारा कर्ज़ नहीं उतार सकते।"

बापू के ये प्रसंग अनंत थे, "चाचा का बाघ जैसा मुँह उस वक्त खुशी से और लाल हो उठता, जब मैं भूसे का ढेर बाँधते हुए पहले गिराये ढेर के भूसे में से मोमजामों में बाँधे हुए सौ-सौ के नोट उसे पकड़ाता था, जिनके बारे में उसे कुछ याद नहीं होता था। पैसे पकड़ते हुए चाचा कहता—ईमानदारी के कारण ही ज़मीन-आसमान टिके हैं भाई, नहीं तो पहले वाली बातें अब कहाँ रहीं? तभी तो ठाकरा, मैं कहता हूँ कि भई गरीब दो सेर दाने ज्यादा भी ले जाए तो क्या फर्क़ पड़ता है। तुम कौन-सा हमारा हक मारते हो? घर की तरह सारा दिन टूट-टूटकर काम करते हो। तुम्हारे होते हुए हमारी औलाद हमें ज्यादा याद नहीं आती, हमारा दुःख-सुख तो तुम देखते हो। यूँ ही दुनिया के मोह में फँसे हैं 'मैं-मेरी' में।"

इसी दौरान, मेरे ताया के बड़े बेटे कहते, "अच्छा हुआ, बुड्ढा सारी ज़मीन बाऊ के नाम करा गया। अब खुद ही जैसे मर्जी निपटे। चाचा-भतीजे की अच्छी गुज़र गई, यूँ ही क्यों कहें?"

"बाऊ भी नदी किनारे का पेड़ है, क्या पता किस वक्त क्या हो जाए।" मेरे ताया के बेटे मंगी ने भविष्य की ओर निगाह दौड़ाई।

"उसका भी हौसला टूट गया, देखने को ही चलता-फिरता दिखाई देता है।" बापू ने अपना अहसास बताया, "हमारी भी अच्छी निभ गई है, न कभी बोली, न उलाहना। देख लो भई, साग-पट्ठा, गन्ने-भुट्टे जैसे मर्ज़ी तोड़ कर ले आएँ। कभी शादी-ब्याह या बाहर कहीं जाना हो तो पट्ठे (चारा) कतरकर गाँव में रख जाते रहे हैं। गेहूँ काटते समय शाम को कभी हमारे पास नहीं आए—जितना चाहें, बाँधकर ले आएँ।"

बापू ने हुक्के का घूँट भरने के बाद फिर कहा, "तभी तो वहाँ के उनके दूसरे जट्ट खीझते हैं, कहते हैं—ठाकर को मुख़्तार बना रखा है। बात तो सही है भई,

फ़सलबाड़ी का लेन-देन तो मैं करता हूँ—लुहारों, बढ़इयों, झीरों और बाज़ीगरों को पूलियाँ मैं उठवाता हूँ, मैं मरूंडा छोड़ते वक्त चाहे दो मरले छोड़ दूँ।''

उसने थोड़ा रुककर दुःखी होते हुए फिर कहा, ''अगर हमारे पास भी चार खेत होते तो हमारा वक्त भी अच्छा गुज़र जाता। जट्टों की तरह हमारे घर में भी गेहूँ के ढेर आते। नम्बरदारों जैसे लोग पूछने आया करते—कभी गन्ने छीलने के लिए, कभी चारे के लिए और कभी किसी शै के लिए।''

इन बातों को सुनते हुए मुझे बड़ा बाबा या बाऊ गेहूँ को बम्बी का पानी लगाते हुए दिखलाई देते। मुझे याद आता कि उन्होंने हमें कभी नहीं रोका था जब देबा (ताया अजीत सिंह का भतीजा और लश्कर सिंह पटवारी का बेटा) और मैं ठंडे-ठंडे बरसीन-छटाले पर कुश्ती करते। देबा मोटा और थुलथुल-सा था पर फिर भी वह मुझे कभी-कभी चित कर खुश हो लेता था। देबा और मैं एक ही कक्षा में थे और उसका बड़ा भाई बिन्दर और मेरा बड़ा भाई दोनों एक ही कक्षा में पढ़ते थे। यह लड़ी तभी टूटती जब बापू हुक्म देता, ''गुड्ड, चिलम में आग धर दे।''

''लो, बताओ। मैंने तो मजाक में सन्देशा भेजा था कि गुड्ड एफ.सी.आई. में लग गया और तूने लड्डू भी नहीं खिलाए!'' ताई ने कहा जब मैंने उसके चरण-स्पर्श करके उसे मिठाई का डिब्बा थमाया। फिर कहने लगी, ''और तरक्की करो पुत्त! पिछला वक्त न भुला देना, अपने माँ-बाप का ख़याल रखना।''

दादी राओ ने अपना सोटा ऊपर उठाते हुए कहा, ''दादा मराऊ, आ गई याद अब हमारी?''

मुझे लगा, जैसे मैं दादी के लिए अभी भी छोटा बच्चा होऊँ। जैसा उसकी नसवार की डिब्बी निकालते-छिपाते समय हुआ करता था।

''क्यों टर्र-टर्र करने लगी हो, पहले चाय-पानी तो पिला ले।'' बाऊ बाबा ने कहा।

''मैं आता रहूँगा दादी।''

''अच्छा, मैंने पाँच मस्सयां (अमावसें) की सुखना दे रखी है दिल्ली के बंगला साहिब गुरुद्वारे, बिरजू वहीं पर है। मुझे ले चल।''

''दादी, जब मर्ज़ी चली चल।''

बीच में टोकते हुए ताई बोली, ''देख तो, देबी कैसे ईख की तरह बढ़ती जा रही है।'' सातवीं में पढ़ रही देबी ने सकुचाकर हँसते हुए नज़रें झुका लीं।

वैसे मैं दो-चार महीनों में एक चक्कर ताई को मिलने के लिए लगा आता था। हमारी नित्य की बातों में सोहलपुर का यह परिवार ज़रूर शामिल हो जाता। बापू किसी चिन्ता-सी में बात को आगे बढ़ाता, ''पटवारी अब भी आ जाए तो अच्छा। कुछ आसरा हो जाएगा। घर में सारी तो बूढ़ी औरतें हैं, कोई आदमी भी होना चाहिए। वैसे, पटवारिन अमावस-संग्रांद को पूर्वजों के नाम पर दीया जलाने आने के बहाने

हाल-चाल पूछ जाती है। बताते हैं अब तो बिन्दर का काम भी वलैत में अच्छा चल रहा है।''

हुक्के का घूँट भरकर, उसकी नली एक ओर करते हुए वह फिर बोला, ''दीशी-देबी जवान हुईं समझो। चलो, जैसी किसी की मर्ज़ी, अपना काम तो कहना ही है।''

एक दिन (5-8-1980) मैं भुल्लथ (एफ.सी.आई. का दफ़्तर) से तीन-चार दिन के बाद घर लौटा ही था कि बापू ने ख़बर दी, ''गुड्ड, बाऊ नहीं रहा।''

''अच्छा! कैसे?'' इसके साथ ही मेरा एक गहरा निःश्वास निकल गया।

''पानी क्या कम बरसा है? बताते हैं कि बाऊ पशुओं वाले बरामदे में सो रहा था। वह गिर पड़ा और नीचे ही पड़ा रहा, दिन चढ़े पता चला।''

''चिता पर गए थे?''

''ये नदी बहुत चढ़ी हुई थी, कोई बताने ही नहीं आया।''

''भोगपुर वाले पुल की तरफ़ से जा आते।''

''मैं गया था आज, मलकीत कौर बता रही थी, बापूजी, हमने नम्बरदारों को, चैन के परिवार वालों को बहुत कहा, पर कोई गया ही नहीं।''

बाऊ बाबा की नाक की थोड़ी-सी टेढ़ी नोक, दाढ़ी को खुजलाते हाथ और मोटे रस्से जैसी लड़ों की पगड़ी समेत उसका चेहरा मेरे सामने आ गया। कभी वह मुझे लुहारों के कारखाने पर रेडियो पर ख़बरें सुनता दिखाई देता, जब पाकिस्तान से सन् 1971 में लड़ाई छिड़ने वाली थी और फिर खेतों में बापू से बातें करता-सुनता दिखाई देता, ''रूस ने भी अमरीका को धमकी दी है कि अगर पाकिस्तान के बहाने हिन्दुस्तान की ओर मुँह किया तो हम हाथ पर हाथ रखकर नहीं बैठेंगे।''

बाऊ मुझे गेहूँ, मक्की के बीज बिखेरता हुआ या कभी मेथी, बरसीन, छटाले और सेंजी को बिखेरते हुए दिखाई देता। कभी भैंसों, कौवों, चिड़ियों, टिटहरियों, बगुलों को डराकर उड़ाता और चूहे-छछूँदरों से ईख के खेत को बचाने के लिए उनके बिलों में पत्ती को गुच्छा-मुच्छा करके ठूँसता नज़र आता। कभी आड़ की मिट्टी को हाथ-पैरों से हल्के-हल्के दबाकर, पानी का बाहर निकलना बन्द करता दिखाई देता। कभी मुझे नसीहत देता सुनाई देता, ''दबाकर मेहनत कर, अपने आप गरीबी खत्म हो जाएगी। आगे से 'हो' नहीं, 'हाँ जी' कहना।''

बाऊ बाबा कभी मुझे बताते हुए दिखाई देता, ''यह काला बटेर है और वो तीतर है, लग गया पता फ़र्क का? यह काला-पीला कमादी मुर्गा है। छोटी-बड़ी चिड़ियों में देखा, कितनी फ़ुर्ती है! उस दिन बाँध के पास देखा? साँप और नेवला कैसे लड़ते थे! सच, आज के बाद सेह को इस तरह फावड़े से नहीं मारना, क्या पता काँटा चुभा दे। चलो, तुम दोनों भाइयों ने मिलकर गोह को मार दिया, पर वो तक्कला मार देती है। आगे से बचकर रहना। ये दुमुँहियाँ खूब निकलती रहती हैं अब। बहुत

सारे जानवर पहाड़ से इधर आ गए हैं—बाँध बनने और नाले खुदने के कारण।'' इतने में एक खरगोश हमारे पास से उठकर दौड़ गया था।

पल भर बाद मुझे महसूस हुआ कि बाऊ मेरे सामान्य ज्ञान को बढ़ाने की कोशिश कर रहा था।

अगले दिन मैं अफ़सोस प्रकट करने के लिए गया तो दादी कहने लगी, ''हम सास-बहू रंडियाँ हो गईं पुत्त! हमारा आसरा अब तुम हो।''

''दादी, हम तुम्हारे पास ही हैं।''

मुझे लगा जैसे मैं झूठ बोल रहा होऊँ क्योंकि मेरा सोहलपुर जाना बहुत कम हो गया था। पर ताई कहती, ''पुत्त, देबी और तुम भाई-बहन हो। ब्याही गई तो जाते रहना।''

ताई के भावुक मोह और अपनत्व के सामने मुझे लगता जैसे मेरे ठोस शरीर ने किसी तरल पदार्थ का रूप धारण कर लिया हो। मेरी आँखें नम हो गईं। मुझे लगा अगर देबी का अपना सगा भाई होता तो ताई मेरे आगे ऐसी याचना न करती। मैं उस पल सोचकर रह गया कि समाज में लड़के की कितनी ज़रूरत और अहमियत है।

मुझे कुछ देर बाद महसूस हुआ कि ताई को देबी के बड़ी होते जाने की चिन्ता दिन-ब-दिन बढ़ती जा रही थी। इस दौरान, मार्च 1987 में मेरी बदली दिल्ली में हो गई।

हालाँकि मैं अब अपने गाँव से चार सौ किलोमीटर दूर रहता था, पर मुझे सोहलपुर वाले खेतों की दरारें, बोये हुए गन्ने में फूटती आँखें, फूटते अंकुर, और पूनी कातते मक्की के पौधे, नरमे-कपास के गुलाबी-सफ़ेद फूल और फिर खिली हुई कपास, छोटी और बड़ी छल्लियाँ, खिले हुए गुलाब, नम्बरदारों के कुएँ का दीखता तला और बिजली की तारों से उल्टे लटकते मरे हुए कव्वे, ये सब सपनों में दिखाई देते। मुझे फिर भावुक-सा मोह जाग उठता और दिल्ली से मन ऊब जाता। मैं गाँवों की ओर जाने के लिए उतावला हो उठता।

एक दिन गया तो ताई ने कहा, ''अच्छा हुआ तू दिल्ली चला गया। भाइया जी बताते थे कि तुझे आतंकवादियों ने घेर लिया था। वाहेगुरु ने बचा लिया!''

दादी ने बीच में टोकते हुए कहा, ''अच्छा पुत्त, मैं मरने से पहले बंगला साहिब जा के अपनी मन्नत उतारना चाहती हूँ। मीतो और मैं आ जाएँगी।''

''जब मर्जी आओ, दादी वहाँ भी अपना घर ही जानो।''

करीब दो महीनों के बाद दादी और बुआ हमारे पास दिल्ली आ गईं। जिस दिन पाँचवीं और अन्तिम अमावस नहाकर आयीं तो दादी कहने लगी, ''ले पुत्त, अब मैं आराम से मर जाऊँगी, अब जब मर्जी मौत आ जाए।''

''मेरा विवाह देख लेना, फिर बेशक मर जाना।'' मेरे मज़ाक से दादी ने फिर हँसकर सोटा उठा लिया।

...और फिर अचानक घर से चिट्ठी आई, "मलकीत कौर कल (25 जुलाई 1988) को पूरी हो गई है।"

पढ़ते ही ताई के साथ दो-तीन महीने पहले किया गया इकरार सवालिया निशान बनकर मेरे दिमाग में तेज़ी से घूमने लगा कि मैं अपनी पत्नी समेत आऊँगा।

आँखों के सामने एक पल को एक फिल्म-सी चल पड़ी जिसमें मुझे कई पुरानी बातों के दृश्य नज़र आने लगे—मैं कभी ताई के साथ उसकी सूसां वाली और कभी गढ़ी वाली बहन के यहाँ देबी को उठाये जाता दिखाई दिया। कभी ताई झोला मुझे पकड़ाती और देबी को खुद पकड़ती दिखाई दी। कभी कहती-सुनती—गुड्ड तू और बिरजू इस नये घर की दीवार पर अपने ताये का नाम सुन्दर-सा लिख दो। कभी कहती—गुड्ड, देबी को धमकाकर जाना, सारा दिन खेलती रहती है, पढ़ती नहीं। रब की कृपा से अब आठवीं में हो गई है।

मैं गाँव गया तो बापू कहने लगा, "अब वहाँ किसके पास अफ़सोस के लिए जाना? तूने हमारे पास कर लिया, ठीक है। बहुत बीमार थोड़े हुई थी। छोटे-मोटे रोग तो देह को लगते ही रहते हैं। इतना नहीं पता था कि इतनी जल्दी उसका अन्न-जल खत्म हो जाएगा।" बापू ने पल भर रुककर कहा, "बताते हैं कि मलकीत कौर ने बहुत ज़ोर लगाया कि बाँध के साथ की कुतर हमें चारा के लिए दे दो, पर उसकी चली नहीं। चलो...मलकीत कौर अच्छा धर्म निभा गई जीत की जगह।"

बापू की सलाह के बावजूद मैं सोहलपुर गया। जिस घर में बेशुमार रौनकें और लहरें-बहरें होती थीं और जिसके दरवाज़े हमारे लिए हमेशा खुले रहते थे, वहाँ ताला लगा हुआ था। गली में घास उगी हुई थी। हवेली की ओर देखा तो उसके कमरे गिरने-गिरने को हो रहे थे। लेकिन, बाऊ बाबा के हाथों का लगाया गया पीपल काफ़ी बड़ा और मोटा हो गया था। हवेली के आँगन की तरफ़ जाने को बिलकुल ही मन नहीं किया क्योंकि वहाँ उगी ऊँची-ऊँची भांग, गाजर बूटी और झुआंखरा दूर से ही दिखाई दे रहे थे और उजाड़ में बदल चुका आँगन भांय-भांय करता सुनाई दे रहा था।

अब जब मेरे रोमों में रचे इस जट्ट परिवार के मोह-प्यार का ख़याल आता है तो मुझे लगता है कि जैसे वह हमारी ज़िन्दगी के रेगिस्तान में बहा दरिया हो जिसके कारण थोड़ी-थोड़ी हरियाली दिखाई देने लगी हो।

अपने नाम से नफ़रत

"सारा चमार-टोला पढ़ने बैठ गया। दिन-ब-दिन इनका दिमाग खराब हुए जाता है। अगर इन्हें नौकरियाँ मिल गईं तो हमारे खेतों में काम कौन करेगा! भइये? जो लाइन लगाकर आते जा रहे हैं! दस बार कहो तो एक बार हाथ हिलाते हैं...ऊपर से दस-दस रोटियाँ फाड़ते हैं।" 'बूझड़' ने हम सात-आठ जनों को कालेज जाते देख, सुनाकर कहा।

मैं जो पहले से ही सोच में डूबा था, तुरन्त एक और विचार में पड़ गया कि हमारे माँ-बाप बेगार कर-करके, उधार ले-लेकर हमें पढ़ाते-लिखाते हैं और हम खुद दिहाड़ियाँ कर-करके पढ़ते हैं, किसी से हेराफेरी नहीं करते, फिर इन्हें हमारे बारे में उल्टा सोचने का क्या हक है? अपने लड़कों को बड़ा अफ़सर बनाने की योजनाएँ बनाते नहीं थकते। इसके साथ ही, पिछले दिनों उसके द्वारा कसी गई फब्ती मुझे अचानक याद हो आई। हम उसके खेतों में दिहाड़ी करने गए थे। दोपहर के बाद की चाय हमारे गिलासों में डालते समय उसने यह व्यंग्य कसा था—

'चाह (चाय) चूहड़ी, चाह चमारी
चाह नीचों की नीच
पूरन ब्रह्म पार थे
जे(अगर) चाह ना हुंदी बीच।'

यह सुनते ही मन का खुला आकाश एक पल में सिकुड़ गया था। चाय के घूँट अन्दर करना कठिन हो गया था। मेरे चित्त में आया कि गिलास वाली गर्म-गर्म चाय उसके मुँह पर दे मारूँ या उसकी धौली दाढ़ी नोच लूँ—ज़रा बोलना सीख ले कि तन से अधिक मन कैसे दुःखी होकर यह सब कुछ सहता है! उधर, बापू के शब्द बार-बार मेरे कानों में गूँज रहे थे, "देख, दौड़भाग करके, खरगोश के कानों जैसे नोट उधार पकड़कर तुझे कालेज में दाखिल करा दिया। बंदे का पुत्त बनकर पढ़ाई के साथ-साथ दिहाड़ियाँ भी करना। ब्याज समेत मूल लौटाना है।"

इस तरह के ख़याल, ज़ुबान पर आए मेरे शब्दों को निगल जाते और एक भयानक-सा हादसा अन्दर ही अन्दर घटित होकर रह जाता।

लोग उसे 'बूझड़' इसलिए कहते थे क्योंकि उसकी चितकबरी-सी दाढ़ी गालों पर ऊपर तक घनी घास की तरह उगी हुई थी जिसे वह मरोड़कर अन्दर की ओर ठूँस लेता था। इस तरह उसकी दाढ़ी बया के घोंसले जैसी पोली और लटकती हुई दिखाई देती। गालों पर और आँखों के आसपास इतनी चरबी चढ़ी हुई थी कि देखने वाला दंग रह जाता कि इसे दिखाई कैसे देता है!

जब 'बूझड़' के शब्द याद आते तो दिल पर गंडासा चलता। आगे बढ़ने वाली सोचों के छोटे-छोटे टुकड़े हो जाते। फिर, मन को ढाढस मिलता जब यह ख़याल आता कि कोई चाहे जो सोचे, समय के पहिये को सदैव आगे ही चलना है, पीछे की ओर नहीं।

लेकिन, इन गर्मी की रातों में दीये की काँपती लौ में पढ़ते हुए मेरा मन बापू के बारे में सोचकर लौ की भाँति काँप उठता। निगाह यद्यपि किताब पर होती, पर ध्यान उसकी नित्य की हाड़तोड़ कमाई की ओर होता। जब बापू के बड़े परिवार के बारे में सोचता तो मन भयभीत हो उठता कि हम सात भाई-बहन, उनमें से दो छोटे हैं जो बारी-बारी से माँ का दूध पीते हैं। एक ने दूध के दाँत अभी निकाले ही हैं और दूसरे के अभी टूटे नहीं।

दरअसल, मैंने इन छोटे भाई-बहनों के जन्म से पहले अपनी माँ को कई बार स्पष्ट शब्दों में कहा था, "मुझे और नया बहन-भाई नहीं चाहिए। हमारी तंगियाँ बढ़ रही हैं और बहनों को गोद में उठाते हुए मुझे अब शर्म आती है।"

माँ मेरे इस विचार से कभी सहमत होती और कभी नाराज़! अन्त में, दलील देती, "रब की देन को कोई कैसे धक्के मारे।" जब कभी वह बापू से मेरी कही बात का ज़िक्र करती तो वह जूती उठाकर मेरे पीछे पड़ जाता, "साला अंगरेजों का...लग गया अकल देने...तेरे कहे मैं बेकार होकर घर में बैठ जाऊँ?"

मैं बहुत समझाता, घर की खराब हालत और पढ़ाई-लिखाई में पड़ रहे विघ्न की बात करता। ऐसा इसलिए कि बापू, माँ और दादी समेत हम दस सदस्य चार खानों के दालान और इस पिछली कोठरी में सोने को विवश थे। घर में भीड़, निरी सिर पीड़! तौबा-तौबा!

फिर मुझे लगता जैसे मेरी ज़िम्मेदारी पहले से बढ़ गई हो।...और अन्य बातों के अलावा मैंने अपनी कमाई के पैसों में से शीशे की चिमनी वाला टेबल-लैम्प खरीद लिया। लपट की लौ स्थिर हो गई। मुझे लगा जैसे कोई भी हवा अब घर के अन्दर पसर रही रोशनी को अँधेरे में तब्दील नहीं कर सकती। मेरे पास लैम्प क्या हो गया, मैं मन ही मन खुश होता रहता जैसे बहुत बड़ा किला फ़तह कर लिया हो। लेकिन, रात में अलग कमरा न होने में मुझे वक्त की बर्बादी और अपने भविष्य की खराबी

नज़र आने लगी। एक जुगत सूझी कि क्यों न दिन के समय किसी दरख़्त के नीचे या फिर बरगद-पीपल की शाखाओं को काट कर बनाई गई गुरुद्वारे की कुटिया में बैठकर पढ़ा करूँ और रात में अपने सहपाठी रामपाल की बैठक में पढ़ना-सोना शुरू करूँ।

और उधर, कालेज की पढ़ाई का अपना मज़ा! हालाँकि मुझे स्टेशन तक पहुँचने के लिए लगभग चार-पाँच किलोमीटर पैदल चलना पड़ता। हाथ में किताब-कापी, घूमने-फिरने की अपनी मर्जी। पढ़ने के लिए पंजाबी, हिंदी, अंग्रेजी के अख़बार। अलमारियों में बन्द पड़ा अथाह ज्ञान! सोचता—दिनों में ही ये मेरे लहू में रच-बस जाए। आगे बढ़ने के लिए सामाजिक व्यवहार और पिछला बहुत कुछ भूलने की कोशिश करूँ। मैं बड़े चाव के साथ पढ़ने के लिए कालेज जाता।

इन्हीं दिनों (5 अक्तूबर,1972) को अचानक मोगा गोली कांड की घटना घट गई। हमारे सरकारी कालेज, टांडा सहित आसपास के सभी कालेज बन्द हो गए। लेकिन, विद्यार्थी संगठनों की गतिविधियों का दौर शुरू हो गया। लम्बे-चौड़े वायदों और अन्य विद्यार्थी जानकारी देने वाले भाषण दिए जाने लगे। सुनकर खून खौलता। पर मेरी टाँगें उस वक्त अचानक थर-थर काँपने लगी थीं, जब एक अजनबी विद्यार्थी नेता ने कपड़े में लिपटी हुई कोई वस्तु मेरे हाथ में पकड़ाई। मुझे पता नहीं चल रहा था कि आख़िर यह है क्या? दस-पंद्रह मिनट बाद वह अपनी वस्तु मुझसे वापिस लेते हुए और मेरे मुँह की ओर देखते हुए बोला, "क्यों डर के मारे मरा जाता है, डरपोक कहीं का!"

मैं बोझ-मुक्त हो गया। हालात को देखते हुए हम कई दिन कालेज नहीं गए। मगर कुछ दिन बाद साहस करके एक ही कक्षा में पढ़ने वाले मुहल्ले के सभी लड़के घरवालों की इच्छा के विरुद्ध कालेज जाने के लिए तैयार हुए। बापू ने एक बार फिर समझाया, "जट्टों के छोकरों के पीछे न लगना...।"

बापू की यह बात मेरे मन-मस्तिष्क में गहरे उतरती लग रही थी। मैं सोचता—बापू बार-बार इस तरह क्यों चेतावनियाँ देता रहता है?

कालेज जाते हुए राह के किनारे बाँस, नीम, शीशम आदि के दरख़्तों और केलों के झुरमुट के बीच, कुएँ वाली बीती हुई घटना ज़बरन याद हो आई। उस वक्त मैं तीसरी या चौथी कक्षा में पढ़ता था और मेरी माँ को ताई तारो ने दबी आवाज़ में कहा था—गुड्ड को छुट्टी कराकर हमारे रहट हाँकने के लिए भेज दे, मेरा अवतार स्कूल चला जाएगा।

दूसरे गाँव में मैं रहट चलाते समय गाधी पर बैठा झूले ले रहा था कि ताई सुबह का नाश्ता ले आई और कहने लगी, "गुड्ड, ज़रा नीचे उतर, तेरे ताये के लिए पीने का पानी भरना है। तू तो आड़ में से ही पी लेना।"

यह बात मेरे दिल में शूल की तरह इस तरह गड़ गई जैसे उसका पति गाड़ी

हाँकते हुए भैंसों के पुट्ठों में बेरहमी से आर चुभा देता था। मेरी डबडबाती आँखों का पानी आँखों में ही जज़्ब होकर रह गया था, जैसे छेदों वाली रहट की डोलियों में से कुएँ का कुएँ में गिरता पानी!

इस वाकये की लम्बी लड़ी बीच में ही तब टूटी, जब अचानक सामने छिड़ी हुई मधुमक्खियों की ओर मेरी निगाह गई। मुझे लगा, रास्ते के साथ वाले खेत में बैलगाड़ी पर 'कड़ब' (सूखा चारा) लादते मज़दूरों की तरह मैं भी चारों ओर से मधुमक्खियों से घिर गया होऊँ। मैं बेबस होकर उजले भविष्य की प्रतीक्षा में कितनी ही देर तक सहपाठियों के संग नीचे ज़मीन पर बैठा रहा।

कालेज अभी भी बन्द था और विद्यार्थी सड़कों पर बिफरे साँड़ों की तरह घूमते दिखाई देते थे। कोई नेतानुमा विद्यार्थी बाँहें उठाकर ऊँची आवाज़ में कहता, "साथियो! बटाले में गोली चल गई है; दो-तीन विद्यार्थी ज़ख्मी या शहीद हो गए हैं। ये इम्तिहान की घड़ी है। आओ, सभी मिलकर संघर्ष को और तेज़ करें, सरकार पर दबाव बढ़ाने के लिए अपने अपने लहू से अँगूठे लगाएँ, मैमोरंडम भेजें। भरोसा रखो, जीत तुम्हारी है—इंकलाब ज़िन्दाबाद! इंकलाब ज़िन्दाबाद!!"

हमने अपने लहू-सने अँगूठे पूरे जोश के साथ काग़ज़ों पर लगा दिए। नए शब्दों से परिचय हुआ। परिणामस्वरूप कालेज 39 दिनों तक बन्द रहा। सर्दी का मौसम आ गया।

कालेज के दिनों में मुझे अपने नाम का पहला हिस्सा 'बलबीर' और इसका अर्थ अच्छा लगता। दूसरा, यह 'सिक्खी' के अनुरूप लगता। किसी दूसरे के लिए एक चुनौती, ललकार! मोटी बात यह कि इसमें जाति का कलंक न झलकता। नाम का पिछला हिस्सा 'चंद' मुझे हिन्दू आस्था से जुड़ा हुआ महसूस होता, जिसने हमारे लोगों को अपने शिकंजे में कसा हुआ है। इसमें से हीन-कमीन की दुर्गन्ध चारों ओर फैलती महसूस होती।

अक्सर, मुझे वह दिन याद आता जब मेरा बड़ा भाई बख्शी दशहरे के दिन भोगपुर से 'सीता-राम' का कैलेंडर ले आया था और मैंने देखते ही उसे फाड़कर पैरों के नीचे मसल दिया था। उस वक्त मैं सातवीं कक्षा में पढ़ता था।

बापू ने शायद मेरी मंशा को समझते हुए कहा था, "यह क्या किया, कमूत की मार? ऐसा करने से क्या फ़र्क पड़ जाएगा?"

"कहते हैं—इस राम ने शम्बूक ऋषि का अपने हाथों क़त्ल किया था, क्योंकि वह रब की भक्ति करता था।" मैं एक मासूम की तरह सुना-सुनाया बताने लगा था, "राजा राम चंदर दूसरे देश से आए आर्यपुत्र हैं...अपने आप को श्रेष्ठ समझने वाले! और हम यहाँ के बाशिंदे हैं—इन्होंने हमारा राजपाट छीन लिया और हमें अछूत बना दिया...। धोखे से हमें गुलाम बना लिया...। बेरहमी के साथ जान से मार देते हैं।... किसी किले का निर्माण करना हो तो बलि अछूतों की, कोई और बड़ा 'पुण्य'

का काम करना हो तो बलि का बकरा—अछूत! धर्म के नाम पर यह कुकर्म?... हम तो गुरुद्वारे से बीड़ (श्री गुरु ग्रंथ साहिब) लाकर पाठ कराते हैं... हम हिंदू कैसे हुए?'' मैंने दम लेकर फिर कहा, ''भूल गया जब जालंधर से आई हिंदुओं की ढाणी हमारे लोगों को पंजाबी में समझा रही थी कि अपनी मातृभाषा हिंदी लिखवाओ।...और मैंने आगे बढ़कर कहा था—हम पंजाबी बोलते हैं, हमारी मातृभाषा पंजाबी है।''

''और हमने कौन-सा उनका कहना मान लिया? हम क्या नहीं जानते थे कि लोगों में फ़र्क डालने के लिए ये सारे मंसूबे हैं।'' बापू ने जानकारी और भरोसे के साथ कहा।

मुझे निरंतर बोलते और तर्क देते देखकर बापू ने उस दिन बेशुमार बातें कीं। कहने लगा, ''चाहता तो मैं भी हूँ कि हम हिंदू समाज की पाखंडी-दम्भी चालों की गहरी जड़ों को उखाड़कर इस तरह उल्टा दें जैसे पिछले दिनों हमारे बरगद-पीपल के दरख़्तों को उखाड़कर और काटकर टुकड़े-टुकड़े कर डाला था। पर बात यह है भई कि अकेले-अकेले आदमी के करने से कुछ नहीं होने वाला। यह तो सारे भाईचारे का साझा मसला है, साहस के साथ साझा कोशिश होनी चाहिए।''

उसने अपनी पगड़ी को ठीक करते, उसे दोनों हाथों से अपने सिर पर अच्छी तरह बैठाते हुए मेरी ओर तसल्ली भरी नज़रों से देखा; मानो वह मेरे अन्दर अपना भविष्य तलाश रहा हो! फिर मुझे लगा, मेरी हरकतों और मेरी बातों पर बापू पहले मानो ऊपरी तौर पर ही झिड़कता रहा हो।

मेरे मन में बार-बार आता कि अपना नाम बदल लूँ। इस बारे में मैंने पूछ-पड़ताल नहीं की। नाम बदला नहीं जा सकता, यह सोचकर मेरा मुँह झुलसे हुए बैंगन जैसा हो जाता। उदासी की एक हल्की-सी परत कभी-कभी मेरे चेहरे पर उस वक्त झलकने लगती, जब कोई व्यक्ति मेरा हालचाल पूछता।

इन्हीं शशोपंज से भरे दिनों में वार्षिक परीक्षा के दौरान बस के अन्दर एक छोटी-सी घटना मेरे मन पर एक काव्य-हादसा बनकर घटी। इस घटना ने मेरे नाम की समस्या को और अधिक गंभीर बना दिया। बात इस प्रकार के वार्तालाप में हुई—''जानबूझकर तूने दो-तीन बार मेरे पैर पर पैर रखा...।'' हमसे पिछली वाली सीट पर से एक ग़ैरतमंद और रौबदार जनाना आवाज़ आई। हमारी गर्दनें एकदम पीछे की ओर मुड़ गईं। कुछ सवारियाँ तिरछी नज़रों से देखने लगीं।

हमारे मुहल्ले का एक लड़का जो हमारा सहपाठी था, बहुत भोला बनकर कह रहा था, ''मैंने शरारत नहीं की। अनजाने में ही पैर लग गया होगा, मुझे पता नहीं...।''

''बड़ा ओवर क्लैवर बनके बता रहा है, घर में माँ-बहन नहीं? बस थाने ले चलो।'' उस सुन्दर-सी लड़की ने कंडक्टर से कहा। गुस्से में बोलती उस लड़की का रंग लाल हो गया था और चेहरा और भी रौबदार!

''चल, छोड़ बीबा, बात खत्म कर।'' एक बुज़ुर्ग ने लड़की से कहा और हमारे

साथी को समझाते हुए बोला, "आज के बाद ऐसी हरकत नहीं करना।"

जैसे ही अड्डा आया, हम छलाँगें लगाते हुए उतर गए। लड़की मदद के लिए लोगों को पुकारती रह गई।

चार कदम ही आगे गए थे कि उस सहपाठी लड़के ने कहा, "धर्म से, हल्की भूरी आँखें, तोते की चोंच जैसी तीखी नाक, गोरा चेहरा, गोल ठोड़ी और खूबसूरत दिखने वाली उस लड़की को देखकर भूख मिटती थी।"

"मिटती कि चमकती?" मैंने व्यंग्य में कहा। दो-चार कदम और आगे बढ़ने के बाद मैंने कहा, "आज के पंजाबी पेपर में प्रसंग सहित यही व्याख्या लिख देना।"

देर रात तक यह घटना मेरे ज़ेहन में और गहरे उतर गई। अगले तीन-चार दिनों और रातों को यही ख़याल आता रहा कि वह लड़की सच्ची थी। उसकी बात को किसी ने गंभीरता से लिया ही नहीं।

अगले पेपर से पहले छुट्टियाँ आ गईं, तो मैं गुरुद्वारे की झोंपड़ी में पेन-काग़ज़ लेकर बैठ गया। मुझे महसूस हुआ कि बचपन का काव्य-बीज मन में अकस्मात फूट पड़ा है। मैं घटना को लिखने के लिए छटपटाने लग पड़ा।

सायंकाल तक मैं शब्दों को जोड़ता-तोड़ता, लिखता-मिटाता रहा। कुछ तुकबन्दियाँ बनीं और आख़िर, डेढ़-एक पन्ना भर गया। मन पंख फैलाकर नृत्य करने लगा। मित्रों को वे तुकबन्दियाँ सुनाईं जिनमें उस लड़की के हक में बात की गई थी। मेरे यत्न को सराहा गया। मैं काव्य अभ्यास करने लगा।

कालेज की पत्रिका 'तारिका मंडल' में कविता छपने की बात चली तो मेरा नाम मेरी सोच के सामने पहाड़ जितना सवालिया निशान बनकर खड़ा हो गया। नृत्य करता मोर जैसे पैरों की ओर देखकर दुःखी होता है, वैसे ही मैं अन्दर ही अन्दर बर्फ़ के टुकड़े की तरह पिघलता रहता। कहने का तात्पर्य यह कि मेरे दिल में अपने नाम को लेकर पैदा हुई नफ़रत शिखरों को छूने लगी थी। मैं मन में नए नाम की तरकीबें सोचने लगा ताकि कम से कम अपने हिंदू नाम को बदल सकूँ।

साहित्य और राजनीति के संग-संग

अपनी खाट और किताबें उठाईं और किसी पनाहगीर की भाँति अस्थायी तौर पर सबसे बड़े ताये के घर की बैठक की बिना पल्लों वाली खुली खिड़की के सामने डेरा लगा लिया। ईंटें चिन-चिनकर उनके ऊपर किताबों की टेक लगा ली और टेबल-लैम्प टिका लिया। खिड़की के शिखर पर पड़े सरिये पर एक चादर पर्दे के रूप में लटका ली। 'अपने' कमरे की दीवारों पर से उखड़े सीमेंट वाली जगहों पर कई तस्वीरें बनती-उभरती नज़र आतीं। इन तस्वीरों में कई उदास होतीं तो कई ख़ुशी की रौ में नाचते-कूदते स्त्री-पुरुषों की! किसी में से शहीद भगत सिंह का हैट वाला सिर, छोटी-छोटी मूँछों वाला चेहरा तो किसी-किसी में लेनिन-मार्क्स की शक्ल-सूरत उभरती दिखाई देती। मन ही मन मुझे महसूस होता कि यह छोटा-सा कमरा मेरे यहाँ आने से निखर उठा है या फिर इसके कारण मैं निखर उठा हूँ।

पाँच-सात दिनों के बाद ही पूर्णता का चाँद मानो अमावस्या के बाद कमान के निशान वाले चाँद में बदल गया हो। ख़यालों के अंतरिक्ष में उड़ता गुब्बारा हवा निकलने के कारण मानो एकाएक धरती पर आ गिरा हो।

दरअसल, एक रात अचानक तेज़ आँधी-बारिश होने लगी। खिड़की पर पर्दे के रूप में टाँगी हुई चादर तेज़ हवा के झटके से अन्दर की ओर उड़ी तो टेबल-लैम्प खाट के पाये से टकरा गया। मैं हड़बड़ाकर उठा और किताबों को बारिश के पानी से भीगने से बचाने की कोशिश करने लगा। दायें पैर के तलुवे में टूटी चिमनी के शीशे के टुकड़े चुभ गए। सरकंडों की छत अगले दिन भी टपक रही थी जैसे रात में मेरे पैर में से लहू! इसी दौरान मेरे ख़यालों के घोड़े सरपट दौड़े और मैंने बापू से कहा, ''अगर हरी राम की बैठक पढ़ने के लिए मिल जाए तो...''

बापू की अधूरी बात पर ही हरी राम ने बैठक मेरे हवाले कर दी। दूसरे दिन बड़े भाई ने खिड़कियों के लिए फूस की टट्टियाँ बनाकर उनमें जड़ दीं। मुझे लगा जैसे पतझड़ में दरख़्तों की कोंपलें बहुत जल्दी में फूट पड़ी हों और उनकी छाँव हमारे पूरे आँगन में फैल गई हो।

इस कमरे के साथ मेरा इतना मोह और लगाव हो गया कि गर्मियों में चाहे मैं गेहूँ काटकर लौटता, चाहे मक्की या ईख की गुड़ाई की दिहाड़ी करके, इस कमरे में एक चक्कर अवश्य लगाता। कुछ देर कोई किताब नितनेम की तरह पढ़ता। मुझे थकान खत्म होती महसूस होती। धीरे-धीरे घर के साथ मेरा वास्ता किसी काम या रोटी खाने तक ही सीमित हो गया। बीच-बीच में और वक्त-बेवक्त बापू छापा मारता। पूछता, "पढ़ता भी है या सोया ही रहता है?... एक बात ध्यान से सुन ले—निरी शेरो-शायरी ने पेट नहीं भरना, पहले चौदह पास कर ले; फिर जो मन में आए ये कुत्त-खाना लिखते रहना।"

बापू द्वारा दी गई यह चेतावनी सुनते ही मुझे वह दिन याद हो आया जब जूती खरीदने के लिए बापू से पैसे लेकर गया था और कालेज में पंजाब बुक सेंटर की ओर से लगाई गई पुस्तक प्रदर्शनी में से मार्क्सवादी-लेनिनवादी और रूसी साहित्य की कुछ किताबें खरीद लाया था। ऐसा साहित्य पढ़ने की ऐसी लत लगी कि कोई न कोई बहाना बनाकर या दिहाड़ी करके किताबें खरीद लिया करता।

मैक्सिम गोर्की के उपन्यास 'माँ' और तीन खण्डों में उसकी जीवनी ने तो मुझे झिंझोड़कर रख दिया। मैं इनमें से चुनिंदा बातें अपने माँ-बाप, ताइयों, उनके बेटों और अपने दोस्तों को चाव से पढ़कर सुनाता। कई बार गला भर आता और कभी हालात से जूझते मनुष्य की कामयाबी के बारे में सोचकर मन खुश हो जाता।

मेरे कालेज के इन दिनों में सोवियत संघ की ओर से विश्व-शांति की लहर को, ख़ास कर तीसरी दुनिया के देशों में बड़े उद्यम और उत्साह से खड़ा करने के प्रयास, वामपंथ की लोकपक्षीय गतिविधियाँ, धरने, मुज़ाहरे, जलसे-जुलूसों आदि को देखते हुए मेरा झुकाव कम्युनिस्ट पार्टी की ओर हो गया। कामरेडों से देश-विदेश की भिन्न-भिन्न समस्याओं के बारे में विस्तार से भाषणनुमा घंटों लम्बी बातें सुनता। मेरी दिलचस्पी अधिक जानकारी हासिल करने के लिए गहरी शिद्दत में बदलने लगी। समाजवादी साहित्य को समझने की कोशिश करता। और, आख़िर अपनी उम्र के उन्नीसवें-बीसवें साल(1974-75) में भारतीय कम्युनिस्ट पार्टी का कारकुन बन गया।

गाँव की पार्टी ब्रांच और ब्लॉक स्तर की ब्रांच की बाकायदा बैठकें होती थीं—किसानों-मज़दूरों की समस्याओं पर प्रायः भरपूर और कभी न खत्म होने वाली चर्चा होती। मैं इनमें हिस्सा लेता। बातें सारे मसलों अर्थात बेतहाशा बढ़ती आबादी, महँगाई, बेरोज़गारी से होते हुए अचानक 'तुम्हारे बंदे', 'तुम्हारी बिरादरी', 'तुम्हारे मुहल्ले', 'आदिधर्मी' आदि शब्दों पर आकर केन्द्रित हो जातीं। कोई जमींदार साथी सलाह देता, "यूँ ही बात को न बढ़ाओ...जात को गोली मारो, जमात की बात करो...और जब आर्थिक हालात बराबर हो गए, फिर जात को किसने पूछना है...!"

"...और ज़मीन की हदबन्दी की जो बातें चलती हैं...हमारे वरिष्ठ साथियों को इसकी बाबत सरकार पर दबाव बढ़ाने के लिए ज़ोर देना चाहिए।" एक सर्वहारा साथी बीच में टोकते हुए कहता।

"भई, मैं पार्टी लाइन से सहमत नहीं कि रिजर्वेशन जाति के आधार पर हो। इसका आधार आर्थिकता होना चाहिए। साथ ही, इसे योग्यता से जोड़े जाने की ज़रूरत है।" साथी शर्मा ने जैसे माहौल का रुख बदलते हुए कहा।

"कामरेड, जिन सर्वहारा लोगों के सहारे हम इंकलाब लाने के दावे करते हैं, उनके पास तो मानवीय अधिकार भी नहीं, सामाजिक तौर पर असमानता, आर्थिक बदहाली के सिवा उनके पास है क्या? उनमें से कितने पढ़े-लिखे हैं? कितनों को नौकरियाँ मिल गईं? और सरकार ने नियम बना रखे हैं—कोई उम्मीदवार शर्तें पूरी करे तभी नौकरी मिलती है। दूसरी बात, कल को वो कहने लगें कि ज़मीन हमें दे दो और नौकरियाँ तुम ले लो, अब दोहरा हाथ मारना बन्द करो, तो तुम क्या करोगे?...और हम समाज की समान तरक्की के बारे में विचार-विमर्श करते रहते हैं।" मैंने दख़ल दिया और पुनः कहा, "सामाजिक समानता की ख़ातिर अन्तर्जातीय या प्रेम-विवाहों को बढ़ावा दिया जाना चाहिए।"

"भई, पानी मथने का कोई फायदा नहीं। जो संभव नहीं, उस पर वक्त बर्बाद न करो...ज़मीन जट्ट की जान है। ज़मीन की हदबन्दी के बारे में सोचने का काम हमारे लीडरों का है, हमारा-तुम्हारा नहीं।" एक और जमींदार बोला।

"अन्तिम बात यह है भई कि बिजली चौबीस घंटे करवाने और खादों पर सब्सिडी बढ़ाने के लिए कल के मुज़ाहरे में तुम अपने कितने लोग ले जाओगे, यह बताओ।" हमारा नेता बात समेटता हुआ बोला।

ऐसे, पार्टी सरगर्मियों में मेरे बेझिझक होकर हिस्सा लेने के परिणामस्वरूप छह माह के अन्दर ही सामाजिक व्यवस्था की नग्न वास्तविकता तब सामने आई जब मेरे गाँव के एक पुराने कामरेड के अंदर छिपा हुआ जट्ट जाग उठा। और उसने पार्टी छोड़ दी और गुरु कृपाणधारी 'पक्का सिक्ख' बन गया।

पार्टी फ़रमानों के अनुसार मैं अपने मुहल्ले के अधिक से अधिक आदमी ले जाने की कोशिश करता। पर जब सोवियत साहित्य जिसके लेखकों में दोस्तोवस्की, शोलोखोव, चेख़व, अकसद मुख़्तार, चंगेज आइतमातोव शामिल थे, के पात्रों—असल में बाल्शेविकों(बहुजनों)—द्वारा सोवियत लोगों की समान तरक्की, देश की प्रगति के लिए दिन-रात एक करने के ईमानदार और दृढ़ इरादे की तुलना मेरे मन में भारत के भूमिहीन मज़दूरों, धर्म की आड़ के अधीन सामाजिक-आर्थिक समानता से वंचित की गई जातियों से होती, तो मेरी सोच में एक खलबली-सी मचने लगती। सोचता—सोवियत समाजों में श्रम की महत्ता, पूरे समाज के लिए सहकारिता, सेहत, शिक्षा के लिए सरकारी योजनाएँ हैं और हमारे यहाँ मेहनत-मज़दूरी और गंद-मंद की सफ़ाई के बदले, गंदे-मंदे नफ़रत भरे शब्द, जाति के उलाहने, अन्याय-अत्याचार, और इन सबके परिणामस्वरूप मेहनतकश 'कमीन' लोगों को मनुष्य ही न समझने की बेईमानी को कायम रखने की साज़िशों के अलावा है ही क्या?

इन विचारों ने मेरी कविताओं के सरोकारों को और अधिक प्रचण्ड कर दिया— श्रमिक वर्ग, जाति-भेद, अधिकारों से वंचित लोग, इनमें अधिक स्थान लेने लगे। सामाजिक व्यवस्था के रोष-विद्रोह के कारण मैंने अपना नाम पहले ही बदलकर बलबीर माधोपुरी रख लिया था।

फिर भी, साहित्य और राजनीति की ओर मेरा झुकाव बड़ी-बड़ी छलाँगें लगाकर बढ़ने लगा। भटिंडा पार्टी कांग्रेस, दिल्ली, चंडीगढ़, पटियाला, जालंधर में आयोजित होने वाले जलसे-जुलूसों में साथियों के साथ जाना, समर्थकों को बड़ी गिनती में लेकर जाना, ये सब मन को सुकून देता। लोगों की भीड़ और उनके हाथों में लाल झंडे देखकर मन को हौसला मिलता, प्रेरणा मिलती। हम इन जलसे-जुलूसों में जोश के साथ नारे लगाया करते—

"इंदिरा गाँधी का देखो खेल!" एक व्यक्ति बोलता।

"खा गई बिजली, पी गई तेल!" पीछे-पीछे बाकी लोग बोलते।

"जित्थे खून मज़दूर दा डुल्लू!" एक साथी नारा लगाता।

"उत्थे लाल हनेरी झुल्लू!" सारे साथी जवाब में बोलते।

कांग्रेस और अकालियों के विरुद्ध हम निचले स्तर के कारकुन तीखे सुर में बातें किया करते। अकालियों को 'फ़िरकू' और कांग्रेस को 'सरमायेदारों' की पार्टी कहकर लम्बी टिप्पणियाँ किया करते। कई लोग हमें 'सिरफिरे-नास्तिक' कहा करते। तनाव बढ़ता तो मनमुटाव भी हो जाता। पर हम पार्टी लाइन पर ठोंककर 'पहरा' दिया करते। सर्व भारत नौजवान सभा की ओर से बन्त बराड़ और तारा सिंह संधू, जालंधर, भोगपुर में तहसील स्तर पर हमारी स्कूलिंग किया करते।

आपात्काल, बैंकों का राष्ट्रीयकरण, राजा-महाराजाओं के भत्तों पर पाबंदी, ज़मीन की हदबंदी कानून, सोवियत यूनियन के साथ और प्रगाढ़ सम्बन्ध, गुटनिरपेक्ष देशों के संगठन के माध्यम से विश्व-शांति बनाये रखने में भारत की अग्रणी भूमिका आदि जैसे समाजवादी कार्यों को भारतीय कम्युनिस्ट पार्टी की ओर से दिए जाने वाले भरपूर सहयोग और समर्थन को लेकर पार्टी के अन्दर कुछ मतभेद उभरकर सामने आए। पार्टी में "जम्हूरियत' के कारण आलोचना हुई और अपने अन्दर झाँककर देखने की बात चली। पर मैं अपनी धुन में पूँजीवादी देशों के सरदार अमेरिका के ख़िलाफ कविताएँ लिखकर अपनी भड़ास निकालता रहा। जैसे—

मैं ज़िन्दगी की फ़िक्रों से लैस हूँ ऐसे
दिआगो गार्सिया जैसे हथियारों से!

मेरा तन मन उसके पास है इस तरह
अमेरिका के पास जैसे गिरवी पाकिस्तान।

ऐसी कविताएँ 'नवां ज़माना' और दूसरे अख़बारों में छपतीं। रूसी साहित्य से पंजाबी में किया गया अनुवाद भी कभी-कभार छप जाता। आई. सेरेबरीआकोव की पुस्तक 'पंजाबी साहित्य' और 'गुरु नानक' लेख संग्रह (प्रगति प्रकाशन, मास्को) ने मेरे दृष्टिकोण को साफ़ करने में महत्त्वपूर्ण मदद की।

मेरी साहित्यिक गतिविधियों को प्रोत्साहन उस वक्त मिला जब बापू की ओर से मेरी आगे की पढ़ाई को लेकर हाथ खड़े करने के बावजूद मैंने कह-कहा कर लायलपुर ख़ालसा कालेज, जालंधर के पंजाबी विभाग से एम.ए. करने के लिए दाख़िला ले लिया। इसके पीछे मेरा तर्क था कि बख़्शी पिछले लगभग तीन सालों से दिल्ली पुलिस में था और हम सब अपनी-अपनी जगह काम करते थे। ख़ैर, कालेज का वातावरण अत्यन्त साज़गार था, अध्यापक प्रगतिवादी विचारों वाले और मिलनसार थे जैसे टांडा कालेज के प्रो. दीदार सिंह (1954 में लिखी 'लूणा' के कवि और काव्य-नाटककार)। वे विद्यार्थियों में साहित्यिक और सांस्कृतिक अभिरुचि को प्रोत्साहन देते और उसे कायम रखने का यत्न करते थे। मुझे, मिसरदीप भाटिया और अन्य विद्यार्थियों को कविता प्रतियोगिता में भाग लेने के लिए दूसरे कालेजों में भेजा करते। ख़ालसा कालेज में पढ़ते हुए मेरी ज़िन्दगी का वह ऐतिहासिक दिन बन गया था, जिस दिन ओपन एअर थियेटर में हुए कवि-सम्मेलन में पाश, संतराम उदासी और अन्य नौजवान जुझारू कवियों ने कविताएँ पढ़ीं और विभाग की ओर से मैं भी इसमें शामिल हुआ।

दूसरा, जालंधर शहर साहित्य और राजनीति का गढ़—और मुझे पूरी तरह रास। कारण—वहाँ पंजाबी, हिंदी, उर्दू में छपते अख़बार, पत्रिकाएँ और रेडियो स्टेशन एवं दूरदर्शन की मौजूदगी। वहाँ रूसी लेखकों और सियासतदानों के प्रतिनिधियों की आमद— कामरेड जगजीत सिंह आनंद द्वारा उनके विचारों का पंजाबी में किया गया तर्जुमा और जोश में लोगों की लम्बी तालियाँ—ये सब देखते-सुनते मन इंकलाब की ख़ातिर सिर हथेली पर रखने को करता।

सर्दियों के एक निखरे दिन की शाम को देश भगत यादगार हाल के हरे-भरे लॉन में सोवियत संघ में भारत के तत्कालीन राजदूत श्री इंदर कुमार गुजराल का लोगों ने घंटों इंतजार किया। ताशकंद से अमृतसर जहाज़ के पहुँचने की देरी का कारण मौसम की खराबी बताया गया। लेनिन कट दाढ़ी वाली प्रभावशाली शख़्सियत को देखकर और सोवियत संघ के बारे में बातें सुनकर हैरानी होती। मज़दूरों की तानाशाही के तहत जम्हूरियत। प्रतिनिधित्व करने आए रूसी लेखकों-चिंतकों के विचार मन को छूते। ऐसा सिलसिला निरन्तर चलता रहता।

मेरे मन में विचार उठते—सोवियत संघ जैसा राजसी, सरकारी प्रबंध हमारे देश में जल्द से जल्द हो जाए। आर्थिक समानता किसी जादू की तरह आ जाए और जाति के धब्बे समाज के रूप-स्वरूप से हमेशा-हमेशा के लिए उतर जाएँ। सभी लोग

हाथ से काम करें, न कोई किसी का हक मारे और न ही कोई श्रमिकों, निम्न और अछूतों पर अपना दबदबा या धौंस जमाकर रखे। हमारे मुहल्ले में आकर गरज़ते जमींदारों की सोच और उनके विचारों में परिवर्तन जल्द आ जाए। 'घड़े की मछली', 'दाल बराबर मुर्गी' और 'चमारी, जहाँ देखी वहाँ...' जैसी तुच्छ सामाजिक धारणाओं से पीछा छूट जाए और गरीबों-मेहनतकशों का आदर-सत्कार बढ़े।

मेरी साहित्यिक और राजनीतिक गतिविधियों का दायरा और अधिक व्यापक हो गया जब 1978 में भारतीय खाद्य निगम (एफ.सी.आई) में मैं भर्ती हो गया और अगले वर्ष ही इसकी यूनियन का जिला सचिव चुन लिया गया। वह भी बहुत अधिक वोटों के अन्तर से। इसके पीछे, कर्मचारियों की यूनियन में पार्टी के कारकुनों और हमदर्दों का होना स्पष्ट दिखाई देता था। मुझे अपनी योग्यता के बारे में कोई भ्रम था ही नहीं।

भुल्लथ (ज़िला कपूरथला) स्थित इस सार्वजनिक क्षेत्र में बेशुमार तल्ख़ अनुभव हुए। गेहूँ, चावल और धान के भरे हुए ट्रक आते। गोदामों के अन्दर माल उतारते और फिर यहाँ से चले जाते। अनाज के बड़े और ऊँचे चक्कों को सेकिण्डों में नीचे फेंका जाता और बोरियाँ 'बनाई' जातीं। मुझे अक्सर कहा जाता, "कामरेड, ऐश कर तू, पढ़-लिख ले। काम तो चल ही रहा है।"

'बनाई' गई बोरियाँ शाम को जेबों में पड़ जातीं। बातें चलते-चलते मुझ तक पहुँचतीं। "कामरेड को किसी तरह काणा करो। पैसे नहीं लेता, शराब नहीं पीता, और नहीं तो किसी बाजीगरनी को पीछे लगा दो।"

शाम के गहराते ही थकान मिटाने के लिए 'महफ़िल' जुटती। लतीफ़ेबाजी होती जिसका केन्द्र-बिन्दु औरत होती। कई उन औरतों का ज़िक्र होता जो गोदाम में काम करने आती थीं।

मेरे दिल पर छुरी फिरती, जैसे गेहूँ या चावलों का चक्का फेंकने के लिए फेरी जाती थी। मन में उन औरतों को लेकर कभी शक उठता तो कभी मज़बूरी के भाव उभरते। परिणामस्वरूप, गोदाम के अन्दर काम करने के लिए आने वाली औरतों को मैं समझाता कि इज़्ज़त के साथ रहते हुए कैसे उठना-बैठना चाहिए।

"समझा दिया? अपनी माँओं-बहनों को!" एक दिन चक्के की ओट से निकले एक साथी कर्मचारी ने मुझे व्यंग्य में कहा।

"हाँ, हालात का नाजायज़ फ़ायदा उठाने वालों के ख़िलाफ़ कुछ करना ही पड़ेगा।"

"न बात बने तो माँ-बहन बना लो। बल्ले ओए तुम्हारे! बड़े कामरेडो! तुम्हारी यूनियन का जो बड़ा नेता बना घूमता है, उसकी करतूतें किससे छिपी हैं? ढकी रहने दे, मुझे आँखें लाल करके दिखाने की ज़रूरत नहीं...।" उसने मुँह पर रूमाल फेरने और दाढ़ी सँवारने के बाद फिर कहा, "तू अभी नया-नया है। और दो सालों में

तू खुद ही इस रास्ते चल पड़ेगा।''

अपनी यूनियन के प्रधान के बारे में ऐसा सुनकर मेरी ज़बान को ताला लग गया, जैसे गोदाम का शटर एक फ़ुर्तीले झटके के साथ बन्द कर दिया गया था। मैं दाँत पीसकर लज्जित-सा होकर रह गया था।

'महफ़िल' का दूसरा पड़ाव शुरू होता जब 'अन्दर गई' अपना जलवा दिखलाती। दिन के समय के अच्छे-भले बंदों के अन्दर शाम के वक्त जैसे कोई और ही बंदा बोलने लगता; 'जट्ट के हाथ नहीं लगे अभी', 'जट्ट टूट सकता है, झुक नहीं सकता', 'जट्ट से पंगा लिया तो महँगा पड़ेगा', 'जट्ट तुम्हारे जैसी ऐरी-गैरी को क्या समझता है', 'यहाँ तो ऐश करने आते हैं, पच्चीस घुमाव खेत हैं जट्ट के।'

इस तरह की रोज़ की शेखियों और फ़िज़ूल बातों से परेशान होकर एक दिन मैंने कह ही दिया, ''साहिब, अगर इन शब्दों की बार-बार रट न लगाओ तो अच्छा है... और फिर आप इतने पढ़े-लिखे हैं।''

''कामरेड, तेरी बात ठीक है, पर जट्ट शब्द मुँह पर चढ़ा हुआ है। और फिर, स्वभाव ही बन गया है ऐसा!'' ...साहिब ने बीच में टोकते हुए कहा।

कुछ ही दिन बाद मुझे मेरी गुस्ताख़ी की सज़ा मिल गई—दूर के तबादले के रूप में। मेरे-आने जाने का सफ़र और बढ़ गया। सायकिल पर पैंतीस किलोमीटर जाना और पैंतीस किलोमीटर आना। घर की ओर हफ़्ते में एक-दो बार ही चक्कर लगता। मेरे लिए इस नये इलाके में न किसी से जान, न पहचान। चतुर्थ श्रेणी कर्मचारी फ़ौजी बेला सिंह ही मेरा संगी-साथी। खर्चा और बढ़ गया। घरवाले सोचते—पता नहीं किस काम में तनख्वाह बहाये जा रहा है!

''लोग तो मंडी में से लूटकर लौटते हैं और तू...।'' एक दिन बापू ने पूछ ही लिया।

मैं चुप रहा। उसने फिर बताया, ''नडाले-बेगोवाल की औरतें नशेड़ी हैं। आदमियों के लिए खुद शराब-कबाब खरीद कर लाती हैं। ज़रा सँभलकर रहना...।''

जैसे-तैसे दो महीने मैंने धान मंडी में काटे। फिर भी टिकने नहीं दिया और गोदाम इंचार्ज बनाकर फिर भुल्लथ से दूर भेज दिया। व्यस्तता इतनी कि पल भर भी फ़ुर्सत न मिलती—सिवाय लड़ने-झगड़ने के; जब मुझे धान की कम लाई गई बोरियों का पता चलता। बात जैसे अभी भी खत्म नहीं हुई हो। अब मेरी ड्यूटी अक्सर करतारपुर रेल हैड पर अनाज की लदाई के लिए लगा करती। गाँव सें पचास किलोमीटर दूर। 'नौकरी में नखरा क्या' को मैंने अपनी ज़िन्दगी में ढाल लिया।

जब कोई गेहूँ-चावल चोरी करके भाग जाता, मैं उसका दो-दो किलोमीटर तक पीछा करता।

''इनका पीछा न किया कर। करना है तो इनका किया कर।'' एक दिन मेरे द्वारा पकड़कर लाए गए पल्लेदार को देखकर मेरे एक कर्मचारी साथी ने मुस्कराकर

कहा और पटरी के बीच कोयला चुनती एक कुछ अधिक उम्र की औरत की ओर इशारा किया।

"इसमें जान ही नहीं वरना यहाँ तो गंगा बहती है—चाहे रात-दिन डुबकियाँ लगाए।" एक अन्य ने उकसाने के लिए तर्क दिया।

तभी तेज़ तालियों के स्वर के साथ-साथ चीखने-चिल्लाने की आवाज़ों ने हमारा ध्यान अपनी ओर खींच लिया।

"ट्रक में दाने इकट्ठे करती हमारी बिमला को भगाकर ले गया... हमारी बिमला को... ।"

दक्षिण भारत से आए हिजड़ों की एक टोली अभी भी दुहाई दिए जा रही थी। मुझे लगा कि वे ज़िन्दा रहने के लिए पेट की भूख मिटाने की ख़ातिर इतनी दूर से यहाँ आए हैं और ड्राइवर अपनी भूख मिटाने के लिए कैसी घटिया करतूत कर गया है।

मेरे ख़यालों पर यह विचार हावी होने लगा कि एफ.सी.आई. छोड़ दूँ और किसी अन्य विभाग में नौकरी के लिए कोशिश करूँ।

इन्हीं दिनों में मैंने एम.ए. भाग-दो प्राइवेट परीक्षा देकर पास कर लिया और गाँव के निकट के कस्बे भोगपुर में बदली करवा ली, जहाँ मेरे हमख़याल साथी थे।

सर्दियों के एक दिन मैं एफ.सी.आई. के अपने दो सुहृदय मित्रों को मिलने के लिए पुनः भुल्लथ गया। अड्डे पर मेरी मुलाकात एक 22-23 वर्षीय अजनबी नौजवान राजेन्द्र यादव से हुई। उसके दोनों कटे हाथों को देखकर मैं दंग रह गया। अपनी विवशता भरी आँखों से मेरी ओर देखते हुए उसने कहा, "भाई, मेरे पास पैसे नहीं हैं, अगर... ।"

कुछ पल रुककर उसने फिर बताया, "पिछले दिनों मशीन पर चारा काटते समय मेरे हाथ कट गए हैं। मैंने लोगों को इकट्ठा किया। सरदार ने मेरे को पिछले छह महीनों की मेहनत और हाथों का चार हज़ार रुपया देने की बात मानी, लेकिन बाद में मुकर गया। मेरे को गाँव (तलवंडी हुसैनवाल, ज़िला कपूरथला) से भगा दिया। मेरी बहना इंतजार करती होगी। रक्षा-बंधन से पन्द्रह दिन पहले यह हादसा हुआ... ।"

"हम कुछ लोग उसको दुबारा मिलते हैं।"

"कोई फायदा नहीं... ।"

इस दुःखद घटना के घटित होने के तुरन्त बाद भइये को अस्पताल न ले जाने की हकीकत ने मेरे ज़ेहन में खलबली मचा दी। मैंने सलाह दी, "मेरे साथ चल, तेरा बिहार जाने का बंदोबस्त करते हैं।"

अगले दिन राजेन्द्र के लिए घर से कपड़ों का झोला भरकर अपने गहरे मित्र-साथी पुरुषोत्तम शर्मा को भइये समेत मिला। रात में हम उसके घर रुके। भइये से बिहार के बारे में बहुत-सी बातें पूछीं। रोटी खाकर अपने टुण्डे हाथों को धोने के बाद बैठक

में अन्दर आते हुए उसने अंगीठी और दीवार की तस्वीरों की ओर गौर से देखा। पूछा, "क्या आप चमार हैं?"

शर्मा ने अपनी पहचान का धर्म-निरपेक्ष प्रभाव देने के लिए हिंदू देवी-देवताओं, सिख गुरुओं और सन्तों-भक्तों की तस्वीरें शीशों में मढ़ाकर रखी हुई थीं।

"भइया, पहले पूछना था।"

"क्या बात हुई?"

"वो रैदास की तस्वीर है न? शर्मा तो चमार नहीं होते!" भइये ने पूछा। पल भर बाद उसने फिर कहा, "अब तो खाना हो गया...।"

"उल्टी कर दे अगर घिन आती है।" मैंने कहा।

"भगवान की कृपा से दाहिने हाथ का अंगूठा बच गया। इससे रोटी-कुल्ला और बाकी के काम हो जाते हैं।" उसने शर्मिन्दा-सा होकर बात का रुख बदला।

ख़ैर, हमने उसे गाड़ी का टिकट खरीदकर दिया और लोगों से सहायता के तौर पर एकत्र की गई रकम अलग से मनीआर्डर कर दी।

यह ख़याल मुझे कई दिनों तक परेशान करता रहा कि वह भइया अंगहीन और आर्थिक तौर पर बेसहारा होकर भी जाति-व्यवस्था को मानसिक तौर पर छोड़ने को तैयार नहीं। मज़दूरी करने आए परदेशी भइये की नज़र में भी निम्न जाति के इन्सान की कोई कीमत नहीं।

मैं सोचता—होलटाइमर बन जाऊँ, भूमिहीन मज़दूरों, दबे-कुचले लोगों और गरीबों के लिए काम करूँ, उनके अन्दर अधिकार-चेतना पैदा करने में पूरी शक्ति लगाऊँ। जब पार्टी के साथियों—जो पार्टी के विचारों को गाँव-गाँव, घर-घर पहुँचाते—के हालात का ख़याल करता तो काँपकर रह जाता। उनके पास सायकिल को पंचर लगवाने और अपनी मर्ज़ी से चाय-पानी पीने के लिए पैसे ही नहीं होते थे। बदलने के लिए ठीकठाक कपड़े न होते। उनकी प्रतिभा और प्रतिबद्धता के बारे में सोचकर मेरे मन में उनके प्रति सम्मान और बढ़ जाता।

...और, खुले आकाश की ओर एक खिड़की मेरे लिए खुली। दिल्ली में रहने वाले मेरी बुआ के बड़े बेटे दौलत राम, जो योजना आयोग में उच्च अधिकारी थे, ने सूचना और प्रसारण मंत्रालय में नौकरियों के लिए यू.पी.एस.सी. का एक फार्म भेजा और साथ ही हिदायतें भी, जिनके अनुसार मैं अंग्रेजी से पंजाबी और पंजाबी से अंग्रेजी में अनुवाद करने का अभ्यास करने लगा। जब टैस्ट पास कर लिया तो भाई ने इंटरव्यू की तैयारी कैसे की जाती है, बोर्ड के सामने आत्मविश्वास से कैसे बात करनी है, अगर नहीं मालूम तो कह देना है कि पता नहीं जैसे और कितने ही नुक्ते मुझे समझाए। इससे मेरी एफ.सी.आई. से जान छूट गई। जून 1983 में मैंने भारत सरकार के जालंधर स्थित पत्र सूचना कार्यालय (प्रेस इन्फारमेशन ब्यूरो) में क्लास टू नान-गजटिड अफ़सर के तौर पर ज्वाइन कर लिया।...आतंकवाद के

शिखर के दिन—जनता के लिए काला दौर!

पंजाबी में समाचारों का अनुवाद, खाली समय में 'नवां ज़माना' में कामरेड सुरजन ज़ीरवी के पास बैठने से कुछ आत्मविश्वास बढ़ा। वह लतीफ़े सुनाते और तार-डिस्पैच का ढेर मेरी ओर बढ़ाते हुए व्यंग्य में कहते, ''ले भई, भोगों (पाठ-भोग की रस्म) की बना ख़बरें!''

इसके साथ-साथ प्रसिद्ध रूसी लेखक एलैक्सांद्र रस्किन की पुस्तक 'जब डैडी छोटा लड़का था' का अनुवाद 'नवां ज़माना' में हर रविवार को धारावाहिक रूप से छपने लगा। पाठकों के पत्रों और निजी मुलाकातों के कारण मेरे इस रुझान को प्रोत्साहन मिलता। वामपंथी विचारधारा, उससे संबंधित पुस्तकें और सोवियत यूनियन के भौगोलिक, सांस्कृतिक, प्रबंधकीय ढाँचे, तीसरी जंग (संभावित), वैज्ञानिक और तकनीकी प्रगति के भिन्न-भिन्न पहलुओं के बारे में मेरे लेख 'नवां ज़माना' और 'अजीत' में छपने लगे। कई लेखकों से परिचय हुआ और कइयों से दोस्ती हुई। कुछ सोवियत यूनियन का प्रतिनिधि पत्रकार कहकर मेरा मखौल उड़ाते। बीच-बीच में आतंकवाद का विरोध करती कविताएँ और पत्र लिखता-छपवाता रहा।

हर रोज़ कहीं न कहीं कोई बड़ी अमानवीय उग्रवादी वारदात हो जाती। कोई सरकार को दोषी समझता कि वह बेबसी की हालत क्यों ज़ाहिर कर रही है; उसे सख़्त कार्रवाई करनी चाहिए। कोई कहता कि उग्रवाद का पौधा सरकार ने स्वयं ही लगाया है, पानी दे-देकर बड़ा किया है, जिस दिन चाहेगी, जड़ से उखाड़ फेंकेगी। कई नरम-गरम सिख संगठनों की आलोचना करते कि वे निर्दोषों के क़त्लों की निंदा नहीं करते और इस कारण वे बराबर के हिस्सेदार हैं। लोगों में इतनी दहशत कि शाम को आठ बजे ही गाँवों की गलियाँ सूनी हो जातीं। रात में गलियों में पैरों की आहट सुनकर घरों के अन्दर 'बंदी' हुए लोग चौकन्ने हो जाते।

वामपंथी धड़े अमन रैलियों में देश की एकता और अखंडता को बरकरार रखने के लिए अपीलें करते। शहीदों की कतारें लगाने के दावे करते, जिनमें से मायूसी और लाचारी भी प्रत्यक्ष झलकती दिखाई देती। ख़ैर, लोग धर्म, जाति और अन्य रंजिशें भूलकर एक मज़बूत एकता का प्रदर्शन करते। 'सिख एक पृथक कौम', 'खालसे का बोलबाला', 'खालसा राज' और ' एक सिख के हिस्से पैंतीस हिंदू आते हैं', 'सिखों का धर्म और सियासत एक है' के बावजूद क़त्ल 'स्कोर' के और ऊँचा होते जाने के बाद भी हिंदू-सिखों के बीच कोई दरार नज़र न आती। इस एकजुटता और एकता के कारण वामपंथी शक्तियों और निरपेक्ष सोच के लोगों का हौसला बुलन्द होता। 'बंद' के आह्वान सफल होते।

...और, एक दिन अचानक मेरे पैरों के नीचे से ज़मीन खिसकती महसूस हुई जब ग्यारहवीं कक्षा से एम.ए. तक सहपाठी रह चुके मेरे गहरे मित्र ने बड़ी तसल्ली से कहा, ''ख़ालिस्तान बन गया तो हमारे जैसे जट्ट लोग डी.सी., एस.पी. बन जाएँगे।

सिखों में कितने लोग पढ़े-लिखे हैं? खालसा राज की स्थापना के लिए हम सबको मदद करनी चाहिए। और यह कोई लालच नहीं, अपनी तो पहले ही खेती बहुत है। बड़ा भाई एम.बी.बी.एस. है, भरजाई डाक्टर है। हम और बड़े अफसर बन जाएँगे।''

इसके बाद मैंने उस मित्र में कोई ख़ास दिलचस्पी नहीं ली, लेकिन एक दिन अपनी ननिहाल से लौटते समय उसके घर के पास से गुज़रते हुए मेरा भावुक मोह जाग उठा और मैंने सायकिल उसके आँगन में जा खड़ी की। मित्र घर में नहीं था, पर उसका भाई मिला। मैंने सहज ही पूछा, ''डाक्टर साहब और डाक्टरनी भरजाई आज कहाँ हैं? दिखाई नहीं देते। छुट्टी वाले दिन तो...।''

''डाक्टर? भाजी तो कम्पाउंडर हैं और भरजाई मास्टरनी है।'' उसने बीच में टोकते हुए सहज भाव से बताया।

''यार तेरी नौकरी का क्या हुआ?...चल, तुम्हारी ज़मीन बहुत है; नौकरी मिल गई तो और भी बढ़िया।'' मैंने बात बदली और अपनी ज़बान पर पूरा नियंत्रण रखा।

''भाजी, हम बाहतियों (पिछड़ी जातियाँ) की कैसी ज़मीनें?... हम चार भाइयों को चार-चार कनाल भी हिस्से नहीं आती।''

''बाहती?''

''हाँ। बाहती अपने इधर कम हैं, कंढी इलाके में बहुत हैं।'' सच्चाई और स्पष्टता भरे ये निर्छल शब्द सुनकर मैं चकित रह गया। मेरी आँखों के सामने वह दिन आ खड़ा हुआ जब मेरे मित्र ने लायलपुर ख़ालसा कालेज में पढ़ रही हमारी सहपाठिन लड़की को अपने 'जट्ट' होने तथा अच्छे-ख़ासे ज़मींदार होने की लम्बी जानकारी दी थी।

मुझे लगा कि समाज की नज़रों में जन्म-जात से ऊँचा-सुच्चा होने का ढोंग करके मेरा वह मित्र कैसे 'हीनता' का बोझ ढो रहा है; दोहरी ज़िन्दगी जीते हुए पल-पल मर रहा है और पल-पल बनावटी ज़िन्दगी जी रहा है। मैं सोचता—पिछड़ी जातियों को अछूत जातियों के साथ मिलकर चलने की ज़रूरत है। सामाजिक परिवर्तन इंकलाब का ही दूसरा नाम है। उन शक्तियों को मिलकर चोट पहुँचाए जाने की आवश्यकता है जो वर्तमान सामाजिक व्यवस्था और स्थितियों को यथावत रखने के लिए हर प्रकार की कोशिश कर रही हैं।

कुछ देर बाद मुझे पंद्रहवी सदी के प्रसिद्ध विद्वान और समाज सुधारक मार्टिन लूथर का ख़याल हो आया जिसने पोप पद को सांसारिकता से पूरी तरह ओतप्रोत देखा था। नतीजे के तौर पर उसने पोप और पादरियों के विशेष आध्यात्मिक नेतृत्व और धर्म-ग्रंथ की व्याख्या के अधिकार को ललकारते हुए 95 नुक्ते पेश करके उसे मुकम्मल तौर पर रद्द कर दिया था।

बार-बार ख़याल आता कि हमारे देश में धर्म और आध्यात्मिकता के नाम पर बाँटा जा रहा अंधविश्वास, बुद्धि के विकास में लगाए जा रहे बाँध, अगले-पिछले

जन्मों के परिणामस्वरूप ऊँच-नीच आदि से मुक्ति दिलाने के लिए कौन आगे आएगा। इस तरह मेरी सोच की सुइयाँ दौड़ती-दौड़ती डा. अम्बेडकर और डा. रामास्वामी नाइकर पेरियार पर जा रुकतीं।

पहले से चल रहा विचार फिर से हावी हो उठा।

...और हाँ, दहशतगर्दी के इस 'भाई-मारू' दौर में एक और ऐसा हादसा हो गया जिसने मेरी रातों की नींद पर हमला कर दिया। हमारी एक रिश्तेदार ने आकर बताया, ''सरदारनी, जिसके मैं गोबर-कूड़ा करती हूँ, एक दिन बड़ी खुश होकर मुझे कहने लगी—बहन, ख़ालिस्तान अब बना ही समझ। मौजें लग जाएँगी। हिंदू यहाँ से चले जाएँगे, पर तुम लोग हमारे संग खालिस्तान में ही रहना।''

हम बड़े ध्यान से सुन रहे थे। हमारी उत्सुकता और प्रश्नों से भरी हुई नज़रें उसे एकटक देख रही थीं। उसने बात का सिरा फिर पकड़ा, ''मैंने कहा—सरदारनी, तुमको तो मौजें लग जाएँगी, कोई ज़मीन हमारे नाम भी लग जाएगी? और फिर, हमें क्यों बात-बात में मज़बूर करती हो कि खालिस्तान बने तो हम तुम्हारे साथ रहें...हमारे लिए तो हिंदू-सिख एक से ही हैं। हमसे बहुत प्यार है सरदारनी...!''

''फिर?'' हमने उतावले होकर पूछा।

''फिर क्या? कहने लगी—बहन, प्यार है, तभी तो कह रही हूँ, खालिस्तान में हमारा गोबर-कूड़ा कौन उठाएगा?''

मुझे जिन्ना की वह बात स्मरण हो आई जो देश के विभाजन के समय उसने एक मीटिंग में अछूतों की समस्याओं के बारे में बोलते हुए कही थी कि उनकी आबादी को आधा-आधा बाँट लेना चाहिए और इस बात के अर्थ मुझे बहुत देर बाद समझ में आए थे।

दूसरे-चौथे दिन ऐसी बातें सुनते-देखते मैं परेशान होकर रह जाता। पार्टी की अमन रैलियाँ, शहीदों की कतारें लगाने वाले फ़ैसले, बार-बार बंद के आह्वान, जुझारू दस्ते बनाने के लिए किसी को कोई चिंता नहीं, निर्दोषों की सुरक्षा को यकीनी बनाने के लिए सरकार पर निर्भरता जैसे मुद्दों के बारे में साधारण सोच वाले मेरे जैसे साथी विचार किया करते। पार्टी लीडरशिप, इन संगठनों को फ़िरकापरस्त ताकतों, पूँजीवादी ताकतों की पिछलग्गू और इंकलाब की राह में रुकावट बताया करती।

बुलन्द हौसला, दृढ़ निश्चय होने पर भी मन के अन्दर कभी-कभी निराशा उपजती जिसे हम कभी किसी के सम्मुख प्रकट न करते। पर पंजाब और समूचा भारत, इस ख़ौफनाक और दहशतगर्दी के हालात में से शीघ्र किस तरह निकले, इसके बारे में विचार-विमर्श किया करते। दुनिया के उग्रवादी संगठनों की गतिविधियों और यहाँ की क़त्लोगारत, बहन-बेटियों की इज़्ज़त सुरक्षित न रहने, धर्म पर आधारित राजनीति वाले दलों की ओर से क़त्लों और सामूहिक क़त्लों की निंदा न करना, आदि को लेकर मेरे मन में तुलनात्मक विचार उठते रहते।

गहरे मित्रों और साथियों के क़त्लों ने मुझे आशा-निराशा की सोच के घने जंगलों में धकेल दिया। वामपंथी पार्टियों के काम के तरीके ने बहुत से कारकुनों को पहले ही उदासीन कर दिया था। कोई साथी भारतीय कम्युनिस्ट पार्टी से टूटकर मार्क्सवादी पार्टी में चला जाता और कोई उधर से इधर आ जाता। रूस में ज़ारशाही के खात्मे के लिए वहाँ की छोटी-छोटी कम्युनिस्ट पार्टियों की ओर से मिलकर किए गए संघर्ष का ख़याल आता। मैं सोचता—हमारे वामपंथी दल संजीदा और ईमानदार होकर लोगों को दिशा दें, अपने अहं को त्यागकर।

इन अनिश्चित स्थितियों और शशोपंज भरे दिनों में किताबों को उलटते-पलटते हुए निकोलाई ओस्त्रोव्स्की का प्रसिद्ध उपन्यास 'कबहू न छाडे खेत' मेरी नज़र में पड़ा, जिसका अनुवाद डा. करनजीत सिंह ने किया था। स्वजीवनी आधारित इस उपन्यास ने मुझे नए सिरे से दिशा दी। हर हालात में बुलन्द हौसला, लोगों की खातिर निरंतर जूझना, देश के लिए मर मिटने की भावना और नए विचारों की तलाश ने मेरे अन्दर अथाह ऊर्जा भर दी। उत्साहहीन होते व्यक्ति को फिर से खड़ा करने की ताकत और सामर्थ्य रखने वाली यह रचना मेरी प्रेरणा का बड़ा स्रोत बन गई।

इस उपन्यास के बहुत से विचारों को मैं अपने दोस्तों के संग साझा किया करता। पल्ले से पैसे खर्च करके मैंने इसकी सात-आठ प्रतियाँ खरीदीं और कइयों को पढ़वाया। कामरेड पुरुषोत्तम शर्मा ने अपने नव-जन्मे पुत्र का नाम 'पवेल' और बेटी का नाम 'तोनिया' रख लिया। मिसरदीप भाटिया ने अपने पुत्र का नाम पवेल रखा।

जब अकेला होता तो सोचता—दुनिया उम्मीद पर चलती है। कम से कम निकोलाई ओस्त्रोव्स्की की भावना को बरकरार रखने के लिए हमारी वर्तमान और भावी पीढ़ी ज़रूर तैयार होगी।

दिल्ली के लिए रवानगी

पिछले पाँच-छह बरसों से पाँच पानियों के देश की फिज़ा बहुत खराब हो गई थी। लगता कि इसने भी सियासी लोगों की तरह दिन-रात अपने मुखौटे बदलने शुरू कर दिए हैं। कभी महसूस होता कि दरिन्दों जैसे लोगों ने कुदरत पर कब्ज़ा करने का दृढ़ निश्चय कर रखा है। रात के भोजन के बाद ही लोगों की तरह कुत्ते भी घरों में बन्द होकर शान्त से बैठे रहते जैसे भौंकना उनके स्वभाव में से ही निकल गया हो। गलियों में पसरे सन्नाटे को जैसे ये समझने लगे हों। अदृश्य साज़िशी सन्नाटे की चादर को अगर कोई तार-तार करता तो वह 'ठांय-ठांय' की आवाज़ होती, रुदन और विलाप की दिल को चीरने वाली आवाज़ होती। अगर कहीं मातमी धुन के दौरान कंधों के बीच से कोई गर्दन ऊपर उठती दिखाई देती तो अँधेरे के संगी-साथियों की ओर से उसे हमेशा के लिए मिटा दिया जाता—एक पृथक पहचान की खातिर!

नफ़रत की खेतीबाड़ी भड़काऊ पानियों के सहारे सघन और ऊँची होती गई। मालिकों और पालकों को नतीजे की भरपूर उम्मीद दिखाई देने लगी। कच्ची-कोमल डंठलों को निर्दयता से तोड़ते-मरोड़ते हाथ पाक-पवित्र ठहराये जाने लगे। अपनों के लहू के बीच पराये प्रवेश कर गए प्रतीत होते जिसके कारण एक पृथक लोच और सोच का सुर उभरता। पवित्र स्थानों से नफ़रत के बारूद से भरी मिसाइलें दागी जातीं। घरों के अन्दर दीवारें खड़ी होने लगीं।

...और, फ़ुर्सत के क्षणों में मैं पंछियों को आकाश में उड़ते हुए देखा करता। वे कभी किसी पेड़ पर बैठते तो कभी किसी घर की मुंडेर पर। हदों-सरहदों से बेखबर और यह सब कुछ उनके लिए अर्थहीन! जैसे सारी धरती, सारा आकाश उनका अपना घर हो। मेरी सोच उनकी उड़ानों के पीछे-पीछे उड़ती और बहुत बार महसूस ही न होता कि मैं ज़मीन पर हूँ।

लोग तंग-परेशान कि दिन चढ़ते ही उन्हें कभी इस गाँव में तो कभी उस गाँव में मातम में शरीक होने की तैयारियाँ करनी पड़ती हैं। जवान, अधेड़ और बुजुर्ग स्त्रियों के दुपट्टे सफ़ेद होते और उनके चेहरे पूनी की तरह सफ़ेदी लिए दिखाई

देते। सिरों के लाल दुपट्टों और चेहरों की लाली को जैसे दिशाहीन आँधी अपने संग ही उड़ा ले गई थी। मुहल्लों में फूहड़ी-सत्थर (मातमपुर्सी के लिए बिछाया गया कपड़ा) का बिछना एक आम-सी घटना हो गई। एक बुजुर्ग हमारे गुरुद्वारे के पीपल के थड़े पर बैठकर अक्सर बातें किया करता, "मुल्क पर संकट है लोगो, हमलों (1947 का बँटवारा) के बाद ऐसा खून-खराबा देख रहे हैं।" फिर जैसे लाचारी में कहता, "सतिगुरुओं के स्थानों पर बैठ कर जो साज़िशें-मंसूबे घड़ते हैं, उनके मनों में सतिगुरु खुद बैठे तभी यह सब खत्म होगा। धर्म और न्याय के कारण ही धरती-आकाश थमे खड़े हैं।"

रोज़-रोज़ निर्दोषों के गायब हो जाने की तरह, भरी गर्मियों में बिजली के दर्शन नाम मात्र को होने के बावजूद दहशत और कत्लोगारत से डरे हुए जवान लड़के और परिवार के अन्य सदस्य घरों के अन्दर ही सोया करते, ताले लगाकर रखते। लोग जवान लड़कियों को छिपाकर रखते मानो वे चुरा कर ले जाने वाली वस्तुएँ हों। रक्षा के लिए उठे हाथ कलम कर दिए जाते। निरा यम-राज!

हथियारों से विचारों को बदलने के यत्न किए जाते, 'तुन्नी-मुन्नी एक बराबर' (दाढ़ी को काटना और बाँधना दोनों एक जैसे अपराध हैं) के फ़तवे जारी किए जाते। कुछेक लोगों की ऐसी विकलांग मानसिकता को फलते-फूलते देखकर इन्साफ़पसन्द धरतीपुत्र लोगों की एकता के वास्ते दिनरात इस भाई-भाई को मारने वाले संघर्ष के ख़िलाफ़ काफ़िले बनाकर चलते। जन मन के गहरे ज़ख़्मों पर हमदर्दी से भरे शब्दों की मरहम-पट्टी किया करते, उन्हें अपने संग मिलाते। शब्दों के सफ़ेद कबूतरों को सरेआम आकाश में उड़ाते।

और, ख़ला ने बेज़ुबानों की ज़बान को अपने अन्दर समाहित कर लिया और वह नित्य घटित होती इन दिल दहला देने वाली वारदातों का गवाह बना और निराश्रयों की ओट! फिर आए वे दिन जब ख़ला खुद दीवार बनकर खड़ा हो गया—एक निरी फ़ौलादी ढाल, जो अपनी खुद मिसाल। एक आवाज़, जिसने दूसरों की ज़बान को बन्द करना चाहा, को चुप करा दिया गया। घुटनों से लम्बे लटकते हाथ धरती पर बेहरकत होकर रह गए। सिफ़्तों का घर छलनी-छलनी हो गया।

फिज़ा में सरकारी दहशत और बेधड़कन मरियल-सी ज़िंदगी मैंने पहली बार देखी। जालंधर शहर में अंग्रेज़ी हुकूमत के समय एक बार क़र्फ़्यू लगा था, ऐसा सुन रखा था। उसी शहर में दूसरी बार और समूचे पंजाब में पहली बार यह दृश्य देखा गया। इक्का-दुक्का कुत्तों और पंछियों सहित सड़कों पर फौज़ी, नीम-फौज़ी दस्ते घूमते। क़र्फ़्यू लगे शहर में सचमुच की वीरानगी साफ़ दिखाई देती। जिन गलियों-बाज़ारों में दो-तीन दिन पहले रौनकें और बच्चों के खेलने-कूदने के नज़ारे देखे गए थे, वहाँ अब सन्नाटा पसरा था। ऐसा लगता था, शहर में से स्त्री-पुरुष और बच्चे सचमुच जैसे कहीं और चले गए हों। इस ख़ौफ़ ने मासूम बच्चों के हाथों में से गुब्बारे और

छोटों-बड़ों के होठों पर से झरते हँसी के फ़व्वारे छीन लिए। दुकान-मकान खँडहरों की डरावनी चुप में तब्दील हो गए। बीच-बीच में मैं महसूस करता जैसे कोई मेरा पीछा करता आ रहा हो। मैं मुड़-मुड़कर पीछे की ओर देखता—मेरे अपने ही वहम के अलावा कोई न होता।

जलती हुई बेसिर-पैर की यह आग किसी का लिहाज़ न करती। और आख़िर, यह आग तख़्त को जा लगी। राष्ट्रीय और अन्तर्राष्ट्रीय आवाज़ देश की राजधानी में ही हमेशा के लिए ख़ामोश कर दी गई। बड़ा दरख़्त गिरा, धरती काँप उठी। दिन और रात बदला लेने वाले बन गए। ज़िन्दगी की खैर माँगते मासूम और निर्दोष हाथ, आपस में जुड़े ही रह गए। घरों में भयभीत और अड़ोस-पड़ोस में पनाह लेकर बैठे लोग आग की बलि चढ़ा दिए गए, जैसे उन्होंने ही गुनाहभरा यह कुकर्म किया हो। 'जादू' सिर चढ़ कर बोला—लाशों पर पेशाब, बेरहम क़त्ल, गर्दनों में जलते हुए टायर और क़त्लोगारत की घटनाएँ इस तरह से घटीं मानो पराये देश के उपद्रवी यह सब कर-करवा रहे हों। 'खून का बदला, खून से लेंगे' के नारे इलेक्ट्रोनिक माध्यमों से सुनाई देते।

न्याय-प्रिय और संवेदनशील व्यक्ति अमन-शान्ति की अपीलें करते। बहुत से लोगों की रातों की नींद अँधेरों में ही गुम हो गई। कई बार बात पूरी ही न होती, बस, होंठ फड़ककर रह जाते।

इस अविश्वास और सन्देहभरे हालात में बापू ने मुझे सलाह दी, "पगड़ी उतारकर और बालों को थोड़ा और छोटा कराकर तू दिल्ली चला जा। बख़्शी समेत सारे रिश्तेदारों को अपनी आँखों से देखकर आ।... अब तो मारकाट रुक गई लगती है।"

दिल्ली बस-अड्डे से बड़े भाई के पास जाते हुए चारों ओर फैले भय को मैंने महसूस किया। आसपास का वातावरण काट खाने को दौड़ता था। धुआँखे घरों को देखकर मुझे अपने घर में बिजली के मीटर के पास चिड़िया द्वारा बनाए गए घोंसले का ख़याल हो आया; जिसे तिनका-तिनका जोड़कर बनाते हुए मैंने देखा था। पर जब अचानक आँधी-तूफ़ान आया था तो उसका तिनका-तिनका उड़ गया था और मीटर की तारों में से चिनगारियों के निकलने के कारण लगी आग में चिड़िया अपने परिवार सहित पल भर में ही राख का ढेर हो गई थी। दिल्ली में यह सब देखकर दिल-दिमाग में इतना कुछ भर गया कि अगले दिन ही मैं अपने गाँव लौट आया। मानवता कहीं लुप्त हो गई लगती थी। कुछ दिनों-महीनों के बाद कविताएँ अपने आप फूट पड़ी थीं...।

और, 24 जुलाई, 1985—मेरा तीसवाँ जन्मदिन और देश के लिए एक ऐतिहासिक दिन! ग्यारह सूत्री राजीव-लोंगोवाल समझौता! लोग अखबारें पढ़ते, ख़बरें सुनते, चंडीगढ़ पंजाब को और बदले में पंजाब के हिन्दी-भाषी इलाके हरियाणा को, रावी-व्यास के पानी का बँटवारा ट्रिब्यूनल के हवाले, कानपुर और बोकारो के नवंबर

माह के दंगों की जाँच, आनन्दपुर साहिब प्रस्ताव सरकारिया कमीशन के सुपुर्द, फ़ौज से भागे फौजियों का पुनर्वास, आदि...। दिल्ली के सिख-विरोधी दंगों की पड़ताल के लिए पहले ही रंगनाथ मिश्र कमीशन बैठ चुका था। समझौते में शामिल दलों के नेता रातोंरात अमन के मसीहा बन गए। वामपंथी लोगों की इस दिशा में निभाई जा रही भूमिका और योगदान को कोई वज़न ही नहीं दिया गया।

आतंकवाद के ख़िलाफ़ नरम दलों की ओर से भी अब शान्ति और भाईचारे की बातें सुनने को मिलने लगीं। जगह-जगह पर बातें होतीं, "अगर सही नीयत से समझौता लागू हो जाए तो पंजाब और देश के दुश्मनों को सबक सिखाया जा सकता है।"

पंजाबी-हिन्दी इलाकों के देने-लेने की बात 'कुन्दूखेड़ा करू निबेड़ा' पर आकर खत्म हो जाती। फिर कुछ जुनूनी लोग सरकारी अफ़सरों के सम्मुख पंजाबी में कहते सुने गए, "हमारी माँ-बोली हिन्दी लिखो जी...।" और इस तरह करीब ग्यारह महीने इसी अनिश्चितता में बीत गए। पंजाब का संताप ज्यों-का-त्यों बना रहा, न हालात बदले, न अमन लौटा।

माहौल उस वक्त और अधिक भयानक और डरावना हो गया, जब आतंकवादियों ने धर्मयुद्ध मोर्चे के डिक्टेटर संत हरचंद सिंह लोंगोवाल की संगरूर से तीस किलोमीटर दूर उस समय गोलियाँ मारकर हत्या कर दी (20 अगस्त, 1986) जब वह शेरपुर गाँव के एक गुरुद्वारे में अपना भाषण देकर श्री गुरु ग्रन्थ साहिब के सम्मुख माथा टेक रहे थे। पंजाब में शोक की लहर और अधिक गहरी हो गई।

नरम और गरम दलों और सरकार के बदलते पैंतरों के कारण आम जनता दहशत और क़त्लोगारत की चक्की में निरंतर पिसती नज़र आने लगी। हर स्थिति में अमन-एकता बनाए रखने और आतंकवाद का मुँहतोड़ जवाब देने की अपीलें की जाने लगीं। कुछ अख़बारों के प्रतिबद्ध मालिक और कारिन्दे लोगों के साथ खड़े होते और कुछ वक्ती तौर पर खाड़कुओं की गलत और भद्दी चालों का शिकार होते चले गए।

इस काले दौर के दौरान मेरी नौकरी में प्रोबेशन के बाद मेरी तरक्की हो गई और मैं अफ़सर बन गया। अपनी ख़ुशी की ख़बर देने मैं पार्टी दफ़्तर में गया।

"बधाई! अब तू मैनेजमेंट का हिस्सा बन गया। हम चाहेंगे कि अब तू इधर अधिक न आए और फिर, पिछले सालों से तू कौन-सा कार्ड-होल्डर है!" पार्टी के जिला सचिव ने मुझे दो टूक सलाह देते हुए कहा, "इसी में तेरी भलाई है।"

मुझे अपना बहुत कुछ छिनता हुआ-सा प्रतीत हुआ। पिछले बारह सालों में कई सयाने साथियों का गहरा प्यार, उनका अपनत्व और निपुण मार्गदर्शन, इन सबसे मैंने खुद को एकदम वंचित होता महसूस किया, जैसे मोर्चे पर पूरी निष्ठा से डटा कोई सिपाही ज़ख्मी होकर अपाहिज हो गया हो! तन की गतिविधियाँ, मन की

गतिविधियों में रूपान्तरित होने लगी थीं। काले-सफ़ेद शब्दों की गोलियों द्वारा बेइन्साफ़ी, सामाजिक असमानता और अमन-भाईचारे में सेंध लगा रहे दुष्टों के विरुद्ध दागने का दृढ़ संकल्प मैंने मन में उस समय कर लिया था, जब मैं बस में अपने गाँव की ओर जा रहा था।

"मेरी बदली दिल्ली की हो गई ...।" मैंने घर के आँगन में पैर रखते हुए बापू और माँ को बताया।

"रब का शुक्र है, जिसने इतने करीब होकर सुना।" माँ ने मेरी अधूरी बात सुनकर बेसब्री से कहा और धरती को नमस्कार किया। अचानक खिल उठा उसका चेहरा मेरे लिए हैरानी का सबब बन गया। मेरे सिर पर प्यार से हाथ फेरते हुए उसने कहा, "कब जाना है? मैं तो कहती हूँ कि कल की बजाय, आज ही दिल्ली की गाड़ी में चढ़ जा।"

कुछ रुककर उसने अपने दिल की बात बताई, "कामरेड कुलवन्त रास्ते बदल-बदलकर तुझे फिरनी पर छोड़कर जाता है, वक्त-बेवक्त लौटता है तू... ज़िन्दगी का कोई भरोसा रह गया है? हर दम जान सूखती रहती है। दिल्ली में बड़े भाई के पास रहेगा तो हमें चिन्ता तो ना रहेगी।"

"साधु के कुत्तों की तरह जहाँ कहीं भी कामरेड को देखता है, उसके पीछे चल पड़ता है। हमारे रोकने पर तो तू उनके पीछे जाने से हटा नहीं था, चल अब...।" बापू ने कहा। उसके चेहरे पर किसी विजेता की भाँति ख़ुशी की लहर दौड़ती दिखाई दी।

"मेरी तरक्की...।" मेरी बात को माँ ने बीच में ही टोककर फिर कहा, "कपड़ा-लत्ता कब रखना है?"

मैं आगे कुछ कहता, माँ खुद अपने दिल की बात बताने लगी, "इन अभागे दिनों और दुष्ट रातों ने माँओं के सरू के बूटों जैसे बेटे निगलने की ठान रखी है। इसलिए मैं कहती हूँ बेटा, तू यहाँ से दूर चला जा।" उसने अपनी आँखों से गिर पड़ने को तैयार आँसुओं को अपने दुपट्टे के छोर से पोंछते हुए कहा, "कैसा कलजुग आ गया है... माँएँ बेटों की लम्बी उम्र के लिए उन्हें अपने हाथों घर से दूर भेजकर दुआएँ करती हैं और फिर मिलने के लिए तड़पती और रोती रहती हैं।"

माँ का गला जैसे रुँध गया और उसके कई शब्द उसके मुँह में ही दम तोड़ गए। मैंने ऐसा जताने की कोशिश की जैसे कि मैं बड़े दिल और जिगरे वाला हूँ, मैं मन ही मन अपने ताये के फ़ौजी बेटों—नोहणे, फुम्मण और मद्‌दी से खुद की तुलना करने लगा। वे जब छुट्‌टी काटकर जाने लगते, मुहल्ले की बूढ़ी औरतें, बच्चे और बुज़ुर्ग लोग इकट्‌ठे हो जाते। बातें हुआ करतीं, "गिनती के दिन चुटकी में बीत जाते हैं, लगता ही नहीं कि नोहणा महीने भर की छुट्‌टी आया हो...।"

कोई कहता, "नदी नाम संजोगीं मेले... चलो, तन्दुरुस्ती बनी रहनी चाहिए,

पेट भरने के लिए हीला-वसीला तो करना ही पड़ता है।''

मैं देखता कि मेरी ताइयाँ, उनकी बहू-बेटियाँ, सब की सब सजल नेत्रों से उन्हें विदा किया करतीं। वातावरण में कुछ देर के लिए ज़बरन एक चुप़ पसर जाती।

मेरी स्मृतियों की लड़ी बापू के हुक्के की गुड़गुड़ से टूटी।

''गुड्ड! बुढ़ापा अब हमारे ऊपर छलाँगें लगाता चढ़ता आ रहा है। यह न हो कि तू मुड़कर पीछे देखे ही न! कहते हैं, जो भी दिल्ली जाता है, वहीं का होकर रह जाता है! अभी पूरी कबीलदारी ब्याह-शादी के लिए पड़ी है।'' बापू की आँखों में विवशताओं और अविश्वास का बहता हुआ दरिया दिखाई दिया, जो किनारे तोड़ने को उतावला था।

''भाइया(बापू), तू फिक्र न कर, मैं तेरे साथ हूँ।'' अपनी जिम्मेदारी समझते हुए मैंने दृढ़ इरादे से भरोसा दिलाया।

''भाइया-भाइया करता है! इसका मतलब भी जानता है?'' अपने जिस्म की ओर हाथ से इशारा करते हुए उसने कहा, ''इस शरीर के बहाने तू पैदा हुआ, इस शरीर का तू हिस्सा है! सो, हम इस तरीके से दोनों भाई हैं ...भाइया यानी भाई-भाई!'' बापू ने किसी गुणी-ज्ञानी की तरह बात की जिसमें से उलाहना भी साफ़ झलक रहा था।

रात भर मैं अपने ही अदृश्य ख़यालों के घेरे में घिरा रहा। दोस्तो-मित्रो, जो कदम-कदम पर मेरे अंग-संग रहे, से बिछुड़कर एकदम अचानक चार सौ किलोमीटर दूर के महानगर में जाने की बात सोच-सोचकर ही मेरा दिल बोझिल होता जा रहा था।

अगली सुबह (28 मार्च 1987) को मेरी माँ और बहनें मुझसे पहले उठ गई थीं और मेरे जाने की तैयारी से जुड़े सभी काम दौड़-दौड़कर कर रही थीं। वे कभी दालान में और कभी रसोई में आती-जाती दिखाई देतीं।

''बापू! साइकिल मैं शर्मा की दुकान पर खड़ी कर जाऊँगा।'' मैं साइकिल पर चढ़ा और दिल्ली के लिए रवाना हो गया। दो-चार पैडिल मारने के बाद थोड़ा आगे जाकर जब मैंने कैरियर पर रखे बैग को टटोला और साथ ही, पीछे मुड़कर देखा तो बापू मुझे दिखाई न दिया। माँ, बहनें और छोटा भाई कुलदीप अभी भी वहीं फिरनी पर खड़े मेरी तेज़ दौड़ती साइकिल की ओर एकटक देखे जा रहे थे। सड़क के दोनों ओर पक रही लहलहाती गेहूँ की फ़सलें मानों मुझे अपनी जवान और ब्याहयोग्य बहनों का अहसास करवा रही थीं। मुझे ऐसा महसूस हुआ जैसे सारा परिवार मेरे संग-संग मेरा पीछा करता आ रहा हो।

ज़िन्दगी और मौत के बीच

''इस कंजर के पुत्त ने आप तो मरना ही है, साथ में हमें भी मरवाएगा। इसे चार फेरे दिलाकर बाँध दे कहीं। खुद-ब-खुद रन्न (बीवी) का पुत्त बन जाएगा। फिर देखेंगे, हमारा कितना हालचाल पूछने आएगा।'' बापू अपने गुस्सैल स्वभाव के अनुसार मुझ पर भड़क रहा था, पर माँ पत्थर की भाँति चुप और अडिग खड़ी थी। एक ही साँस में बोलने के कारण बापू का इकहरा शरीर हल्का-सा काँपता प्रतीत हो रहा था। उसकी आँखें कभी अन्दर और कभी बाहर की ओर फ़ुर्ती से देख रही थीं।

''इस बार मैं अपनी मर्जी से तो नहीं आया, तुम्हारा ...।''

''चुप कर जा, कुत्ते के तुख़्म (वीर्य)! नहीं तो जूतियाँ मार-मारकर खोपड़ी तोड़ दूँगा।'' बापू का स्वर इतना ऊँचा था कि मुहल्ले और आस-पड़ोस के घरों के लोग पल भर में आ जुटे।

बारियों (पाक के 'बार' इलाके से आए लोग) के गुरमुख ने आते ही पूछा, ''हमने तो कदमों की आहट सुनकर सोचा—ये कौन कीचड़ में दौड़ता चला आ रहा है!''

''यार, हद हो गई! बात तो बताओ।'' ताया राम सिंह ने अपनी दाढ़ी पर हाथ फेरते हुए बेसब्री से पूछा।

''होना क्या है? आतंकवादियों ने घेर लिया इसे।'' बापू ने बताया।

''अच्छा! कहाँ?'' ताये ने फिर उत्सुकता जतायी।

''ये, पीर की ख़ानगाह के उस तरफ़!''

''हैं! दिन में ही अंधेर! गाँव के बाहर ही! अभी तो आठ भी नहीं बजे। अकेला था तू कि कोई साथ भी था?'' ताये ने बड़ी गम्भीरता के साथ सवालों की झड़ी लगा दी।

''ध्यान और मैं थे।'' मैंने बताया।

पूछ-पड़ताल जारी थी कि ध्यान भी आ पहुँचा। उसके पीछे-पीछे 'बाबों' का साधू। उसने अपने सदा खुश्क रहने वाले गले को आहिस्ता से खँखारते हुए कहा, ''चाँदनी रात में इनकी तरफ तानी गई छोटी बन्दूक [illegible] मैंने तो बैल पीछे ही

रोक लिए, और...।''

मैंने देखा कि ध्यान हाँफ रहा था। स्त्री-पुरुष सभी हमारे चेहरों की ओर तरस और दया भरी निगाहों से देखते हुए ख़ामोश खड़े थे और सारी वारदात को बड़े ध्यान से सुन रहे थे।

''और मैंने बैलों को खेतों की ओर बढ़ा दिया—वहाँ फसल कट चुकी है और गुरमुख की गेहूँ की पूलियाँ गीली मिट्टी में पड़े-पड़े अंकुरित होने लगी हैं! खेत में पैर धँस रहे थे।'' बाबा साधू फिर से गला खँखारकर बताने लगा।

''सारी कबीलदारी अभी पड़ी है...बड़ा ख़ुद टब्बरदार हो गया! हम अब तेरे हाथों की ओर ही देखते हैं! अभी तो मैं दिहाड़ी मजूरी कर लेता हूँ।'' बापू ने अपने भविष्य की चिंता भरी कहानी का सार-संक्षेप पेश किया। उसके होठ और चेहरे की खाल फड़कती दिखाई दी।

''ठाकरा, रब का शुकर मना, मुंडे बच गए। बुल्ला (चक्रवात) आया, निकल गया।'' ताये ने दिलासा दिया।

''तुम फिक्र न करो, तसल्ली रखो।'' मैंने अपने बापू और माँ को हौसला देने की कोशिश की। माँ की आँखों में से झाँकता पानी लगता था, किसी भी क्षण किनारे तोड़कर बाहर टपक पड़ेगा।

''मुझे तो लगा भई कि आज हमारा नंबर लग गया, पर...।'' ध्यान ताज़ा घटी घटना को बताने की कोशिश करने लगा, ''हम दोनों को उन्होंने अपने सामने दस-पन्द्रह फुट पर बराबर-बराबर खड़े कर लिया। बोले, 'साले सड़कों पर बीड़ियाँ पीते घूमते हैं।' इस बाबा ने जब बैलों को खेत की ओर मोड़ा तो उनका ध्यान उधर हो गया। मैं भी होशियारी से खेत में दौड़ पड़ा। पर दौड़ा न जाए, पैर कीचड़ में धँसते जाते थे। मैं फिर भी दौड़ता रहा। वे कहते रहे, रुक जा, नहीं तो गोली मार देंगे।''

''ध्यान ने मुझे दूसरी ओर दौड़ने के लिए कहा कि कम से कम एक आदमी तो बच जाएगा। मेरे दायें हाथ की ओर कँटीली तार थी, कूड़े के ढेर थे। भागकर जाना कहाँ था?'' मैंने बताया।

''फिर?''

''वो बेहया गालियाँ बकने लगे। एक ने कहा—गोली पार कर और काम खत्म कर। ज्यादा बातें न कर।''

''अच्छा! फिर?''

''उस ए.के. सैंतालीस वाले के दिल में पता नहीं क्या आया, मुझसे कहने लगा—तू हमारा सिख भाई है, आज तुझे बख़्श दिया। आज के बाद शराब पी या अंग्रेजी बोली तो उड़ा देंगे।''

''इसका मतलब कि गुड्ड, तुझे पगड़ी ने बचा लिया।... और फिर वो चले

गए?" ताया राम सिंह ने फिर से प्रश्न किया।

"ताया, उन्होंने साइकिल पर टाँग रखी और चले गए। बदन पर लोई लपेट रखी थी। मैं तो सीधा दौड़कर जुगिंदर फौजी के घर चला गया कि राइफल निकालकर उनका पीछा करें।"

"फिर?"

"वो बोला—पुलिस ने हथियार थाने में जमा करवा रखे हैं!"

"पुलिस वाले खुद डर के मारे जान बचाते घूमते हैं!" ताया हल्का-सा हँस दिया।

"हम पाँच-सात लोग लाठियाँ-टकुए लेकर गए भी, पर रास्तगो से ही मुड़ आए।" मैंने सबको और जानकारी दी तो सभी की हँसी निकल गई।

बापू ने धीमे से कहा, "उल्लू के पट्ठे! कहाँ लाठियाँ, कहाँ ए. के. सैंतालीस!"

"कई बार शिकार साधारण और रवायती हथियार से भी काबू में आ जाता है। पक्का इरादा और हौसला होना चाहिए। ऐसे फसली बटेर हथियारों के सिर पर ही तो शेर हैं... वैसे, धमका दो तो बूटों में पानी भर जाता है। और फिर हम इतने लोग और वे दो जने थे।" मैंने कहा तो प्रत्युत्तर में किसी ने भी 'हाँ-हूँ' नहीं की।

और, इस हालात में भी मुझे वह सड़क अकस्मात याद आ गई, जहाँ से हम पीछे की ओर मुड़े थे। यह वही सड़क थी जिसे आठ-नौ बरस पहले अपने कालेज की जून-जुलाई की छुट्टियों के दौरान भीषण धूप-गर्मी में मैंने बाँस के झाड़ू से साफ़ किया था और अन्य मज़दूरों के साथ मिट्टी हटाते हुए उस पर तारकोल डाली थी। अपने सिर के ऊपर रखी इंडुरी से दोनों बाँहों को थोड़ा ऊँचा करके बारीक बजरी की टोकरियों को चकरी की भाँति घुमाकर नीचे फेंका था। सड़क पर पतली-सी परत बिछ जाती थी। वह नज़ारा एक बार फिर मेरी आँखों के सामने आ खड़ा हुआ, जिसमें से धूल का छोटा-सा गुबार उठता हुआ दिखाई दिया। गुबार जो पल भर बाद खत्म हो जाता था। लेकिन, कड़ाहे के नीचे जलती हुई आग की लपट को और बड़ा करने के लिए लकड़ियाँ लगाते समय, अचानक छोटी-सी बदली में से मोटी-मोटी बूँदें टपकी थीं, जिससे उबल रही तारकोल के छींटे बाहर निकलकर मेरी दायीं बाँह पर पड़ गए थे और मैं तड़पकर रह गया था।

"गुड्ड... कहाँ गुम हो गया?" ताये ने मेरी बाँह को पकड़कर मुझे हिलाया।

"हूँ!... वो बोले—सतिगुरु ने तुझे बख़्श दिया। अब जो कुछ तेरे पास है, नीचे रख दे और दफ़ा हो जा! अगर पीछे मुड़कर देखा या गाँव वालों को बताया तो गोली मार देंगे, भाग यहाँ से भैण के...। फिर, दूसरा बोला—साला रवियों का, अकड़ कर चलते हुए टर्र-टर्र किए जाता है, मार गोली माँ के... के।" मैंने पूरे विस्तार से बताया।

"ताया, मुझे लगने लगा था कि बस अगली साँस और यह सारा नज़ारा मैं

अगले पल देख नहीं सकूँगा। दस-पन्द्रह सेकेण्ड के बाद मेरा हौसला थोड़ा बढ़ गया कि मारना होता तो ये अब तक मार देते। इतनी बातें और बहस किसलिए करते!"

"अच्छे सिखी निभा रहे हैं! बोल-बाणी, लूट-खसोट और मार-काट के कारनामे तो देखो इन गुरमुखों के!" ताये ने अपने 'गातरे' को निकालकर उस पर हाथ फेरने के बाद उसे फिर से छोटी म्यान में डाल लिया। फिर नसीहत देते हुए बोला, "दिन रहते अन्दर-बाहर हो आया करो, इस आँधी का पता नहीं किसे किधर उड़ा ले जाए।"

"और गुड्ड, तूने फिर दे दिया जो तेरे पास था?" गुरमुख को जैसे अचानक याद आ गया हो।

"बटुआ, घड़ी वगैरह मैंने नीचे ज़मीन पर रख दिए और गाँव की तरफ़ चल पड़ा।"

ताया राम सिंह जाते-जाते कहने लगा, "निर्दोषों-मासूमों को मारकर इन पापियों के पल्ले क्या पड़ेगा? जिन्होंने पाकिस्तान बनता देखा है, वे भूलकर भी खालिस्तान का नाम नहीं ले सकते।"

"सोलह आने सच!" कुछ आवाज़ें सुनाई दीं। आस-पड़ोस से आए लोग अपने-अपने घरों की ओर लौट गए।

हम पूरा परिवार आधी रात तक आँगन में बैठकर बातें करते रहे। मेरी बहनों के मुँह पर जैसे ताले लगे हों, उनके चेहरे उतरे होने के कारण यूँ लगता था, मानो वे जीते जी पत्थर की मूर्तियों में बदल गई हों। मुझे महसूस हुआ जैसे वे मन ही मन मेरी लम्बी उम्र की अरदासें कर रही हों।

इसी दौरान, गाँव से दूर 'ठाँय-ठाँय' की दो आवाज़ें सुनाई दीं। सबकी धड़कन एक बार फिर तेज़ हो गई।

"हमें पता है, दिल्ली में तेरा मन नहीं लगता। तेरा तन वहाँ होता है और मन यहाँ। हम और तेरे यार-दोस्त यहाँ पर हैं, पर...।" माँ ने बात आगे बढ़ाई, "भाटिया अपनी बुआ की जो लड़की बता रहा है, उसे देख ले बुधवार।"

"बुधवार? उस दिन तो मैंने वापस लौटना है। एक दिन पहले देख लेंगे।" मैंने अपनी दफ़्तरी विवशता का संक्षेप में इशारा किया।

"मंगलवार?" माँ ने हैरानी ज़ाहिर की।

"मेरा जन्म मंगलवार का है। जन्म-मरण के लिए तो यह दिन बुरा नहीं। सूरज तो हर वक्त रहता है, धरती घूमती है तो दिन-रात बनते हैं।" मैंने समझाने के इरादे से बात को विस्तार दिया।

"हमारी समझ में नहीं आतीं तेरी ये बातें। अपना टैम देख और लड़की पर एक नज़र डाल आ।" माँ ने अपने मन की इच्छा दोहराई। मुझे लगा जैसे मेरे माँ-बाप मेरी घर-गृहस्थी को जल्द-से-जल्द बढ़ता-फूलता देखना चाहते हों।

बातें करते-करते तारीख बदल गई।

अब मैं अपने कमरे में अकेला था। मेरे मन में बेशुमार ख़यालों का ज्वार-भाटा चढ़ता-उतरता रहा। बापू का छोटा-सा हो उठा मुँह मुझे कई अहम फ़ैसले लेने के लिए मजबूर करता। उसका कहा मेरे कानों में बार-बार सुनाई देता, ''ये आँधी निकल जाने दे, फिर जैसे मर्जी आया-जाया करना। सारी कबीलदारी अभी ...।'' ये शब्द मुझे ज़िन्दगी और मौत के बीच के ताज़ा देखे पलों का अहसास कराते। कुछ ही देर बाद मुझे महसूस हुआ कि जल्द ही दिन निकलने वाला है।

इस प्रकार 12-13 जून 1987 के बीच की यह रात, मेरी ज़िन्दगी और मौत के बीच ऐतिहासिक पलों वाली रात बन गई। मैं नए निखरे दिन की प्रतीक्षा करने लगा।

मानववादी थप्पड़

"ये हैं मेरे लंगोटिये यार... पिछले तीस-पैंतीस बरसों से अच्छी निभती आ रही है। बहुत बढ़िया ग़ज़लगो हैं जिनकी ग़ज़लों में से मानववादी नज़रिया साफ़ झलकता है।" पंजाबी की पत्रिका 'योजना' के सम्पादक डा. गुरचरन सिंह मोहे ने इकहरे शरीर वाले, कलफ़ की हुई दाढ़ी और लाल पगड़ी बाँधे आगन्तुक से दफ़्तर में सरसरी तौर पर परिचय कराते हुए मुझसे कहा।

"कौन से दफ्तर में हैं आप?" मैंने उस कवि में दिलचस्पी लेते हुए उत्साह में भरकर पूछा।

"हम तो चलते-फिरते रमते हैं, ग़ज़लें कहते हैं, घरवाली नौकरी करती है।"

"इनका दिन सड़कें नापते, ग़ज़लें सोचते गुजरता है, शाम कॉफी हाउस में बीतती है और दोपहर चण्डूखाने...।" डा. मोहे ने उतावले होते हुए बीच में टोककर गहरी दोस्ती पर फ़ख्र करते हुए उस कवि के बारे में जानकारी दी।

"चण्डूखाना?"

"वही, जहाँ महफ़िलें जुड़ती हैं... तू मेरे साथ चला कर... दूसरे कवियों, लेखकों से परिचय करवा देंगे। यहीं कमरे के अन्दर नहीं बैठे रहते।" डा. मोहे ने चाव से आगे बताया, "यह दरियादिल बंदा है...कॉफी होम में किसी दूसरे को पैसे नहीं देने देता। कवि सम्मेलनों से क्या मिलता है! घरवाली के सिर पर ऐश करता है...बड़ी नेक औरत है वो!"

ग़ज़लगो हल्के-हल्के मुस्कराता रहा। मुझे लगा मानो वह कोई परजीवी हो जिसके पास न कोई काम है और न ही कोई और आमदनी का साधन!

"इनकी तारीफ़?" ग़ज़लगो ने पूछा।

"यह मेरे यहाँ सहायक सम्पादक बन कर आए हैं, इनका नाम बलबीर चंद है, पर अपने आपको बलबीर माधोपुरी कहलवाते हैं।" मोहे ने व्यंग्य की तर्ज़ में मेरा परिचय दिया। इस रोज़ की ज़लालत के कारण मैंने कुछ दिनों के अन्दर ही सरकारी काग़ज़ों में अपना नाम बदलवाकर बलबीर माधोपुरी रख लिया।

दोपहर की महफ़िलें पार्लियामेंट स्ट्रीट पर पी.टी.आई. बिल्डिंग के बाहर लगा करतीं। वहाँ साहित्य-संस्कृति संबंधी कोई बात कभी न होती, बल्कि एक-दूजे की पीठ पीछे ईर्ष्या, जलन और ऐसा ही कुछ सुनने को मिलता। मैं वहाँ जाने से कन्नी काटने लगा।

दिन-महीने बीतते गए। मोहे और उसका एक अन्य सम्पादक साथी कमरे के अन्दर घंटों बैठकर अपनी-अपनी धार्मिक प्रवृत्ति की उच्च बातें किया करते। जन्म सँवारने को लेकर वार्तालाप हुआ करता—यह काम, यह पैसा संग नहीं जाना आदि के बहाने उनकी बातों का सिलसिला टूटने का नाम न लेता। मेरे दफ्तरी काम में विघ्न पड़ता। वे अपने गुरु को 'सम्पूर्ण सतिगुरु' कहा करते। मेरे साथ बहस करते। 'निगुरे का नाउ बुरा' जैसी टिप्पणियाँ करके मुझे अपने संग ले जाने के लिए प्रेरित किया करते। जड़बुद्धि होने का दोष लगाया जाता। मैं अन्दर ही अन्दर काम पूरा न होने के बोझ के कारण परेशान होता रहता और मानसिक तनाव से ग्रस्त रहता।

...और, एक शाम विवश होकर मैं उनके संग दिल्ली की एक पॉश कालोनी में रहने वाले उनके गुरु वेद प्रकाश शर्मा के सत्संग में गया। मोहे के ग़ज़लगो दोस्त ने मुझसे पहले ही वहाँ जाना आरंभ कर दिया था। अध्यात्म सहित वैज्ञानिक और तकनीकी प्रगति की चर्चा छिड़ जाती। मुझे माहौल अच्छा लगा। मैं मोहे के संग वहाँ 'हाज़िरी' भरने लगा।

एक दिन सत्संग के दौरान डी.डी. शर्मा ने प्रश्न किया, "पिताजी, गुरु रविदास की बाणी में ...।"

"गुरु?... वह तो संत भी नहीं था। गुरबाणी में उन्हें भगत कहा गया है।" सतिगुरु शर्मा जिन्हें सभी पिताजी कहकर संबोधित होते थे, ने पूरा प्रश्न सुने बगैर ही, जो पूछा नहीं था, उसकी व्याख्या कर दी। प्रश्नकर्त्ता ने चुप धार ली कि शायद गुरु से इस समय बहस उचित नहीं।

फिर, सतिगुरु ने अपने मन की मौज में बात शुरू की, "मैं पिछले जन्म में याज्ञवल्क्य ऋषि था और मेरी पत्नी गार्गी थी, जो अब मेरी बेटी शीला के रूप में मेरे साथ है।" सभी सत्संगी एक-दूसरे के मुँह की ओर देखने लगे कि सतिगुरु अगले-पिछले जन्मों और ब्रह्माण्ड का ज्ञाता है।

"पिताजी, हमने तो यह सुन रखा है कि यह जग मीठा, अगला किसी ने न देखा।" मैंने सुनी हुई बात की।

"गुरु की महिमा, गुरु की लीला को कोई नहीं जानता... गुरु कुछ भी करे, उस पर कोई दोष नहीं लगता, वह कमल की तरह पवित्र है। अगले-पिछले संगी-साथी लेखा लेने के लिए एक-दूजे के साथ-साथ चले आ रहे हैं।" वेद प्रकाश शर्मा ने अगम-अगोचर के बारे में कई प्रवचन किए।

"पिताजी, आप पूर्ण गुरु हो, सभी गरीबों का कल्याण कर दो, जात-पात के

भेदभाव को खत्म कर दो, सब बराबर हो जाएँ।'' मैंने अपने मन की इच्छा एक पीड़ित व्यक्ति के रूप में प्रकट की।

''देखो! यह सब कुछ पिछले जन्मों के कारण है, सतिगुरु इसमें दखल नहीं देता बल्कि रज़ा में रहना सिखलाता है। इसी से मन को शान्ति मिलती है। तुम खुद ही देखो, हम बार-बार मुँह धोते हैं, बार-बार शीशा देखते हैं और पैरों की ओर कितना ध्यान देते हैं?''

मुझे शूद्र, अतिशूद्र होने का ज्ञान पूर्ण सतिगुरु के पास बैठे पल में हो गया। इसके उपरान्त मैंने मोहे से बात की। उन्होंने कहा, ''जन्म करम है, अपना बर्तन सीधा रख, तभी अमृत पड़ेगा, उल्टे रखे बर्तन से आस्था, श्रद्धा और वैराग नहीं उपजते।''

सत्संग की समाप्ति पर एक ख़ूबसूरत पहनावे वाले युवक ने दो-चार बार सत्संगियों को बताया कि ये हैं तो मेरे मामा, पर इनकी चालों में मत आओ, ये मुर्गे का सूप पीते हैं और कभी-कभी इसके साथ पेग भी लगा लेते हैं।

उस अजनबी युवक की बात पर किसी ने ध्यान नहीं दिया।

''एक पल को मान लिया कि पिछला जन्म है, पर महाराज उस जन्म की पत्नी आज बेटी के रूप में गार्गी की तरह कैसे स्वीकार हो सकती है?'' मैंने मोहे से प्रश्न किया।

''गुरु की निन्दा करना और सुनना गुरमुख व्यक्ति के लिए पाप समान है।'' उन्होंने संक्षेप में समझाया।

''पर सच जानने में हर्ज़ क्या है?'' मेरी इस बात के उत्तर में उनके बेटे सुखबीर ने कहा, ''अगर आप लांछन लगा रहे हैं तो मैं सब पता लगाऊँगा।''

उसने तुरन्त स्कूटर में किक मारी और कुछ देर बाद लौटकर मायूसी भरी आवाज़ में बताने लगा, ''पिताजी की प्रिंसिपल लड़की से मिलकर और उससे पूछताछ करके आ रहा हूँ। वह कहती है—अपने पिता के कारण मैं अब न विवाहितों में हूँ और न ही कुँआरियों में।''

इस पुष्टीकरण के बाद ब्रह्माजी के वे श्लोक मेरी आँखों के सम्मुख आ गए जो उन्होंने अपनी पुत्री पद्मा को संभोग के लिए भरमाने की खातिर उच्चरित किए थे कि सन्तान की प्राप्ति के लिए माँ, पुत्री, बहन से सहवास किया जा सकता है। मुझे लगा कि कहीं यही 'मॉडल' उस 'सम्पूर्ण गुरु' के सामने न हो।

मेरी दुविधा देखकर मोहे ने कहा, ''भारतीय मिथ में ऐसा बहुत कुछ बकवास पढ़ा और सुना था, पर यह तो सच हो गया लगता है।''

मेरे मन में से 'गुरु' और 'सत्संग' संबंधी विचार सेकेण्डों में इस तरह लुप्त हुए जैसे मेरे दफ़्तर के कंप्यूटर की फाइलें करप्ट हो गई थीं और उन्हें वायरस ने खा लिया था और सारे बटन दबा-दबाकर देखने पर भी मानीटर की स्क्रीन पर कुछ

नहीं आया था। मेरी 'मुक्ति' हो गई।

मोहे और उनकी प्रवृत्ति के लोग किसी जाँच कमेटी की भाँति गम्भीरता के साथ मसले की छानबीन करने लगे। 'तुम्हारी ये दुकान अब बन्द करवाकर ही दम लेंगे' मोहे की इस बात की भनक 'घट घट के अन्तर्यामी' कहलाने वाले उस 'पूर्ण गुरु' को हो गई।

गुरु के ऊपर तांत्रिक होने के आरोप मोहे सहित बहुत से सत्संगी पहले इन्हें रद्द किया करते थे, अब स्वयं लगाने लगे थे। 'सत्संग' के बहाने माया एकत्र करने का धंधा ठप्प हो गया।

गुरु ने अपनी करतूतों को छिपाने के लिए एक नज़दीकी सत्संगी से कहा, "लांछन लगाने वाले सारे शिड्यूल्ड कास्ट इकट्ठे हो रखे हैं।"

'पिताजी' कहलाने वाले के मन के अन्दर की विरासती सोच का विस्फोट हो गया।

मोहे आक्रोश और क्रोध में कहते, "हमारे साथ धोखा हुआ है। किसी तरफ के नहीं रहे हम। हमारा परिवार पिछले सत्तर-अस्सी साल से राधास्वामी मत से जुड़ा हुआ था... मेरी कई रातें जागते और रोते हुए गुजर गईं।"

"और वह लेखक औरत?" मैंने झकझोरा।

"चौदह साल साथ रहकर वह भी आखिर यह कह गई—तुम चमार के चमार ही रहे।"

मोहे उदास हो उठे। चेहरे का मांस सिकुड़-सा गया। अपनी सफ़ेद दाढ़ी पर वह इस तरह हाथ फेर रहे थे मानो उसे नोच रहे हों।

उन्हीं दिनों में डा. मोहे की तरक्की उप सचिव के पद पर हो गई। वह पाँच-सात दिन बाद मुझसे मिलने आया करते। एक दोपहर आए और कहने लगे, "चल, चण्डूखाने दोस्तों को मिलने चलें।"

"गुरचरन, कितना समय रह गया रिटायरमेंट को?" ग़ज़लगो ने ख़ैर-ख़बर पूछने के बाद डा. मोहे से पूछा।

"छह महीने।"

"चल, बाद में इस मोची के पास पालिश की डिब्बियाँ और ब्रश लेकर बैठ जाना।" ग़ज़लगो ने पास बैठे मोची की ओर इशारा करते हुए कहा, "इसी बहाने अपना भी आना-जाना बना रहेगा।"

डा. मोहे ने इस व्यंग्यमयी टिप्पणी की ओर अधिक ध्यान नहीं दिया और बात का रुख बदलने की कोशिश की।

"गुरचरन, मैं क्या कह रहा हूँ! पालिश की डिब्बियाँ और ब्रश लेकर यहाँ मोची के पास बैठ जाना, हमारे बैठने-उठने की जगह बनी रहेगी।" उस ग़ज़लगो ने अपनी बात फिर दोहराई।

''यार, मेरे पास होम्योपैथी के डाक्टर की डिग्री है। दवाइयाँ देकर लोगों का भला करूँगा। अनुभव बहुत है, पंजाबी-अंग्रेजी में पत्रकारिता कर सकता हूँ, एम. ए. पास हूँ। दोस्ती में ऐसी बातें नहीं किया करते।'' डा. मोहे ने कहा।

कुछेक दिन बाद मैं और डा. मोहे फिर पुराने मित्रों से मिलने गए। उस ग़ज़लगो ने सरकारी नौकरी की 'सेवानिवृत्ति' के बारे में पूछने के बाद कहा, ''गुरचरन, मैंने पहले भी कहा था कि पालिश की डिब्बियाँ और ब्रश लेकर इस नीम के नीचे बैठ जाना, हमारे बैठने-उठने का ठीया बना रहेगा।''

इसी दौरान, तुरत प्रतिक्रिया के फलस्वरूप मानववादी कवि के मुँह पर डा. मोहे के हाथों के थप्पड़ पड़ने लगे। मैंने देखकर अनदेखा करते हुए मुँह दूसरी ओर घुमा लिया। मैंने तिरछी निगाहों से देखा कि मोहन सिंह बैरी उन दोनों को छुड़ा और समझा रहा था।

हाथापाई की इस घटना के बाद मैंने महसूस किया कि समूची 'कमीन' बिरादरियों की मानसिकता के पीछे सदियों का अमानवीय दृष्टिकोण है। जिन अनुसूचित जातियों और पिछड़ी जातियों को हम परस्पर एक साथ देखना चाहते हैं, मानसिक स्तर पर उनकी फूट उन्हें एक-दूसरे के नज़दीक नहीं आने देती। मंडल कमीशन की रिपोर्ट का पिछड़ी जातियों के लिए आरक्षण लागू करने का मोर्चा अनुसूचित जातियों ने लगाया, पर पिछड़ी जातियाँ सवर्णों के हित में इस्तेमाल हो गईं। तोड़फोड़ हुई, आगज़नी की घटनाएँ हुईं और जानी नुकसान हुआ।

मैं इन्हीं सोच-विचारों की जाँच-परख कर रहा था कि तभी आंध्र प्रदेश का मेरा एक कुलीग एम.के. राव आ पहुँचा। मैंने उसे ताज़ा घटी घटना का ब्यौरा दिया तो उसने सहज ही बताया, ''परेशान होने की ज़रूरत नहीं, हमारे यहाँ 'महात्मा गाँधी सम्पूर्ण वाङ्मय' के एक उच्च अधिकारी ने हमारी एसोसिएशन के चुनाव के समय मेरे अध्यक्ष चुने जाने पर कहा, अब शिड्यूल्ड कास्ट लोगों को अपने बराबर कैसे बिठा सकते हैं! और बताऊँ, मैं एस.एफ.आई. का स्टेट जनरल सेक्रेटरी रहा, जब हम एसेम्बली चुनावों के दौरान तेलंगाना इलाके में अपने गाँव में कामरेड लीडर भाइयों को खाने पर बुलाते थे तो गाँव प्रधान हमारे घरों में खाना खाने के लिए नहीं आता था। वैसे कहने को वह बहुत प्रगतिवादी है।''

मुझे लगा कि जात-पाँत और छुआछूत का कोढ़ एक ऐसी बीमारी है जिसके कीटाणुओं के मरने की जल्दी कोई संभावना नहीं। स्विच दबाने से एकदम जले बल्ब की रोशनी की तरह ख़याल आया कि हो सकता है, बराबरी के लिए मोहे-फ़ार्मूला ही अधिक कारगर साबित हो, जैसा कि मैंने उस दिन जातिवाद के मुँह पर उसका करारा मानववादी थप्पड़ लगते देखा था।

•

किरायेदारी की लानत

मेरे विवाह पर मेरे सहित ग्यारह बरातियों की बारात मेरे ससुराल वाले गाँव में पहुँची। स्वागत में दूसरे गीतों के साथ-साथ स्त्रियाँ सिट्ठनियाँ (विवाह के अवसर पर वधू पक्ष की स्त्रियों द्वारा वर और उसके सम्बन्धियों के लिए मज़ाकिया लहज़े में गाए जाने वाले गीत) गाने लगीं, जिनमें से कुछ के बोल इस प्रकार थे–

'पैसा पैसा साडे पिंड दे पाओ
लाड़े जोगा तुसीं बाजा मंगाओ
जंज तो सजदी नहीं
निर्लज्जिओ लज्ज तुहानुं नहीं।'

'बरातियां नूं बाजा ना जुड़िया
ढिड वजाउंदे आए।'

औरतें सुना-सुनाकर कहतीं, ''कहते थे मुंडा अफसर लगा है–न वीडियो फिल्म बनाने वाला लाए, न कुछ और; जैसे बस शादी वाली लड़की लेने ही आए हों... कुछ तो रौनक चाहिए ही...।''

''मैंने तो सुना है, कहते हैं दहेज नहीं लेना।'' एक अन्य स्त्री ने बात की।

''मुफ्त का माल किसे बुरा लगता है। अब नहीं तो रात-बिरात पहुँचा देंगे। और फिर लोग तो यूँ ही कहते हैं बहन। बाद में और माँगने बैठ जाते हैं।''

...और, दो-ढाई घंटों के विवाह के बाद एक दुविधा भरी सोच तंग करने लगी, जो पिछले कुछ महीनों से मुझे निरन्तर अन्दर ही अन्दर घुन की तरह खाए जा रही थी। वह थी–मुकलावे वाली रात और ब्याहता ज़िन्दगी। तनाव और गहरा होता चला गया। ऐसा महसूस होता जैसे कोई बला, कोई पहाड़ मेरे सिर पर आ गिरा हो। इस चिंता के कारण मेरा आठ-दस किलो वज़न पहले ही कम हो गया था। कई लोग मज़ाक करते–''पहले ही सूखता जा रहा है। कोई बात नहीं, मोटा हो जाएगा

दिनों में ही, कइयों को विवाह देसी घी की तरह लगता है।''

मैं अपनी पत्नी को लेकर पाँचवें दिन दिल्ली आ गया। महीने-डेढ़ महीने में ही मेरा वज़न पहले जैसा हो गया और मन ऊँची हवाओं में उड़ने लगा। पर, ऐसा अधिक दिन न चला और चार-पाँच महीनों में ही हक़ीकत की ज़मीन पर आ गया। प्रत्यक्ष दीखती चिंता ने मानो मेरे पंख काट दिए हों।

दरअसल, मकानों, दो बहनों और अपने से बड़े भाई के विवाहों ने मुझे आर्थिक तंगियों के समुद्र में फेंक दिया था, जिसमें से बाहर निकलने के लिए मैं हर संभव कोशिश करता रहता। जी.पी.फंड में से बार-बार पैसा निकालने से वेतन दो हज़ार रुपये से भी कम हो गया। इसमें से तीसरा हिस्सा मैं अपने लिए रखकर, शेष माधोपुर और बड़े भाई को गुज़ारे के लिए दे देता।

विवाह के बाद करीब छह सालों के अंदर मैं तीन बच्चों का बाप बन गया। तीसरी बहन का विवाह कर दिया। किस्त बढ़ने लगी। महँगाई और दूसरे खर्चों में होती वृद्धि ने घर के वातावरण में तनाव पैदा कर दिया। परिणामस्वरूप, एक दिन बड़े भाई ने तल्ख़ी से कहा, ''तू हर महीने कहता है, मकान किराये पर देख लूँगा। जाता तो है नहीं। आठ सौ देता है, इससे रोटी चलती है? ऊपर से तेरे यार-दोस्त कतार बाँधकर आए रहते हैं। जब अलग होगा और सिर पर पड़ेगी, तो पता चलेगा कि आटे-दाल का क्या भाव है और घर कैसे चलता है!''

''जो आठ सौ मैं गाँव भेजता हूँ, वो किसी गिनती में नहीं?'' मैंने दलील दी, ''और पहले तो तुम कहते थे, कोई बात नहीं, फंड में से निकाल ले, मिल-जुलकर गुज़ारा कर लेंगे।''

''तुम यहाँ से जाओ, ज़िन्दगी के चार दिन हम भी आराम से काट लें।'' भाभी ने सौ की एक सुनाई।

मुझे लगा, जैसे घर-परिवार को आगे ले जाने के मेरे ख़यालों की इमारत, पिछले दिनों गिराई गई बाबरी मस्ज़िद की तरह नेस्तनाबूद कर दी गई हो; जिसे बरकरार रखने का मेरा पक्का इरादा था। मुझे लगा, मानो संवाद की जड़ खत्म कर दी गई हो और भविष्य पर विचार ही न किया गया हो। मुझे महसूस हुआ, मानो मैं उनके लिए पैसे बनाने वाली मशीन से बढ़कर कुछ न होऊँ।

उस सवेर मैं अपने मित्र, बिचौलिए और पत्नी के मामा के बेटे मिसरदीप भाटिया के पास गया। दक्खिन-पश्चिम दिल्ली की दूर-पास की बस्तियों में भटकने के बाद हमें मुनीरका में एक कमरा मिल गया। मेरा दफ़्तर और मेरी बड़ी बेटी का स्कूल करीब एक किलोमीटर की दूरी पर था। नये-नये बने मकान में हमने नये बर्तनों में दाल-सब्ज़ी बनाई और रोटी खाई। पाँच जनों का हमारा परिवार एक रजाई में बैड पर सोया। न दूसरी चारपाई, न बिस्तर, किताबें मेरे अंग-संग।

यहाँ रहते अभी हमें दो-तीन दिन ही बीते थे कि छोटे भाई जैसा मदन वीरा

अपनी पत्नी और जुड़वाँ बच्चों को लेकर मिलने के लिए आ पहुँचा। हम पति-पत्नी एक दूसरे के मुँह की ओर देखने लगे।

"मदन, ये रछी एक तरफ करें पहले, गंद पड़ा हुआ है।" बहाने से मैं चीनी और बिस्कुट ले आया। वेतन मकान का एडवांस किराया देने और रसोई का छोटा-मोटा सामान लाने में पहले ही खत्म हो गया था।

"पहली बार बच्चे लेकर आई थी, हम से दस रुपये भी न निकल सके उन्हें देने के लिए।" पत्नी ने भरे मन से कहा।

दूसरी ओर मैं अपनी सोच में टूट-फूट रहा था। मैं जब दफ़्तर से लौटता तो मकान मालिक अपनी बैठक के सामने हुक्का पीते हुए अक्सर पूछता, "भाई, नाराज मत होना। आप किस जाति से हैं?"

"हम सिख हैं।" मैंने अपनी पगड़ी ठीक करते हुए बताया।

"गुस्सा न करना, मैं एक बार रेलगाड़ी में बैठकर आगरा से दिल्ली आ रहा था। एक सरदार और उसकी बीवी भी पास में बैठे थे। अच्छे कपड़े पहने हुए थे, आदमी पढ़ा-लिखा लगता था। और मैं पंजाब के बारे में कई बातें उससे पूछता रहा, जानता रहा... ।"

"अच्छा!"

"...और मैंने उससे उसकी जाति पूछी। तुम्हारी तरह उसने भी अपने आप को सिख बताया। मैंने कहा–सिखों में भी जातियाँ हैं, आप किस जाति के हो? पहले तो वह झिझकता रहा। आख़िर, उसने बताया कि मैं रामदासिया हूँ... ।"

"चलो, बातचीत में अच्छा वक्त कट गया होगा।"

"जब उसने अपने को रामदासिया बता दिया तो उसके आगे मैंने क्या बात करनी थी, मैं दूसरी तरफ मुँह करके बैठ गया।" बुजुर्ग गूजर ने गर्व से बताया।

"अगर वो झूठ बोलकर अपने को ऊँची जाति का बता देता तो?"

"तो पाप का अधिकारी होता!" यह कहकर उसने पास में पड़ी रम की बोतल गिलास में उँड़ेली और सूखी ही एक साँस में चढ़ा गया।

मेरे मन में उस अनपढ़ बुज़ुर्ग के बारे में बुरे विचार आते। मुझे लगा–ज़लालत का दौर शुरू हो गया है। नित्य की पूछ-पड़ताल से तंग आकर मैं दूसरे मकान की तलाश करने लगा।

एक परिचित परिवार की औरत के पास मैं आर.के.पुरम के सैक्टर-7 में गया। वह छत पर धूप में बैठी स्वेटर बुन रही थी।

"तुम पाँच हज़ार एडवांस दे जाओ, यह क्वार्टर हम तुम्हें दे देंगे। आज कल इन क्लास-फोर क्वार्टरों का दस-दस हजार एडवांस चलता है। अपनी तो घर की बात है।"

हम नए मकान में चाव से रहने लगे। लेकिन, बेटी का सैक्टर-तीन में स्कूल

था, वह दूर हो गया। न मेरे पास कोई सायकिल और न ही बस के अलावा और कोई साधन। गर्मियों की शिखर दोपहरों में उसको स्कूल से लेने जाता, घर छोड़कर फिर जल्दी-जल्दी में दफ़्तर लौटता। मन में विचार उठते कि अगर बड़ा भाई स्कूल का सैशन पूरा करवा देता तो क्या पहाड़ टूट जाता? माँ के वे शब्द मुझे बार-बार याद आते, 'अब तीन घर बन गए, इकट्ठा रहते तो इन दोनों छोटे लड़की-लड़के का विवाह करके जैसे चाहे जुदा रह लेते।'

ख़ैर, इसी हालत में पाँच महीने गुज़र गए। एक दिन एक मोटी औरत साड़ी संभालती अंदर आ घुसी। और ज़ोर-ज़ोर से बोलने लगी, "तुम कौन हो? मेरे क्वार्टर में बगैर पूछे कैसे घुस आए हो?"

औरत के रूप में आई इस नई समस्या ने हमारी परेशानियों में और इज़ाफा कर दिया। वह बैड पर बैठ गई और रौब से बात करने लगी। हम एक-दूसरे की ओर देखने लगे। बच्चे कान के पास मुँह कर के हमसे पूछते, "ये टुनटुन कब जाएगी? हमारे बैड पर कब्जा करके बैठ गई है, हम कहाँ सोएँगे?"

"मेरे पास किराया पहुँचता रहता तो मेरे को क्या एतराज था।" उस 'मालकिन' ने चाय-पानी पीने के बाद कहा।

"हमारे से तो वो पाँच हज़ार एडवांस ले गए थे और पाँच सौ रुपया महीने का वसूल कर रहे हैं। उन्होंने हमसे कहा था, बेफिक्र होकर रहो, हमने सारी बात कर रखी है; पाँच सौ एडवांस में से कटता रहेगा।" हमने बताया।

"यानी एक हज़ार किराया। खुद तो पाँच सौ देती रही अपने किराये का!" मालकिन ने बताया। बातें सुन-सुनकर हम हैरान होते रहे। उससे थोड़ा वक्त लेकर जैसे-तैसे हमने उसे पिछला किराया दिया।

दरअसल, हमारे उस पुराने परिचित परिवार को सुप्रीम कोर्ट के आदेश की जानकारी थी। वे जानते थे कि क्वार्टरों को किराये पर देने की जाँच-पड़ताल होने वाली है। उन्होंने अवसर का पूरा लाभ उठाया था और स्वयं वहाँ से जाते हुए चाबी हमारे हाथ में थमा गए थे। इस सारी हेरा-फेरी का हमारे पूछने पर उन्होंने झिड़कते हुए उत्तर दिया, "प्रापर्टी डीलर जो किराये के कमरे दिलाते हैं, तीन महीनों का किराया लेते हैं, और तुम हमसे बार-बार पैसे पूछकर हमारा अपमान कर रहे हो। खबरदार, जो फिर पैसों के बारे में पूछने आए।"

केन्द्रीय लोक निर्माण विभाग की ओर से दिन-रात छापे मारे जाने लगे। पता चला कि हमारे वाले क्वार्टर का न किसी ने पिछले दस सालों से बिजली का बिल भरा था और न ही किराया जमा किया था। कारण–'टुनटुन' कुछ साल पहले विधवा हो गई थी और किराया वसूलने के अलावा उसने और कुछ न सोचा। वैसे भी, क्लास फोर क्वार्टरों का बिजली-पानी नहीं काटा जाता था।

उधर, डा॰ गुरचरन सिंह मोहे मेरे पीछे पड़े हुए थे कि हमारे साथ केरल चल,

एल.टी.सी.लेकर। ऊपर से बच्चों की नौमाही परीक्षा। पत्नी के नाराज होने का डर। जब दक्षिण से बारह दिन बाद लौटा तो पड़ोसियों ने नीचे ही सीढ़ियों के पास मुझे बताया, ''सामान बाहर फेंकने के लिए निर्माण विभाग के आदमी आए थे, हम सबने मिलकर कहा, दो दिन में खाली कर देंगे।''

अगले दिन, हमने एक मित्र के पास अस्थायी तौर पर सामान टिका दिया। हफ़्ते भर के अंदर हमें आर.के.पुरम के सैक्टर-आठ में पाँच हज़ार पेशगी पर सख़्त शर्तों पर कमरा मिल गया।

इस सरकारी मकान की मालकिन एक क्रैच चलाती थी। बच्चों को डाँट-डपटकर सुला देती। हमारे बच्चों को दिन के समय न तो बाहर निकलने देती और न ही बोलने देती। उसने मजबूरी व्यक्त कर दी, ''भाई साहब, आपके बच्चे बहुत शोर करते हैं, आपका परिवार भी बड़ा है, कपड़े धोने में पानी बहुत लगता है, दो-चार दिन में कमरा खाली कर दो।''

उसके पति का पिछले दिनों कहा वाक्य मुझे स्मरण हो आया, ''भाई साहब, आप सारा बाथरूम गीला कर देते हो, ज़रा आगे होकर स्नान किया करो। पढ़े-लिखे हो, ज्यादा कहते हुए भी हम अच्छे नहीं लगते।''

मेरे हौसले को पस्त करने वाला एक नया सिलसिला सामने आ गया। गुस्सा आता—नए स्कूल में बच्चों के दाख़िले पर हज़ारों रुपए लग गए, अब तीन महीनों बाद फिर घर से बेघर। उधार कहाँ से उठाए जाऊँ? मुझे बापू की याद आती, समस्याओं और विवशताओं के दौरान उसका दृढ़ इरादा, उसके द्वारा उठाये गए उधार-कर्ज़े और कमाई, कुएँ की मिट्टी कुएँ में। उसके दमखम और पक्के इरादे से मुझे आगे बढ़ने की शक्ति मिलती कि मुझे तो फिर भी बँधा हुआ वेतन मिलता है।

मैंने मन ही मन तथा पत्नी के साथ सलाह कर निर्णय लिया कि सरकारी मकानों के चक्कर में नहीं पड़ना। मुझे रह-रहकर गुस्सा आता जब लोग कहते—'एस. सी. कोटे में तो झट मकान मिल जाता है।' मेरी नौकरी को पंद्रह बरस हो चले हैं, हर साल मकान के लिए अर्ज़ी देता हूँ, मिलेगा कब?... जब नौकरी के दो-चार साल शेष रह जाएँगे तब?

और वह मकान-मालकिन कहने लगी, ''जब जाना ही है, सामान भी बँधा हुआ है, फिर क्या देखना। बूँदाबाँदी इतनी तो है नहीं, फुहार-सी है। बादल तो ऐसे ही रहने वाले हैं।''

हमने सामान टैम्पो में लादा और पालम गाँव के जैन मुहल्ले में किराये के मकान के सामने जा रोका। बच्चे नालियों में तैरते गू को देखकर नाक चढ़ाने लगे। पत्नी, जिसे काफ़ी बुख़ार था, बच्चे लेकर अंदर बैठी ही थी कि मालकिन उसके पास आ बैठी।

बारिश जारी थी जब हमने सामान उतारा। पत्नी का चेहरा बुखार से लाल

हुआ पड़ा था। वह मालकिन से बातें करते तकलीफ़ महसूस कर रही थी। उसके जाने के बाद मुझे बताने लगी, "बुढ़िया पूछती है, तुम कौन होते हो, जैसे पंडित और दूसरे लोग होते हैं।"

"तो तुमने क्या कहा?"

"मैंने कहा, हम सरदार होते हैं। हम सलाह कर लें कि जात क्या बतानी है अगर उसने फिर पूछा तो! यह न हो, तुम कुछ और बताओ, मैं कुछ और।"

हम आधी रात तक विचार करते रहे। सोचते—इन लोगों को किराये से मतलब है, हमारी जात से इन्हें क्या लेना! जात के कलंक ने शहर आकर भी हमारा पीछा नहीं छोड़ा...कहने को तो यहाँ पढ़े-लिखे लोग रहते हैं।

"बातों बातों में क्रैच वाली शेषा जात तो बहुत पूछती रही, पर मैंने पल्ला नहीं पकड़ने दिया था। इस बुढ़िया ने सामान भी नहीं रखने दिया और पूछताछ करने बैठ गयी।" वह थोड़ा रुककर बोली, "अगर शेषा बच्चों का सैशन पूरा करा देती तो क्या फ़र्क पड़ जाता? मीटर बंद किया हुआ था, घास और सब्ज़ी को पानी छोड़े रखती थी। हमारी बारी पर कहने लगती—तुम्हारा परिवार बड़ा है। उसके दो बच्चे और हमारे तीन...।"

"उसे भी कहीं जात की भनक तो नहीं पड़ गयी थी? क्वार्टर के बाहर मोटे बड़े अक्षरों में नेम-प्लेट नहीं देखी थी—गोपाल सिंह गौड़।"

"इसके बारे में मैं क्या कह सकती हूँ, पर पूछती थी कि अगर तुम सरदार हो तो जूड़ी क्यों नहीं रखते?"

"नया स्कूल मील भर दूर है, कमाई क्या करे! सायकिल ले लो, नहीं तो रिक्शा लगवा लो बच्चों के लिए।"

घूम-फिरकर मेरी सोच की सूई बड़े भाई पर टिक-टिक करते हुए रुकती कि वहाँ एक-एक क्वार्टर में पन्द्रह-पंद्रह लोग रहते हैं, माँ-बाप, बहन-भाई और उनके बच्चे। अगर हम वहाँ टिके रहते तो चौथी बहन का विवाह करना आसान हो जाता।

पत्नी मेरी मनोदशा को भाँप लेती और कहती, "ज्यादा सोचों में नहीं पड़ा करते, बाप की कबीलदारी बच्चे ही सँभाला करते हैं। तंदुरुस्ती बनी रहनी चाहिए...सब कुछ ठीक हो जाएगा। आराम से सो जाओ।"

मुझे ढाढस-सा मिलता कि मैं अकेला नहीं, हम दो हैं। एक-एक मिलकर ग्यारह हुआ करते हैं।

पालम के जैन परिवार के किराये वाले मकान पर हमारे संग 'मरता क्या न करता' वाली बात हो गयी। मीटर का पुराना बिल हमें भरना पड़ा। हमारे कमरे में जब बिजली न होती, मालिकों के तब भी होती। रोज़ाना की समस्या से तंग आकर एक दिन मैंने कहा, "मच्छर बहुत हैं, आपके प्लग में से तार लगाकर पंखा चला लेते हैं, बच्चे सो जाएँगे।"

"नहीं, हमारा लोड कम हो जाएगा।" मालकिन की बहू ने साफ़ मना कर दिया जबकि उन्होंने खम्भे से सीधी तारें खींच रखी थीं।

पानी की प्रतीक्षा में कभी मैं आधी रात को और कभी तड़के उठता। पानी के कम दबाव के कारण मेरे दो-ढाई घंटे पानी भरने में लग जाते। नींद पूरी न होती। पढ़ाई-लिखाई की इच्छा को जारी रखने की कोशिश का गला घुटता महसूस होता। इन सारी बातों को ध्यान में रखते हुए स्कूल के निकट मकान लेने का फ़ैसला किया।

अब हमने पालम गाँव के विस्तार की एक कालोनी महावीर एन्क्लेव में बी. डी. शर्मा के घर मकान किराये पर ले लिया। वे पंजाब में आतंकवाद के दिनों में वहाँ से उजड़कर और अपना सब कुछ बेच कर यहाँ आ गए थे। अमृतसर ज़िले के बहुत से व्यापारियों के यहाँ कारोबार हैं। शर्मा की बेटियाँ मेरी पत्नी से बातें करते हुए जात पूछतीं। वह भी किसी अनुभवी व्यक्ति की तरह गोल-मोल बात करती और कहती, "जब तक जात का पता न लगा लें, लगता है लोगों को रोटी नहीं पचती।"

किराये पर रहने की समस्याओं के विषय में एक दिन मैंने अपने एक कुलीग से बात की तो उसने एक जुगत बतायी। बोला, "देख, अब तू पगड़ी तो बँधता नहीं। कमरा किराये पर लेने के लिए नाटक करना पड़ता है। सुन, एक दिन मैं जैनियों के मुहल्ले में छत पर टहल रहा था। तभी, एक आदमी साथ वाली छत पर घूमता हुआ दिखायी दिया। उसने जनेऊ कान पर चढ़ाया हुआ था ताकि दूर से ही उसकी पहचान हो सके। मैंने उसे देखा और पूछा—पुरुषोत्तम, यार तू? मुझे तो तूने बताया था कि कोटे से आया है। इस पर वह बोला—धीमे बोल, लोग मकान देने से पहले सौ बातें पूछते थे, नखरे करते थे। यारों को भी जुगत सूझी, चवन्नी का धागा ख़रीदा और जनेऊ बनाकर पहन लिया। अब ये सारे जाट-जैनी पंडित जी, पंडित जी कहते आगे-पीछे घूमते हैं।"

"मैं इस तरह की दोहरी-तिहरी ज़िन्दगी नहीं जी सकता। हमें इस बीमारी के विरुद्ध चेतना लानी चाहिए।" मैंने सहज ही कहा, "अधिक किराया देकर शान से रहना मेरे बस की बात नहीं।"

"खा फिर धक्के, हमें क्या।" उसने खीझकर कहा।

बी.डी. शर्मा ने अचानक एक दिन कमरे का किराया एकदम तीन सौ रुपया बढ़ा दिया। दूसरी शर्त यह रखी कि अगर किराया नहीं बढ़ाना तो अपने तीनों बच्चों को हमारे स्कूल में पढ़ने के लिए दाख़िला दिलाओ। इस तरह, फिर दूसरा मकान किराये पर तलाशते दो हफ़्ते लग गए। एक बिहारी औरत ने कहा, "आपका परिवार बहुत बड़ा है।" एक हिमाचली ने मेरे और मेरी नौकरी के बारे में जानने के बाद कहा, "इतने साल हो गए दिल्ली में, अभी ऐसे ही घूम रहे हो?... शराबी-कबाबी या ऐबी तो नहीं हो?"

कई मकान मालिक सारी पूछताछ के बाद किराया इतना बढ़ा-चढ़ाकर बताते

कि हम लेने की स्थिति में ही न होते। पत्नी की, पहली कक्षा से बी.ए. तक की एक सहेली कई बार हमें खाली हुए मकानों की सूचना देती। वही हमें अपनी इस कालोनी में लेकर आयी थी। उसके प्रयत्नों से उसके घर की पिछली गली में हमें नीचे का अँधेरे से भरा मकान मिल गया।

दो-चार दिन बाद हरियाणवी मालकिन ने मेरी पत्नी से पूछा, "तुम भी बलजीत (पत्नी की सहेली) की जात के जाट भाई हो? उनकी तो बहुत ज़मीन है।"

तभी, दरवाज़े की घंटी बजी। बलजीत के बच्चे 'मौसी जी, मौसी जी' करते हुए आ गए तो मालकिन चुप होकर अपने कमरे में चली गयी।

जाति की पूछताछ का सिलसिला शायद अभी खत्म नहीं हुआ था।

"बलबीर जी, आ जाओ। एक-एक रम का पेग लेंगे।" नए मकान मालिक, जो भूतपूर्व सैनिक था, ने कहा। जब मैं सोफ़े पर बैठने लगा तो उसने पूछा, "अच्छा तो आपका घर गाँव में है। गाँव के अंदर है या बाहर?"

"गाँव में है..." पड़ताल की इस नयी जुगत ने मुझे हिलाकर रख दिया। 'मैं पीता नहीं' कहकर उठ खड़ा हुआ, नहीं तो न जाने क्या-क्या जवाब देने पड़ते।

इस मकान में दसेक महीने रहकर हमने उन्हें बताया, "बच्चों को सड़क पार करते देखकर डर लगता है, हमने उस तरफ़ प्लाट ले लिया है। बस, अब मकान बनाना शुरू करना है।"

मैंने पत्नी को मुस्कराते हुए देखा, शायद उसने मेरे शब्द सुन लिए थे। अगले दिन हमने अपने नये किराये के मकान की तीसरी मंज़िल पर सामान टिका दिया।

साढ़े चार वर्षों में किराये का यह छठा मकान था और बड़ी लड़की का छठा स्कूल। हर नये स्कूल में पैसे की लूट। मेरे घरवाले संदेशे भेजते, "बच्चे लेकर एक ओर हो गया। मन में आता है तो दो-चार महीने में पाँच-सात सौ भेज देता है, नहीं तो अल्ला-अल्ला, खैर सल्ला!"

मन में उबाल-सा उठता कि अपने इन हालात का दोष किसके सिर धरूँ। इसके लिए कौन जिम्मेदार है? सोचता—ये सोच की लड़ियाँ कहीं मुझे पढ़ाई-लिखाई से दूर न कर दें। मेरी कविता को मान्यता मिल रही है। कुछ पुरस्कार और सम्मान हासिल हो रहे हैं। इससे मोहभंग नहीं होना चाहिए। इन विचारों और दूसरे घरेलू हालात की पड़ताल करते हुए मैं हिन्दी-अंग्रेजी से पंजाबी में अनुवाद के काम को अधिक शिद्दत से करने लगा। मैं मेज़-कुर्सी पर पहली बार लिखने-पढ़ने लगा, नहीं तो अब तक इसकी कमी के कारण बैड पर पालथी मारकर ही काम करता रहा था, जिससे कमर और टाँगें दुखने लगती थीं।

'लज्जा' का आरसी पब्लिशर्ज़ और 'एडविना और नेहरू' का अनुवाद नवयुग पब्लिशर्ज़ के लिए किया। भापा प्रीतम सिंह जी के चाँदनी चौक वाले दफ़्तर का मुझे अकस्मात् स्मरण हो आया, जिनके यहाँ जाते समय लाल किले के सामने भुखमरी

के शिकार बच्चों और बड़ों को लोगों की जूठी कूड़े के तौर पर फेंकी पत्तलें चाटते कई बार देखा था। फुटपाथ पर बिना छत के उनके 'घर' और उनके नंगे पैरों और गंदे कपड़ों को देखकर मैं काँप गया था।

मुझे इन ख़यालों ने काफ़ी ऊर्जा दी कि ज़िन्दगी का संघर्ष हर जगह है। टांगें पसारने के लिए मुझे अपनी चादर बड़ी करने हेतु जी-जान से यत्न करने चाहिए। ख़्याल आता—बेगाने घर में किरायेदारी एक लानत है, अपमान और हेठी करवाने जैसी है और इससे छुटकारा पाने के लिए मैं ऊँचे कंगूरों वाले चौबारों के बराबर होने के लिए प्रयास करने लगा।

परिशिष्ट

छांग्या रुक्ख : सलीके से व्यक्त हुआ संत्रास

*डॉ. श्यौराज सिंह 'बेचैन'

बलबीर माधोपुरी की आत्मकथा जीवन अनुभवों का अद्भुत साहित्यिक रूपांतरण है। आत्मकथाकार ने जिस ईमानदारी, स्पष्टता और सहजता से स्थितियों को शब्दबद्ध किया है, वह दुर्लभ कार्य है।

यहाँ लेखक से अधिक, स्थितियाँ बोलती हैं। ये स्थितियाँ सामाजिक हैं, साहित्यिक हैं, आर्थिक हैं और वैचारिक भी हैं। पंजाबी की पहली दलित आत्मकथा होने का गौरव तो इस कृति को प्राप्त है ही। इससे इतनी अधिक ऊर्जा और ओजस्विता है कि आभिजात्य उत्कृष्टता साहित्यिकता का आग्रह उसे बलि का बकरा नहीं बना सकता। बात यह है कि इस कृति में समस्याएँ साहित्य की शक्ल में दलित-शर्तों को पूरा करती हैं। कैनवास बड़ा है और अंदाज़े-बयां प्रभावशाली है। लेखक परिवर्तनकामी विचारों या कहें बदलाव की इच्छा शक्ति के साथ सामाजिक-राजनीतिक चिंतन की आंदोलनात्मक गतिविधियों में सक्रिय रहा है। चूँकि वह आत्मकथा से इतर भी पत्रकारिता, अनुवाद, संपादन आदि भाषा-साहित्य और सामाजिक जिम्मेदारियों के कई मोर्चों पर काम कर रहा है। इसलिए अनुभव और अभ्यास दोनों उनके अपने हैं। अश्लीलता का सहारा लेकर या साहित्यिक गुट-राजनीति के ज़रिये सस्ती ख्याति अर्जित कर लेने का एक भी स्टंट इस पूरी कृति में दिखाई नहीं पड़ता। वर्ग संघर्ष द्वारा वर्णभेद का अंत कर देने या जाति प्रश्नों को गौण करने वाले वामपंथी साहित्य चिंतन से भी माधोपुरी का वास्ता रहा है। सिक्खों में भी कैसे जातिप्रथा अघोषित रूप से अपना प्रभाव जमाए रखती है; इस दिशा में आत्मकथा नया रहस्योद्घाटन करती है। यह भ्रम तो एकदम दूर कर देता है कि किसी देश-प्रदेश का आर्थिक विकास सब का विकास होता है। पंजाब की जिस जमीन से लेखक अनुभवों का यह ख़जाना लेकर साहित्यधारा में आए हैं उसमें पंजाब प्रांत में जिस अनुपात में कृषि-विकास हुआ, भूस्वामियों में समृद्धि आई और उसके ठीक उलट भूमिहीन पंजाबी दलितों में विपन्नता बढ़ी है।

* फैलो–भा. उच्च. अ. संस्थान, शिमला

अब इन समस्याओं को साहित्यिक कृति में उतार लाने का जो कौशल बलबीर ने दिखाया है वह किसी भी पाठक को गहरे तक अपील करता है। मुख्य शीर्षक से लेकर हर उप शीर्षक साहित्यिक प्रतीकात्मक है।

आत्मकथाकार अपने शब्दों के द्वारा ऐसी छवियाँ तैयार करता है कि वे देर तक सोचने को मजबूर करती हैं। खास कर यह कि जिनके साहित्यिक उद्देश्य घोषित रूप से बेहद रैडिकल थे, वे दलित संदर्भ में कितने यथास्थितिवाद्री निकले? छांग्या रुक्ख पढ़ने वाला साफ़ बता देगा।

यह विडंबना ही है कि जो दलित बहिष्कार और अस्पृश्यता के रूप में सर्वहाराओं में भी दोहरा सर्वहारा है। उसे क्रांति का दर्शन सर्वाधिक आकर्षित करता है। इसलिए कि वह अपनी मुक्ति का मार्ग क्रांति में देखता है। वह उसके प्रति समर्पण भाव से प्रतिबद्ध भी होता है, परंतु जब वह देखता है कि यहाँ नेतृत्व किस का है? जिनका है उनकी कथनी और करनी में कितना विरोधाभास है। वे दुनिया बदलने की बात करते हैं अपने नाम के साथ लगे जाति सूचक तक नहीं हटा सकते। वे सांस्कृतिक क्रांति पर पाएँगे...? यह सब कम्युनिस्ट आंदोलन में रहकर देख-समझ लिया है बलबीर ने।

ऐसा नहीं है कि हिंदी पंजाबी के गैर-दलित साहित्यकारों ने अथवा साहित्यिक मंचों, संगठनों या अकादमियों ने सिरे से दलित समस्या को जाना ही नहीं है। पर चूँकि यह समस्या उनकी नहीं थी, इसके समाधान न होने से उनके वर्चस्व में कमी नहीं आ रही थी और दलित का अस्तित्व ही खतरों से घिरता जा रहा था। ऐसे में जिनकी समस्या है उसका समाधान न खोजें और जिन्होंने इस वृक्ष की जड़ें पनपने नहीं दीं, गुटहनियाँ छाँट दिए उनका मुखापेक्षी क्यों रहे?

अच्छी बात यह है कि यह आत्मकथा दलित साहित्यशास्त्र को समृद्ध करती दिख रही है। पंजाब की जाति व्यवस्था का सैद्धांतिक गुणगान कितना भी सुंदर हो पर भुक्तभोगी व्यवहार तो यह है जो बलबीर माधोपुरी ने दर्ज किया है। मैं उद्धृत कर रहा हूँ–

'अगर अछूतों (चमारों-चूहड़ों) का कोई लड़का नहा-धोकर और बाल सँवारकर घर से बाहर निकलता तो दरख्त के नीचे या चबूतरे पर बैठी जट्टो की ढाणी में से कोई एक उठकर उसके सिर में मिट्टी डाल देता। अगर वह विरोध करता तो उसकी धुनाई की जाती। इसी तरह, अछूत जाति के किसी आदमी द्वारा नए कपड़े पहनकर निकलने पर उसे मारा-पीटा जाता कि तुम लोग नकल या बराबरी करते हो। इस तरह, जट्ट कम्मी (निम्न) लोगों के लिए हौवा थे और पता नहीं होता था कि ऐसी घटना कब और कहाँ घट जाए।'

पंजाब जातिभेद में अन्य प्रांतों का अपवाद नहीं निकला यह चकित करने वाली जानकारी छांग्या रुक्ख ने उजागर की है। गोया पंजाब का दलित एक कैदख़ाने में

रहता हो और जट्टों के लिए प्राकृतिक अधिकार प्राप्त हो गया हो उन्हें पूर्वावस्था में रखने का।

—"ज़ैलदार, जागीदार, सफेदपोश और नंबरदार से सब लोग थर-थर काँपते थे। ज़ैलदार के अधीन कई-कई गाँव हुआ करते थे।

...कमीनों, ख़ासकर अछूतों के प्रति उसका व्यवहार अक्सर डरावना और अत्याचारी हुआ करता। वह खेतीबाड़ी और निर्माण के कामों में बेगार करवाता। अगर इन दोनों क्षेत्रों में कोई काम न होता तो वह बेगार के निश्चित दिनों में खेतों में से मिट्टी खुदवाता और गाँवों के बाहर फिंकवाता।"

माधोपुरी का दृष्टिकोण वस्तुपरक है, वैज्ञानिक है और सकारात्मक भी है। इन्होंने शासन व्यवस्थाओं का तुलनात्मक विश्लेषण भी आत्मकथा के अंतर्गत किया है। बेशक ऐसी विचार केंद्रित टिप्पणी से कथात्मकता बाधित हुई है, परंतु उन्होंने शासक चरित्र के बारे में बेबाक होकर लिखा है—"अंग्रेज़ हालाँकि देशों को फतह करते रहे, पर उनके बारे में यह धारणा अभी तक प्रचलित है कि वे न्याय-प्रिय और वैज्ञानिक दृष्टि वाले हैं। उन्होंने अपनी गुलाम बस्तियों और गुलाम मुल्कों का भरपूर विकास किया। अनेक बड़ी परियोजनाओं को पूरा किया। लोगों को शिक्षा के माध्यम से अपनी संस्कृति, सभ्यता और इतिहास से परिचित करवाया, उनके अंदर एक नया दृष्टिकोण विकसित किया, पर अछूतों के संदर्भ में उनके विचारों पर प्रश्नचिह्न लगते हैं।

पंजाब में अंग्रेज भारत के बाकी हिस्सों की अपेक्षा सबसे बाद में आए। उन्होंने यहाँ के अछूतों को समानता, शिक्षा, सम्पत्ति, विचार प्रकट करने के अधिकार क्यों नहीं दिए? स्पष्ट है कि वर्ण-व्यवस्था के कट्टर समर्थकों के साथ उनका गठजोड़ था इन्तकाले अराज़ी एक्ट जिसके तहत अछूत अपने पैसे इकट्ठा करके भी ज़मीन नहीं ख़रीद सकते थे, लागू रहा। मौरूसी (गाँव के ज़मींदारों की ओर के कम्मियों-कमीनों को रिहायश के लिए दी गई साझी ज़मीन) भी मिलकीयत न बनी। अछूत, जागीरदारों और भू-स्वामियों के रहमोकरम पर निर्भर रहते, डर-डर कर समय व्यतीत किया करते। भू-स्वामी इसी आधार पर उनके साथ ज़ोर-ज़बरदस्ती करते, बलपूर्वक बेगार करवाते। ना-नुकर करने पर सरेआम अपमानित करते, मारपीट करते। अंग्रेजों से आजादी की मांग वे लोग करते जो उनके गुलाम थे, पर उन्हें अपने गुलामों की आज़ादी का कभी ख़याल भी नहीं आया, बल्कि अपने धर्मग्रन्थों के नियमों के अनुसार उन्हें गुलाब बनाए रखना अपना जन्मसिद्ध अधिकार समझा। यही तथ्य समाज और देश के पतन के लिए जिम्मेदार रहे।"

सारी स्वाधीनता-पराधीनता भूमि स्वामित्व और भूमिहीनता के आर्थिक संबंधों पर निर्भर थी। समाज के असमान संस्तरणों में विभाजन से जिसकी पीढ़ी-दर-पीढ़ी सामाजिक क्षति हुई उस पर आपत्ति दलित न करेगा तो कौन करेगा? अस्तु बलबीर

माधोपुरी इस देश के विभाजन के लिए जिम्मेदार सामाजिक कारणों को रेखांकित करते हैं। वे लिखते हैं—"मनुष्यों को बाँटने का सिलसिला किसी देश में नहीं, पर भारत में इस व्यवस्था पर गर्व किया जाता है कि इसके चलते समूचे भारतीय समाज के अंदर कभी तनाव और हिंसा नहीं हुई। इस विचार के समर्थकों में प्रगतिवादी समझे जाने वाले लोग भी शामिल हैं जो उच्च जातियों से संबंधित हैं और अब भी अछूतों की वजह से ज़िंदगी का लुत्फ़ उठा रहे हैं। भला ऐसी घोर अन्यायपूर्ण व्यवस्था चल कैसे सकती थी।"

यह बाहर से सामान्य और अंतर्वस्तु में हिंसक व्यवस्था छांग्या रुक्ख में बहुत ही प्रभावी रूप से सामने आई है। ऐसी तार्किक और शालीन भाषा में कि विरोधी के भी गले उतर जाए।

हिंदी-मराठी की शायद ही कोई आत्मकथा मैंने न पढ़ी हो, परंतु छांग्या रुक्ख में कुछ खास बात है। पंजाबी संस्करण की भूमिका में—छांग्या रुक्ख का सबब में माधोपुरी ने मेरी आत्मकथा के प्रकाशित अंशों को नाकाफ़ी मानते हुए महत्त्वपूर्ण घटनाएँ और महत्त्वपूर्ण विचार देने की जो आत्म चुनौती ली उसने मुझे आत्मकथाकार के बेहद करीब ला दिया। हम इस आंदोलन में प्रतिद्वंद्वी नहीं बल्कि सहयात्री बन गए।

बलबीर की आत्मकथा बहुत साफ़-सुथरी कृति है, उसमें भाषायी सस्तापन नहीं है अश्लीलता नहीं गंभीर दायित्वबोध से लबालब विचार ज़रूर है। हिंदी में आने के बाद छांग्या रुक्ख देशी-विदेशी अन्य भाषाओं में भी आए और यह आनी ही चाहिए। यह मेरा विश्वास भी है और सद्इच्छा भी।

अंग्रेज़ी राज का दलित संदर्भ एकदम भिन्न है। क्योंकि अंग्रेज़ी मिशनरियों का अछूत शिक्षा-अभियान, रेल, विमान, भाषा-साहित्य, कानून के क्षेत्रों में आधुनिकता और भारत पर क्रूर शासन इस सब में एकरूपता नहीं है। ज्योतिबा फुले अंग्रेजों को देवदूत कहते हैं। डॉ. अंबेडकर दलितों की यथास्थिति में स्वराज को अछूतों पर द्विजतत्त्वों का राज मानते हैं और इसे महाआपत्ति आना महसूस करते हैं। अंग्रेज समान अपराध के लिए समान दंड की व्यवस्था कर ब्राह्मणों का विशेषाधिकार खत्म करते हैं। फिर स्वतंत्रता आंदोलन में अंग्रेजों के खिलाफ सबसे ज्यादा अछूत ही क्यों विद्रोह करते है? क्यों शहीद होते हैं जिनमें अघोषित और गुमनामों की संख्या उन जाहिर दलित शहीदों से बहुत ज्यादा है जिन्हें मंसाराम विद्रोही ने 'दलित दस्तावेज' में दर्ज किया या कुरील साहब ने 'आज़ादी के आंदोलन में अछूतों का योगदान' में दिया। अपितु आधुनिक युग के प्रसिद्ध चिंतक डॉ. धर्मवीर कहते हैं कि—कबीर इस्लाम की देन है और अंबेडकर ईसाइयत की। अंग्रेजी हुकूमत के प्रति छांग्या रुक्ख में आया अछूत विद्रोह का संदर्भ इन प्रश्नों से काट कर नहीं देखा जाना चाहिए। बलबीर लिखते हैं—

"अजीब इत्तेफाक की बात है कि वह, बाबा संगतिया के गाँव मुगोवाल का

ग़दरी बाबा मंगूराम मुगोवालिया था जिसने अंग्रेज़ों के विरुद्ध देश के आज़ादी की ख़ातिर जेलें काटीं, फाँसी के तख़्ते से फ़रार होकर जंगलों में आदिवासियों के साथ तीन वर्ष का समय गुज़ारा। 1925 के आरंभ में वह मनीला छोड़ कर भारत के दक्षिणी-पश्चिमी इलाकों में सरगर्मी से काम करने के बाद अपने गाँव लौट आया। अछूतों की दरिद्रता और दूभर ज़िंदगी को फिर से देखा। दोहरी-तिहरी गुलामी के अहसास ने इन्हें हिलाकर रख दिया। लाला हरदयाल की जवाबी चिट्ठी मिलने पर वे अछूतों के उद्धार के लिए पूरे तन-मन से काम करने लगे और डॉ. भीमराव अंबेडकर से संपर्क किया। 11-12 जून, 1926 को अपने गाँव मुगोवाल (होशियारपुर) में अलग-अलग जातियों के लाखों लोगों का एक विशाल सम्मेलन किया और 'आदिधर्म मंडल' की स्थापना की। यह एक प्रकार का सांस्कृतिक आंदोलन था। उन्होंने सामाजिक असमानता के खिलाफ़ 'आदि डंका' नाम का अख़बार भी आरंभ किया। सामाजिक, राजनीतिक और आर्थिक संघर्ष के कारण 1944 में अपने सात अन्य साथियों के साथ वह एम. एल. ए. बने।''

पंजाब में जो काम 'आदिधर्म मंडल' के संस्थापक बाबू मंगूराम ने किया वही काम हिंदी प्रदेशों में स्वामी अछूतानंद ने आदि हिंदू आंदोलन के ज़रिए किया। ठीक इसी काल में स्वामी जी ने भी आदि हिंदू अखबार निकाला। इन दोनों क्रांतिकारियों के पुरखे चमार जाति के अछूत थे।

शहीदों की बात है तो जाति से जट्ट सिक्ख परिवार से ताल्लुक रखने वाले शहीद भगतसिंह और चमार पृष्ठभूमि से आने वाले क्रांतिकारी ऊधमसिंह की दिलेरी का भी अंतर समझ लिया जाए। भगतसिंह को मार्क्सवादी बताया जाता है, पर ऊधम सिंह के विचारों को दबा दिया गया है। भगतसिंह को देश में फाँसी हुई। उनके पास फाँसी से बचने का विकल्प नहीं था परंतु ऊधमसिंह ने तो यह जानते हुए असेंबली में बम फेंकेंगे तो पकड़े जाएँगे, मारे जाएँगे यानी सचेतन आत्मकथाकार की इस टिप्पणी के बाद कि–

''एक्शन किया। पर चूँकि दलित गैर दलितों की पृथक धारा समांतर चल रही है। इसलिए उनके योगदानों पर पर्दा पड़ा है। भक्ति में दलित संत समांतर चल रहे हैं। साहित्य में, राजनीति में, देशभक्ति में, कुर्बानियों में वे भी पीछे नहीं हैं। बलबीर ने गदरी बाबा बाबू मंगूराम का संदर्भ दिया ही है।

...और अंग्रेज़ी सरकार के गुलाम आख़िर 15 अगस्त 1947 को आज़ाद हो गए। उन्हें और अधिक अधिकार प्राप्त हो गए, पर 'रजूअतनामा' (जागीरदारी बंदोबस्त के तहत, सरदारी, चौधराहट को बरक़रार रखने वाला क़ानून) ज्यों-का-त्यों रहा।''

मुझे और क्यों जोड़ना बाकी बचा है? सिवाय इसके अंग्रेजों के गुलाम हुए परंतु आजादों ने सामाजिक गुलामों को और ज्यादा सताना-दबाना तेज़ कर दिया। मैं

व्यक्तिगत रूप से लंबे अर्से से सोच रहा हूँ कि जब मैं हिंदू नहीं हूँ, मुसलमान नहीं हूँ बौद्ध नहीं हूँ और धर्म रहित रहने से समाज को कुछ दे नहीं पा रहा हूँ तो छांग्या रुक्ख में पढ़ा—"अछूतों के मुहल्ले/बस्तियाँ पंजाब और भारत के गाँवों में पश्चिम की ओर निचली जगह पर हैं। इसलिए कि ये वर्ग हिंदू सामाजिक व्यवस्था के अनुसार चारों वर्णों में से किसी एक में भी नहीं आते।...कहने को दलित हिंदू धर्म का हिस्सा हैं लेकिन, वास्तव में यह धर्म उन्हें गुलाम बनाने का एक माध्यम भर है।...ऐसी घटिया और घिनौनी व्यवस्था का प्रत्यक्ष प्रमाण आज भी भारत के गाँवों में देखा जा सकता है।"

अब मेरा मुगालता खत्म हो गया। पंजाब के दलितों के बारे में मुझे कुछ अलग नहीं मिला। सिक्खों में भी समता की स्थिति नहीं है। वहाँ भी खत्री और जट्ट का ही वर्चस्व है।

अगड़ी जातियों का नैतिक पिछड़ापन दूर हो गया होता तो वे खुद यह ज़िम्मेदारी लेते कि भेदभाव हटाएँ। बलबीर राहत की साँस लेते सब्र जाहिर करते लिखते हैं—"ख़ैर, 1947 से पहले हमारी बिरादरी के जिस परिवार ने किसी जट्ट के नाम पर ज़मीन ख़रीदी थी, उस जट्ट ने पूरी ईमानदारी के साथ उस दलित के नाम चढ़वा दी। यह घटना परिवर्तन और क्रांति का एक प्रतीक बन गई। आज़ादी का अहसास चारों ओर फैलने लगा। संवैधानिक दृष्टि से सभी भारतवासी हर क्षेत्र में बराबर समझे जाने लगे। अछूत अब हरिजनों से अनुसूचित जातियों तक का सफ़र तय कर गए,...दलित समूचे देश को विकसित होते देखना चाहते हैं, ऐसा मैंने पिछले कई वर्षों के दौरान भिन्न-भिन्न दलित बुद्धिजीवियों की बैठकों में अनुभव किया है।"

पृथकता के रहते भी समता-स्वतंत्रता के दर्शन होने चाहिए क्योंकि अछूत बच्चों को अपने धर्म में मिला देने की शर्त पर बराबरी नहीं दी जाती थी। हिंदू मंदिरों से दलितों के बहिष्कार की परंपरा जाहिर है परंतु गुरुद्वारों से दलित विषयक सच उजागर होने की संभावना पैदा हुई है।

"जब मैं अकेला होता तो मेरी सोच फिर गुरुद्वारे के बाहर किसी अरदासिये की तरह जा खड़ी होती, जिसकी मूक आवाज़ मेरे सिवाय किसी को सुनाई न देती। बीच-बीच में मेरी आँखों के सामने अपने ननिहाल के गाँव आई मेरी उम्र की उस भोली-सी लड़की का उस समय का चेहरा रह-रह कर साकार होने लगता, जब मेरा परसाद कुत्ता खा गया था और वह रुआँसी हो उठी थी। अपने छोटे से चुल्लू में से जब वह लड़की मुझे परसाद देने लगी थी, तभी एक स्त्री उसकी दोनों छोटी-छोटी चोटियाँ पकड़कर उसे घसीटते हुए ले गई थी और वह 'मामी-मामी' कहती पैर घसीटती हुई आगे-आगे चल पड़ी थी। इन्हीं विचारों में गुम हुआ मैं आख़िर मन-ही-मन दृढ़ निश्चय कर लेता—'अब से गुरुद्वारे के आँगन में पैर नहीं रखना। ऐसे परसाद को नहीं लेने में क्या फ़र्क पड़ने वाला है।' "

बलबीर माधोपुरी की उपमाएँ, प्रतीक और प्रसंगों में एकरूप सूत्रबद्धता प्रभावित करती है। उनका परिवेश जट्ट सिक्खों का परिवेश है। एक सजग चित्रकार की भाँति वे उसका बारीकी से चित्रण करते हैं—''मैं प्रायः देखा करता, सवेरे-सवेरे झीरों का किच्छी और पाशू दोनों जट्टों-बामणों और सुनारों के घरों को पानी से भरे घड़े ले जा रहे होते। उन्होंने बायें कंधे पर घड़े या छोटी मटकी को बड़ी होशियारी से गर्दन का सहारा दिया होता। वे अपनी चढ़ती उम्र में ही किसी बूढ़े बुजुर्ग की तरह कमर झुका कर चलते। घड़ों के भार तले तेज़-तेज़ चलने के कारण वे हाँफ रहे होते। मेरे मन में आता कि ईंट मार कर घड़े फोड़ दूँ ताकि मुझसे पाँच-छह बरस बड़े पाशू को इस बोझ से छुटकारा मिल जाए।''

लोगों को मुक्ति दिलाने का यह वैयक्तिक प्रयास स्वयं से शुरू होने वाले विद्रोह की पहली स्टेज है। मुसलमान, बगैर हिंदू बने क्या हिंदुओं से बराबरी का व्यवहार नहीं पाते हैं? तो फिर फजीहत दलित की ही क्यों?

''इस पतझर (1962) की समाप्ति के साथ ही मेरा स्कूल जाने का सिलसिला शुरू हो गया। स्कूल में दाख़िला लेने से पहले भी मैं अनेक बार स्कूल जा चुका था, पर छुपन-छुपाई के लिए।''

बाल-सुलभ क्रियाएँ, जिज्ञासाएँ, क्रीड़ाएँ, कल्पनाएँ और कौतूहल बालक बलबीर में भी कम नहीं हैं। वह जो कुछ नया देखता है, पिता से शेयर करता है।

हिंदी का उत्कृष्ट दलित साहित्य मराठी की अश्लील शब्दावली के प्रभाव से स्वतंत्र होकर अपनी मौलिकता में आ रहा है। इस बारे में मैंने छांग्या रुक्ख की भी प्रशंसा की है परंतु यह संयोग ही है जब बलबीर ने लिखा है—''अगर बापू के हाथ से मेरी बाँह छूट जाती तो क्या मैं मेढक की तरह तैर सकता था? मैंने मन-ही-मन बापू को कोसा और उसके खिलाफ कई मनसूबे सोच डाले, जब भी दाँव लगेगा, बापू की शराब की बोतल मूत से भर दूँगा। नहीं तो चिलम के अंदर का जलता हुआ कोयला उसके हाथ पर किसी तरह फेंक दूँगा।''

यहाँ बाल सुलभ प्रतिक्रिया को पकड़कर कौन व्यक्ति अपने बचपन की स्मृतियों में नहीं लौट जाएगा?

अभावों का यह चित्र देखें—''मेरे कपड़े इतवार के इतवार धुला करते। कच्छे के नेफ़े में से जूँएँ ढूँढ़-ढूँढ़ कर मारने में ही मेरा कितना-कितना समय लग जाता।''

कितनी दुखद स्थिति है कि बच्चे के कपड़े तक इतवार यानी अवकाश के दिन धुल पाते हैं। ये दलितों के अभाव हैं और इनका यही चरम नहीं है, अंत नहीं है। मैं अपनी बात कर दूँ तो बाल श्रमिक होने के कारण कोई दिन, अवकाश का नहीं था। सप्ताह का समय भी तय न था रात में धोता था मैं अपने कपड़े।

''खुशिया और भीमा या उसके छोटे भाई प्यारी, कटड़े-बछड़े को उठाकर स्कूल के सामने से ले जा रहे होते। इन दिनों अक्सर कटड़े-बछड़े, गायें और बूढ़े बैल मरते

रहते। बूढ़े भैंसों को तो जट्ट पहले ही मंडी में बेच आते थे। उन्होंने मुरदार की चारों टाँगों को खुरों के पास से जोड़कर इस तरह बाँधा होता कि टाँगों के बीच से बाँस की मोटी कड़ी निकाली होती। कंधों पर रखा मोटा डंडा या बल्ली उनके आगे-पीछे होकर चलने में रुकावट पैदा न करती। उल्टा लटका कटड़ा या बछड़ा झूला झूलता प्रतीत होता। उसकी गर्दन और लटकते कान हिल रहे होते।''

बड़े मुरदार को पाँच-छह लोग घसीट कर ले जाते। वे एक-दूजे से कहते, ''प्यारी ठीक से खींच, सारा वजन मेरे पर छोड़े जा रहा है।'' घृणित पेशा या चमारों से घृणा करने वाला देश के हर प्रांत में मौजूद समृद्ध-सवर्ण समाज जिसे निठल्ले नाकारा पसंद हैं परंतु स्वच्छता और मवेशी उद्धारक घृणा के पात्र। उन्नत देशों में इन्हें डॉक्टर की तरह मान मिलता है और नैतिक-सांस्कृतिक रूप से पिछड़े हुए उच्च जाति वाले भारतीय समाज में जहाँ माधोपुरी -मैं कई बार मुरदार का उल्टा हुआ सिर ठीक से पकड़े रहता ताकि वह इधर-उधर न हो। सोचता—उसका बदन छिल न जाए।...धक्का लगा कर उसे धकेलते।...जब भी मैं नल से पानी पीता, मेरे बाद पानी पीने वाला जट्टों का लड़का नल को पहले अच्छी तरह धोकर उसे स्वच्छ करता, तब पानी पीता।

—''मृत पशु को जब हमारी बिरादरी के लोग उठा लेते तो जट्टों की स्त्रियाँ उनके पीछे-पीछे पानी के छींटे मारतीं और 'सत्तनाम वाहेगुरु' कहकर हवेली का आँगन पवित्र किया करतीं। मैं सोचता कि यह कोई जादू-मंतर होगा। पर यह किसे सुनाया गया? मुरदार को? मुरदार उठाने वालों को? या फिर बोलने वाली ने स्वयं को सुनाया होगा? मुझे लगता—बापू की उलझी तानी की तरह मेरी सोच में भी गुंझलें पड़ गई हों जिन्हें सीधा करने के लिए कोई हल नहीं सूझता।'' घृणा के भाव ने कथित उच्च जातियों या स्पृश्यों का नैतिक पतन किसी हद तक किया कि उनके मुँह से ये अपशब्द यूँ ही निकल आते हैं। ''चिड़िया, चूहे और चमार की साली बढ़ोतरी ही बहुत है।''

लेखक को इन जमीनी सच्चाइयों का पूरा अहसास है, पूरा बोध है। अमानवीय व्यवहार के भौतिक आधार को बलबीर ध्यान से दर्ज करते, वे लिखते हैं—''इनके पास ज़मीनें क्या हो गईं, हमारे रब्ब बने बैठे हैं। आ गए नए अन्नदाते! अगर हमारे आदमी तुम्हारे खेतों में इतनी कड़ी मेहनत न करें तो तुम भूखे मर जाओ।''

और फिर एक ओर तो एक-एक फुट जमीन के टुकड़ों पर हत्याएँ, आत्महत्याएँ करने वाली हिंदू अर्थव्यवस्था ऊपर से यह उपदेश—''जमीन की क्या बात कर रहे थे भाई, सब कुछ तो यहीं रह जाना है, साथ में कुछ नहीं जाना है।''

खुद लेखक इस विरोधाभासी—''बिगड़ा हुआ जट्ट छह कनाल ज़मीन बेच दे तो आदमी मार देता है।''

आख़िर क्यों न अफसोस हो जब पुरखों के शोषण का इतिहास ही लेखक की क़लम की नोक से उतरने को बेताब हो उठा है—''मेरा बापू कभी किसी जमींदार के

खेत में मज़दूरी करने जाता तो कभी किसी के। हम उनके घरों के आँगन में अपने बाटियाँ—छन्ने (बर्तन) रखकर, नीचे ज़मीन पर बैठ जाते। जट्ट औरतें थोड़ा झुककर ऊपर से ही रोटियाँ ऐसे फेंकती थीं कि हम दोनों हाथों की बनाई हुई पत्तल के ऊपर बड़ी युक्ति से उन्हें लपक लेते थे।''

काम करना तो एक मजबूरी रही बल्कि मनुष्य की विशेषता ही यह है कि दुनिया में आया है तो कुछ करे, परंतु वह किसी दूसरे के लिए कमाए खुद अभावों में रहे। पिता जो संतान के भविष्य के लिए चिंतित रहते ही हैं, यहाँ पुत्र भी पिता के कष्टों को बराबर महसूस करता है—''कभी मुझे मेरा बापू इकबाल सिंह के घर में गेहूँ-मक्की के ढेर को कोठी में डालता दिखाई देता तो कभी बातें करता हुआ, आज हम इन दानों के ढेर पर नंगे पैर चलते-फिरते हैं, दाने कोठी में पड़ जाने के बाद हमसे भिट जाने (अपवित्र होने) का भय इन लोगों को सताने लगता है।...और फिर कल किसने यहाँ घुसने देना है हमें।...कई बार बापू को मजबूरीवश उन ज़मींदारों के यहाँ दिहाड़ी पर जाना पड़ता था, जिनके घरों की दाल-रोटी हमें बिल्कुल पसंद नहीं थी। कभी-कभी बापू अपने दिल की बात हमसे साँझी करता।''

दलित छात्रों से बेगार लेने की गैर-कानूनी प्रथा गैर-दलित अध्यापकों में भी देखी गई है। यह हमारे उ. प्र., बिहार, राजस्थान, म. प्र. में तो है ही पंजाब में भी मौजूद है इस बारे में छांग्या रुख में सोढ़ी मास्टर दलित विरोध का अध्यापकीय प्रतिनिधित्व कर रहा है। वह पढ़ाने के बजाय बेगार-गुलामी लेता है। बलबीर के ताया का बेटा रोशी कहता है—''सोढ़ियों के पल्ले क्या है? सिक्खी और जट्ट मौजें लूटते हैं—ज़मीनों-जैदादों के सिर पर! यूँ ही तो नहीं ये लोग हमारी गलियों में दहाड़ते फिरते।''

दलितों में आत्मकथाएँ कम हैं, जो अपने अभावों-दबावों के पीछे भूमि व्यवस्था से जुड़े भौतिक कारणों को पहचान पाते हैं। बलबीर के पास भावुकता से आगे बढ़कर आर्थिक वजहें मौजूद हैं। जो कलात्मक ढंग से आई हैं।

दलित समस्या वैयक्तिक नहीं है, सामाजिक है। कोई व्यक्ति सामाजिक रूप से ऐसा नहीं है कि उसके सगे-संबंधी बहुत आजाद हैं। लेखक ने भ्रम तोड़े हैं जब उन्होंने लिखा है—''ताये के बेटे रोशी को बहुत सारी उन बातों की भी जानकारी थी...। दरअसल वह पहली कक्षा में ही स्कूल की पढ़ाई छोड़कर पास वाले गाँव ढड्डा-सनौरा के एक जमींदार मनजीत सिंह के यहाँ नौकर लग गया था। जमींदार की घरवाली बचिंती शराब बेचने का धंधा करती थी और नशेड़ी लोगों से मेलजोल रखती थी। जब पुलिस छापा मारती तो उसे पकड़कर भोगपुर की चौकी पर ले जाती। उधर, रोशी उसके लड़कों के संग ढोर-डंगर चराता, घर का काम करता और वहीं रहता भी था। इस प्रकार, वह घर की गरीबी और अभावों के कारण तीन साल नौकर रहने के बाद अपने गाँव लौट आया था और हमारा सहपाठी बन गया था।...''

"मैं तो कहता हूँ कि बापू और ताये को बता दें ताकि सोढ़ी चार अक्खर हमें भी पढ़ लेने दे। सवेरे स्कूल की सफाई करने की बारी लगाएँ, फिर इसके पशुओं के लिए परेशान होते फिरें।" मैंने दिल की बात कही।

"ठहरो तो जरा, आज तुम्हारी चुटिया पकड़कर न घुमाई तो मैं भी जट्ट का पूत नहीं। इन चमारियों को मेरे खेत ही दिखाई देते हैं साफ करने को।" सोहलपुर के नंबरदार की गरजदार और क्रोधभरी आवाज़ ने अचानक हमारा ध्यान अपनी ओर खींचा।...नंबरदार खेत की मेंड़ों से घास-चारा खोदती-काटती औरतों की ओर तेज़ी से बढ़ रहा था।

समाज में बौद्धिक नेतृत्व जिसका रहा है, मान-सम्मान का जो सबसे बड़ा अधिकारी रहा है वह शिक्षक रहा है और विडंबना यह कि अपने समाज को गलत पढ़ाया है, घृणा, अस्पृश्यता, भेदभाव, ज्ञान का जातिगत संकुचन दलित आत्मकथा में कोई न कोई शिक्षक करता रहा है उसके नाम जरूर अलग हैं प्रवृत्ति 'सोढ़ी' कहीं कुछ और हैं—इसलिए लेखक को खेद है कि, "हमें भी जट्ट कहाँ पास फटकने देते हैं। आँगन में नीचे ज़मीन पर बिठाते हैं, कुत्ते जितनी कदर नहीं।" बापू ने पलटकर जवाब दिया।

"जट्ट फिर भी ज़मीन-जैदाद वाले हैं, ये रामदासियों को देख लो, हमारे में से ही सिक्ख बने हैं। पहले इसी कुएँ से पानी भरा करते थे, अब अपनी कुइया बना ली है। कहते हैं—इस कुएँ से हुक्कों में से उँड़ेले गए पानी की बदबू आती है। सीधा नहीं कहते कि हम अब पहले वाले नहीं रहे।"

इस नकारात्मक प्रवृत्ति से खुद जट्टों की स्थिति क्या हुई, सभ्यता, संस्कृति कला-साहित्य, ज्ञान-विज्ञान इत्यादि में वे कहाँ ठहरते हैं? दूर-दूर की आदत से उनसे बौद्धिक संपदा भी दूर हो गई। चमारों में आपसी ऊँच-नीच का यह दृश्य—ताये ने पलभर रुककर पहली बात पर आते हुए कहा..."अगर हम चूहड़ों के घर पैदा हो जाते? अगर जन्म लेना अपने बस में होता तो मैं चमारों के घर नहीं पैदा होता।" बापू हुक्के का घूँट भरे बगैर ही उनके पास से उठ खड़ा हुआ। घर की ओर बढ़ते हुए ऊँचे स्वर में बोला, "ये कोढ़ नहीं निकलेगा हम लोगों के अंदर से, सारा बखेड़ा ब्राह्मणों का खड़ा किया हुआ है। बखेड़ा कैसा, फूट डाल रखी है खाली बैठकर खाने को, हम जैसों से दूसरों के लिए बेगार करवाने के लिए।"

इस आत्मकथा में लेखक के पिता का किरदार बहुत ऊँचा है। वे नायक हैं। समस्या से परिचित हैं और कारण भी उनसे छिपा नहीं है।—"बापू की विचार-शृंखला खत्म होने का नाम ही नहीं ले रही थी। कहने को हम हिंदू हैं, कोई बताए तो सही कि ब्राह्मणों, क्षत्रियों, वैश्यों, शूद्रों में से हम किसमें आते हैं? न हमारा धर्म, न वर्ण। कोई पूछे तो सही कि हम हिंदू कैसे हुए।" बापू बोलते-बोलते जैसे हाँफ उठा था—"माँ को जवाब देते हुए—लेखक के पिता ने कहा—"तेरी बात भी सही है कि

जात-पाँत के बारे में सिक्खों में भी हिंदुओं वाला यह कलंक मौजूद है।'' बापू को फिर पता नहीं क्या सूझा, वह कहने लगा, ''मैं तो कहता हूँ भई, किसी तरफ होकर मर जाओ सब के सब, चाहे जिधर मर्जी मर जाओ। चाहे सिक्ख बन जाओ, चाहे कुछ और पर हिंदू न रहो। इस नर्क में से निकलो।'' बापू को जैसे कुछ याद हो आया। वह बताने लगा—कुछेक दिन पहले लाहौरी राम बाली ने एक जलसे में तकरीर करते हुए कहा था कि डॉक्टर अंबेडकर ने कुछ समय पहले गरीबों, कम्मी-कमीनों को कहा था कि बौद्ध बन जाओ, जहाँ न वर्ण, न जात, सबके सब बराबर हैं। हिंदू पता नहीं किस गुमान में रहते हैं, कहते हैं—हम फलाने-फलाने से ऊँचे हैं। लानत है—डूब कर मर जाओ कहीं ज़ालिमो! मरे हुओं को मारनेवालो!''

जो आत्मकथाकार जितना सामाजिक आंदोलनों में तपता है वैचारिक रूप से समृद्ध होता है। उसकी आत्मकथा उतने ही बड़े सवाल खड़े करती है। परंतु वैचारिक ग्रंथ और कथात्मक कृति की अलग-अलग शर्तों को स्पष्टतया समझ लेना चाहिए। कहीं ऐसा न हो कथा आलोचना बन जाए।

नामकरण की हीनताग्रंथिजन्य मनोवैज्ञानिक प्रसंग इस प्रकार है—

''ठाकुरों, राजपूतों जैसे! भगवान का नाम लो....मेरे माँ-बाप ने मेरे छोटे भाई का नाम उदय सिंह रख लिया था और ठाकुर लट्ठ लेकर आ गए थे कि तुमने हमारे पिता का नाम कैसे रख लिया? बोले—तुम हमरे बाप बनना चाहते हो? तुम्हें क्या हक है कि तुम हमरे नाम रखो। भला चाहते हो तो ये नाम बदल लो।'' भइये के चेहरे पर उदासी की लहर किसी बरसाती नदी की बाढ़ की तरह तेज़ी से चढ़ रही थी।

''तो फिर उनका कहना मान लिया?'' लगता था, बापू अपने संशय को दूर करना चाहता था।...

''फिर क्या, पिटाई करवानी थी? उस दिन से भाई का नाम उदय सिंह से बुद्धू हो गया।''

ये चकित करने वाली बातें कि क्यों दलितों को ऐसे सामाजिक क़ैदी से भी बदतर बना दिया जो अपना नाम तक ठीक से नहीं रख सकता। ये सामाजिक साम्राज्यवादी तत्त्व इतने आतंकी बने रहे दलितों के लिए फिर भी इनका मान-सम्मान बचा रहा सभ्यताओं ने इन्हें गरियाया नहीं। इनकी नीचताएँ समझी नहीं गईं। किसी मार्क्सवादी ने पर्यावरणवादियों से मनुष्य को बचाना उतना ही जरूरी नहीं समझा जितना बलबीर पेड़ों को बचाता रहा। यह हो क्या रहा था। इसके विरुद्ध आंदोलन नहीं किया भूख हड़तालें भूख हड़तालें नहीं थीं।

''औरतें तो भाई हर जगह छुआछूत से परे हैं।'' बापू ने बात आगे बढ़ाते हुए कहा, ''बहुत सारी कुदेसणें (दूसरे प्रांत की औरतें) खरीदकर लाए हुए हैं, बहुत सारी पूरबनियाँ...ये सोहलपुर की औरतें क्या यूँ ही हमको-तुमको करती हैं? और फिर, औरत बेचारी का हाल भी हमारी तरह ही है। उसका न धरम है, न वरण (वर्ण)।''

बापू ने बिना रुके कहा।

लेखक के पिता के पास भोगे हुए जाति विषयक सामाजिक अनुभवों का अपार भंडार है। सहृदय बलबीर की सोच को एक विरासत मिली है अनुभवों की। बात पंजाब से बाहर तक की है लेखक के बापू के पास जानकारी के लिए क्या नहीं है? आँखें खोलता है तीन पीढ़ियों की जिंदगी नामी जात हर काम में आढ़े आती है। सैक्स बकरों में भी वह है तो ताज्जुब नहीं। बलबीर बताते हैं–"हमारे गाँव का ड्राइवर जो पहले बंबई में ट्रक चलाता था, बता रहा था कि वेश्या का पेशा ऊँची-नीची दोनों जातियों की औरतें करती हैं, पर कमला वशिष्ठ, विमला वर्मा, शर्मा वगैरह का रेट दूसरी औरतों से ज्यादा है।" ऐसे ज़िस्म-फ़रोशी के धंधे में भी ग्राहक जात-पाँत देखते हैं...।"

"गोरी-चिट्टी होती हैं, शायद इसलिए...।"

बापू ने स्वयं ही शुरू की गई बात को समेटते हुए कहा।

जहाँ तक जिस्मानी रंग-रूप की बात है भारत के मूलनिवासी गोरे चिट्टे नहीं होते।

बलबीर अपने गाँव में, अपने घर के बारे में बताते हैं–"इसके दक्खिन दिशा की ओर हमारा घर था, और है। गाँव को जाती जट्टों की गली के मोड़ पर यह पहला घर है जिसके कारण जट्टों से, खेतों के काम के बारे में बातें होती रहती थीं।"

गाँव में वर्चस्व वाली जाति जट्ट हैं इसलिए वह अधिकसंख्या प्रसंगों पर भी हावी रही है। उसकी भाषा में ही उसका चरित्र बोलने लगता है–"आवाज देने वाला कई बार मेरी उम्र का मेरे संग स्कूल में पढ़ने वाला लड़का भी हुआ करता। जट्टों के कम उम्र के सभी बच्चे मेरे बापू को उसका नाम लेकर ही बुलाते थे।"

जिस गाँव में जो भी सवर्ण/संपन्न जाति है उसी का व्यवहार ऐसा अनादर भरा होता है। यह समस्या पंजाब में भी है तो सिक्ख धर्म की प्रगतिशीलता संदिग्ध होती है बाकी हिंदू धर्म से तो दलितों का लेना-देना क्या जो हिंदू दलित थे बौद्ध हो गए जो हिंदू हैं ही नहीं कबीर रैदास के वंशज हैं। उन्हें हिन्दू/बौद्ध/सिक्ख या ईसाई होने की ज़रूरत नहीं। छोटा-बड़ा मरा-गिरा कोई तो अपना धर्म होगा पराये बाप से बाप कहने से या उसे अपना लेने से क्या मिलेगा? बलबीर बचपन में लौटते हैं–"उस समय (सन् 1964) में मैं चौथी कक्षा में पढ़ता था। हमारा एक आई. ए. एस. मामा दुपहरी में कार में आया। हमने चावलों से सानी हुई मैली कोठरी में ठंडी होने के लिए रखी हुई थी। अगले वर्ष तो अकाल की पड़ गया।

...स्थायी आफ़त के कारण मैली पीने का सिलसिला कई वर्षों तक चलता रहा, भले ही मैंने हाई स्कूल भी पास कर लिया था।

जट्टों के बच्चे और मेरे हमउम्र मुझे 'मैल पीणा' कहा करते। जब कभी 'तू-तू, मैं-मैं' हो जाती तो वे 'चमार-माँ के यार' जैसा काव्यात्मक फ़िकरा भी कसते।"

यह आत्मकथा मेरे लिए तो अपनी आत्मकथा जैसी ही लगती है। बलबीर मेरा ही कोई जुड़वाँ भाई है। मैंने मैली (लदोई) शीर्षक से आत्मकथांश लिखा वही मैली यहाँ मैल है खाने वाला यहाँ उ. प्र. के बजाय पंजाब का चमार ही है। मुर्दा मवेशियाँ उठाते मैंने प्यारे चच्चा का हवाला दिया। यहाँ प्यारी है। संयोग इसीलिए कि हर प्रांत में चमारों के हालात एक जैसे हैं उनके संघर्षों में समानताएँ हैं। बकौल बलबीर—''बापू को जैसे कुछ याद हो जाता, उदास-सा होकर वह कहता, हमने आदमपुर की नहर खोद डाली, अम्ब के थाने तक सड़क बना डाली, पर मुझसे साला चार खाने का कोठा नहीं बन सका।''

कमेरों-चमारों के श्रम का क्या कहीं कोई हिसाब है? वह दूसरों के निर्माण में व्यस्त रहते हुए अंततोगत्वा राष्ट्र-निर्माण करता है। पर उसका घर नहीं बनता।—''कोठरी के एक कोने में माँ के दहेज वाली एक छोटी पेटी रखी हुई थी जिस पर मोर-मोरनियाँ, उनके बच्चे, फूल, बेलें तथा अन्य कई प्रकार के बूटे बने हुए थे। ये सब सलेटी, हरे, लाल तथा काशनी रंगों से बनाए गए थे। इस पेटी में एक अन्य संदूकची हुआ करती थी। उस पर भी ऐसी ही चित्रकारी थी।''

गनीमत है ननिहाल न्यायकारी रही माँ को दहेज के रूप में ही कुछ तो बेटी का हक दे दिया था। लेखक की ननिहाल अपेक्षाकृत विकसित थी। जहाँ से आई. ए. एस. निकले थे। क्योंकि दलित ही बेटी को बेटे के समान मानता है। संपत्ति में भी बराबर रखता है। आत्मकथा में लेखक के बापू बोल रहे हैं। बकौल बलबीर ''आज की सभा और बापू के विचारों ने मेरे ख़यालों को नई उड़ान दे दी। मुझे अंदर-ही-अंदर महसूस हुआ कि मेरे ख़यालों में बहुत कुछ नया-नया-सा भरता जा रहा है।...मुझे लगा कि मैं ब्रह्मा के थोथे चक्रव्यूह से बाहर निकल गया हूँ जैसे धरती के गुरुत्वाकर्षण से मनुष्य!''

साधनहीन बनाकर दलितों को मजबूर किया गया और ऊपर से उनका मज़ाक उड़ाया। मनुष्य की मनुष्य के प्रति क्रूरता किसी देश, किसी सभ्यता में नहीं मिलती। जहाँ लेखक कहता है—''जट्टों के जमाती लड़के कभी सहज रूप से तो कभी तल्ख़ होकर फ़िकरे कसते, मैली पीने के कारण तुम्हारे रंग मैल जैसे हो गए हैं। मैली पीणी जात फिर भी सांड की तरह अकड़ती फिरती है...इस साल अच्छा दाँव लगा होगा मांस खाने को...बहुत कट्टे-बछड़े मरते हैं इस सूखी ठंड में...क्यों गुड्ड?...

सोचता—जब गीगनवाल स्कूल में पढ़ने लगूँगा तब न कोई मैली पीने और मरे पशुओं के मांस के बारे में ताने मारेगा और न ही रास्तों में से 'बालण' के लिए घास-फूस इकट्ठा करते देखेगा।''

आखिर हम अपनी बदहाली को छिपाने के उपक्रम में जितना वक्त लगाते हैं उतना तो समय कहीं और नहीं लगाते। संबंधियों के सहारे हम उबरना चाहते हैं, जैसा कि बलबीर लिखते हैं—''पलभर ख़याल आया—मेरी बड़ी बुआ के बेटे दिल्ली में

सरकारी अफ़सर हैं, मेरा मामा डी. सी. लगा हुआ है...मैं अनपढ़ रहूँ? सारी बिरादरी की तरह दूसरों की गुलामी और बेगारी करूँ? मेरे से ये नहीं हो सकता।''

एक आदमी नौकरी में जाता मामा फूला मौसी-मौसा इन सबके बच्चे तो नहीं जाते नौकरी में। वे सब उससे अपेक्षाएँ करें तो वह किस-किस का भला कर सकता है वह भी दुविधा और द्वंद्व में फँसकर रह जाता है। बलबीर का ख़याल हम सबका हाल है संबंधी विशेष के बारे में चिंतित होने के बजाय व्यापक का समाधान सोचना अपने आप में क्रांतिकारी सोच है। क्रांति ही एक इलाज है बीमार व्यवस्था का सो बलबीर बाकायदा कम्युनिस्ट पार्टी में शामिल हो गए। वे लिखते हैं—''पार्टी वाले कहते थे कि...सारे मुल्क में भूमि-सुधार का बीड़ा उठाना है। इंकलाब आ गया तो सारे लोग बराबर हो जाएँगे।'' कामरेडों से सुनी हुई बातें मैंने बताईं। यह सिद्धांत की बातें थीं बातों का जवाब़ नहीं परंतु जिन दलितों के पास व्यावहारिक अनुभव हों वे तो यही कहेंगे कि—

''बातें तो अच्छी करते हैं, पर अमल में...। जमीन देनी तो एक ओर रही, इनमें जट्टपना दूसरों से कम है क्या जो इतनी ऊँची हाँकते हैं।''

कम्युनिस्ट पार्टी में न रहते हुए भी पिता के अनुभव क्रांतिकारी हैं दृष्टिकोण साफ है जिसे निचोड़ के रूप में लेखक इन शब्दों में रख दिया है—''हमारी व्यथा-दर-व्यथा युगों पुरानी है जिसे न किसी ने कभी सुना है और न ही महसूस किया है।''

लेखक ने 'हम चमारों का बरगद' में 1876 से 1880 ईसवी बीच के पीपल के माध्यम से अंग्रेज काल को भी दर्ज किया है जिसमें ब्रिटिशों का स्वभाव विकास करना होता था। पर बलबीर लिखते हैं—इन्तकाले अराजी कानून लागू था—उसके तहत चमार-चूहड़े पैसे देकर भी अपने नाम ज़मीन नहीं खरीद सकते थे।''

...जट्ट, ब्राह्मण, सुनार, बढ़ई, नाई, झीर, सरेहड़े आदि जातियों का सतनाजा हमारे बरगद को 'चमारों का बरगद' ही कहा करता था। गाँव का जट्ट दूसरे से पूछता कि वह किधर से आया है, तो वह बताता, ''चमारली की तरफ गया था। चार चमार दिहाड़ी के लिए करके आया हूँ।'' कई 'चामरड़ी' शब्द का प्रयोग करते। बापू उस जट्ट के चले जाने के बाद कई बार 'साला चमारों का।' जैसी गालियाँ बककर अपने मन की भड़ास निकाला करता। चमारों से घृणा का रहस्य खोजना होगा। यह साहित्य में है तो समाज में क्यों न हो प्रेमचंद ने सूरदास चमार का अवमूल्यन किया, निराला ने चतुरी चमार लिख कर अपमान किया। यहाँ तक कि उर्दू के एक शायर 'बूम' ने तो चमारीनामा लिखकर हमारी माँ-बहनों के चरित्र पर कीचड़ उछाला था। नवाबी पृष्ठभूमि के मुस्लिम लेखक असगर वजाहत ने सात-आसमान में चमारियों के साथ अहीरिनों को भी समेट लिया।

बलबीर के पिता का कर्म कबीर का है और आजीविका कमाने का उनका श्रमसाध्य धंधा। कबीर-जीवन की याद का संदर्भ इस प्रकार है—''बहुत-सी जट्टियाँ

अपने पास से सूत या रुई देकर बापू से सफ़ेद खेस, चादरें आदि बुनवाया करतीं। वे मेरी माँ को अपने घर बुलाकर सूत या रुई तराजू में तौलकर देतीं। माँ के साथ हिसाब करके बदले में मेहनत की एवज़ में गेहूँ या मक्की के दाने दिया करतीं। कई बार मैं भी माँ के संग उनके घर जाने की जिद्द करता।...ताने का सारा कच्चा माल होशियारपुर के गाँवों—जौड़ा, खानपुर, चंडियाल, ख़लासपुर के मुसलमान जुलाहों और नैणोवालिये मुंशी से बुनने के बाद लाया जाता था। सारा रास्ता पैदल तय करना पड़ता था और दो-दो मन की गाँठें सिर पर उठाकर लानी पड़ती थीं। कभी तेज-चिलचिलाती धूप, कभी बारिश, कभी आँधी, कभी कड़ाके की ठंड! फिर भी, आते-जाते थे।''

कबीर की परंपरा कमा कर खाने का दलित स्वभाव इस आत्मकथा की महत्त्वपूर्ण विशेषता है। साहित्य कोटि के प्रेरक प्रसंग और भी हैं स्वभाव इस आत्मकथा की महत्त्वपूर्ण विशेषता है। साहित्य कोटि के अन्य प्रेरक प्रसंग हैं।

रूसी क्रांति से बेशक राजनीतिक बदलाव ही खास था, परंतु उस वक्त के साहित्य ने दुनिया भर के लेखकों को प्रभावित किया। भारत के दलित लेखक को तो क्रांति की आवश्यकता भी थी। रूसी साहित्य में गोर्की सर्वाधिक चर्चित लेखक हुए। बलबीर बताते हैं—''मैक्सिम गोर्की के उपन्यास 'माँ' और तीन खंडों में उसकी जीवनी ने तो मुझे झिंझोड़कर रख दिया। हालात से जूझते मनुष्य की कामयाबी के बारे में सोचकर मन खुश हो जाता।...मेरा झुकाव कम्युनिस्ट पार्टी की ओर हो गया।... समाजवादी साहित्य को समझने की कोशिश करता। और, आख़िर अपनी उम्र के उन्नीसवें-बीसवें साल (1974-75) में भारतीय कम्युनिस्ट पार्टी का कारकुन बन गया।'' भारत जाति प्रधान देश है। यहाँ व्यक्ति कम्युनिस्ट हो, सोशलिस्ट हो या दक्षिणपंथी हो वह पार्टी में आकर बात अपने जाति हितों के आधार पर ही करता है। यह स्वाभाविक है, परंतु बहुधा एकल जातिहित/वर्चस्व देश के विविधतापूर्ण सामूहिक विकास को रोकता है। सामाजिक गत्यात्मकता स्थिरता में बदल लेता है। मार्क्सवाद और मनुवाद परिणाम में एक होने लगते हैं। छांग्या रुक्ख में ऐसे संदर्भ विमर्श के विषय बने हैं बकौल बलबीर माधोपुरी (पार्टी में शामिल)—

कोई जमींदार साथी सलाह देता, ''यूँ ही बात को न बढ़ाओ...जात को गोली मारो, जमात की बात करो...और जब आर्थिक हालात बराबर हो गए, फिर जात को किसने पूछना है... ।''

एक सर्वहारा साथी बीच में टोकते हुए कहता, ''भई, मैं पार्टी लाइन से सहमत नहीं कि रिजर्वेशन जाति के आधार पर हो। इसका आधार आर्थिक होना चाहिए। साथ ही, इसे योग्यता से जोड़े जाने की ज़रूरत है।'' साथी शर्मा ने जैसे माहौल का रुख बदलते हुए कहा।

''कामरेड, जिन सर्वहारा लोगों के सहारे इंकलाब लाने के दावे करते हैं, उनके पास तो मानवीय अधिकार भी नहीं, सामाजिक तौर पर असमानता, आर्थिक बदहाली

के सिवा उनके पास है क्या? उनमें से कितने पढ़े-लिखे हैं? कितनों को नौकरियाँ मिल गईं? सरकार ने नियम बना रखे हैं—कोई उम्मीदवार शर्तें पूरी करे तभी नौकरी मिलती है। दूसरी बात, कल को वो कहने लगे कि ज़मीन हमें दे दो और नौकरियाँ तुम ले लो, अब दोहरा हाथ मारना बंद करो, तो तुम क्या करोगे?...हम समाज की समान तरक्की के बारे में विचार-विमर्श करते रहते हैं।'' मैंने दख़ल दिया और पुनः कहा, ''सामाजिक समानता की ख़ातिर अंतर्जातीय या प्रेम-विवाहों को बढ़ावा दिया जाना चाहिए।''

ज़मीनों का राष्ट्रीयकरण करते कृषि पर आय कर देकर देश के विकास में मदद करने के बजाय भूमिहीन दलितों का शोषण उत्पीड़न ही इन स्व-घोषित हम्मबल फारमर्स का नाटक रहा। क्रांतिदलित की सामाजिक जरूरत भी है। यूँ इस आत्मकथा ने एक बड़ा भ्रम दूर किया। वह यह कि पंजाब की कृषि समृद्धि में दलित समृद्धि शामिल थी। जबकि स्थिति उलट है। जाटों के नेता ओमप्रकाश चोटाला गरीब किसान हैं। सी. बी. आई. ने छापा मारा तो 94 सौ करोड़ की संपत्ति मिली। बलबीर भी क्रांतिकारी सपना देखते हैं वे लिखते हैं—''सोवियत संघ जैसा राजसी, सरकारी प्रबंध हमारे देश में जल्द-से-जल्द हो जाए। आर्थिक समानता किसी जादू की तरह आ जाए और जाति के धब्बे समाज के रूप-स्वरूप से हमेशा-हमेशा के लिए उतर जाएँ। सभी लोग हाथ से काम करें, न कोई किसी का हक मारे और न ही कोई श्रमिकों, निम्न और अछूतों पर अपना दबदबा या धौंस जमाकर रखे। हमारे मुहल्ले में आकर गरजते जमींदारों की सोच और उनके विचारों में परिवर्तन जल्द आ जाए। 'घड़े की मछली', 'दाल बराबर मुर्गी' और 'चमारी, जहाँ देखी वहाँ...' जैसी तुच्छ सामाजिक धारणाओं से पीछा छूट जाए और गरीबों-मेहनतकशों का आदर सत्कार बढ़े।''

दलित को कहने की जरूरत नहीं जब—उनके बेटे सुखबीर ने कहा, ''अगर आप लांछन लगा रहे हैं तो मैं सब पता लगाऊँगा।''

उसने तुरंत स्कूटर में किक मारी और कुछ देर बाद लौटकर मायूसी भरी आवाज़ में बताने लगा, ''पिताजी...क्या दशा हुई? लड़की से मिलकर और उससे पूछताछ करके आ रहा हूँ। वह कहती है—अपने पिता के कारण मैं अब न विवाहितों में हूँ और न ही कुँआरियों में।'' एक सम्मानित ब्राह्मण पिता द्वारा विदुषी कन्या बेटी की...यही कारण है डॉ. धर्मवीर जी व्यक्ति को धार्मिक-अधार्मिक, ईश्वरवादी-निरीश्वरवादी, स्व-घोषित उच्चकुलोद्भव या सामान्य हो पर वह नैतिक है या नहीं? मूल्यांकन की कसौटी यही है।

ऐसी बेटियों को अपनों के चंगुलों से छुड़ाने के लिए कानूनी स्तर पर बाबा साहब डॉ. अंबेडकर ने हिंदू कोड बिल देकर अच्छी शुरुआत की थी। भले उसमें काट-छांट हुई, परंतु आज भी ऐसे अपराधी पिता चाहे वे ब्राह्मण ही क्यों न हों कानून की नजर में क्षम्य नहीं हैं। ये कथाएँ तो ब्राह्मणों के व्यवहार के चरितार्थ होती हैं। बलबीर ने लिखा है—''ब्रह्माजी के वे श्लोक मेरी आँखों के सम्मुख आ गए जो उन्होंने

अपनी पुत्री पद्मा (सरस्वती) को संभोग के लिए भरमाने की खातिर उच्चरित किए थे कि संतान की प्राप्ति के लिए माँ, पुत्री, बहन से सहवास किया जा सकता है। मुझे लगा कि कहीं यही 'मॉडल' उस 'सम्पूर्ण गुरु' के सामने न हो।''

कुल मिलाकर आत्मकथाकार ने ब्राह्मणों के सतसंग जट्टों की बेगारी और दलित समाज की मुक्ति युद्ध की तैयारी की गंभीर रूपरेखा दी है। बलबीर माधोपुरी महत्त्वपूर्ण घटनाएँ और महत्त्वपूर्ण विचार लेकर चले हैं एक विचार यह भी है—''जिन अनुसूचित जातियों और पिछड़ी जातियों को हम परस्पर एक साथ देखना चाहते हैं, मानसिक स्तर पर उनकी फूट उन्हें एक-दूसरे के नज़दीक नहीं आने देती। मंडल कमीशन की रिपोर्ट का पिछड़ी जातियों के लिए आरक्षण लागू करने का मोर्चा अनुसूचित जातियों ने लगाया, पर पिछड़ी जातियाँ सवर्णों के हित में इस्तेमाल हो गईं।...

मुझे लगा कि जात-पाँत और छुआछूत का कोढ़ एक ऐसी बीमारी है जिसके कीटाणुओं के मरने की जल्दी कोई संभावना नहीं।''

अछूत इसलिए अछूत हैं कि वे खुद को अछूत माने बैठे हैं। उलटबार करने लगे तो बराबरी पर समझौता हो सकता है। शान्तिप्रियता अक्षुण्ण रखते हुए। 'किरायेदारी की लानत' शीर्षक से अंतिम अध्याय में इन्होंने साफ लिखा है कि व्यक्ति पर अपना मकान न होना कुछ खास न होना है या सरकार द्वारा नौकरी के साथ ही मकान न दिया जाना बहुत कम दिया जाना है, बल्कि मुल्क में ऐसी आवास नीति न होना कि हरेक के पास मकान हो चाहे वह नौकरी में हो या न हो। पराये किराये के मकान में वह भी दलित का रहना जातिगत कारणों से और आर्थिक दोनों बेहद अपमानजनक है। किरायेदार के रूप में दलितों के पास अपार कटु अनुभव हैं।

बार-बार घर खाली करना, बच्चों के स्कूल बदलना, मालिकों के ताने सुनना जो भोगे सो जाने। एक दलित किराएदार पर मुसीबत तब बढ़ जाती है जब प्रायः उसका मालिक किसी स्पृश्य/सवर्ण जाति का होता है। भारत में मकान मालिक यूं भी द्विज जातियों के ही होते हैं। छांग्या रुक्ख में आया प्रसंग अपवाद नहीं है। बलबीर माधोपुरी लिखते हैं—

अब हमने महावीर एन्क्लेव में बी. डी. शर्मा के घर मकान किराए पर ले लिया।...

शर्मा की बेटियाँ मेरी पत्नी से बातें करते हुए जात पूछतीं। वह भी किसी अनुभवी व्यक्ति की तरह गोल-मोल बात करती और कहती, ''जब तक जात का पता न लगा लें, लगता है लोगों को रोटी नहीं पचती।''

किरायेदार बने बगैर दलित लेखक अनुभवों से समृद्ध नहीं हो सकता। बहिष्कार के बचाव का एक तरीका यह भी है कि जिसके बारे में छांग्या रुक्ख लिखा है। ''तभी, एक आदमी साथ वाली छत पर घूमता हुआ दिखाई दिया। उसने जनेऊ

कान पर चढ़ाया हुआ था ताकि दूर से ही उसकी पहचान हो सके। मैंने उसे देखा और पूछा—पुरुषोत्तम, यार तू? मुझे तो तूने बताया था कि कोटे से आया है। इस पर वह बोला—धीमे बोल, लोग मकान देने से पहले सौ बातें पूछते थे, नखरे करते थे। यारों को भी जुगत सूझी, चवन्नी का धागा ख़रीदा और जनेऊ बनाकर पहन लिया। अब ये सारे जाट-जैनी पंडित जी, पंडित जी कहते आगे-पीछे घूमते हैं।''...

हमें नीचे का अँधेरे से भरा मकान मिल गया। दो चार दिन बाद हरियाणवी मालकिन ने मेरी पत्नी से पूछा, ''तुम भी बलजीत (पत्नी की सहेली) की जात के जाट भाई हो? उनकी तो बहुत ज़मीन है।'' ...जाति की पूछताछ का सिलसिला शायद अभी खत्म नहीं हुआ था।

साढ़े चार वर्षों में किराये का छठा मकान था और बड़ी लड़की का छठा स्कूल। हर नए स्कूल में पैसों की लूट। मेरे घरवाले संदेशे भेजते हैं, ''बच्चे लेकर एक ओर हो गया। मन में आता है तो दो-चार महीने में पाँच-सात सौ भेज देता है, नहीं तो अल्ला-अल्ला, खैर सल्ला!''

दुख तो होते हैं पर हम भवनदारों को भूमिदारों से कम आख़िर में लेखक को —''ख़याल आता—बेगाने घर में किरायेदार एक लानत है, अपमान और हेठी करवाने जैसी है और इससे छुटकारा पाने के लिए मैं ऊँचे कंगूरों वाले चौबारों के बराबर होने के लिए प्रयास करने लगा।''

छांग्या रुक्ख एक रचनात्मक कृति है। आने वाला साहित्यिक जगत इसका महत्त्व जरूर समझेगा। मैं लेखक की स्वतंत्रता की कद्र करता हूँ, वरन वैचारिकता से बोझिल न बने कथा तो उसकी उम्र ज्यादा होती है। सच और अपना सामाजिक संदर्भ यथावत आए यही अपने पूरी मुकम्मल में बड़ी बात होती है।

लेखक ने आक्रोश को पिया है और संघर्ष को जिया है। तथापि रचना में आक्रामकता नहीं है। बड़बोलापन तो दूर तक नहीं। किसी की मानहानि नहीं दुराग्रह और नीचा दिखाने का इरादा नहीं। बदले की भावना से कुछ भी नहीं लिखा/कहा गया है।

लेखक के स्वभाव में बसी अपीलिंग विनम्रता ही शब्दों के रूप में यथार्थ बन कर आई है। प्रस्तुति कहीं भी चतुराई भरा हल्कापन नहीं दिखाती। गंभीरता भी नीरस और लिजलिजी नहीं। विचारधारा से भटकाव नहीं। पाठक को मज़बूर करने के लिए कथा में तारतम्य है, रोचकता है और जो संदेश है वह तो सर्वोपरि है ही।

हिंदी में अनूदित होकर भी इसमें मौलिक-सी मिठास है तो अनुवादक सुभाष नीरव का योगदान भी अविस्मरणीय है।

□□